우당 이회영 평전

노블레스 오블리주를 실천한 독립운동가

우당
이회영
평전

노블레스 오블리주를 실천한 독립운동가

김삼웅

두레

일러두기

1. 이 책은 『이회영 평전: 항일무장투쟁의 전위, 자유정신의 아나키스트』(책보세, 2011)의 개정판입니다.
2. 이 책에 실린 사진 자료 중 다음 쪽에 실린 사진들은 '우당기념사업회'에서 제공해 주었습니다(15, 23, 24, 27, 38, 43, 44, 59, 60, 73, 76, 86~87, 100, 103, 111, 118, 121, 125, 131, 138, 139, 147, 173, 269, 314, 331, 333, 338, 353, 395, 397, 398, 402, 409, 411, 422, 430, 431). 사진을 제공해준 우당기념사업회에 감사드립니다.

사람을 신뢰하고, 행동하는 실천가 우당 이회영 선생

필자는 우당 이회영 할아버지(이하 '우당'으로 호칭)를 뵙지 못했다. 내가 태어나기 약 4년 전인 1932년에 순국하셨기 때문이다. 그러나 내가 철들 때까지 집안 어른들한테서 들은 말들을 종합하면 우당은 가히 영웅과 성인 반열에 오르고도 남을 분이다. 하지만 내가 사물을 판단할 수 있게 되고, 그분들의 찬사를 다시금 하나하나 평가할 수 있게 되고 나서 보니 모두 코끼리의 다리나 귀 등 어느 한 면만 보고 하신 말씀인 것 같다. 특히 내가 우당기념사업회를 시작하고 우당기념관을 설립하면서 독립운동사를 연구하는 학자들과 함께 우당에 관한 숨겨진 자료를 발굴하고, 우당의 생애와 사상을 집중적으로 연구하고 살펴보니 우당은 다음과 같은 사람이었다.

첫째, 우당은 사람을 무한히 신뢰했다. 그래서 그분은 이른바 삼한갑족으로 태어나 성장했으나 유가의 법도에만 얽매이지 않고 일찍이 기독교의 문을 두드렸다. 교회도 양반들이 다니는 교회가 아니라 남대문 시장을 중심으로 상인과 중인들이 다니는 상동교회를 선택했다. 게다가 자신보다 나이가 8살이나 어린 데다 숯 장사를 하다가 목사가 된 전덕기라는 분을 알게 되고 그에게서 세례를 받았다. 당시로는 파격이라 할 수 있었다. 하지만 우당에게 나이나 출신은 상관없었다. 그보다 오히려 그 사람의 생각, 인간 됨됨이, 하느님의 복음을 전하는 진지함이 더 중요했다. 그리고 무엇보다도 우당은 애국주의 행동을 높이 샀다.

무엇보다 인간의 천부적 가치를 믿었기에 우당은 자유를 최고의 가치로 생각했다. 인간이 어떤 전통적 제도, 출신 성분, 지역감정, 살아온 인습 등에 속박당하지 않는 한, 인간이 자유로운 상황에서 스스로 선택하는 것이 가능한 한, 이 세계는 인간의 공동체라는 올바른 길로 들어선다고 굳게 믿었다.

상동교회를 중심으로 한 신민회는 이런 믿음에 기반을 두고 조직되었다. 상동파의 신민회는 처음에 감리교 엡워스Epworth 청년회라는 전국적인 조직으로 시작되었다. 그러나 일제의 탄압과 미국의 감리교 내 친일인사들의 간섭으로 이 청년회가 해체되자, 지하에서 청년학원이 중심이 되어 비밀리에 엡워스 청년회의 조직을 그대로 계승해나갈 뿐만 아니라 나라의 자주독립을 찾는 조직, 즉 상동파의 신민회로 발전했다는 것이 학계의 주장이다. 지금 이 정설은 많이 왜곡되어 있다.

둘째, 우당은 행동하는 실천가였다. 유가의 인습에 따라 벼슬자리에 올라 아랫목을 차지하고 말로써 세상을 다스리는 체제에서 벗어나고자 무한히 노력하고 실천했다. 일찍부터 삼포參浦를 경영했고, 일제의 약탈에 항거하여 끈질긴 법정투쟁을 벌이는 등 반일활동을 서슴지 않았다. 일본인 약탈자를 얼마나 집요하게 몰아세웠으면 하야시林權助 공사가 개입하여 내장원에 압력을 넣어 사건을 무마하려 했을까? 이런 행동이 고종 황제의 마음에 들어 별입시別入侍로 특채

되었지만 이를 벼슬로 생각하지 않고 헤이그 밀사 사건의 기반으로 활용했다. 우당이 고종의 신임을 받은 전력을 들어 한때 보황파保皇派라는 지적도 받았다. 그러나 끝내 존황제尊皇制보다는 자유로운 공동체 정신을 선택하여 한국 아나키스트의 비조鼻祖가 되었다. 우당이 대한민국 임시정부를 떠나 무장 의열투쟁을 전개한 것도 행동을 중시한 혁명가적 입장에서 독립투쟁의 길을 선택했기 때문이다.

셋째, 우당은 한평생 한시라도 무료하게 시간을 보낸 일이 없다. 늘 쫓기고 숨어 지내야 하는 독립운동을 하면서도 묵란墨蘭을 공부하여, 한때 독립자금을 마련하기 위해 석파란石坡蘭을 위조·판매한 것으로 소문이 자자했다(석파란이란 흥선대원군 이하응의 호 '석파'에 '난'을 합친 말로, 이하응이 그린 난을 뜻했다. 흥선대원군은 묵란을 잘 친 화가로 유명했다). 우당은 또 전각篆刻을 공부하여 그 수준이 헌종이 모았던 조선조의 전각 고전, 보소당인존寶蘇堂印存에 있는 전각에 필적할 만큼 실력이 뛰어났다. 헤이그 특사들의 신임장도 우당의 솜씨로 만들어진 것이라는 이야기가 떠도는 까닭도 이 때문이다. 또한, 옛 악기 통소洞簫 실력 또한 대단했다. 어머니는 베이징에서 밥을 굶던 시절, 달밤에 우당의 통소를 부는 소리를 들으면 눈물이 저절로 나왔다고 말씀하셨다. 1932년 상하이에서 우당이 마지막 길 떠나실 때 남긴 유품이 있다. 직접 만들어 사용하던 목함木函이다. 목함 안에는 붓이나 작은 벼루, 그리고 전각통을 넣어 보관했다. 목함 겉면에는 중국의 명언을 써서 인두로 각인을 뜨고 우당이란 제자를 써넣었다. 이 유품은 현재 남산 예장공원에 있는 이회영기념관에 전시되어 있다.

우당은 예순다섯 해를 사시면서 애국적으로 자유공동체를 지향하면서, 개인적으로는 다예다능多藝多能을 키우면서, 삶의 어느 한순간도 쉬지 않고 바쁘게 살아오셨다.

이런 우당의 인생과 사상, 행동을 한 권의 책으로 엮어내는 일은 대단히 어렵다. 하지만 김삼웅 선생은 우당의 자료를 충실히 모아서 2011년 『이회영 평전』을 펴냈는데, 이번에 다시 10년 만에 많은 자료를 보충하여 평전 중판을 내게 되어 후손으로서 대단히 기쁘고 영광스럽게 생각하며, 충심으로 감사드린다.

신교동 우당기념관 서재에서
국립대한민국임시정부기념관 건립위원장 이종찬

재간에 즈음하여

일제강점기에 우리 선대들은 무지개 색깔로 상징될 만큼 다양한 방략과 이념으로 독립운동을 전개했다. 우당 이회영 선생이 택한 길은 조국 해방과 인간의 자유라는 두 테제를 하나로 묶는 방략이었다. 광복된 조국이 추구해야 할 가치는 바로 '인간의 자유'라고 보았다. '인간의 자유'란 일부 정치인들이 내세우는 '자유민주주의' 식의 설익은 정치적 구호와는 격과 결이 크게 다르다.

인류는 전 지구적 재앙인 전염병과 자연재해, 극심한 빈부양극화, 점점 더 교묘하고 악랄해지는 디지털 범죄, 전 세계가 벌이는 무시무시한 무기 경쟁과 내전 그리고 난민 등 '문명의 역습'에 쩔쩔매고 있다. 그래서 한 세기 전에 우당 선생이 추구했던 가치를 우리는 오늘날 다시 주목할 필요가 있다. 10년 전에 내놓았던 책을 다소 손질하여 간행하게 된 것은 이 같은 이유 때문이다.

2021년 6월, 서울 남산 예장공원에 이회영 선생과 여섯 형제들의 자주독립정신을 기리기 위해 '이회영기념관'이 세워지고, 각종 자료와 후손이 기증한 유품이 전시되었다. 이제라도 기념관다운 기념관이 설립되어 다행이다. 그러나 우당 선생의 독립유공자 서훈은 그가 세운 크나큰 공적에 비하면 여전히 제대로 대접받지 못하고 있기에 우당 선생의 훈격은 높여야 한다. 독립유공자 서훈에는 건국훈장, 건국포장, 대통령표창이 있고, 건국훈장은 다시 대한민국장, 대통령장, 독립장, 애국장, 애족장 등 1~5등급으로 나뉜다. 그런데 나라가 망했는데 재산이 무슨 소용이냐며 형제들과 함께 가진 것을 모두 처분해 독립운동에 쏟아붓고 조국의 독립을 위해 헌신하다가 일제의 고문으로 뤼순감옥에서 생을 마감한 우당 이회영은 독립장으로 3등급이다. 우당 선생은 생전에 감투나 명예 따위를 탐하지 않았다. 그러나 국민은 그가 이룩한 업적에 합당한 예우를 하는 것이 '역사의 정의'를 실현하는 길이 아닐까.

공자가 『시경詩經』의 시 300편을 요약하면서 찾아낸 말이 '사무사思無邪(생각함에 사악함이 없다)'였듯이, 우당 선생의 생각과 행동에는 사악함이 끼어들 여지가 없었다. 우당의 늠연凜然한 기상, 고절한 인품과 지절志節, 해활천공海濶天空의 도량, 그리고 노블레스 오블리주의 정신과 실천은 모든 지도자의 사표가 되고도 남는다.

책을 재간하는 데 자료와 사진을 아낌없이 제공해주신 이회영기념관, 그리고 바쁘신 중에 추천사를 써주신 우당 선생의 손자이자 국립대한민국임시정부기념관 건립위원장이신 이종찬 님께 감사의 말씀을 드린다.

김삼웅

삼한갑족의 노블레스로 오블리주를 실천한 아나키스트

우당友堂 이회영李會榮을 생각하면 으레 '노블레스 오블리주Noblesse Oblige'(높은 사회적 신분에 상응하는 도덕적 의무)를 떠올리게 된다. 1910년에 나라가 망하자 이회영은 모든 기득권을 초개처럼 버린 채 일가 60 여 명을 이끌고 만주로 망명하여 독립운동에 헌신함으로써, 일찍이 '노블레스 오블리주'를 실천했다.

이회영 6형제 중에서 해방 뒤 다섯째 이시영만 살아서 고국으로 돌아오고, 이회영은 안중근과 신채호가 처형되거나 옥사한 뤼순감 옥에서 극심한 고문으로 순국했다. 그리고 형제·가족·일가 상당 수가 독립운동의 최전선에서 숨졌다. 이들 만석꾼 부자 후손 중에 는 중국에서 굶어 죽은 이까지 있었다. 우당의 아들 규창은 친일파 척결에 나섰다가 구속되어 11년 반 만에 8·15 해방을 맞아 감옥에 서 나왔다.

6·25 전쟁 이래 처음으로 북한군의 포격을 당한 연평도 피격 사 건이 터졌다. 당시 대한민국 최고의 '귀한 신분'으로 노블레스라 할 대통령·국무총리·국정원장·집권당 대표를 비롯하여 상당수의 각 료가 군 미필자이고, 이명박 정권의 요직을 차지한 자 가운데 상당 수가 위장전입·부동산 투기·세금 탈루·병역 기피·논문 표절 등

'필수과목'의 이수자들이란 보도에서 보듯 '오블리주'와는 거리가 먼 지배그룹의 행태는 이회영 일가의 고행과 너무도 대비된다.

어느 사회나 고위직에 오르려면 도덕적 의무와 책임이 따른다. 선진국일수록 그렇다. 선진국과 후진국의 가장 큰 차이점은 '지도그룹이 얼마만큼 깨끗한가, 권력과 요직이 누구에게 맡겨지고 그 과정이 얼마나 공정한가' 같은 평가에서 뚜렷이 드러난다.

조선시대의 노블레스들은 권리만 있고 책임·의무는 없었다. 그래서 왕권의 그늘에서 온갖 이권과 호사를 누리던 자들이 막상 나라가 망하자 일제에 빌붙어 일왕이 주는 작위와 거액의 은사금을 받고 조국과 겨레를 배신했다. 이런 축에도 못 끼는 자들은 친일파가 되고 부일협력자가 되어 일제에 충성하면서 호의호식했다.

지난해 12월 30일은 우당 일가 40여 명을 포함한 식솔 60여 명이 국치를 당해 두만강을 건너 만주로 망명한 지 100주년이었다. 그리고 올해는 이들이 중심이 되어 세운 신흥무관학교 설립 100주년이다.

세간에서는 우당 가문을 '삼한갑족三韓甲族'이라 불렀다. 삼한갑족이란 '옛적부터 대대로 문벌이 높은 집안'을 일컫는 말이다. 이들도 남들처럼 일제에 충성했으면 대대손손 부귀영화가 따랐을 것이다. 대학을 세우거나 기업을 만들고 신문사를 창립하여 '밤의 대통령' 노릇도 하면서 귀족으로 떵떵거리며 살았을 것이다.

그러나 이회영 일가는 달랐다. 모든 기득권을 포기하고 망명하여 만주 류허현에 신흥무관학교를 세우고, 독립운동가들의 뒷바라지를 하면서 일제와 치열하게 싸웠다. 이들이 세운 신흥무관학교는 독립군양성소가 되고, 졸업생 3,500명은 항일투쟁의 선봉대 역할을 했다. 그 중심에 이회영이 버티고 있었다.

이회영은 권문세가의 지체 높은 유학자 집안에서 귀공자로 태어났음에도 썩어 문드러진 과거시험을 배격하고 지행합일知行合一의 양명학을 배워 이를 실천했다. 을사늑약 뒤 헤이그 특사 파견, 신민회 창립, 고종 황제를 중국에 망명시켜 망명정부를 세워 일제와의 전면전 준비 기획, 3·1 혁명 기획, 신채호 등과 아나키스트 운동, 중국의 저항 문인 루쉰, 러시아 에스페란티스트(에스페란토 사용자)이자 맹인 시인이면서 아나키스트인 예로센코와의 교류 등 그의 역할은 독립운동사에 샛별과도 같았고, 묻혀 있는 일화와 비화는 참으로 다양하다.

이회영은 많은 독립운동 기관과 단체를 조직하고도 앞에 나서지 않았고, 많은 공을 세우고도 업적을 동지 후진들에게 돌림으로써 아나키스트의 전형을 보여주었다.

"역사가 무엇인지를 묻지 말고, 누구를 위한 역사인가를 물어야 한다"라고 말한 사학자 키스 젠킨스Keith Jenkins의 주장대로 역사는 물론 국가·정부가 누구를 위해 존재하는지, 지도층의 의식과 자세가 어떠해야 하는지를 이회영은 온몸으로 보여주었다. 그의 생애는 살아 있는 교과서요 '지나간 미래상'이다.

"하나의 민족은 자신의 높이, 위인, 위업, 위대한 사고思考를 지녀야만, 추종자의 목표가 높고 멀며 사회는 생기발랄해진다. 나는 이걸 사람됨의 높이라고 일컫는데, 바다에 비유하자면, 깊이와 넓이를 갖는다는 거지." 청조淸朝를 타도하고 민국을 세우는 데 핵심 역할을 했던 대사상가 량치차오梁啓超의 말이다.

이회영이 존경했던 량치차오의 이 말은 바로 우당의 말이고, 지금 우리가 찾고자 하는 그리고 우당이 추구했던 가치일 것이다. 이 책을 쓰게 된 배경이기도 하다.

신흥무관학교 설립 100주년을 맞아
두물머리에서 김삼웅

우당友堂 이회영李會榮

1867~1932

"… 목적의 달성을 위하여 노력하다가 그 자리에서 죽는다면 이 또한 행복인 것이다. … 장래가 구만리 같은 귀중한 청년자제들은 죽는 것을 제 집에 돌아가는 듯이 여겨 두려움 없이 몇 번이고 사선을 넘고 사지에 뛰어드는데 … 이대로 앉아 죽기를 기다린다면 청년 동지들에게 공연한 부담을 주는 방해물이 될 뿐이니 이것은 내가 가장 부끄러워하는 바요, 동지들에게 면목이 없는 일이다."

차례

1. 봉건질서를 부정하고 자유사상을 키우다

제국주의가 소용돌이치는 풍운의 시대

이회영이 태어날 무렵에는 국내외 정세가 소용돌이치고 있었다. 그즈음 미국, 영국, 러시아, 프랑스 등 서양의 배들이 조선에 통상을 요구하며 자주 출몰했는데, 이를 처음 본 조선인들은 배 모습이 낯설어 서양 배를 이양선異樣船 또는 (황당하다 하여) 황당선荒唐船이라 불렀다.

1864년(고종 1)에는 러시아인들이 함경도 경흥부에 들어와 조선 정부에 통상을 요구했다. 이런 갑작스러운 요구에 조선 정부가 아무런 대책도 세우지 못하고 우왕좌왕하고 있을 때, 당시 선교하기 위해 조선에 와 있던 천주교 선교사들이 조선 정부에 프랑스·영국과 삼국동맹을 맺고 러시아의 남하를 저지할 것을 제안했다. 이에 따라 조선 정부는 러시아의 통상 요구 시일을 그대로 넘겨버렸는데, 선교사들이 주선한 삼국동맹이 무산되면서 '무책임한' 선교사들에 대한 비난 여론이 들끓었다. 그러던 차에 운현궁(흥선대원군의 처소)에 천주교도들이 드나든다는 소문이 퍼지면서 정치적으로 궁지에 몰린 흥선대원군은 천주교를 탄압하기에 이른다.

1866년(고종 3) 정월, 전국적으로 천주교 탄압의 거센 피바람이 불었다. 조선의 천주교도 8,000여 명이 학살되고, 프랑스 선교사 12명 중 9명이 처형되었다. 이른바 병인박해丙寅迫害다. 살아남은 선교사 중 리델 신부가 중국 톈진으로 탈출하여 프랑스의 인도차이나 함대(극동함대) 사령관 로즈 제독에게 이 사실을 알렸다.

1866년 음력 9월, 로즈 제독은 군함 3척을 이끌고 인천 앞바다를 거쳐 서울 근교 양화진楊花津 일대까지 진출했다. 이에 조선 정부에서 한강 연안 경비를 강화하자 이들은 지형만 정찰하고 일단 청나라로 물러났다. 그해 10월 11일, 로즈 제독은 군함 7척을 이끌고 다시 조선을 침범해 16일에는 강화성을 점령하고 서적 등 문화재를 약탈했다. 11월 7일 정족산성 공략에서 패한 프랑스군은 11월 18일 관아에 불을 지르고 약탈한 금괴·은괴와 서적(외규장각 도서 포함), 무기, 보물 등을 챙겨 청나라로 철군했다. 이른바 병인양요丙寅洋擾다.

한편, 그해 7월 무렵에 미국 상선 제너럴셔먼호가 대동강을 따라 평양 가까이까지 침입, 육지를 향해 멋대로 발포하여 백성들을 살상하고, 밤에는 상륙해서 약탈과 폭력을 일삼는 등의 만행을 저질렀다. 그러자 평양감사 박규수의 지휘로 주민들이 제너럴셔먼호를 불태워버렸다. 미국은 이 사건을 빌미로 1871년(고종 8) 6월에 아시아 함대 사령관 로저스를 보내 신미양요辛未洋擾를 일으켰다. 로저스는 함대 5척을 이끌고 남양만 물치도 앞바다를 거쳐 강화도로 쳐들어와 초지진과 덕진진을 함락하고 조선 수비군을 전멸시킨 다음 물치도로 철수하여 조선 정부와 통상 교섭을 하기 위해 기다렸다. 그러나 예상과는 반대로 조선 측의 척화 의지가 더욱 강경해지자 로저스 함대는 미국 본토의 훈령에 따라 퇴각해야 했다. 미 함대의 퇴각 소식이 전해지자 흥선대원군은 연이은 승리감에 취해 쇄국정책을 강화하는 동시에 천주교 탄압을 계속했다. 이 퇴각을 두고 미 국무장관 포스터는 "동양에서 미 해군의 위신을 손상시킨 동시에 외교 면으로도 큰 실책을 범한 최대의 사건"이라고 회고했다.

한편, 청나라는 태평천국의 난을 가까스로 진압했으나 영국·프랑스·미국·덴마크의 연합함대에 난징南京이 함락되는 등 서구 열강에 수난을 당하고 있었다. 이처럼 이회영이 태어날 무렵의 동아시아 정세는 지극히 불안정한 상황이었다.

국내에서는 정부가 경복궁을 중건하기 위해 당백전 주조를 남발하고 지나친 부역을 부과한 데 이어, 서울 각 성문에 통과세를 물리는 등 지나친 과세로 민생이 더욱 도탄에 빠지면서 원성이 높았다. 병인박해로 천주교도 수천 명이 학살되고, 1864년에는 동학 교조 최제우가 사도난정邪道亂正의 죄목으로 처형되었다. 또 1868년에는 유대계 독일인 오페르트가 흥선대원군의 아버지 남연군의 묘를 도굴하려다 발각되어 도주하는 변고가 일어났다.

삼정三政의 문란으로 삼남지방에서 농민항쟁이 일어나는 등 국정이 심히 어지러워지고, 제국주의 열강이 온갖 이권을 탐하여 침략해오는 상황이었다. 국내외의 도전에 직면한 데다 민심마저 흉흉해지며 조선 정부는 진퇴양난에 빠졌다.

1868년 3월, 메이지유신明治維新을 단행하여 단기간에 근대적 군비 증강을 이룩한 일본은 1875년 8월에 운요호를 앞세워 강화도 초지진을 공격하고 영종도에 상륙하여 관아와 민가에 불을 지르고 주민 30여 명을 살해했다. 일본 정부는 음료수를 구하러 초지진에 접근한 운요호가 포격을 받았다고 억지 주장을 하면서 조선 정부를 무력으로 위협하여 1876년 2월에 강화도조약(병자수호조약)을 체결했다. 이로써 일본은 조선 침략을 본격화했다.

이회영은 평생을 국권수호를 위해 일제 침략세력과 싸우다가 결국 저들의 고문으로 순국했다. 그의 풍찬노숙의 생애는 일제의 침략과 때를 같이하여 시작되었으니 그는 풍운의 시대에 태어난 풍운아였다.

명문대가의 후손으로 태어난 '자유정신'

이회영은 1867년 4월 21일(음력 3월 17일) 서울 저동에서 태어났다. 지금의 명동 YWCA 건물과 뒤편의 주차장과 명동성당 앞 일대가 그 집터다. 명동성당 부근에 서 있는 수령 150년 남짓의 은행나무 두 그루는 이회영의 아버지가 심은 것이라 한다. 아버지 이유승李裕承은 이조판서와 의정부 참찬을 지냈으며, 어머니 정 씨는 이조판서를 지낸 정순조의 딸이다. 집안은 갑부랄 수는 없었지만 서울 명동의 너른 집, 북창동의 대지, 황해도 개풍군의 인삼밭 등 상당한 재

이회영의 생가가 있던 저동의 모습.

산을 가지고 있었다.

　이회영李會榮(1867~1932)은 6형제 중 넷째로 태어났다. 위로는 장남 건영健榮(1853~1940), 차남 석영石榮(1855~1934), 삼남 철영哲榮(1863~1925)이 있고, 아래로는 다섯째 시영始榮(1869~1953)과 막내 호영護榮(1875~1933)이 있다. 시영과 호영 사이에 소영이 있었으나 요절하고, 여동생은 둘이었다. 매제 신재희申宰熙는 언론인이자 독립운동가로, 해공 신익희의 친형이다.

　『경주이씨대동보』에 따르면 이회영의 선대는 경주 이씨 상서공 파尙書公派이며, 10대조는 백사 이항복으로, 권율 장군의 사위이다. 이항복은 임진왜란이 일어나자 선조를 의주까지 호종한 데 이어 이조참판 · 형조판서 · 홍문관 대제학을 지내고, 호남지방에서 근왕병을 일으키게 하여 왜적을 막는 등 많은 공을 세워 좌의정 겸 도체찰사를 지냈다.

백사 이항복(왼쪽)과 오천 이종성.

　5대조 오천梧川 이종성은 영조 때에 영의정을 지냈으며, 부친 이
유승은 1864년에 증광문과에 급제하여 1868년에 평안도 암행어사
가 되었다. 그 후 여러 관직을 거쳐 대사성에 이어 예조·공조·형
조·이조의 판서를 두루 역임했다. 그 밖에도 직계 조상들 가운데는
중앙의 고위 관직에 올랐던 인물이 적지 않았다.

　시조인 은열왕 알평謁平은 신라 개국 원훈이고, 중조中祖 1세는 거
명居明, 10대조는 항복恒福(영의정), 9대조는 정남井男(예보사정), 8대조는
시술時術(이조판서), 7대조는 세필世弼, 6대조는 태좌台左(좌의정), 5대조는
종성宗城(영의정), 4대조는 경윤敬倫(병조판서), 증조는 정규廷奎(예조판서),
조부는 계선啓善(정언), 부친은 유승(이조판서)[1]이다.

　뒷날 중국에서 이회영과 함께 독립운동을 하면서 그를 오랫동안

지켜본 우관又觀 이정규李丁奎는 우당의 가문을 이렇게 기술했다.

선생의 가문은 오랜 가통家統을 지닌 삼한고가로서 10대 백사 이항복을 비롯하여 많은 명신·현사를 조상으로 두었다.[2]

우당 6형제의 우애는 남달라서 이웃의 모범이 되었다. 이런 우애가 뒷날 6형제가 모든 재산을 처분하여 독립운동에 나서도록 의기투합하게 했다. 이회영의 제자이면서 독립운동을 함께한 이관직은 이들의 우애가 서울 시내에서 으뜸이었다고 말한다.

선생의 집안은 6형제로 번성한 가족이었다. 형제 모두가 화합하고 즐거워하여 그 우애가 마치 악기를 서로 맞춰 연주하듯 즐거웠고, 산생 두나무의 만개한 꽃과 같이 화사하였으니, 온 집안에 즐거운 기운이 가득 찼고 형제간의 우애의 소문이 온 서울 시내에서 으뜸이었다.[3]

이회영은 또한 어린 시절부터 남다른 데가 많았다. 이관직의 이야기를 더 들어보자.

그는 소년 시절부터 혁명적 소질이 풍부하여 사회 통념을 뛰어넘는 과감한 행동으로 그의 친척들과 주변 사람들을 놀라게 했다. 그는 집안에 거느리고 있던 종들을 자유민으로 풀어주기도 했고, 더 나아가 남의 집 종들에게도 높임말을 쓰는 등 파격적인 행보를 보였다. 당시의 양반들이나 판서의 집안 자제로서는 상상도 할 수 없는 '당치않은 짓'이었다.[4]

평생의 동지 이상설을 만나다

어린 이회영은 가통에 따라 한학을 수학하면서 삼한갑족의 후예로서 남부럽지 않게 성장한다. "이회영은 서예와 시문은 물론 음악과 회화·전각에 이르기까지 다기다능하여 만인의 부러움을 샀다."[5]

19살 무렵부터 이상설·여준 등과 만나 교유하고, 신흥사에서 이들과 함께 합숙하면서 수학·역사·법학 등 신학문을 공부했다. 명문가의 자제가 과거 공부에 전념하지 않고 신학문을 공부하는 것은 지극히 이례적이었다. 이 무렵 독립운동의 평생 동지로 고락을 나눈 이상설李相卨을 만난 것은 그의 생애에서 특히 값진 일이었다.

이회영의 젊은 날에 가장 큰 영향을 끼친 이는 이상설이다. 그는 충북 진천 출생으로 7살 때에 서울 장동(오늘날 명동)에 사는 이용우에게 출계出系하여 양부모 밑에서 성장하며 학문에 전념했는데, 신동이라는 칭송을 들었다. 25살 때 조선조 최후의 과거인 갑오문과에 병과로 급제하여 영재 이건창으로부터 율곡 이이를 조술祖述할 학자라고 칭송받았다. 뒷날 북간도 룽징龍井(용정)에 항일민족교육의 요람인 서전서숙瑞甸書塾을 건립하고, 고종 황제의 특사로 헤이그에 파견되는 등 나라가 위태로울 때 민족지도자가 되었다.

이회영의 젊은 날을 이해하는 데는 이상설의 자료에 의거하는 것도 한 방법이다. 이들은 멀리 고려 충선왕 때 명유이며 문하시중을 역임한 익재 이재현을 명조名祖로 하고 있어 종친의 관계이며, 우연히 서울 시내 저동에서 이웃으로 살았다. 이상설이 1870년생이고 이회영이 1867년생이어서 3년의 차이가 있지만, 두 사람은 어려서

환국하기 위해 상하이 장완 비행장에 도착한 이시영(지팡이 든 사람)과 마중 나온 가족들.

부터 벗으로 사귀며 동문수학했다.

이상설은 이용우의 양사養嗣가 되어 상경한 다음 해인 1877년(8살)에 처음으로 이제촌李濟村이라는 노인에게서 한문을 배우게 되었다. 공부방인 후원 사랑에는 중국의 명필 옹방강翁方綱이 쓴 '碧盧房(벽노방)'이란 당호가 걸려 있었는데, 근동의 여러 재동才童이 이곳에서 함께 공부했다고 전한다.[6]

이때 근동의 '재동' 중에는 이회영도 포함되었다. 이회영의 바로 아래 동생 성재 이시영은 임시정부 요인으로서 해방 뒤 환국하여 초대 부통령을 지내면서 이상설 유족과 앞뒷집에서 살게 되었다. 이시영은 만년에 이상설의 수학 시절을 이렇게 회고했다. 이회영 형제의 어린 시절을 엿볼 수 있는 대목이다.

당시 보재溥齋(이상설)의 학우는 나와 백형(회영)을 비롯하여 남촌의 3재 동으로 일컬었던 이범세·서만순과의 만남이요, 주옥같은 글씨로써 명필로 이름을 남긴 조한평, 한학의 석학인 여규형, 절재로 칭송되던 시당 여조현 등이 죽마고우였고, 송거 이희종과는 결의형제의 맹약까지 한 사이였다. 또 보재는 학우 사이에서 선생 격이어서 그 문하생으로 민충식 등 7, 8명이나 있어 동문 수학자는 17, 8명이나 되었다.

보재가 16살 되던 해인 1885년 봄부터는 8개월 동안 학우들이 신흥사에 합숙하면서 매일 과정을 써 붙이고 한문·수학·영어·법학 등 신학문을 공부했다.[7]

이회영은 이상설과 더불어 인근의 영재들과 함께 한학과 신학문을 공부하면서 10대를 보냈다. 이정규는 다음과 같이 기억했다.

선생은 근엄한 가정 분위기에서 자랐지만 20살이 되자 누구보다도 먼저 시대의 새로운 풍조를 받아들였다. 이것은 선생의 천품과 성격 때문이었을 것이다. 선생은 천품이 따뜻하고 시원스러운 한편, 성격이 거리낌 없이 자유로웠으나 방분호탕하지는 않았고, 풍류적인 면을 곁들였다. 또 마음 씀이 관대하고 의협심을 지녔으며 기지奇智와 침착함을 함께 갖추어서 어린 시절부터 소년노성少年老成이라는 말을 들으며 촉망과 칭찬을 받았다.[8]

이회영의 이런 풍모가 독립지사들의 중심이 되게 했다. 특히 한국의 대표적인 아나키스트인 그를 중심으로 기라성 같은 인재들이 모여들었다. 그러나 이회영은 어떤 자리나 권위도 탐하지 않았다.

이러한 천품과 성격을 지닌 선생은 소년 시절부터 진취적이어서 옛 경전을 공부하기보다는 서구의 새로운 지식을 흡수하기를 좋아했다. 이 때문에 봉건제도의 계급적인 구속과 형식적인 인습을 싫어했다. 그래서 선생의 가정적인 분위기나 사회적인 환경으로 볼 때 당연히 관계에 투신할 입장이었지만, 선생은 조금도 벼슬길에 대한 생각을 하지 않았다. 뿐만 아니라 선생은 당시의 부패한 관계官界를 원수 보듯이 싫어했다.[9]

이회영이 청소년 시절을 보낼 무렵 국내외 정세는 크게 요동쳤다. 강화도조약 체결 뒤 조정에서도 외국 문물에 관한 관심이 높아져 1881년 4월에 일본으로 시찰단을 보냈다. 신사유람단으로 알려진 이 시찰단은 박정양, 어윤중, 조준영, 홍영식을 비롯한 관리와 유길준과 이상재를 비롯한 수행원 등 62명으로 구성되었다. 이들은 약 4개월간 일본에 머물면서 내각과 군사·산업·우편·세관·교육·문화 시설을 살펴봤다. 뒷날 이들 상당수는 친일파가 되었다.

1882년 6월에 임오군란이 일어나고, 7월에는 대원군이 청군에 납치되어 중국 톈진天津(천진)으로 끌려갔으며, 일본과 제물포조약이 체결되면서 임진왜란 이후 최초로 일본군이 공사관 보호를 핑계로 서울에 상주하게 되었다. 1884년 10월에 갑신정변이 일어나 수구파 정부 요인이 처단되고 개화파의 새 내각이 들어섰지만 3일 천하로 끝나고, 김옥균 등 갑신정변 주모자들은 일본으로 망명했다. 1885년 3월에는 영국군이 거문도를 점거하고 10월에는 청국의 실력자

압송되는 전봉준(교자에 앉은 사람).

위안스카이袁世凱가 조선 주재 총리교섭통상사의總理交涉通商事宜로 부임해 왔다. 이회영은 중국 망명 전에 위안스카이와 사귀게 되는데, 뒷날 중국으로 망명해서는 그의 도움을 받았다.

1892년 11월에 동학교도들이 삼례집회를 연 데 이어 1893년 2월에는 서울 광화문에서 국왕에게 교조(최제우)의 신원을 요구하는 3일간의 복합상소를 거행했다. 그러다가 1894년 1월, 마침내 전봉준이 지휘하는 동학농민전쟁이 일어났다. 정부는 이를 진압하고자 청군을 끌어들이고, 이를 기화로 톈진조약(갑신정변으로 야기된 청·일 양군의 충돌 문제를 타협하기 위해 1885년 맺은 조약으로, 청·일 양군의 조선에서의 동시 철병, 조선의 변란으로 파병할 때는 상대방에 사전 통보한다는 내용을 담고 있다. 이로써 일본은 조선에서 청과 대등한 위치에 서게 되고 파병권을 갖게 되어 청일전쟁의 한 원인이 되었다)을 빌미 삼아 일본군까지 진주하는 등 조선은 풍전등화의 위기에 처하게 되었다.

과거를 거부하고 양명학에서 길을 찾다

이 시기에 이회영은 아우 이시형을 비롯하여 이상설 등 동문수학한 벗들이 속속 과거에 급제하여 관직에 들어갈 때도 학문에만 전념했다. 이상설은 25살(1894)에 갑오문과의 병과로 급제하여 이듬해 4월 승정원 비서랑(6등)에 제수(그해 6월에 면직)되었으며, 27살(1896)에는 성균관 교수 겸 관장(대사성大司成)에 제수되었다. 이시영은 17살이던 1885년 봄 식년감시式年鑑試에 급제해 생원으로 출사하여 1887년에 형조좌랑에 제수되고, 1891년에 증광문과에 급제하여 부승지, 우승지右承旨에 올라 내의원·상의원 부제조 등을 지냈으며, 8년 동안 세자 교육을 맡기도 했다. 그러나 이회영은 달랐다.

> 약관弱冠이 지나면서부터는 선생 스스로 솔선하여 불평등한 봉건적 인습과 계급적 구속을 타파하려 했다. 아전衙前과 노비에 대한 차별적인 낮춤말을 평등한 높임말로 고치려 하였고, 적서의 차별을 없애고, 개가와 재혼을 장려한 것이다. 이런 일은 당시의 권문세가 출신으로서는 있을 수 없는 특별한 것이었다. 이로써, 현대 민주주의의 핵심인 자유·평등의 이념이 선생에게는 선천적으로 있었던 것을 알 수 있으며, 혁명적인 기질과 천품을 지녔던 것으로 생각된다.[10]

이회영의 이런 품성은 어디에서 비롯한 것일까? 구체제가 붕괴하고 새로운 시대조류가 무서운 속도로 밀려들고 있었지만, 상류계층의 자제들은 여전히 과거를 통해 관직에 나가는 것을 당연한 것으로 여기고 있었다. 이상설이나 이시영도 예외가 아니었다. 조선 말기까지 성리학 체제는 여전히 유효한 국본의 질서였다.

고려 후기에 본격적으로 도입되기 시작한 성리학(주자학)은 새 왕조 조선의 통치이념으로 작동하여 조선 사회를 지배했다. 그러나 성리학은 지나친 형식론과 명분론에 따른 공리공론으로 흐른 나머지 19세기 격변하는 현실 앞에서는 무기력했다. 그리하여 성리학에 대한 비판이 일어나고 양명학에 뿌리를 둔 격물치지格物致知(실제 사물의 이치를 연구하여 지식을 완전하게 한다는 말)의 실학이 싹텄다.

유학의 한 줄기이자 성리학자들이 사문난적斯文亂賊으로 규정한 양명학을 받아들인 정제두鄭齊斗는 독자적으로 강화학파를 형성하여 숱한 제자들을 길러내 조선 후기 실학을 형성하는 데 크게 기여했다. 실학파 가운데 박지원 등 북학파의 중심인물들은 사민평등관에 따른 근대지향적인 철학사상을 추구했다. 이들은 영달과 공리에 빠진 성리학을 비판하면서 동도서기東道西器, 즉 실용주의를 수용했다.

이회영과 이상설 등은 조선 말기의 문신이자 대문장가 이건창李建昌(1852~1898)과 아우 이건승으로부터 양명학의 영향을 받았다. 강화학파의 맥을 이은 이건창은 지행합일知行合一의 정신으로 강위, 김택영, 황현 등 당대의 문인들과 교분이 두터웠으며, 암행어사를 비롯한 여러 관직을 거치면서 추상과 같이 임무를 수행했다. 임금도 지방관을 보낼 때 "그대가 가서 잘못하면 이건창이 가게 될 것"이라고 말할 정도로 공사를 집행하는 자세가 엄정하고 강직했다. 이런 성격 때문에 몇 차례 유배되었다가 풀려나서는 관로官路에 발을 끊고 학문 연구와 후학 교육에 열정을 바쳤다.

당시 이회영 집안은 양명학자 이건승·홍승헌·정원하 집안과 세교世交가 돈독했다. 이회영 가문이 교유했던 집안들 역시 당시 쟁쟁한 명문거족이었다. 이건승 가문은 이건창·이건방 등 쟁쟁한 학자를 배출한 가문이며, 홍승헌은 이계 홍양호의 5대 증손이었다. (…) 정원하 가문은 바로 한국 양명학 곧 강화학江華學의 거두이며 숙종·경종·영조 삼조빈사三朝賓師의 영예를 누린 하곡 정제두를 배출한 집안이었다. 이건승·홍승헌·정원하는 모두 이회영 가문과 마찬가지로 만주로 망명한 우국지사들이었다.[11]

양명학에 천착한 학자들은 "일의 성패를 문제 삼지 않고 동기의 순수성 여부가 문제일 따름이라고 한 왕양명의 가르침, 시작과 끝을 오직 진실과 양심에 호소할 뿐, 성패를 묻지 않는 강화학의 가르침"[12]을 그대로 실천했다.

이회영과 이상설 등 일군의 의식청년들은 성리학의 적폐에서 벗어나 점차 기울어가는 국가의 명운을 살리기 위해 양명학을 탐구하고 이를 실천이념으로 수용했다. 격물치지의 '치지致知'는 지식을 닦는 것에 머물지 않고 지知를 실현하는 것으로 해석하고 실천했다. 이들은 양명사상에 따라 『대학大學』에 나오는 '친민親民'을 주자학에서처럼 '신민新民' 즉 "백성을 새롭게 한다"라고 해석하지 않고 "백성을 친하게 한다"라고 그대로 해석하고 실천했다.

이들보다 300여 년 앞서 정3품인 대사간, 대사성, 부제학 등의 벼슬을 지낸 허엽의 아들로 태어난 허균은 성리학과 봉건제도에 얽매인 양반사회의 벽을 깨뜨리고자 분투했다. 허균은 명문가 정실의 소생으로 태어났지만 스스로 '시대의 서자'가 되어 서얼들과 어울리면서 사회 모순의 울분을 토로하고 사회개혁의 선구자가 되었다. 허균의 집안도 고려 때부터 이름난 명문거족으로 초당 허엽, 알록 허성, 하곡 허봉, 난설헌 허초희, 교산 허균으로 이어지는 '오문장가五文章家'를 이루었다.

허균에게는 서얼 출신의 스승 이달李達의 학문과 정신이 흘렀고, 멀리는 명나라 말기 반주자학의 '이단아'로 살다가 사문난적의 죄목으로 옥에 갇혀서 자살한 이탁오李卓吾의 자유주의 혼이 깃들었다. 허균은 기득권을 포기하고 "천하에서 가장 두려운 존재는 오직 민중뿐이다"로 시작되는 '호민론豪民論'을 펴면서 민중혁명을 시도한 시대의 선각자이자 반체제 지식인이었으며, 자유주의자이자 아나키스트였다. 그는 이상향을 건설하겠다는 포부를 『홍길동전』을 통해 표출하기도 했지만, 끝내 꿈을 이루지 못하고 반역 수괴로 몰려 1618년에 50살의 나이로 동지들과 함께 저잣거리에서 처형되었다.

300년의 시차를 두고 태어난 교산 허균과 우당 이회영은 자유·평등의 신념과 기백에 찬 파란의 생애가 너무나 닮았다. 이회영은 백성이 주인이 되는 자주독립국을 세우고자 모든 기득권을 버리고 양명학을 탐구하며 '이단'의 길로 들어섰다. 허균도 기득권을 버리고 호민이 중심이 되는 평등사회를 추구하는 '이단'의 길을 걸었다. 우당은 독립운동을 하다가 이국에서 순국했고, 교산은 혁명을 꿈꾸다가 형장의 이슬로 사라졌다.

이회영은 자신의 일관된 정견은 자유사상이라 밝힌 적이 있다. "나는 본래 벼슬을 싫어한다. 그 때문에 나는 독립한국을 반드시 사민(만인)이 평등과 자유를 누릴 수 있고, 따라서 공평하게 다 같이 행복을 누리며 자유 발전할 수 있는, 기회가 균등하게 부여될 수 있는 사회가 되어야 하겠다는 것이 나의 독립관이며 정치 이상"[13]이라고 피력한 데서 그의 확고한 자유평등사상을 엿볼 수 있다.

독립신문에 기고하며 꿈을 키우다

1896년 3월 17일, 이회영은 30살 생일을 맞았다. 그해 어느 날 《독립신문》의 사설을 읽고 젊은 심장을 뒤흔드는 분기가 끓어올랐다. 붓을 들어 시를 지었다. 〈少年卅歲詩(소년 30세시)〉이다. 남아 있는 이회영의 시 가운데 첫 작품이다.

風雲入世多	세상에 풍운은 많이 일고
日月擲人急	해와 달은 사람을 급히 몰아치는데
如何一少年	이 한 번의 젊은 나이를 어찌할 것인가
忽忽已三十	어느새 벌써 서른 살이 되었으니[14]

이회영이 이 시를 짓게 된 데는 까닭이 있었다. 의기 넘치는 그에게 분통이 터지는 일이 벌어졌기 때문이다.

한 해 전인 1895년 8월, 미우라 고로三浦梧樓 일본 공사가 지휘하는 일본 수비대와 낭인들이 궁궐에 쳐들어가 명성황후를 시해했다. 이에 분노하여 전국에서 의병이 일어났다. 1896년 2월에는 이범진과 이완용을 비롯해 친러파와 러시아 공사 베베르가 공모하여 고종 황제를 러시아 공사관으로 옮기는 아관파천이 발생했다. 그해 4월 7일, 서재필의 주도로 한국 최초의 민간신문이자 독립협회 기관지 《독립신문》(한글판 3면, 영문판 1면, 주 3회)이 창간되었다. 《독립신문》은 1897년 1월부터 영문판 《The Independent》를 따로 발행하고, 1898년 7월부터는 일간으로 바뀌어 발행되다가 1899년에 독립협회가 해산되면서 함께 폐간되었다.

진보적 개화파 지식인들이 그랬듯이 이회영도 《독립신문》을 탐독하면서 시대 상황을 지켜보았다. 그리고 뜻을 함께하는 이상설과 시국을 토론하고 힘을 모아 기우는 나라를 붙잡아 일으키자고 다짐했다. 또 독립협회를 중심으로 활동하던 남궁억과 이상재 등 명사들과도 자주 만나 교유하면서 시국을 논했다.

1898년 9월 어느 날, 이상설과 여준, 이회영은 남산 홍엽정紅葉亭을 찾았다. 형형색색으로 물든 남산의 단풍을 즐길 겨를도 없이 세 우국 청년은 기우는 나라 걱정에 시름만 깊어갔다. 『우당 이회영 실기』는 그 대목을 다음과 같이 기술했다.

난간에 기대어 사방을 둘러보니 가을의 회포에 비분강개하여 유연히 길게 탄식하고 고금을 담론하니 근심이 불타는 듯했다.

"슬프게도, 우리 황제 폐하께서 등극하신 후로 병인양요, 임오군란, 갑신정변, 갑오동학란, 청일전쟁, 을미사변 등의 변란이 끊임없이 계속되어 갖은 고통과 공포와 위험과 치욕을 다 겪어왔다. 그런데 세상에 좋은 인재가 드물고, 구습에 젖어 나라의 문을 닫으며, 정치가의 식견이 천박하며 동포들의 생각이 우매하니, 외세의 풍파가 극렬한 이 20세기

《독립신문》 초판.

에 어떻게 우리 민족이 국가를 지키겠는가? 이러한 시대를 만나서, 우리 2천만 동포는 크게 깨닫고 분연히 일어나 국민의 지혜를 밝게 하고 정치를 쇄신해야 한다. 그래서 문화가 발전되고 풍기가 선명해져서 독립과 자유를 완전하게 하고 세계 열강과 나란히 서서 경쟁하게 되고 난 뒤에라야 보국안민을 기할 수 있을 것이다.”

이렇게 뜻을 같이한 후, 선생은 이상설과 숙의하여 이상설의 집에 서재를 설치했다. 그리고 여기에 모여 이상설·여준·이강연 등과 함께 담론했다. 또 정치·경제·법률·역사 등의 신학문을 깊고 정밀하게 연구하며 치국훈민治國訓民의 새 정강政綱을 준비했다.[15]

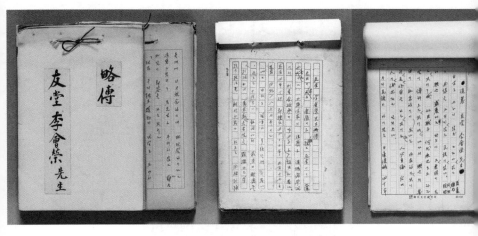

이정규의 『우당 이회영 선생 약전』 육필 원고.

이회영은 19살(1885)에 당시 관례대로 일찍 결혼을 했다. 배우자는 부모가 맺어준 달성 서씨 처자였는데, 슬하에 규룡·규원·규학 3남매를 낳고 1907년 1월에 사망했다. 달성 서씨 부인에 관해서는 자세히 알려진 바가 없다.

『우당 이회영 선생 약전友堂 李會榮 先生 略傳』을 쓴 이정규는 이회영의 생애를 세 시기로 구분하면서, "제1기는 태어나서부터 30세까지의 성장과 수양의 시기, 제2기는 기미의 3·1 운동까지의 민족주의적 독립운동 시기, 제3기는 1920년 이후부터 타계하기까지의 무정부주의운동의 시기"[16]로 정리했다.

2. 청년 구국민족운동가로 성장하다

신민회 조직을 주도하다

이회영의 생애 제2기는 30살이 된 1896년부터이다. 이때까지 배운 고루한 정통 유학인 성리학에서 벗어나 지행합일의 양명학을 공부하면서 족친인 이상설을 중심으로 여준과 이강연 등 동지들과 자주 만나 구국의 뜻을 키웠다.

1897년 10월 11일, 조선은 국호를 대한제국으로 바꾸었다. 고종이 황제 칭호를 사용함으로써 중국과 전통적으로 맺었던 종속관계를 청산하고 완전한 자주독립국이 된 것을 나라 안팎에 선포했다. 청국이 청일전쟁에서 패함으로써 형식적인 종속관계마저 종식된 가운데 칭제건원으로 중국이나 일본과 대등한 독립국의 지위를 확보하려 한 것이다. 이 조치로 황제의 통치권은 강화되었지만, 민생은 뒷전으로 밀려나고 황실 위주의 개혁사업을 벌이는 동안 외세는 더욱더 노골적으로 침략해왔다. 이처럼 날로 극심해지는 외세의 이권 침탈을 막아낼 국력이 뒷받침되지 못한 상태에서 칭제건원을 시행한다고 해서 자주독립국이 될 수는 없었다.

이회영은 의병전쟁을 지원하고 널리 인재를 모으며 동지를 규합하여 구국투쟁을 전개하기 위해서는 자금이 중요하다는 것을 알고 사업을 시작했다. 그동안 동지들 모임이나 각종 행사 비용을 이회영이 부담해왔으나, 아무리 넉넉한 살림이라 해도 아버지와 형님들에게 의논하여 내놓을 수 있는 돈에는 한계가 있었다. 그래서 동지인 장유순과 상의해 풍덕군(오늘날 개풍군)에 인삼밭을 일구고 제재소를 열기도 했다. 그러나 인삼을 재배하는 데에는 성공했으나 수확을 앞두고 도둑을 맞았고, 제재소는 사람을 잘못 만나 자금을 횡령당하는 등 피해를 크게 입었다.

그런데 이 인삼 도둑은 알고 보니 개성경찰서 왜인 고문의 소행이었다. 이 왜인 고문은 도둑이 매를 든 격으로 선생을 불러다가 인삼의 무허가 재배에 대하여 문책을 했다. 그러자 선생은 매우 화가 나서 주먹을 휘둘러 그 왜인 도둑의 책상을 치고 창문을 부수며 큰소리로 꾸짖었다. 왜인 도둑은 어떻게 손을 쓰지도 말을 해보지도 못했다.[1]

이 소문은 내장원경 이용익에 의해서 고종 황제에게 전해졌다. 명성황후 시해 사건 이래 일본인들을 증오했던 황제는 이를 통쾌하게 여기며, 이회영을 탁지부 판임관에 제수했다. 그러나 이회영은 달리 해야 할 일들이 많다는 이유로 이를 받아들이지 않았다.

대한제국은 칭제건원을 하면서까지 자주독립국가로 존립하기 위해 몸부림쳤지만, 열강의 이권 침탈은 오히려 더욱 노골화하고 심해졌다. 1898년 2월, 그동안 척왜 노선을 펴왔던 흥선대원군이 사망함으로써 친일세력이 득세하게 되었다. 3월에는 독립협회가 종로에서 만민공동회를 열어 열강의 이권 침탈을 규탄하며, 러시아에 우리 영토(절영도)를 빌려주는 것(조차租借)을 철회하라고 정부에 요구했다. 러시아는 함대의 연료를 보급할 수 있는 저탄소(석탄이나 숯 따위를 모아서 간수하는 곳) 시설을 설치하기 위해 절영도 조차를 요구했으나 독립협회와 여론의 반대로 조차를 포기했을 뿐만 아니라 다른 이권에서도 후퇴하게 된다.

기록에는 보이지 않으나 성향으로 보아 이회영과 이상설 등도 만민공동회 멤버로 참여했을 것으로 보인다. 만민공동회를 주도했던 월남 이상재가 뒷날 이회영 형제들의 구국정신을 "백세청풍百世淸風의 절의"('백세청풍'은 두 임금을 섬기지 않고 스스로 죽음을 택한 백이와 숙제의 충절을 기리는 뜻이 담겨 있다)라고 칭송한 것으로 미루어 짐작할 수 있다.

1900년대 초에 이르러 일제의 침략은 더욱 노골화하고, 이에 빌붙은 친일파들의 극성은 더욱 볼썽사나워졌다. 청일전쟁 이후 한반도에서는 한국에 대한 독점권을 굳히려는 일본과 이를 견제하고 영향력을 확대하려는 러시아가 사사건건 신경전을 벌였다. 급기야 1904년 2월 8일, 일본 함대가 뤼순항에 정박해 있던 러시아 함대를 급습함으로써 러일전쟁이 발발했다. 이에 앞서 정부는 국외중립을 선언했지만, 2월 9일에 일본군이 서울에 진주하면서 '국외중립' 선

언은 휴지 조각이 되고 말았다. 역시 국력이 뒷받침되지 않은 허장

성세나 선언은 실효를 갖기 어렵다는 사실을 여실히 보여주었다.

일제는 러일전쟁을 시작하면서 한국의 광대한 토지를 군용지로

수용하고 한국인들을 전쟁물자 수송에 동원하거나 첩보원으로 끌

어들였다. 한편 '한일의정서'를 강요하여 일제가 추천한 재정·외교

고문의 동의 없이는 재정과 외교상의 일을 처리할 수 없도록 만들

었다. 또 외국과 조약 체결 및 이권 양도, 계약 등을 할 때에도 반드

시 일제와 협의토록 했다. 그 결과 대한제국은 재정권과 외교권의

주요 부문을 빼앗겼을 뿐만 아니라 재정·외교 이외의 각 부에도 고

문을 두도록 강요당했다. 이는 곧 대한제국의 내정 전반에 일본이

간섭하는 이른바 '고문정치'가 시작되었음을 의미했다.

1904년, 이회영은 전덕기, 주시경, 이동녕 등과 함께 서울 상동교

회(감리교) 부설로 설립된 민족교육기관인 상동청년학원 활동을 시작

하면서 청년교육에 심혈을 기울였다.[2] 그렇다면 이회영은 언제 어

떤 경로로 기독교에 입문했을까? 신민회 시절은 물론 중국에서도

이회영과 함께 활동한 이관직李觀稙은 "우당 선생은 상동교회에 다니

며 세례를 받고 성경공부를 하였고 (…)"[3]라며 이회영이 기독교에 입

교했다고 말했다.

이회영은 그 시기에 기독교에 입문하여 민족의식이 투철한 이들

과 동지 관계에서 학감을 맡았을 것이다. 이 무렵 상동교회는 개화

파 독립운동의 요람으로, 주로 평민신도들이 모인 자유로운 회당이

었다.

상동교회에는 많은 우국지사들이 모여들었다. "이회영을 비롯하

상동교회.

여 김구·이동녕·이동휘·이준·이상설·신채호·노백린·남궁억·
최남선·양기탁·주시경·이상재·이승만 등이었다. 이회영은 이 상
동교회 내에 상동청년학원을 설립하고 2년간 학감 일을 맡아보았
다."[4] 이회영은 상동교회를 중심으로 전개되는 반일민족운동의 중
심에 섰고, 신민회의 조직에도 핵심적 역할을 했다. 여기에는 전덕
기全德基 목사와 맺은 관계에 힘입은 바가 컸다.

　전덕기는 1892년에 스크랜튼 선교사에게서 감화를 받아 1896년
에 세례를 받고 상동교회에 입교했으며, 독립협회에 가입하여 핵심
간부로서 독립지사들과 두터운 친분을 쌓았다. 이 무렵에 이회영과
도 친교를 맺고 상동청년학원 학감으로 초빙되었다. 이후 두 사람

전덕기 목사.

은 헤이그 특사 파견을 비롯하여 신민회 조직 등 구국운동을 함께 하는 동지가 되었다. 독립협회가 해산된 뒤 그는 감리교선교회에서 전도사 임명을 받고 본격적으로 목회활동을 하는 한편, 을사늑약이 체결되자 전국감리교청년연합회(엡웰청년회)를 소집하여 이들을 중심 으로 을사늑약 무효투쟁을 전개했다. 엡웰청년회는 을사오적을 민 족의 이름으로 처단하기 위하여 암살단을 조직했는데, 이회영은 이 들의 활동에 물심양면으로 아낌없이 지원했다.

을사늑약과 오적 척살 운동

일제의 마수가 국정 전반을 장악하면서 친일파가 설치기 시작했다. 1904년 9월에는 송병준의 일진회와 이용구의 진보회가 일진회로 통합하면서 매국 활동을 본격화했다. 송병준은 러일전쟁 때 일본군 통역을 하다가 친일 주구가 되고, 이용구는 동학교단에서 중요한 역할을 하면서 진보회를 조직하는 등 크게 기여하다가 변절하여 전쟁 중 일본군을 돕고 매국노가 되었다.

1905년 2월, 일제는 독도를 강탈하여 일본 시네마현에 편입시키는 등 본격적으로 한국 병탄에 나섰다. 그해 5월, 주영 공사 서리 이한응이 국가의 주권이 대외적으로 인정받지 못함을 비관하며 자결해서 사회에 큰 충격을 주었다. 이회영은 동지들과 국권수호 운동 자금을 마련하기 위해 숙의를 거듭하면서 의정부 참찬이던 이상설을 통하여 정세 변화에 관한 소식을 들었다. 그리고 이상설에게 자신의 계책을 밝혔다.

이번에 이토 히로부미가 우리나라에 온 것은 그 의도를 알 수 있다. 전에 러시아와 일본이 강화조약을 맺으면서 러시아가 우리나라에서 우월권 행사를 인정했다 한다. 그러므로 이토 히로부미가 이번에 온 것은 우리나라에 어떤 조약을 제시하려는 것이 분명하다. 만약 그 조약이 체결된다면 그것은 망국의 조약이 될 것이니, 이젠 우리가 국가 존망의 위급한 때에 처한 것이다. 그러니 우리가 시급히 그 대응책을 마련해야 한다.[5]

이회영은 재야에 있으면서도 일제의 야욕을 정확히 꿰뚫고 있었다. 그리고 대응책을 궁리하고 찾기 시작했다. 이상설에게 전하는 말을 더 들어보자.

그대는 의정부 참찬의 직을 띠고 있으니 참정대신 한규설과 미리 잘 의논하고, 이토 히로부미가 조약을 제시하고 날인을 요구하더라도 뜻을 굳게 가지고 큰 용기를 내어 지난날의 청음淸陰 김 상공金相公(김상현金尙憲)을 본받아 조약문을 찢어버리고 이토 히로부미를 꾸짖으라고 그에게 권하라. 그리고 계정桂庭 민영환에게 가서 말하되, 그가 시종무관장을 맡아 황상폐하를 지척에서 모시고 있으니 만약 이토 히로부미가 어전에 조약문을 제시하더라도 폐하께서는 어보를 허락하지 마시도록 상주하라고 하라. 나는 동생 시영이 외부 교섭국장을 맡고 있으니 그에게 외부대신 박제순을 만나 한규설에게와 같은 말로 권고하도록 하겠다.[6]

그러나 이회영의 이런 노력은 수포로 돌아가고 말았다. 이토 히로부미가 군과 경찰을 동원하여 조정 대신들을 겁박하면서 을사늑약을 강제로 체결했기 때문이다. 여기에는 내부대신 이지용, 군부대신 이근택, 외부대신 박제순, 학부대신 이완용, 농상공부대신 권중현 등 을사오적의 반역행위가 크게 작용했다. 정부는 이미 친일파들에게 장악되었고, 고종은 생명을 내걸고 국권을 지키려는 의지도 용기도 없었다. 무엇보다 '가쓰라-태프트 밀약'을 통해 일본은 미국의 필리핀 지배를 양해하는 대신 미국은 일본의 조선 지배를 용인하는 밀실 거래가 있었지만, 당시 조선 정부는 물론 지식인들은 누구도 이 같은 내막을 알지 못했다.

을사늑약 소식을 들은 이회영은 이상설, 이동녕 등과 종로거리에 나가 조약의 부당성을 들어 통곡하고, 이상재와 함께 학생과 시민들을 종로거리에 모아 온 국민이 궐기해야 한다고 울분을 토했다.

을사오적. 윗줄 왼쪽부터 이완용, 이지용, 박제순, 아랫줄 왼쪽부터 이근택, 권중현.

이회영은 조약 저지를 위해 백방으로 노력했지만 이를 막지 못하고, 한 지우知友에게 이렇게 말했다.

소위 을사오조약이란 것은 허무맹랑한 것이다. 조약의 전말을 말한다면, 조약 당시 왜적 이토 히로부미가 어전회의에서 황제 폐하께 조약문에 날인하실 것을 주청하였으나 황제께서 굳이 고집하시며 허락하지 않으셨고, 다시 정부 회의에서 참정대신 한규설에게 날인을 요청하였으나 역시 거절하였으며, 외부대신 박제순이 날인했다는 것도 명백하지 않다. 그러니 이는 거짓 조약이어서 국제법상 공인될 수 없는 것이다.[7]

이회영은 당시 국제법을 공부했기 때문에 을사늑약이 일제의 강박에 의해 날조된 사실을 들어 국제법상 무효임을 밝혔다. 그리고 '무효화'를 위해 대책을 강구했다.

전덕기와 정순만 등은 상동교회를 중심으로 을사오적의 처단을 목적으로 하는 암살단을 조직했다. 평안도 출신 장사 수십 명을 서울로 불러들여 암살단을 조직했으나 이 거사 계획은 일경에 정보가 누설되어 실패로 돌아갔다. 이회영은 암살단을 조직하는 데 비용을 댔다. "이회영은 자신의 가산을 내다 팔아서 활동자금을 마련하고, 사람을 놓아 나인영·기산도 등 여러 사람과 연락을 취하며, 이완용 등 을사오적의 암살을 꾀했다. 그러나 이 계획은 여러 난관이 있어 의도한 성과를 거두지 못하였고, 다만 국민들의 불과 같은 의기를 나타내 보였을 뿐이었다."[8]

이후에도 을사오적을 암살하려는 시도는 꾸준히 추진되었는데, 나인영(나철)·서창보·오기호·최인식 등이 1907년 3월 25일을 거사일로 정하고 결행에 나섰으나 뜻을 이루지 못하고 붙잡혀 혹독한 고문을 당해야 했다.

을사늑약 체결 저지와 오적 처단이 좌절되면서 이회영과 동지들은 새로운 활로를 모색했다. 이들은 국내에서는 조직적이고 대규모적인 항일투쟁이 쉽지 않기 때문에 해외에 기지를 만들어야 한다는 데 뜻을 모았다.

해외 기지로는 여러 지역을 검토한 끝에 먼저 한인이 많이 거주하고 국내에서 비교적 가까운 만주 룽징이 뽑혔다. 한민족의 발상지인 만주는 근대에 이르러 청국의 봉금정책封禁政策(1667년 청조가 만주족의 성역聖域인 만주 지역에 유조변柳條邊 즉 버드나무 방책을 설치하고 한족漢族의 유입을 봉쇄한 정책으로, 1897년에 공식 해제되었다)으로 폐쇄되었는데, 18세기에 들어서 국내의 압정과 흉년을 견디지 못한 조선족과 한족이 모여들어 묵은 땅을 힘들게 개간하면서 다시 사람이 살게 되었다. 1900년에는 동포 10만여 명이 이곳으로 건너가 둥지를 틀었다.

일제는 을사늑약 뒤 재빨리 만주에 손을 뻗쳐 헌병대의 만주 출장소를 설치하는 등 야욕을 드러냈다. 이 같은 사정을 알 리 없는 이회영과 동지들은 1906년 여름, 회합을 거듭한 끝에 해외 기지 건설 책임자로 이상설을 파견하여 그곳의 상황을 살피고 준비하도록 했다.

1906년 4월 18일, 이상설은 이동녕과 함께 비밀리에 조선을 떠나 상하이를 거쳐 러시아령 블라디보스토크로 갔다. 그곳에서 황달영, 정순만, 김우용, 홍창섭 등과 모여서 함께 북간도 중에서도 이주 한인이 많이 사는 옌지현延吉縣(연길현) 룽징촌龍井村(용정촌)에 들어가 자리를 잡았다.[9] 이상설은 이들과 함께 룽징에 도착하자마자 일대에서 제일 큰 집(천주교 회장 최병익의 집)을 사재를 털어 사들여 학교 건물로 개수하고는 교명을 그 지역 서전평야에서 따와 서전서숙瑞甸書塾이라 했다.[10]

이상설 등은 이회영을 비롯한 본진을 맞이하기 위한 일종의 선발대 역할을 한 것이다. 이상설과 이동녕이 룽징에서 민족교육기관인 서전서숙을 개설하여 교육 사업을 벌이고 있을 때, 국내에 남아 있던 이회영은 새로운 거사를 준비했다.

헤이그 특사 파견을 기획하다

이회영은 네덜란드의 정치·경제 중심지인 헤이그에서 44개국이 참가하는 제2차 만국평화회의(제1차 만국평화회의는 1899년에 개최됨)가 열린다는 사실을 《대한매일신보》 주필 양기탁을 통해 자세히 알게 되었다. 여러 날 고심한 끝에 헤이그에 특사를 파견하여, 일제가 무력으로 한국 정부를 겁박하여 외교권을 강탈했다는 내용을 국제사회에 알리기로 했다.

극비리에 추진해야 할 중대한 사안이라서 전덕기 등 몇 사람과 은밀히 상의하여 추진할 수밖에 없었다. 그리고 대한협회에서 가까워져 믿고 지내던 내시內侍 안호영을 통해 고종 황제에게 주청하는 방안을 모색했다.

대한협회는 1907년 서울에서 조직된 계몽단체로, 통감부가 대한자강회를 강제 해산하자 이회영, 권동진, 남궁억, 장지연, 오세창 등이 국력을 배양하기 위한 교육·산업을 발달시키고자 만들었다. 기관지로 《대한협회보》를 발행했는데, 신채호와 남궁억 등이 필진으로 참여했다. 대한협회는 전국에 지회 70여 개소를 두고 회원 수만 명을 확보할 정도로 국민의 폭넓은 지지를 받았는데, 통감부의 탄압으로 활동이 크게 위축되었다. 이회영은 이 대한협회에서 안호영을 만나 교유하게 되었다.

당시 일제 통감부는 대한제국 조정과 황실 구석구석에 심어놓은 친일파와 밀정을 통해 고종 황제를 철저하게 감시했다. 조정의 중신들도 고종 황제를 보는 게 쉽지 않았고, 면담 내용이 속속 일본

통감부에 보고되었다. 고종은 그야말로 구중궁궐에 유폐된 것이나 다름없었다.

이회영이 구상한 방안을 내시 안호영을 통해 고종에게 아뢰고, 적합한 특사 인물을 골라 추천했다. 특사의 정사에는 이상설, 부사에는 이준과 이위종을 천거했다. 이준은 한성재판소 검사보로서 조신들의 비행을 파헤치다 면직된 뒤 독립협회에 가담하여 활동하다가 투옥된 경험이 있었다. 이어 러일전쟁 뒤 일제의 한국 침략이 노골화하자 보안회를 조직하여 일제의 황무지개척권 강탈 기도를 저지하려 했으며, 일진회에 대항한 공진회를 조직하여 회장으로서 을사오적을 규탄하다가 유배되기도 했다. 유배에서 풀려난 뒤 헌정연구회를 조직한 데 이어 이를 대한자강회로 발전시키는 데 핵심 역할을 했다. 이위종은 러시아 주재 한국공사 이범진의 둘째 아들로, 러시아 주재 한국공사관 참사관을 지냈다. 러시아에서 영어와 불어, 러시아어를 익힌 까닭에 헤이그에서 활동하기에 적합한 인물이었다.

이회영이 전덕기 등 극소수 인사들과 상의하여 특사 세 명의 명단을 골라 보고하자, 고종은 4월 20일 자로 국새와 황제의 수결手決이 찍힌 백지위임장을 미국인 측근 헐버트를 통해 보내왔다. 황제의 '백지위임장'은 만국평화회의 특사 파견에 거는 기대가 그만큼 절실하고, 한편 이회영과 전덕기가 천거한 인물들을 전적으로 신뢰한다는 뜻이었다.

헐버트는 1905년 을사늑약 뒤 황제의 특지特旨를 갖고 미국에 가서 대통령과 국무장관을 만나려 했으나 실패하고 한국으로 돌아온 전례도 있어서 이번 일에 누구보다도 적극적이었다. 그래서 고종의 신임장을 받아 이회영에게 전달할 수 있었다. 헐버트는 특사 세 명과는 다른 경로로 헤이그에 먼저 도착하여 이들의 외교활동을 적극적으로 도왔다.

황제의 신임장을 지닌 이준은 1907년 4월 21일에 이회영의 전송을 받으며 서울을 떠났다. 블라디보스토크에 도착해서는 룽징에서 온 이상설과 합류하여 6월 중순에 러시아 수도 상트페테르부르크에서 전 러시아 공사 이범진과 그의 아들 이위종을 만나 세 특사의 진용을 갖추었다.[11]

특사 세 명은 회의 개최 직전에 헤이그에 도착하여 회의 참석을 요청했다. 그러나 일본과 영국 대표의 집요한 방해와 열국의 방관으로 거부당하고 말았다. 다행히 네덜란드 언론인 W. 스테드가 주선해주어서 한국대표단은 만국평화회의를 계기로 개최된 '국제협회'에 들어가 발언할 기회를 얻었다.

여기에서 러시아어, 불어, 영어에 능통한 이위종이 세계의 언론인들에게 조선의 비참한 실정을 호소하는 연설을 했다. 이 연설은 세계 각국 언론에 보도되어 주목을 끌었으나 구체적인 성과는 얻지 못했으며, 이에 울분을 삭이지 못한 이준은 그곳에서 몸을 불사르고 순국했다.

일제는 이 사건을 빌미로 고종 황제를 강제로 퇴위시키고 7월 20일에 '양위'를 강행했다. 헤이그 특사 파견은 고종 황제로서는 최후의 국권수호 외교방략이었는데, 이 때문에 허울뿐인 국왕의 자리마저 내놓게 되었다.

헤이그 특사. 왼쪽부터 이준, 이상설, 이위종.

헤이그 특사 파견 준비와 관련하여 결정적인 역할을 한 사람은 이회영과 전덕기 그리고 전덕기의 처이종자매가 되는 고종의 침전 내인 김 상궁이었다.

"헤이그 만국평화회의가 미구 개최나 궁중을 통섭해야 황제폐하께 그 경영사를 품달할 도리가 무하더니 그 족인 이회영이 궁인 김씨 친지 일새. 차의 인연으로 비밀 품달하였으며 황제께서도 신임장을 서書하고 자 하시니 좌우 정탐과 파금派禁이 심혹하야 수수불통일다. 연이나 원래 황제께서는 성재聖才가 초인하심으로 미국인 헐버트에게 신임장을 비밀 서하였으며 헐버트도 한국에 동정하는 자라, 차를 상동감리교회 전덕기 에게 비전하였으며, 덕기도 비밀히 이 참찬李參贊에게 전하였고 (…)"[12]

"선생(이회영)은 심계묘산深計妙算으로 주도면밀한 계획을 세워 왜적의 경계와 매국노들의 감시를 피하여 황실의 요로를 통해서 황제께 을사년

의 거짓 조약을 철폐·취소하고 독립 국권을 회복하기 위해서 만국평화
회의에 대사를 특파할 것을 주청했다.

고종 황제께서는 이러한 뜻을 가납하시고 참찬 이상설을 대사로 파
견하기로 은밀히 의결하신 후 신임장을 미국인 헐버트 박사에게 내려주
셨다. 헐버트 박사는 신임장을 선생(이회영)에게 전하였고, 선생은 이상
설에게 전달했다.

이상설은 황제의 신임장을 받들고 이준·이위종을 부사로 대동하고
장도에 올라 러시아의 수도 상트페테르부르크를 경유하여 헤이그에 갔
다. 그리고 선생은 여준을 보내 이상설의 사업을 계속하게 하였으며, 이
상설 밀사의 성공을 마음으로 축원했다."[13]

앞의 두 인용문은 내용에서 조금 차이가 있다. 앞의 글에는 황제
의 위임장이 헐버트를 통해 전덕기를 거쳐 이상설에게 전달된 것으
로 되어 있는데, 뒤의 글에는 이회영을 거쳐 이상설에게 전달된 것
으로 되어 있다. 이완희의 『보재 이상설 선생 전기 초』에는 이들과
또 다르게 기술되어 있다.

신임장이 밀하(密下)되어 보재 선생 손에 들어가기까지는 여러 동지
들의 노고가 많았으나 이 어려운 일을 담당한 분은 상동예배당 목사 전
덕기 씨와 그의 처이종매 되는 김 상궁(고종의 침전 내인)의 비상한 노력의
결과라고 한다. 이 전말을 당시 이에 참여하였던 성재 이시영 선생과 상
하이에 가서 석오 이동녕 씨를 모셨던 민충식 씨가 석오 선생께 들은 바
를 여기에 적어보고자 한다.

"김 상궁은 전 목사의 지시대로만 움직였으니 상소문을 고종께 올렸을 때는 이를 보신 후 낙루를 하시었고, 또 수일 후 상감께서 봉서를 주시며 조심하여 전하라고 하시며 혼잣말로 여비는 어찌하나 하시며 한숨을 내쉬었다고 한다. 그때 밀하된 신임장은 친서(수결)와 어새만이 찍힌 백지였다고 한다."[14]

이 내용을 종합하면, 이회영은 특사 파견의 기획 단계에서 전덕기, 이시영, 이동녕 등과 은밀히 논의하고, 고종 황제에게는 전덕기의 처이종동생을 통해 전달하고, 그 과정에 헐버트가 의견을 주고 관여했던 것으로 보인다.

평등주의의 실천과 신민회 활동 그리고 재혼

헤이그 특사 파견이 허사로 돌아가고 일제는 이를 빌미로 고종 황제를 강제 퇴위시켰다. 이런 참변을 지켜보던 이회영은 더욱 강한 결의로 항일구국투쟁에 나섰다. 그는 이 무렵 개인적으로도 큰 아픔을 겪었다. 1906년에 부친상을 당한 데 이어 이듬해 1월에는 병으로 아내를 잃었다. 남편의 구국운동을 소리 없이 내조하던 아내는 어린 3남매를 남겨둔 채 젊은 나이에 세상을 뜨고 말았다.

이회영은 아내를 잃은 슬픔에 잠겨 있을 겨를도 없이 기울어가는 나라를 구하기 위해 동분서주했다. 1907년 4월, 상동청년학원 학감으로 근무하면서 이 학교 교사 전덕기, 김진호, 이용태, 이동녕 등과 함께 비밀결사체인 신민회를 발기했다.[15] 신채호, 노백린, 안창호, 이동휘, 양기탁, 이갑, 조성환 등 쟁쟁한 독립지사들이 참여한 신민회는 정치·교육·문화·경제 등 각 방면을 진흥시켜 국력을 기르는 데 목적을 두었다. 총감독에는 양기탁, 총서기에는 이동휘, 재무에는 전덕기가 선출되었다. 회원은 애국심이 강하고 헌신적이며, 자신의 생명과 재산을 신민회의 명령에 따라 조국에 바칠 수 있는 사람인지를 기준으로 엄격한 심사를 거쳐 입회시켰다.

회원 800여 명을 확보한 신민회는 평양에 대성학교, 정주에 오산학교를 설립하여 인재를 양성하는 한편 기관지로 《대한매일신보》를 발행하고, 평양과 대구에 태극서관을 설치하는 등 문화사업을 추진했다. 신민회의 궁극적 목적은 국권을 회복하여 자주독립 공화국을 세우는 것이었다.

신민회는 우리 역사상 최초로 공화정체를 내세워 왕조국가에서 근대시민국가로 넘어가는 데 징검다리 역할을 했다. 여기에는 양명학의 세례를 받은 이회영의 창립정신도 크게 한몫했을 것이다. 신민회가 입헌군주제가 아닌 공화제를 정치체제로 내세운 것은 혁명적인 일대 전환이었다. 독립협회 때는 입헌군주제를 주창하고, 만민공동회에서 소수 청년 연사들이 공화제를 주장하기는 했으나, 본격적으로 공화정체를 내세운 단체는 신민회가 처음이었다.

신민회의 조직은 도산 안창호가 주도한 것으로 알려졌으나 실제로는 이회영 등 상동교회 출신들의 작품이었다. 안창호는 1907년 1월 20일경 샌프란시스코를 출발하여 도쿄를 거쳐 2월 20일에 서울에 도착했다. 귀국한 지 한 달여 만에 당시의 상황에서 전국 유력인사들을 망라하는 거대한 단체를 조직하기란 쉽지 않은 일이었다.

도산 안창호(왼쪽)와 우강 양기탁.

이회영 등 상동교회 인맥과 《대한매일신보》의 양기탁과 신채호 등이 주도한 가운데 갓 귀국한 도산도 일역을 담당했을 것이다.

　신민회가 발족하고 한 해 뒤인 1908년 상동교회에서 이회영과 결혼한 이은숙도 자서전에서 신민회가 상동교회의 5명에 의해서 결성되었다고 증언한다. 명문 사대부가 태생인 이회영은 애초에 근왕주의자일 수밖에 없던 탓에, 양명학을 탐구했으나 왕조를 국권과 동일체로 인식한 가운데 국권회복운동에 정진했다. 그러다가 상동교회와 신민회 운동을 하면서 공화주의자로 바뀌었다. 일부의 복벽復辟 운동에도 불구하고 그는 끝까지 공화주의자가 되었다. 보수적일 수밖에 없는 명문대가에서 태어나 당시로는 급진적인 공화주의자가 되고, 뒷날 이를 뛰어넘어 아나키스트가 되었으니 이회영은 자신의 말대로 '자유인'이었다.

이회영은 뒷날 한국 아나키즘 운동의 대표적인 위치를 차지하는 등 독립운동 진영에서 누구보다 인망이 높았지만, 천성이 워낙 감투를 싫어한 데다 아나키스트적인 기질 탓에 어떤 단체를 조직하고도 높은 자리에 앉은 적이 없었다. 일은 선도적으로 도모하되 윗자리는 죄 다른 사람에게 양보하는 겸양이 몸에 밴 것이다. 이처럼 자리에 연연하지 않을뿐더러 마음이 어질고 언행이 청결하니 화합의 리더십으로는 당대에 그를 넘을 사람이 없었다.

이회영은 청년 시절부터 벼슬이나 관직에 오르는 것을 그리 탐탁지 않게 생각했다. 그는 생전에 무슨 회會나 수많은 단체를 조직한 바 있지만, 대표자나 장長이 되어본 적이 없고 별다른 직책을 가진 것도 아니었다. 명망가의 촉망받는 유학자이지만, 지위나 명예에 얽매이지 않으며 누구보다 자유와 평등사상을 열망했던 (…)[16]

앞서 잠깐 이야기한 대로 이회영은 1908년 10월 20일에 이은숙 (한산 이씨)과 재혼했다. 이은숙은 아버지 이덕규 공과 어머니 남양 홍씨 사이에 태어난 외동딸이었다. 이회영은 3남매가 딸린 중년 홀아비이고 신부는 19살의 명문 사대부가 처녀였다. 당시 사대부 가문이 교회당에서 혼례를 치른다는 것은 '사건'이었고 그만큼 사회적으로 충격을 주었다. 이은숙은 결혼 2년여 만에 남편을 따라 60여 명의 일가와 함께 만주로 망명하여 독립운동가 일족을 내조하면서 고단한 생애를 살았다.

이은숙은 1975년에 아흔 살 가까운 노령에도 기억을 생생하게 되

이은숙의 자서전 『서간도 시종기』의 육필 원고.

살려 자서전 『민족운동가 아내의 수기: 서간도 시종기』(정음사, 1975)를 출간했다. 이 책에는 망명 시절의 한 많은 이야기가 오롯이 담겨 있다. 독립운동연구의 귀중한 사료이기도 한 이 책은 제1회 월봉저작상을 수상했다['월봉저작상'은 민족운동가 월봉 한기악(1898~1941) 선생을 기리기 위해 1975년에 제정된 상이다]. 이 책은 1981년에 『가슴에 품은 뜻 하늘에 사무쳐: 이은숙 자서自叙 서간도 시종기』(인물연구소)라는 제목으로 다시 출간됐다가, 2017년에 『서간도 시종기: 우당 이회영의 아내 이은숙 회고록』(일조각)으로 새롭게 출간됐다.

이회영의 상동교회 학감 시절과 신민회 조직 활동 등과 관련하여 이은숙은 자서전에서 이렇게 회고했다.

이분은 본래 애국지사로 있는 동지와 마음만 맞으면 악수한다. 월요일이면 밤을 새우며 3년을 하루같이 빠짐없이 비밀결사를 하는데, 경찰은 매달이면 4, 5차씩 요시찰이니, 송구하고 두렵던 말 어찌 다 적으리오. 가군家君의 온후하신 덕을 어찌 다 기록하리오.[17]

왼쪽부터 『민족운동가 아내의 수기: 서간도 시종기』(정음사, 1975년 초판), 『민족운동가 아내의 수기: 서간도 시종기』(정음사, 1979년 중판), 『가슴에 품은 뜻 하늘에 사무쳐: 이은숙 자서 서간도 시종기』(인물연구소, 1981)의 표지.

이회영은 여러 면에서 남다른 바가 많았다. 명문벌족名門閥族의 자제로서는 하기 쉽지 않은 일이었다. 집안의 노비들을 해방하여 내보내고, 규룡 등 그들 종형제 5명을 삭발하여 현대식 학교에 보냈다. 이를 두고 맏형인 석형이 꾸짖자 이회영은 시대의 변화를 들어 형을 설득했다. 해방시켜준 노비들 중에는 집을 떠나지 않고 그대로 남아서 중국 망명길에 동행한 이들도 있다. 이회영은 나이 든 노비들에게 반드시 경어를 썼다.

남녀차별과 신분차별에 강하게 반발했던 이회영은 남편을 잃고 혼자가 된 여동생을 당시로는 상상하기도 힘든 충격적인 방법으로 재혼시켜 여성 재가의 전범을 보였다.

소년 시절부터 혁명적 소질이 풍부하여서 그의 친척과 지우知友 사이에 놀라게 한 사실이 많았으며, 그때마다 사회에 충격을 주었다. 한 가지 예를 들면 이조 500년 동안 부동의 철칙으로 되어 있는 윤상倫常에 대한 커다란 혁명이 있었다. 그것은 청상과부가 된 자기 누이동생을 재가시킨 것이었다.

그 시절에 이것은 누구나 할 수 없었던 사실이었다. 평민과도 달리 명문 재상가의 집안으로 감히 생각조차 할 수 없는 일이어서 많은 시비도 들었으며 여론도 높았지만, 시대의 조류에 비추어 장거도 되려니와 남존여비의 인습에 여자는 언제나 남자의 소유물로 굴복하게 되는 악습을 타파하는 개혁도 되는 것이었다.[18]

이회영은 매제가 일찍 세상을 뜬 뒤 홀로된 여동생의 처지가 안타까워 여동생이 죽은 것처럼 하여 장례를 치르고, 비밀리에 여동생을 먼 곳으로 재가시켰다. 이 사실을 나중에 알게 된 부모는 크게 기뻐했다고 한다.

이회영은 윗자리에 앉는 것을 달가워하지 않았듯이, 기록이나 시문을 별로 남기지 않았다. 아나키스트 혁명가의 면모를 그대로 보여주는 대목이다. 그러나 예외가 없지는 않았다.

일제는 고종 황제를 강제로 퇴위시킨 뒤 한일신협약(정미7조약)을 체결하고 군대해산 등을 내용으로 하는 '정미비밀각서'를 빌미로 한국군을 해산시켰다.

이토 히로부미와 하세가와 일본군 사령관은 1907년 7월 31일에 순종으로 하여금 군대해산 조칙을 내리게 하여 8월 1일 서울에서부터 군대해산을 결행했다. 이때 서소문 밖 시위 제1연대 제1대대장

박승환이 자결함으로써 의병 항쟁에 불을 댕기게 되었다. 군인들이 병영 사수를 외치며 무장봉기에 나서 시가전으로 번졌다.

이회영은 〈시위대 장병을 애도하며〉라는 애사哀詞로 전사한 군인들을 추모했다.

장하신 대장 스스로 머리 쏘아 의분의 피 흩뿌렸으니
꽃다운 이름 민영환 공과 더불어 전하여지리라
모든 용사들 두려움 없이 기꺼이 나아가 싸우다 가셨으니
임들의 뜨거운 충의 만년토록 칭송되리라.[19]

해외 독립운동 기지 답사, 그리고 교육 운동

국내에서 항일운동을 전개하기는 점점 어려워져갔다. 일제는 강제 병탄을 앞두고 온갖 정보망과 군경을 동원하여 항일운동가들을 탄압했다. 이회영은 국내 활동이 한계에 이르고 있음을 감지하면서 1908년 여름, 해외 독립운동 기지 설치 현장을 탐색하기로 결심하고 홀연히 한국을 떠나 블라디보스토크로 건너가서 이상설을 만났다. 이상설은 그동안 헤이그 활동을 마치고 영국과 미국 등지를 순방하며 교포들의 구국운동을 격려하고, 블라디보스토크에 정착하여 독립운동 기지를 건설하는 데 힘을 쏟고 있었다. 이상설은 궐석재판에서 사형이 선고되어 귀국하고 싶어도 돌아올 수 없는 처지였다. 이회영이 이곳을 찾은 것은 이상설과 서신이 통했기 때문이었다.

이상설은 이승희 등과 함께 만주와 러시아의 접경지대에 있는 싱카

이호興凱湖 주변 중국령 미산密山(밀산)의 토지를 사들여 독립운동 기지를 건설하고 있었다. 그곳에 이주 한인 100여 가구를 정착시키고, 한국을 부흥하는 마을이라는 뜻으로 한흥동韓興洞이라 이름을 지었다.

오랜만에 만난 두 사람은 밤이 새는 줄도 모르고 내외정세를 토론하며 회포를 풀었다. 이상설은 헤이그 특사 이후 돌아본 미국과 유럽, 러시아의 사정을 이야기하고, 이회영은 더욱 강퍅해진 국내 사정을 토로했다.

만리타향에서 옛 벗을 만나니 기쁨이 극에 달하여 슬픔이 일어났다. 먼 북쪽 끝 바닷가 외로운 집에서 두 사람이 은근히 마주하고 조국 대사를 상의하니, 참으로 의협스러운 마음속 얘기는 눈썹에 노을이 비낀 듯하였고, 호걸영웅의 계책은 가슴속에 너른 바다가 있는 듯했다.[20]

이날 두 사람은 내외정세를 검토한 끝에 향후 운동방책으로 "지사들을 규합하여 국민교육을 장려할 것, 만주에서 광복군을 양성할 것, 비밀결사를 조직할 것, 운동자금을 준비할 것"[21] 등 네 가지 항목을 결정했다.

이상설은 이 자리에서 "나는 헤이그 사건으로 고국 강산에는 한 발자국도 들어가지 못하게 되어 이후로 구미 등지를 돌며 몸이 부서지도록 외교에 전력을 다하여 나라를 일으키는 일을 돕겠으니, 그대는 국내의 일을 담당하고 정성을 다하고 부지런히 애써 우리 광복의 큰 뜻을 달성하기를 기축祈祝한다"라고 말하고, 이회영은 "형의 귀중한 가르침을 명심하여 잊지 않겠다"라고 다짐했다.[22]

이상설과 만나 각자의 역할을 다할 것을 결의한 이회영은 선친의 대기大朞에 참석하기 위해 1910년 3월 초(음)에 귀국했다. 이회영은 귀국하자마자 지사들을 규합하여 국민교육을 장려하는 일부터 시작했다. 우후죽순처럼 나타난 기호학회, 서북학회, 교남학회, 호남학회, 관동학회 등 다섯 학회의 관계자들을 만나 전국의 교육문제를 협의했다. 또 이동녕, 안창호, 이승훈, 박승봉 등과 협의하여, 김사열은 평양 대성학교에(그러나 사고로 부임하지 못함), 이강연은 정주 오산학교에, 이관직은 안동 협동학교에, 여준은 상동청년학원에 교사로 나가서 근무토록 했다. 이상룡, 김동삼, 김형식, 유인식 등 안동 협동학교 관계자들은 뒷날 이회영 형제, 이동녕 등과 함께 경학사·신흥무관학교 운영의 주축을 이루게 된다. [23]

국내에서 교육운동에 전념하면서도 이회영의 목표는 해외에 독립군 기지를 건설하는 데 있었다. 상동교회에서 학생들을 가르치고, 신민회 간부들과 구국운동을 전개하면서, 친한 벗 중에 구한국군 장교였던 김형선과 이관직, 윤태훈 등에게 머지않아 만주에서 독립군을 양성하겠으니 해산된 군인들이 만주로 많이 가도록 권해 줄 것을 부탁했다. [24]

나라를 잃자 망명을 결심하다

이회영이 무너져가는 국권을 바로 세우고자 우국동지들과 힘겨운 싸움을 벌이고 있을 때 일제는 한국을 병탄하기 위한 마무리 단계를 밟아가고 있었다. 그 가운데 하나가 신민회의 기관지로 출범

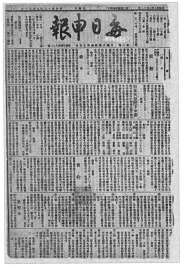

《대한매일신보》 창간호(왼쪽)와 《매일신보》 창간호.

하여 양기탁, 박은식, 신채호 등 민족언론인들에 의해 강력한 항일 논조를 펴온 《대한매일신보》를 무력화시키는 작업이었다.

조선통감 이토 히로부미가 "나의 백 마디보다 《대한매일신보》의 한 줄 기사가 조선인들을 훨씬 더 움직인다"라고 토로할 만큼 이 신문의 영향력은 지대했다. 일제는 영국인 사장 베델을 구속했다가 국외로 쫓아내고, 대표 격인 양기탁을 엉뚱한 죄목으로 기소했다. 그리고 친일 인사를 사장으로 앉혀 신문을 친일어용지로 만들어버렸다. 이에 항의하여 신채호 주필 등 민족언론인들이 모두 신문사를 떠난 뒤 이 신문은 친일매국지 역할을 하다가 병탄 이튿날부터는 아예 '대한'이라는 이름도 떼어내고 총독부 기관지 《매일신보》로서 오욕의 길을 걸었다.

일제의 감시망이 일거수일투족을 놓치지 않고 추적하는 통에 이회영은 운신의 폭이 점점 좁아졌다. 신민회 활동도 일제의 탄압으로 내리막길을 걷게 되고, 상동교회도 박해가 심해졌다. 그렇다고 활동을 멈출 수가 없었다. 이상설과 한 약조를 지키지 못해 가슴이 아팠고, 삼한갑족의 후예로서 망국을 막지 못한 죄책감이 어깨를 무겁게 짓눌렀다.

이회영은 독립운동의 중심지를 만주로 옮기기로 결심하면서 박노호, 윤태훈, 이기영, 성재구, 장윤순, 이관식, 이관직 등 자신을 따르는 청년들과 구체적 실천방안을 논의하고, 경비를 구하기 시작했다.

먼저, 만주로 떠나기 전에 이들과 서울에서 한바탕 거사를 하기로 하고, 의병 중 장사들로 결사대를 조직하여 서울 부근에 집결시키기로 했다. 그러나 이 계획은 뜻대로 실행되지 못했다. 이회영은 거사가 좌절된 뒤 동지들에게 말했다. 경술국치 직전에 있었던 일이다.

내가 제군들과 결사적으로 운동한 것도 벌써 반년이 되었는데, 오늘에까지 혁명사업은 아무 소득이 없고, 마음과 육신만 괴롭혔구나. 그러나 우리 혁명지사 된 자의 본분은 사업의 성패와 잘되고 잘못됨을 따지지 않고, 간과 뇌를 땅에 뿌리게 될지라도 철혈정신으로 용감히 나아가고 물러서지 아니할 뿐이다. 이제는 국내에서 운동을 거두고 만주로 나가 광복사업을 도모하고자 한다. 그런데 우리 몇 명의 동지만 금전이 갖춰지지 않아 단체로 만주에 건너갈 수 없으니 그 안타까운 심회를 어찌

다 말할 수 있겠는가. 바라건대 제군들은 각자 집으로 돌아갔다가 금년 겨울이나 내년 봄에 만주에서 재회하기를 약속하자. 동지 제군들은 해가 지고 길이 막힌 지금에 자중자애하기를 바란다. 나는 금년 안으로 만주로 건너가려고 결심하였는데, 그 방침은 만주를 시찰하고 돌아와서 결정하려 한다.[25]

동지들에게 만주에 독립군 기지를 건설하겠다고 약속한 이회영은 1910년 7월경에 이동녕, 장유순, 이관직과 함께 초산진으로 가 압록강을 건넜다. 이들은 지물紙物을 어깨에 메고 상인을 가장했다. 이것은 신민회 간부회의에서 결정한 것이기도 하거니와 이회영으로서는 대가족을 이끌고 망명할 결심을 하면서 꼭 필요했던 현장답사이기도 했다.

보름간의 서간도 시찰을 마치고 귀국한 그에게 조국에서는 8월 22일의 병탄조약과 29일의 조약반포로 우려하던 망국이 현실화되고 있었다. 이로써 조선왕조는 27대 519년 만에 멸망하고, 우리나라는 일본의 식민지로 전락했다.

일제는 병탄과 동시에 '한韓'이란 국호를 폐지하고, 통감부를 대신하여 조선총독부를 설치해 데라우치를 초대 총독에 임명했다. 그리고 매국과 병탄에 공을 세운 이완용 등 친일파와 매국노 75명에게 작위와 막대한 은사금을 안겨주었다.

'망국노'가 된 이회영은 망연자실해, 며칠 동안 식음을 전폐하고 드러누웠다가 홀연히 자리를 털고 일어나 결연한 어조로 방문한 동지들에게 말했다.

삼천리 기름진 강토는 도둑의 이빨에 씹어 삼킨 바가 되었고, 반만년의 신성한 한민족은 검은 잠방이의 야만족에게 노예가 되었으니, 이는 천추만세에 치욕이요 분한憤恨이다. 우리 2천만 동포는 총궐기하여 마지막 한 사람까지 왜적에 분투하여 조국을 되찾아야 한다.[26]

이회영은 국치를 당하고 망국의 산하에 가을이 깊어가는 어느 날, 남산을 바라보며 시 한 수를 지었다. 조국에서 남긴 마지막 시 〈서직黍稷〉이다.

虜兒敢作千年氣   사로잡힌 이 몸이 감히 천년의 기운을 닦노라.
天意寧知一日回   하늘의 뜻이 그 어느 날에 돌아올지 모르겠노라.[27]

3. 일가 60여 명과 기약 없는 망명길에 오르다

일가의 전 재산을 처분하고 망명을 준비하다

세상이 바뀌었다. 산천은 그대로인데 그 산천의 주인이 바뀌었다. 1910년 8월 29일의 국치 이후 일제는 조선을 지배하는 데 앞뒤 가리지 않고 야만적인 폭압정책으로 나왔다. 초반에 기를 꺾어놓자는 심산이 아니었을까.

경상북도 예천의 함양 박씨 집안에서 6대에 걸쳐 120여 년간 쓴 일기 『저상일월渚上日月』(보물 1008호)에는 국치 이후에 일어났던 일이 꼼꼼히 기록되어 있다. 국치 이후 며칠간의 일기를 살펴보자.

1910년(경술 융희 4) 10월 1일

면장이 지시하기를 이제부터는 가가호호에 태양기太陽旗를 세우라고 한다. 태양기란 다름 아닌 일본기다. 태극기는 내려지고 소위 일장기가 이 강산에 나부끼게 되었다. 그러고 나서 세금을 독촉했다.

10월 30일

일인들이 면내에 나와서 세금을 독촉하고 있다. 그리고 토지조사를 독촉했다. 토지만이 아니라 개·돼지·닭까지 모두 조사하기 시작했다.

11월 21일

면장이 양반·유생가의 전토田土와 소·말·개·닭 그리고 과실나무·뽕나무까지 자세히 적어 갔다.

11월 28일

집 아이를 시켜 면장 집에 가서 우리 집 소유 전답을 등출하여 왔다. 그리고 곳곳에서 엄청난 강간·약탈행위를 자행했다.

11월 29일

토벌대가 갑자기 경상북도 영천의 한 마을에 들이닥쳐 동네 아낙네들이 모두 피하여 방 안에 머리를 맞대고 모여 앉았는데 마침내 발견되어 노략질을 당했다. 여자와 남자의 옷을 벗겨 나체로 둘씩 나무에 묶어놓고 희롱했다 하니 하늘이 굽어보시고 어찌 천벌을 내리지 않으셨는지.[1]

일제는 조선을 점령하면서 일장기를 걸게 하고, 가축을 있는 대로 신고하게 하고, 토지조사를 실시하면서, 한 마을의 남녀를 발가

벗겨서 나무에 묶어 희롱하기까지 했다. 이 같은 현상은 전국 각지에서 다르지 않았으며, 1945년 8·15 해방으로 일인들이 자국으로 쫓겨갈 때까지 더욱 잔혹하게 자행되었다.

국치 이후 조선 사회의 참담한 실정을 여실히 보여준다. 용기 있는 사람들은 식칼이라도 들고 나서고, 비겁자들은 쥐구멍을 찾기에 급급하고, 기회주의자들은 이 판에 한몫 잡겠노라고 일인들 뒤꽁무니를 따라다녔다.

매천 황현(1855~1910)을 비롯하여 우국지사 몇 명이 통분을 이기지 못하여 자결했지만, 이런 소식은 일제의 언론통제로 알려지지 않은 채 세상은 급속히 일제 치하로 변해갔다. 신민회도 된서리를 맞았다. 1909년 10월 26일, 안중근이 이토 히로부미를 처단하면서 이에 연루되었다는 혐의로 안창호, 이동휘, 유동열, 이종호, 김희선 등이 구속되고, 나머지 간부들도 탄압을 당하여 사실상 국내 활동이 어렵게 되었다.

1910년 12월 어느 날, 이회영은 건영, 석영, 철영, 시영, 호영 등 형제가 모두 모인 자리에서 망국의 상황과 만주를 다녀온 사정을 소개하면서 망명의 당위를 통렬하게 설파했다.

슬프다! 세상 사람들은 우리 가족에 대하여 말하기를 대한공신의 후예라 하며, 국은國恩과 세덕勢德이 당대의 으뜸이라 한다. 그러므로 우리 형제는 나라와 더불어 안락과 근심을 같이 할 위치에 있다. 지금 한일합병의 괴변으로 인하여 한반도의 산하가 왜적의 것이 되고 말았다.

우리 형제가 당당한 호족의 명문으로서 차라리 대의가 있는 곳에 죽을지언정, 왜적 치하에서 노예가 되어 생명을 구차히 도모한다면 이는 어찌 짐승과 다르겠는가? 이제 우리 형제는 당연히 생사를 따르지 않고 처자노유妻子老幼를 인솔하고 중국으로 망명하여 차라리 중국인이 되는 것이 좋겠다고 한다. 또 나는 동지들과 상의하여 근역槿域에서 하던 모든 활동을 만주로 옮겨 실천하려 한다.

만일 뒷날에 행운이 있어 왜적을 부숴 멸망시키고 조국을 다시 찾으면, 이것이 대한민족 된 신분이요, 또 왜적과 혈투하시던 백사공白沙公(이항복)의 후손된 도리라고 생각한다. 여러 형님 아우님들은 나의 뜻을 따라주기를 바라노라.[2]

이회영의 비장한 발언에 형제들은 모두 응낙하고, 가산과 전답을 팔아 떠날 준비를 시작했다. 여기서 주목해야 할 사람이 있다. 이회영의 둘째 형 이석영이다. 그는 1873년에 영의정을 지낸 이유원의 양자가 되어 그쪽에 입양되었음에도 기꺼이 생가生家 형제들과 뜻을 같이했다. 이석영은 경기도 포천 등지에 있던 수많은 논밭과 가옥을 모두 팔아서 형제들의 독립운동자금에 보탰다. 황현은 『매천야록』에서 "양주(현 남양주)에서 서울을 오는데 남의 땅을 밟지 않아도 될 만큼 광대한 땅"이었다고 할 만큼 이석영의 땅은 그 규모가 엄청났다.

이회영도 명동의 집과 재산을 처분하고, 다른 형제들도 이에 따랐다. 이회영의 집은 최남선에게 팔렸다. 집안 대대로 물려온 고서도 최남선에게 주었다. 뒷날 최남선은 이런 은공도 잊은 채 민족 진영을 배신하고 친일파가 되었다. 막대한 재산을 비밀리에 처분하다

쌍회정에 모여 망명을 논의하는 이회영 6형제.

보니 제값을 받기가 어려웠다. 비밀 유지도 쉽지 않았으나 6형제의
재산을 모두 처분할 때까지 비밀은 새어나가지 않았다. 인근에 후
한 덕을 쌓았기 때문일 것이다.

이회영 일가가 전 재산을 팔아 만든 돈이 약 40만 원이었다. 당시
쌀 한 섬이 3원 정도였으니, 40만 원이면 아주 큰돈이다. 현재의 쌀
값으로 환산하면 600억 원, 황소로는 1만 3,000두 값이다.

이회영은 출국하기 전 서울에 있는 몇몇 동지들에게 은밀히 작별
인사를 하고, 김진호와 강매 두 사람을 초청하여 청량사에서 오찬

을 하며 각별히 당부했다.

이상재 선생은 사회적으로 애국원로이며, 전덕기 목사는 종교 방면의 애국위인이다. 그 기절氣節이 크고 뜻과 사려가 바르며 성심이 있어 국가대사를 믿고 의지할 만하다. 그래서 국내의 일을 이·전 두 선생에게 비밀히 부탁하였으니 그대들 두 사람은 지절을 굳게 지니고 근신자중하여 이·전 두 선생과 동심협력하여 광복의 방법을 논의하기 바란다.
나는 만주에 한번 나가면 광복되기 전에는 고국에 돌아올 기약이 묘연하기에 이제 이로써 이별의 말을 대략하는 것이다.[3]

국경을 넘어 고난의 길로 들어서다

1910년 12월 하순, 이회영 일가는 살을 에는 추위 속에서 서울을 떠났다. 조국 강산과 선영의 분묘를 눈물로 이별하고, 6형제 일족 60여 명을 인솔하여 남문역에서 기차를 타고 서울을 떠나 곧장 신의주역까지 가서 내린 다음, 동지 이선주의 안내로 다른 동지 모 씨의 여관에 투숙했다.

다음 날 새벽에 일어나 매운 삭풍과 하얗게 덮인 눈 속에서 왜적의 경계를 피하여 암암리에 가족 모두가 노유상부老幼相扶하여 얼음을 타고 강을 건넜는데, 십전구도十顚九倒를 다하여서야 국경을 넘고 안둥현安東縣(안둥현)에 닿았으니, 참으로 어려운 행진이었다. 그러나 한편으로는 안둥현은 만주 땅인지라 왜적의 세력이 아직은 확장되지 아니하여 신변에 아무 우려될 것은 없었으니 선생에게는 호랑이의 입을 탈출한 느낌이 있었으며, 앞길의 난관이 비록 첩첩할지라도 자위자안自慰自安이 되었다.[4]

이은숙의 자서전에 따르면, 이들이 압록강을 건넌 것은 12월 30일로 되어 있다. 그런데 이회영은 국내에서 따로 만날 사람이 있었던 것인지 이날은 가족과 일가만이 먼저 출국하고, 이회영은 며칠 뒤 가족과 합류했다.

> 국경이라 경찰의 경비 철통같이 엄숙하지만, 새벽 3시쯤은 안심하는 때다. 중국 노동자가 강빙江氷에서 사람을 태워가는 썰매를 타면 약 두 시간 만에 안동현에 도착하게 된다. 그러면 이동녕 씨 매부 이선구 씨가 마중 나와 처소로 간다.[5]

이회영 일가는 이렇게 혹독한 한겨울 날씨와 싸우면서 왜경의 눈을 피해 국경을 넘었다.

> 우당장(이회영)은 며칠 후에 오신다고 하여 내가 아이들을 데리고 떠났다. 신의주에 도착하여 몇 시간 머물다가 새벽에 안동현에 도착하니, 영석장(이석영)께서 마중 나오셔서 반기시며 "무사히 넘어 다행이라" 하시던 말씀이 지금도 상상이 되도다.[6]

이회영은 가족을 거느리고 "기지旣知의 사지死地로부터 미지未知의

"빙천한설리 우당 일가권속 구국망명." 이회영 6형제 일가의 중국 망명길을 상상해 화선지에
수묵담채로 그린 그림(2017년, 백범영 작품).

사지"로 떠났다. 역사상 망명자는 수없이 많으나 일가一家 대소가 해
외로 망명한 경우는 흔치 않았다. '망명亡命'이란 글자 그대로 생명을
내놓는 일이다. 단순히 전쟁이나 자연재해를 피해 고국을 떠나는
난민과는 다르다. 근대에 이르러 러시아 혁명 뒤 백계白系 러시아인
들의 망명, 나치 치하에서 유대인 및 자유주의자와 사회주의자들의
망명, 일제의 병탄에 항거한 우리 독립지사들의 망명에 이르기까지
정치적 탄압이나 종교적 박해, 식민 지배를 피해 떠나는 망명의 발
길이 끊이지 않았다.

　안동현의 중국인 동지가 경영하는 여관에서 하루를 쉰 일가는 다
음 날 다시 여장을 꾸려 마차를 타고 중간 거류지로 예정된 환런현
桓仁縣(환인현) 황다오촌黃道村(황도촌)을 향해 출발했다.

6형제 식구와 둘째 댁은 출가여식出家女息까지 데리고 와 마차 10여 대를 얻어 일시에 떠났다. 안동현서 황다오촌까지는 500리가 넘는지라, 입춘이 지났어도 만주 추위는 조선 대소한 추위 비比치도 못하는 추위다. 노소 없이 추위를 참고, 새벽 4시만 되면 각각 정한 차주車主는 길을 재촉해 떠난다. (…)

우당장은 말을 자견自牽하여 타고 차와 같이 강판에서 속력을 놓아 폭풍같이 달리신다. 나는 차 안에서 혹 얼음판에서 실수하실까 조심되었고, 6, 7일 지독한 추위를 좁은 차 속에서 고생하던 말을 어찌 다 적으리오. 그러나 괴로운 사색은 조금도 나타내지 않았다. 종일 100여 리를 행해도 큰 쾌전快廛 아니면 100여 필匹이 넘는 말을 어찌 두리오. 밤중이라도 큰 쾌전을 못 만나면 밤을 새며 가는 때도 있었다. 우리나라에서는 귀가 부인들이 이 같은 고생은 듣지도 못했을 것이어늘, 그러나 여필종부의 본의를 지키는 것이다.

갈수록 첩첩산중에 천봉만학千峯萬壑은 하늘에 닿을 것 같고, 기암괴석 봉봉의 칼날 같은 사이에 쌓이고 쌓인 백설은 은세계를 이루었다. 험준한 준령이 아니면 강판 얼음이 바위같이 깔린 데를 마차가 어찌나 기차같이 빠른지, 그중에 채찍을 치면 더욱 화살같이 간다.

7, 8일 만에 황다오촌에 도착하여 시량柴糧은 넉넉하나, 5간방자五間房子에 60명 권속이 한데 모여 날마다 큰 잔칫집같이 수런수런 수란愁亂하게 며칠을 지냈다.[7]

이회영과 결혼하여 2년여 만에 권문대가의 마나님에서 망명객의 일원이 된 이은숙의 생생한 기록이다. 일가는 10여 대의 마차에 나누어 타고, 당시 44살에 이른 이회영과 남자 몇 사람은 말을 타고, 험준한 망명지 만주로 계속 나아갔다.

일가가 황다오촌을 떠나 500~600리나 되는 류허현柳河懸(류하현) 싼위안바오三源堡(삼원보)를 거쳐 최종 목적지 쩌우자가鄒家街(추가가)에 도착한 것은 2월 초순이었다. 서울을 떠난 지 한 달 만이었다.

이은숙의 자서전에는 일가가 60여 명으로 기록되고, 이정규와 이관직 등의 기록에는 40여 명으로 기술되어 있어서 그 수는 조금 차이가 난다. 그러나 여러 기록을 함께 검토해보았을 때 일가 40여 명에 수행을 자청한 해방노비 20명을 더하여 모두 60여 명이 길을 떠난 것으로 보인다.

이회영 일가의 망명 소식은 국내 민족운동 진영은 물론 국민에게도 큰 충격을 주었다. 조선총독부도 신민회를 발기하는 등 민족운동을 주도한 우당 일가의 비밀 집단망명에 충격을 받기는 마찬가지였다.

선생의 일가족이 나라를 떠난 소식이 알려지자 온 장안 사람들이 모두 선생의 기풍과 절개에 놀라고 탄복했다. 월남 이상재는 다음과 같이 간략히 평했다.

"동서 역사상에 국가가 망한 때 나라를 떠난 충신의사가 수백·수천에 그치지 않는다. 그러나 우당 일가족처럼 6형제 가족 40여 명이 한마음으로 결의하고 일제히 나라를 떠난 일은 전무후무한 것이다. 장하다! 우당의 형제의 절의는 참으로 백세청풍百世淸風이 될 것이니 우리 동포의 가장 좋은 모범이 되리라.[8]

월남 이상재.

이회영 일가는 온갖 고초를 겪으면서 2월 초순에 쩌우자가에 도착했다. 그러나 천신만고 끝에 도착한 마을은 결코 안식처가 되지 못했다.

류허현은 5, 6백리나 되는 길이어서 2월 초순에야 도착했다. 추지가鄒之街(쩌우즈가)라는 데는 추가성鄒哥姓이 여러 대代에 살아서 그곳 지명이 추지가라 하는 곳으로, 가서 3칸 방을 얻어 두 집 권속이 머물렀다.

이곳은 첩첩산중에, 농사는 강냉이와 좁쌀·두태고, 쌀은 2, 3백 리나 나가 사오는데 제사에나 진미를 짓는다. 어찌 쌀이 귀한지, 아이들이 저희들이 이름 짓기를 '좋다밥'이라 하더라. 우리 안목에 그곳 사람은 인간 같지 않고 무섭기만 하게 보이는데, 그 사람들은 우리가 일본과 합하여 자기들 나라를 치러 왔다고 저희들끼리 모여 수런거린다.[9]

일가가 이곳을 정착지로 정한 것은 지난여름 이회영이 사전에 답사하여 보아둔 곳이었기 때문이다. 지세가 험준하여 일제의 손길이 미치기 쉽지 않아서 군사기지를 마련하기에 적지라고 생각했다. 그러나 만주의 겨울 추위는 예상을 훨씬 뛰어넘었고, 음식은 거칠기 그지없었다. 난관은 이런 자연환경만이 아니었다. 토착주민들이 중국 지방경찰에 일본 앞잡이들이라고 밀고한 나머지 경찰 수백 명이 출동하여 짐을 샅샅이 수색했다. 토착민들은 그동안 고려인들이 건너올 때는 남부여대로 초라하게 와서 정착했는데, 이번에는 수십 명이 말과 마차를 타고 온 것을 수상하게 여겼기 때문이다.

중국 경찰과는 말이 통하지 않아서 필담을 통해, 일본에 나라를 빼앗기고, 조선과 중국은 형제 국가라 아우가 형을 찾아왔다고 설명하여 간신히 오해가 풀렸다. 한 연구가는 이회영이 망명지로 택한 싼위안바오를 답사하고 이렇게 썼다.

싼위안바오는 현재 싼위안푸三源浦(삼원포)라고 부르는데, 작은 강물 세 줄기가 합쳐서 흐른다 해서 이름이 붙었다. 이회영 일가는 싼위안푸에서 서쪽으로 3~4킬로미터 떨어진 쩌우자가에 새로운 둥지를 틀기로 했다. 싼위안푸에서 15킬로미터 떨어진 5도구는 1895년 김형진과 김구가 두 번 답사하여 보고한 바 있고, 의병장 유인석이 '부흥기지'를 구상하여 머물던 곳이다.

이회영과 이동녕 일행은 1910년 8월 서간도 답사 때 이곳 이주민들에게 정보를 듣고 직접 답사한 다음, 무관학교 설립의 적지로 점찍은 것이다. 싼위안푸 일대가 독립운동 기지 건설지가 된 것은 그곳이 옛 고구

려의 중심지였다는 점 외에도 지리적인 여건이 크게 작용한 것으로 보인다. 싼위안푸는 퉁화현通化縣(통화현)에서 47킬로미터 정도 떨어져 있고 류허현까지도 비슷한 거리다.

교통이 아주 나쁘다고 말할 수 없고 퉁화현에서 오는 길은 산지가 많고 평야가 적어 다소 산속 깊숙이 들어간다는 인상을 주었다. 게다가 쩌우자가 뒤에는 샤오구산小孤山(소고산)과 꽤 멀리서도 눈에 띄는 다구산大孤山(대고산)이 있고, 그 뒤에 고산이 연이어 펼쳐 있어 유사시 피신하기에 좋은 지형이다. 또 비교적 넓은 들이 펼쳐 있으니 장차 군사훈련과 농사일을 함께 할 수 있는 병농체제兵農體制를 갖추기에 유리한 조건이었다. 바로 이런 점 때문에 이회영은 이곳 쩌우자가 일대를 첫 군사기지 건설 자리로 꼽게 된 것이다.[10]

이회영 형제의 필담으로 중국 정부와 원주민들의 오해는 풀렸다. 그러나 아직 넘어야 할 산이 한둘이 아니었다. 중국에 귀화하지 않으면 조선인은 집과 토지를 구입할 수 없었는데, 심지어 생필품 판매까지 거부하는 사례도 있었다. 이런 상태에서 몇 달이 지났다.

이회영은 해가 바뀐 신해년 7월, 안동 출신으로 을사오적 처단 상소를 올리는 등 항일투쟁을 하다가 1911년 1월에 식솔 50여 명을 이끌고 망명하여 이웃에 살게 된 석주 이상룡李相龍과 만나 대책을 강구했다. 국내에서부터 절친한 사이로 함께 식솔을 이끌고 망명한 우국의 동지였다.

그 무렵 중국에서는 신해혁명이 일어나 정국이 요동치고 있었다. 청조는 군벌 위안스카이袁世凱를 기용하여 혁명군을 토벌하라고 지

석주 이상룡.

시했다. 그러자 영국이 중재에 나서서 화평을 모색했다. 마침내 쑨원孫文과 위안스카이의 막후 협상에 따라 청의 황제를 퇴위시켜 제정체제를 청산하고 공화정을 실시하기로 했다. 이에 따라 1912년에 중화민국이 들어서고, 1913년에 위안스카이가 대총통에 취임해 중화민국 정부의 수반이 되었다.

위안스카이는 한국에 있을 때 이회영의 부친(이유승)과 친교가 깊었고 그 형제들과도 세교世交가 있었다. 이회영은 그런 인연을 바탕으로 위안스카이를 만나서 협력을 받아낼 작정이었다. 그는 이상룡과 함께 펑톈奉天(봉천)을 거쳐 베이징北京(북경)으로 가서 위안스카이를 만났다.

이회영 일행을 크게 반긴 위안스카이는 일제와 싸우기 위해 중국으로 왔다는 말에 적극적으로 협력한다고 약속하면서 막료 후밍천胡明臣을 딸려 보내 동삼성東三省 총독을 만나게 하고, 비서 자오스슝趙世雄을 딸려 보내 류허현과 퉁화현 등의 현장을 만나 이회영 일행을 돕도록 했다.[11]

이회영은 이후 후밍천과 결의형제를 맺으며 우의를 돈독히 했다. 후밍천은 "쩌우자가는 쩌우(㈜)씨가 오래전부터 대를 이어 사는 곳으로 토지를 사들이기 어려우니 퉁화현에서 100여 리 떨어진 하니허哈泥河(합니하)에 터를 잡을 것"을 권했다. 이에 따라 이회영은 이동녕, 후 씨와 함께 하니허로 가서 토지를 계약할 수 있었다. 하니허는 쩌우자가보다 더 험한 지형이었다. 그 대신 독립군 기지를 설치하기에는 적합한 곳이었다. 이로써 이회영 일가는 하니허에 정착하게 되었다. 이회영과 위안스카이의 관계가 알려지면서 이회영을 대하는 지방 관리나 주민들의 태도도 크게 달라졌다.

만주의 첫 항일단체 경학사 설립

이회영은 일가의 정착지가 마련되면서 '망명 과업'을 서둘렀다. 일제의 압정을 피해 고국을 떠난 것이 아니라 독립운동을 하기 위해 모든 기득권을 포기하고 이역의 험지까지 온 것이었다. 그래서 먼저 시작한 것이 경학사耕學社 설립이었다. 이회영 6형제와 이상룡, 김동삼, 이동녕, 김창환, 여준, 주신수 등은 1911년 4월, 싼위안바오 다구산으로 이주한 동포 300여 명을 모아 노천대회를 열었다.

앞줄 왼쪽부터 조완구, 이동녕, 이시영, 뒷줄 왼쪽부터 송병조, 김구, 조성환, 차리석.

이 대회에서 몇 가지를 합의했다. 민단자치기관의 성격을 띤 경학사를 조직할 것, 전통적인 도의에 입각한 질서와 풍기를 확립할 것, 개농주의皆農主義에 입각한 생계 방도를 세울 것, 학교를 설립하여 주경야독의 신념을 고취할 것, 기성 군인과 군관을 재훈련하여 기간장교로 삼고 애국청년을 수용하여 국가의 동량지재를 육성할 것 등 5가지였다.

이 같은 5개 항에 뜻을 모은 이날 노천대회는 이어서 경학사 사장에는 이상룡을 추대하고, 내무부장에 이회영, 농무부장에 장유순, 재무부장에 이동녕, 교무부장에 유인식을 선출했다. "지금껏 별다른 직책을 갖지 않은 채 대개 뒤에서 일을 도모하며 자신을 드러내지 않았던 이회영이 내무부장을 맡은 것은 그만큼 경학사에서 중요한 위치를 차지한 것이고, 이후에도 그러한 역할을 해야 했기 때문이다."[12]

경학사는 이름 그대로 낮에는 농사를 지어 주민들의 생계를 도모하고 밤에는 공부하는 곳이었다. 다만, '밤의 공부' 중에는 야간 보행을 비롯해 군사훈련이 따랐다는 점이 특별했다. 낮에 군사교련을 하다가는 중국 측의 공연한 오해를 살 것이기에 야간을 택해 실시했다.

경학사를 설립하면서 「경학사 취지서」를 발표하여 조국광복의 방략을 내외에 반포했다. 「경학사 취지서」는 "유구한 역사를 지닌 한민족은 문화민족이며 끊임없이 이민족의 침입을 받았으나 피의 항쟁을 전개하여 물리치고 오늘에 이르렀음"을 강조한 데 이어, "한민족이 나라를 잃어 생존의 터전이 없어졌음"을 한탄하고, "그 책임은 민족 개개인에게 있음"을 지적했다. 따라서 이 절박한 시기에 자결과 같은 소극적인 방법은 침략자 일제를 유리하게 해줄 뿐임으로 그리스가 터키로부터 독립했듯이 무장투쟁의 방법으로 국권을 회복하고 독립을 쟁취할 것을 호소했다. 그 방략은 "삼태기로 흙을 날라 태산을 만들 듯이 점진적인 방법으로 목표를 달성하자"라는 것이다. 또 「경학사 취지서」는 "민족 구성원 모두가 스스로 와신상담해 힘을 길러 독립전선에 앞장설 것"을 주장하고, "재만 한인들이

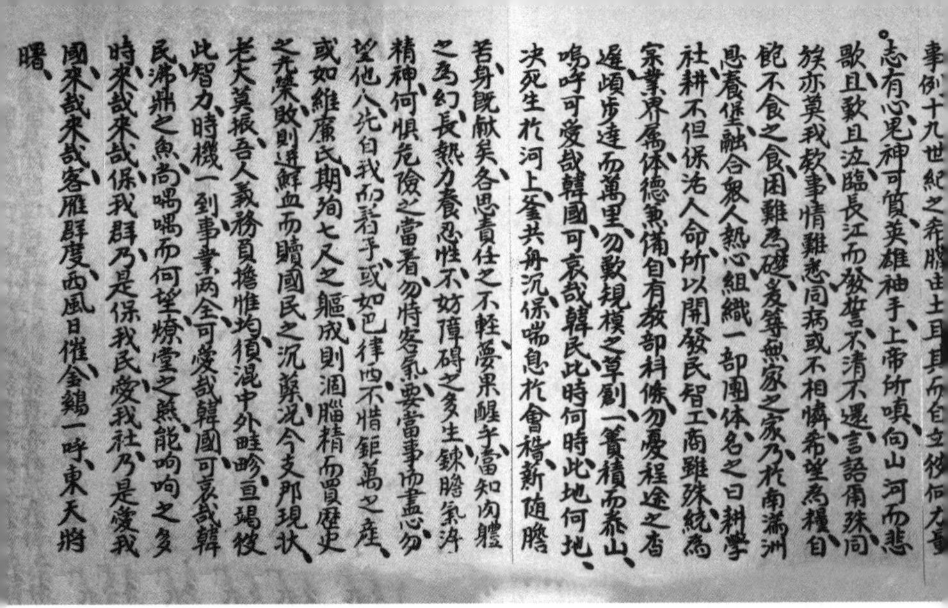
事例十九世紀之希臘由土耳其而自立彼何尤量
。志有心鬼神可質英雄袖手上帝所嗔向山河而悲
歌且歎且泣臨長江而發誓不清不還言語備殊同
族亦莫我欵事情難悉同病或不相憐希望為種自
飽不食之食困難為礎友等無家之家乃於南滿洲
思養堡融合衆人熱心組織一部團体名之曰耕學
社耕不但保活人命所以開發民智工商雖殊統為
家業界為体德兼備自有教部科條勿憂程途之杳
遐頃步達而萬里勿歎規模之草創一簣積而泰山
嗚呼可愛哉韓國可哀哉韓民此時何時此地何地
決死生於河上登共舟沉保喘息於會稽薪随膽
苦身既献矣各思責任之不輕夢果醒乎當知肉體
之為幻長熱力養忍性不妨障碍之多生鉄膽氣浩
精神何慎危險之當着勿特客氣要當事而盡忠勿
望他人先自我而着手或如巴律西不惜鉅萬之產
或如維廉氏期殉七尺之軀成則涸腦精而貫歷史
之光榮敗則進鮮血而贖國民之沉蘇况今支那現狀
老大莫振吾人義務負擔惟均須混中外睢盱亘竭彼
此智力時機一到事業兩全可愛哉韓國可哀哉韓
民沸鼎之魚尚喁喁而何望燎堂之燕能响响之多
時來哉來哉保我群乃是保我民愛我社乃是愛我
國來哉來哉客雁群度西風日催金鷄一呼東天將
曙

이와 같은 정신으로 경학사를 중심으로 단결하면 기필코 조국광복을 달성할 수 있을 것"이라고 확언한다. 「경학사 취지서」는 이상룡이 집필한 것으로 알려졌지만, 참여 인사들의 합작품이라는 주장에도 설득력이 있다.

경학사가 만들어진 시기에 관해서는 여러 주장이 있지만, 1911년 늦봄에서 음력 5월 14일 이전 여름 사이에, 이회영 형제가 살고 있는 쩌우자가 다구산 노천회의에서 설립되었다고 할 것이다. 「경학사 취지서」는 여러 연구자들이 이상룡이 작성한 것으로 이해하였지만, 『묵암 비망록』 1918년 5월 20일 자에 쓰여 있는바, 이동녕과 이회영이 초를 잡았고, 그것을 한학에 밝고 연상인 이상룡이 보필한 뒤 여러 동지들이 의논, 첨삭하여 확정했다는 주장[13]이 설득력이 있다.[14]

嗚呼可愛哉韓國可哀哉韓民歷史四千年禮義
制度之金甌膏腴地三千里動植礦産之光饒吾父
吾祖之腦血所流合吾子吾孫之命脈攸係念關係之
懇切敢守懔之忽蹶粉骨糜身吾所不讓麼頂放踵
子亦甘心夫何百年醉眠之濃適值五洋風潮之漲矻
雷凡兩日溫屋角而我則無聞鐵纜雲車交馳門外
而我則無見砲輷彈轟倉卒之間猛虎振牙伈伈焉
忪忪前易倣者文明富庶名政府雖迮者時勢倡
設無魂學堂假使一種奸類不作恨毛其奈然數頑
黨動凱戲魔野婦女之破綃綺俵僋其眠藍塝之起瑤
關只促其傾平等自由反傲殺人之毒藥商務工藝
遷爲破家之先鋒栝但餘空殼末乃坐拱復手斲送金瓻
號如每劄軍部壞外交之權隨風俊去伶仃定約勤主權之
弄小兒戲軍部壞但餘空殼末乃坐拱復手斲送金瓻
嗚呼可哀哉韓民可愛哉韓國無土何食無國焉生
吾身且己何山可葬吾骸且長何屋可居不見及
民乎栝口中之食而不足以償債不讀趙南史乎賣
頭上之天而不足以資生毋曰我不知我忘我公產
彼安得不奮毋曰我無罪彼安得不覬
寧引刀而自戕嫌我天職彼安得不窺
賣國賣名其將萬淚而受窮天之恥辱嗽盍亦菑力
而着終苟之結果也逐抗萬事焉奈之地更勵百折

「경학사 취지서」.

경학사를 중심으로 뭉친 한인들은 척박한 만주 땅을 개간하여 삶의 터전을 마련하고, 국내에서 애국정신을 가진 동포들을 더욱 불러들이며 한인사회의 기반을 일구어나갔다. 경학사 회원들의 이런 노력이 있었기에 이후 쌴위안바오에는 많은 애국 동포와 지사들이 모여들기 시작했다. 신민회 출신의 민족지도자들뿐만 아니라 항일 의병 전투를 전개했던 이진룡, 조맹선, 박장호, 조병준, 전덕원 등과 일본 육군사관학교에서 신식교육을 받은 노백린, 임재덕, 이갑, 김광서, 지청천 등도 속속 합류했다. 이들 민족운동계 지도자들은 신민회 회원 출신의 지도자들과 힘을 합해 이주한인의 자제들에게 민족교육을 시키는 한편 한인사회를 이끌었다.[15]

척박한 이국땅에서 경학사를 운영하는 일은 말처럼 쉽지 않았다. 가르치는 사람들이나 배우는 사람들의 열정과 애국심은 높았으나 주변 상황은 이를 감당하기 어려웠다. 첫해 1년간은 이회영 일가가 국내에서 가져온 자금으로 운영했으나 이 자금은 곧 바닥이 났다. 설상가상으로 그해 농사마저 대흉작을 면치 못하면서 이주 한인들의 고통은 이만저만이 아니었다. 그야말로 초근목피로 연명하기에 이르렀다.

경학사를 중심으로 이루어진 서간도의 한인사회는 1년간은 이회영 일가가 가지고 온 돈으로 지탱해나갈 수 있었다. 국내에서 모여든 대다수의 한인들은 거의 가진 것 없이 이 지역에 당도하였기 때문에 그들 모두가 이회영 일가의 자금에 의존할 수밖에 없는 실정이었다. 그런 이유로 이회영 일가가 가져온 자금이 상당한 것이기는 하였으나 한인사회 전체를 계속해서 유지할 만큼은 되지 못했다. 게다가 불행하게도 척박한 만주 땅을 개간해 지은 첫해의 농사는 대흉작을 면치 못했다.

가을걷이를 제대로 하지 못한 한인들은 생존을 위해 다음 해 봄까지 남겨두어야 할 씨종자마저 식량으로 먹어야 했다. 그래도 식량이 부족하여 사람들이 풀뿌리와 나무껍질을 먹으며, 제대로 식수를 구할 수 없어 나무뿌리에 고인 물을 먹었다가 지독한 풍토병에 걸려 목숨을 잃기도 했다.[16]

버티고 이겨내기 어려운 시련이었다. 이회영과 형제들은 우국충정의 사명에서 결단한 일이었지만, 가족들에게는 견뎌내기 힘든 고통의 나날이었다. 신채호는 단편소설 『꿈하늘[夢天]』에서 "누가 처자를 어여삐하지 않는 사람이 있겠는가마는 열사가 나라를 위함에는 가족까지 희생하는 법이니, 나라 사랑과 아내 사랑은 서로 같이 할 수 없는 것"이라고 했다. 이회영 일가는 온 가족이 함께 망명해온 탓에 그 고초가 더욱 자심했다.

신흥강습소를 설립하여 군사교육을 실시하다

이회영과 민족지도자들은 경학사를 힘겹게 운영하면서도 경학사 내부에 신흥강습소를 설립해 동포 청년들의 군사교육을 서둘렀다.

경학사가 민단 성격을 띤 자치기관이었다면 무관학교 설립을 위한 전 단계로 설립된 신흥강습소는 독립군 양성을 목적으로 하는 군사교육기관이었다. 이회영은 교명을 신민회의 '신' 자와 다시 일어난다는 '흥' 자를 붙여 '신흥新興'이라 했다. 지역토착민들이 신흥강습소를 일제의 앞잡이로 오해하게 되면서 교사校舍 터를 구하기 어렵게 되자 주민의 옥수수 창고를 빌려 개교식을 거행했다.

경학사 안에 학교를 설립하였는데, 신흥학교라 하였으며 본과와 특과의 두 과정을 두었다. 본과는 보통 중학 과정이었는데, 교사로 장도순·윤기섭·이규봉과 중국인 모 씨 등이 정해졌고, 특과는 군사학을 전수하는 과정으로 교두教頭에 이관직, 대장에 이장녕 두 사람이 각각 임명되었으며, 학교장에는 선생의 형인 이철영이 추대되었다.[17]

신흥강습소 교사는 토착민들의 오해가 풀리면서 하니허 북쪽 언덕 위에 신축할 수 있었다. 각 학년별로 널찍한 강당과 교무실이 마련되고 병영사兵營舍도 마련했다. 내무반에는 사무실, 편집실, 숙직실, 나팔실, 식당, 비품실 등이 구별되어 있었고, 생도들의 성명이 부착된 총가銃架가 별도로 설치되었다.

1911년 6월에 설립된 신흥강습소(학교 이름은 나중에 신흥중학, 신흥무관학교로 바뀜)는 4년제 본과와 6개월 또는 3개월 과정의 속성과를 병설하여 국내외에서 찾아오는 젊은 인재들을 교육·훈련시켰다. 신흥강습소에서는 교가를 제정하여 민족의식을 고취했다. 교가는 3절로 되어 있는데, 그 가운데 1절과 2절의 노랫말은 다음과 같다.

서북으로 흑룡태원 남의 영절의
여러만만 헌헌자손 업어 기르고
동해 섬 중 어린것들 품에도 품어
젖 – 먹여 준 – 이가 뉘뇨.
우리우리 배달나라의
우리우리 조상들이라
그대 가슴 끓는 피가 우리 핏줄에
좔 – 좔좔 걸치며 돈 – 다. (제1절)

장백산 밑 비단 같은 만리낙원은
반만년래 피로 지킨 옛집이어늘
남의 자식 놀이터로 내어 맡기고
좀 서름 받 – 니 뉘 – 뇨.
우리우리 배달나라의

우리우리 자손들아

가슴치고 눈물뿌려 통곡하여라

지—옥의 쇳—문이 온다. (제2절) [18]

신흥강습소는 자금난 등의 난관 속에서도 1911년 12월에 제1회 특기생으로 김연, 변영태, 성준식 등 졸업생 40여 명을 배출했다.

강습소는 처음에 양기탁 등이 국내에서 모금하는 자금과 이석영의 재산으로 운영될 계획이었으나 이른바 105인 사건으로 국내 모금이 중단되면서 전적으로 이석영에게 의존할 수밖에 없었다. 그러나 이석영의 재산도 이내 고갈되었기에 만주에 거주하는 동포들의 기부금에 기댈 수밖에 없는 상황이었다. 그런데 1911년에 서간도 지역에는 풍토병이 만연하고 가뭄과 서리 등 천재까지 겹쳐 동포들의 농사가 치명적인 피해를 입는 바람에 신흥강습소는 더 이상 유지하기가 어려운 상황에 이르렀다.

이러한 상황에서 김창환과 윤기섭 등은 학교를 유지하기 위해 구걸을 해야 하는 역경을 견뎌내야 했다. 1912년부터 다행히 풍년이 들기 시작하자 여준과 이탁 등을 중심으로 신흥학교 유지회를 조직하고, 이 단체를 중심으로 각 지방에서 재정을 갹출하여 신흥강습소 경비를 충당하고자 노력했다. [19]

이회영과 독립지사들은 흉작에 따른 자금난으로 경학사를 해체하고, 1912년 봄에 새로운 한인 자치기구인 부민단扶民團을 조직했다. 경학사의 정신을 이은 부민단은 하니허에서 조직되었다. "부여의 옛 영토에 후손들이 부흥결사復興結社를 세운다"라는 뜻이었다. 초대 단장은 의병장 허위의 형인 허혁이 맡았으며, 얼마 뒤에는 이상룡이 그 뒤를 이었다.

부민단은 한인사회의 분쟁은 물론 지역토착민 및 중국 관청과의 분쟁을 조정하고 민족교육을 실시하는 한편 신흥강습소를 통해 독립군을 양성하는 데도 힘을 기울였다. 궁극적인 목표는 재만 한인의 토대 위에 독립운동 군사기지를 세우는 것이었다.

이회영은 열악한 상황에서도 우국지사들을 결집해 경학사와 신흥학교, 이어서 이 둘을 통합한 부민단을 조직하면서 독립운동 기지 건설 기반을 갖추었다. 목표는 일제와 무장투쟁을 하는 장교 양성기관인 군관학교를 설립하는 것이었다.

4. 독립군 양성소 신흥무관학교를 건립하다

신흥강습소와 신흥중학 그리고 신흥무관학교

나라가 망한 뒤 국내에서 활동하기 어렵게 되자 우국지사들은 국외로 빠져나갔다. "나라마다 쫓겨난 망명자들은 자신이 인민들의 전위를 상징한다"[1]라는 한나 아렌트의 말대로, 이들은 망국 시대 민족의 전위들이었다. 나치 독일에 쫓겨 해외로 망명한 정치사상가 아렌트는 그 자신이 17년간 망명자 신분으로 지내면서 망명자를 '인민의 전위'라 불렀다.

지사들이 해외에서 독립운동의 둥지를 틀 때는 대개 4개 지역의 단체가 중심이 되었다. "연해주의 성명회聲明會와 그 이념을 계승한 권업회勸業會, 북간도의 간민교육회墾民敎育會와 이를 발전시킨 간민회墾民會, 서간도의 경학사와 이를 이은 부민단, 그 밖에 북만주의 신한

국민회 등은 그러한 결사 가운데 유명한 것이었다. 또 하와이와 미주의 한인사회를 기반으로 성립된 공립협회公立協會와 대동보국회大同保國會 및 그 둘을 통합 발전시킨 대한인국민회大韓人國民會 등도 중요한 것들이었다."[2]

각 지역에 설립된 독립운동 기지는 모두 나름대로 큰 역할을 하고, 우리 독립운동사에서 불멸의 금자탑으로 남았다. 그중에서도 특히 이회영 등이 중심이 되어 쌘위안바오에 세운 신흥무관학교는 무장독립전쟁 전사들을 길러내는 요람이었다. 앞에서 밝힌 대로 신흥학원과 신흥중학은 중국의 눈을 피하기 위해 붙인 이름일 뿐이고 실제는 신흥무관학교의 전신이었다.

신흥강습소는 1913년에 신흥중학으로, 3·1 혁명 뒤인 1919년에 다시 신흥무관학교로 이름을 바꾸었으나 실제로 신흥강습소 시대부터 무관학교로서 군사교육과 군사훈련을 시켰다.[3]

이회영은 언제까지나 이런 식의 소극적인 방법만을 취할 수는 없다고 판단하고, 무관학교를 설립하는 일을 본격적으로 시작했다. 이석영이 그동안 극심한 흉년에도 아껴둔 돈을 꺼내어 천혜의 요새지로 알려진 신안바오新案堡(신안보) 땅을 매입하려고 했다. 그러나 토지 매입이 쉽지 않았다. 그러자 이회영은 1912년 4월 1일에 매입을 허가해달라는 청원서를 동삼성 도독都督에게 보냈고, 그 뒤 7개월이 지나서야 허락을 받았다(이와 관련한 자료는 중국 랴오닝성遼寧省 당안관에 남아 있다).

이회영이 이곳을 무관학교 설립지로 택한 데는 그만한 까닭이 있었다. 1991년 10월에 이곳을 돌아본 조선족 연구가 강원룡은 이 지역을 '군사적으로도 영락없는 요새'이면서 '난공불락의 요새'라고 극찬했다.

> 주위가 고산중령으로 둘러싸인 분지에 남북 10리나 되는 평원이 있고, 그 남쪽 끝이 논밭보다 약 30미터 정도 높게 덩실하게 언덕을 이루었는데, 언덕 위엔 20정보가량 되는 구릉을 이루어 마치 하니허 '평원'을 연상케 했다. 군사적으로도 영락없는 요새였다. (…) 천연 무대와 서쪽 심산이 맞붙어 있기에 실로 난공불락의 요새라고 말할 수 있다.[4]

1912년의 이른 봄부터 교사 신축공사가 시작되었다. 공사는 동포 주민들과 학생·교사들이 모두 함께 팔을 걷어붙이고 직접 나섰다. 초가을부터 내린 눈이 계속 쌓여 3월 하순까지 녹지 않고 얼음판이 된 땅을 파고 짚을 섞어 토담을 쌓는 녹록지 않은 공사였다. 혹독한 추위와 굶주림에 시달리면서도 포기하지 않고 매달린 끝에 교사는 7월에 완공되었다.

뒷날 이곳을 답사한 서중석 교수는 하니허가 해자처럼 감싸고 흐르며 전체가 산으로 둘러싸인 곳으로 군사훈련을 시키기에 더없이 좋은 요새라면서 그 지역을 이렇게 자세히 묘사했다.

> 야트막한 산 밑 언덕이어서 군사훈련 하기에 좋은 신흥무관학교 자리는 하니허가 주위를 거의 360도 삥 돌아 흐르는 10정보가 훨씬 넘어 보이는 넓은 언덕배기 들판 중에서도 남쪽 깊숙이 위치해 있었다. 따라서 3.4킬로미터 떨어진 광화진光華鎭(중화민국 시기의 신안바오) 쪽에서는 물

론이고 하니허가 흐르는 곳에 나 있는 길가에서도 잘 보이지 않았다. 또 하니허와 신흥무관학교가 위치한 언덕 사이는 상당 부분이 낭떠러지 비슷하게 가팔라 삥 둘러 흐르는 하니허가 마치 해자처럼 되어 있었다. 남쪽으로 10리쯤 가면 훈강渾江이 나온다고 한다. 북쪽에 있는 광화진 뒤도 산의 연속이다. 외부로 나가는 통로를 제외하고는 전체가 산맥으로 삥 둘러싸인 곳이다. 광화진에서 북서쪽으로 둘러싸여 있지만, 주통로인 통화 쪽 외에도 산길에 익숙한 한국인들로서는 광화진 뒤편에 있는 룽강龍崗산맥을 넘으면 구산쯔孤山子(고산자)가 나오고 구산쯔에서 싼위안바오까지는 30여 킬로미터여서 그쪽으로 다니기가 어렵지는 않았다고 한다.[5]

천혜의 요새에 무관학교 교사를 세운 이회영과 동지들은 넘치는 기쁨을 감출 수가 없었다. 이제야 그들의 숙원이었던 무관학교를 세워서 원수 일제를 무찌를 수 있는 군관을 육성할 수 있게 되었기 때문이다.

'무관학교'다운 학교가 탄생하게 되기까지 이회영의 헌신적인 노력은 아무리 높이 평가해도 지나치지 않을 것이다. 이동녕·이시영·이상룡·김대락 등도 물심양면으로 노력을 아끼지 않았다. 그와 함께 이회영과 뜻을 같이하여 재산을 내놓은 이석영이 절대적인 공로자라고 할 수 있다. 그가 가재를 몽땅 신흥무관학교에 바치다시피 하였기 때문에 하니허에 반듯한 교실과 강당, 기숙사가 들어설 수 있었다.[6]

신흥무관학교는 이처럼 이회영 일가를 비롯한 뭇 지사들과 한인 동포들의 피땀으로 지어졌다. 이 학교의 제1회 졸업생이자 교관이었던 원병상은 수기에서 일은 매우 고됐으나 힘든 줄 몰랐다며 다음과 같이 썼다.

삽과 괭이로 고원지대를 평지로 만들어야 했고, 왕복 20리나 되는 좁은 산길이라서 험한 산턱 돌산을 파 뒤져 어깨와 등으로 날라야만 되는 중노역이었지만, 우리는 힘든 줄도 몰랐고 오히려 왕성하게 청년의 노래로 기백을 높이며 진행시켰다.[7]

1912년 7월 20일(양력)에 동포 100여 명과 중국인 수십 명이 지켜보는 가운데 낙성식이 조촐하게 치러졌다. 교실 18개가 비밀을 지키기 위해 산허리를 따라 줄지어 있었고, 학년별로 널찍한 강당과 교무실, 내무반에는 기능별로 별도의 공간을 마련했다. 훈련용 총기를 진열하는 총가銃架도 낭하에 비치되었다.

이회영이 신흥무관학교를 세운 실질적인 주역이었으나 과거에도 그랬듯이 이번에도 발기인 이외에는 직책을 맡지 않았다. 교장은 이철영을 시작으로 이동녕, 이상룡, 박창화, 여준, 이광 등이 차례로 맡았고, 교감은 김달과 윤기섭, 학감은 윤기섭과 이규봉 등이 맡았다. 교관은 이관직, 이장녕, 김창환, 김흥 등이었고, 교사는 장도순, 윤기섭, 이규봉, 이정규, 이갑수, 김석영, 김순칠, 이규룡, 여규형, 관환국(중국인) 등이었다. 교관 중에 이세영, 이관직, 이장녕, 김창환, 양성환 등은 대한제국 무관학교 출신들이었다.[8]

독립군 양성의 요람, 신흥무관학교

'신흥무관학교'라는 이름은 이회영의 작품이었다. 이은숙은 당시의 정황을 자서전에 상세하게 풀어놓았다.

우당장은 학교 간역幹役도 하시며 학교 이름을 '신흥무관학교'라 했다. 발기인은 우당(이회영)·석오(이동녕)·해관(이관직)·이상룡·윤기섭, 교주는 이석영, 교장은 이상룡이었다. 이분은 경상도 유림단 대표로 오신분이고, 이장녕·이관직·김창환 세 분은 고종 황제 당시에 무관학교의 특별 우등생으로 승급을 최고로 하던 분들이다. 만주에 와서 체조 선생으로 근무하는데, 대소한 추위에도 새벽 3시만 되면 훈령을 내려 만주서 제일 큰 산을 한 시간에 돌고 오는지라, 세 분 선생을 '범 같은 선생'이라 하더라. 시당時堂 여준 선생은 합방 전에 오산중학교 선생으로 근무 중에 애국지사로 우당장과 연락을 하시더니, 임자년(1912)에 하니허로 오셔서 학교 선생으로 지내셨다. 그분 백씨 봉함장은 가족까지 솔권하여 설산說産하고 지내셨다. 이상룡 씨가 4, 5년 있다가 지방학교로 가신 후 여준 씨가 교장으로 근무하는 것을 보았다.[9]

신흥무관학교에서는 군사교육은 물론 학생들의 민족정신을 함양하는 데에도 힘을 쏟았다. 독립운동의 지도자를 양성하기 위해서는 민족의식과 우리나라의 역사·국어·지리 교육이 필요하다고 인식했기 때문이다.

국어교재로는 『국어문전國語文典』이 채택되고, 국사교재로는 『대한역사』, 『유년필독幼年必讀』 등이 사용되었다. 이 교재들은 1909년에 국내에서 통감부가 발매를 금지한 책들이다. 지리교재로는 『대한신지지大韓新地誌』와 『배달족강역형세도倍達族疆域形勢圖』 등이 활용되었다. 이 밖에도 서전서숙과 경학사, 신흥중학에서 가르쳤던 수신·독서·한문·이화理化·체조·창가·중국어·물리학·화학·도화·박물博物·중등용기법中等用器法 등 다양한 과목을 가르쳤다.

학생들은 수업료 등 모든 학비를 하나도 내지 않았다. 식사도 교내에서 공동으로 했다. 신흥무관학교는 이회영 일가와 유지들이 염출한 기금으로 운영하고, 동포 여성들이 모두 나와서 학생들의 식사를 준비했다.

겨울이면 살인적인 혹한에 땔감의 소비량도 막대했으나 달리 얻을 방도는 전혀 없었다. 생도들 자신이 강설기를 이용하여 학교 건너편 낙천동이란 산언덕에서 허리에 차는 쌓인 눈을 헤치며 땔감을 끌어내리고 등으로 이를 날랐다. 매년 월동준비는 학생들의 자력으로 해결했다.[10]

온갖 어려움 속에서도 교관이나 학생이나 다들 희망에 부풀어 열심히 가르치고 배웠다. 땀 흘려 군사훈련도 받았다. 신흥무관학교 설립이 만주는 물론 국내에까지 널리 알려져 입학하려고 찾아온 젊은이들이 많았다. 그중의 한 사람이 님 웨일스가 쓴 『아리랑The Song of Arirang』의 주인공 장지락(김산)이다. 15살 소년 장지락이 신흥무관학교를 찾아가 어렵사리 입학하고 훈련을 받은 이야기가 다음과 같이 기록되어 있다.

김산(장지락).

　마침내 목적지에 도착했다. 하니허에 있는 조선독립군 군관학교. 이
학교는 신흥학교라 불렀다. 아주 신중한 이름이 아닌가! 하지만 내가 군
관학교에 들어가려고 하자 사람들은 겨우 15세밖에 안 된 꼬마였던 나
를 거들떠보지도 않았다! (입학자격) 최저 연령이 18세였던 것이다. 나는
가슴이 찢어지는 것만 같아서 엉엉 울었다.

　마침내 내 기나긴 순례여행의 모든 이야기가 알려지게 되자 학교 측
은 나를 예외로 취급하여 시험을 칠 수 있게 해야 한다고 결정했다. 지
리·수학·국어에서는 합격하였지만 국사와 엄격한 신체검사에서는 떨
어졌다. 그럼에도 불구하고 3개월 코스에 입학하도록 허락받았고 수업
료도 면제받았다.

학교는 산속에 있었으며 18개의 교실로 나뉘어 있었는데, 한눈에 잘 띄지 않게 산허리를 따라 나란히 줄지어 있었다. 18세에서 30세까지의 학생들이 100여 명 가까이 입학했다. 학생들 말로는 이제까지 이 학교에 들어온 학생들 중에서 내가 제일 어리다고 했다.

학과는 새벽 4시에 시작하여, 취침은 저녁 9시에 했다. 우리들은 군대전술을 공부하였고 총기를 가지고 훈련을 받았다. 그렇지만 가장 엄격하게 요구하였던 것은 산을 재빨리 올라갈 수 있는 능력이었다. 게릴라 전술에 가장 필요한 능력이다. 다른 학생들은 강철 같은 근육을 가지고 있었고 등산에는 오래전부터 단련되어 있었다. 그러나 나는 도움을 받아야만 간신히 그들을 뒤따라 갈 수 있었다.

우리는 등에 돌을 지고 걷는 훈련을 했다. 그래서 아무것도 지지 않았을 때에는 아주 경쾌하게 달릴 수 있었다. '그날'을 위해 조선의 지세, 특히 북한의 지리에 관해서는 주의 깊게 연구했다. 방과 후에 나는 국사를 열심히 파고들었다.

얼마간의 훈련을 받고 나자 나도 힘든 생활을 해나갈 수 있었으며, 그러자 훈련이 즐거워졌다. 봄이면 산이 매우 아름다웠다. 희망으로 가슴이 부풀어 올랐으며 기대에 넘쳐 눈이 빛났다. 자유를 위해서라면 무슨 일인들 못할쏘냐.[11]

신흥무관학교에는 본과와 특별과가 있었다. 본과는 4년제 중학과정이고, 특별과는 6개월과 3개월 속성의 무관 양성과정이었다. 무관학교 생도들의 하루 일과는 앞서 소개한 원병상의 수기에 생생하게 실려 있다.

모든 생도들은 새벽 6시 기상나팔 소리에 따라 3분 이내에 복장을 갖추고 검사장에 뛰어가 인원점검을 받은 후 보건체조를 했다. 눈바람이 살을 도려내는 듯한 혹한에도 윤기섭 교감이 초모자를 쓰고 홑옷을 입고 나와서 점검을 하고 체조를 시켰다. 자그마하지만 다부진 인물인 여준 교장은 겨울에도 털모자를 쓰지 않은 채 생도들의 체조 광경을 지켜보았고, 벌도 매서웠다. 활기찬 목소리, 늠름한 기상에 뜨거운 정성이 담겨 있었다.

　　체조 후 청소와 세면을 마치면 각 내무반별로 나팔소리에 맞춰 식탁에 둘러앉았다. 주식은 가축 사료나 다름없는, 윤기라고는 조금도 없는 좁쌀이었다. 부식은 콩기름에 절인 콩장 한 가지뿐이었다. 학생들이 얼마나 기름기 없는 음식을 먹었는지 한 일화로 짐작할 수 있다. 1912년 하니허 신흥무관학교 낙성식 때 이석영이 큼직한 돼지고기를 기증하자 이를 정신없이 먹은 생도들은 배탈이 나 여러 날 고생했다는 것이다. 이렇게 턱없이 부족한 식사와 의복에도 불구하고, 교직원은 단의單衣와 초모를 쓰고 교육을 시켰고, 학생들은 주린 배를 움켜쥐고 훈련에 열중했다.[12]

　　무엇이 혹독한 추위와 배고픔, 일제의 감시 속에서도 이 청년들과 교관들에게 이 같은 열정과 투지를 갖게 했을까? 조국 독립의 대명제와 더불어 모든 것을 바쳐 헌신하는 이회영 등 신흥무관학교를 이끈 지도자들의 노블레스 오블리주가 그 생명력이 되었을 것이다.

　　신흥무관학교에서는 학교 행사나 군사훈련을 시작할 때이면 〈애국가〉(작사·작곡 미상)[13]를 비롯해 각종 군가를 우렁차게 불렀다. 〈독립군 용진가〉[14]를 부르며 더 단단히 뭉치고 사기를 북돋우기도 했

신흥무관학교 백서농장의 모습.

다. 그 밖에도 각종 군가와 민요, 창작노래[15] 등도 불렀다.

신흥무관학교에서는 각급 행사와 훈련 과정에서 1910년대 만주 지역에서 독립군의 기상과 동포들의 총궐기를 주장하는 각종 독립 군가들을 불렀다. 작자 미상의 〈독립군가〉[16]와 〈봉기가〉[17]도 그 대표적인 노래들이다.

신흥무관학교 학생들은 불타는 애국정신과 일사보국一死報國의 독립정신으로 낮에는 일하고 밤에는 공부(훈련)하는 고된 생활을 마다하지 않았다. 그 모든 것은 자활자치 방식으로 운용되었다. 학생들은 "조국을 위해서는 항일투쟁, 모교를 위해서는 경제투쟁"이라는 슬로건을 내건 채 농사일도 하고 땔감도 구하면서 교육과 훈련에 매진했다.

경영이 점차 어려워지면서 중국인들이 버려둔 황무지를 개간하여 옥수수, 콩, 조, 수수 등을 심어 식량을 자급했다. 그런가 하면 불시에 나타나서 곡식과 가축을 끌어가는 마적들의 습격에 대비하여 동포들의 마을을 경비해야 했다. 학생들을 뒷바라지하는 동포들의 생활도 어렵기는 마찬가지였다.

하니허의 생활은 간고했다. 소금과 광목천만 시내에서 구입하고 일체는 자급자족했다. 연도에 토비들의 습격을 방지하기 위해 육혈포와 화승총, 퉁포총으로 무장한 독립군 30여 명이 소발구와 개발구를 이끌고 소금과 광목천을 사왔다. (…) 독립군들은 솜바지에 무릎까지 나오는 동저고리를 입으며 울로초란 풀로 발을 감싸고 헝겊으로 다시 감싼 후 초신을 신었다. 발 모양이 아주 둥실하고 컸는데 며칠에 한 번 벗으면 그 악취가 코를 찔렀다.[18]

이회영의 아내 이은숙은 어느 날 어린 두 자식과 함께 마적의 습격을 받아 총을 맞고 혼절하는 위기를 겪었다. 당시의 숨 가빴던 위기일발의 현장을 이은숙의 회고로 직접 들어보자.

계축년 10월 15일은 존구(尊舅)의 생신일이라, 큰댁에 가 허배하고, 16일은 셋째 시숙 생신이라 그날 지내고 곧 둘째 댁을 다녀서 집으로 오려고 하니, 둘째 댁 영감께서, "추운데 어린 것 데리고 더 좀 머물다 가시오" 하시기에 그대로 머물렀다.

10월 20일 오전 4시쯤 되어 마적 떼 5, 60명이 총을 들고 들어오는 것을 마침 내가 용변을 보러 갔다가 그 총에 좌편 어깨를 맞아 쓰러지고 둘째 댁 영감은 마적에게 납치당하였으니, 이같이 답답하고 흉한 일이 또 어디 있으리오.

계축 10월 20일, 집안에 퍼져 있는 거란 도적들뿐이고, 조선 사람이라고는 총 맞은 내가 어린 것 둘을 데리고 있을 뿐인데 세 식구 몸에는 유혈이 낭자했다. 그중에서도 내 식구 찾아다니느라 정신이 혼미 중에 생혈生血을 많이 쏟아 원기가 탈진하여 정신을 잃어 혼절한 것을 우리 시누님께서 일심으로 간호하여 주셔서 두 시간 만에 회생했다.

날은 차차 밝아지고 도적들은 달아났다. 그 후에야 학교 선생님들이 와서 나를 치료하는데 그때서야 비로소 총 맞아 맞구멍이 난 줄을 알고 아연해하나, 산골에서 무슨 약이 있으리오. 우선 급한 대로 응급치료로 치약을 창구瘡口에 넣고 싸맨 후 이곳 학생 박돈서가 통화현에 가서 의사를 데리고 왔다.[19]

이회영은 지금까지 살펴본 대로 범상한 인물이 아니다. 사대부가에서 태어나 유학 교육을 받고서도 일찍이 양명학의 사민평등四民平等 사상에 접하고, 이후 근대적 인권사상과 평등사상을 실행했다. 그가 중국 망명을 결행할 때 집안 노비들을 자유롭게 풀어주었는데도 노비 13명이 함께 따라 나와 하니허에서 같이 살았다. 젊은 노비들은 경학사에서부터 신흥무관학교에 들어가 일반 학생들과 똑같이 행동했다.

이회영은 자신과 함께 온 종이나 멀리서 찾아온 지게꾼들, 농부들을 모두 독립군으로 받아들였다. 그중에 원래 종이었던 홍흥순이 종래 습관대로 길게 대답하면, 이제는 종의 신분이 아니라 독립군으로서 독립을 위한 일로 노비의 습성을 버리라고 꾸짖었다. 권영신은 이회영 일가를 따라 열세 명의 종이 함께 왔다고 증언했는데, 독립군이 되면서 상하와 귀천, 나리와 종이 없다고 말하고 있다.[20]

갖은 난관 속에서도 1912년 가을에는 신흥무관학교의 속성 특과인 군사학 과정을 수료한 학생들의 졸업식이 열렸다. 졸업생은 변영태, 성주식, 강한연 등 11명이었다. 이것이 만주에서 한인 군사교관을 배출한 효시가 되었다.

한편, 마적에게 납치되었던 이석영은 중국의 군사 100여 명이 출동하여 무사히 구출됐다. 중국인 대장은 자기 나라 사람들이 문명文明치 못해 도적들이 사방으로 횡행하여 못된 짓을 저질렀다고 이회영에게 백배사죄했다.

만해 한용운과 만나다

이 무렵에 만해 한용운이 망국의 설움을 달래고 해외 동포들에게 고국의 실정을 전하기 위해 만주를 순회하다가 하니허 근방에서 일본 밀정으로 오인받아 총격을 받았다. 총을 쏜 이들은 신흥무관학교 학생들이었다. 한용운의 회상기 「죽었다가 다시 살아난 이야기: 만주 산간에서 청년의 권총에 맞아」에는 이때의 이야기가 자세히 실려 있다.

만해 한용운.

어느 가을날이었다. 만주에서도 무섭게 두메인 어떤 산촌에서 자고 오는데 나를 배행한다고 2~3인의 청년이 따라나섰다. 그들은 모두 연기 이십 내외의 장년인 조선 청년들이며 모습이나 기타 성명은 모두 잊었다. 길이 차차 산골로 들어 '굴라재'라는 고개를 넘는데, 나무는 하늘을 찌를 듯이 들어서 백주에도 하늘이 보이지 않았다. (…)

이때다. 뒤에서 따라오던 청년 한 명이 별안간 총을 놓았다. (…) '땅' 소리가 나자 귓가가 선뜻했다. 두 번째 '땅' 소리가 나며 또 총을 맞으매 그제야 아픈 생각이 난다. (…) 한참 도로 가다가 다시 돌아서서 어떻게 넘었던지 그 산을 넘어서서 그 아래는 청인淸人의 촌이었다. 그리고 조선으로 치면 이장 같은 그곳 동장洞長의 집에서 계를 하느라고 사람이 많이 모여 있었다. 내가 피를 흘리고 온 것을 보고 부대 조각으로 싸매 주었다. 그때에 나에게 총 놓은 청년들은 그대로 나를 쫓아왔었다. 나는 그들을 보고 "총을 놓을 터이면 다시 놓으라"고 대들었으나 그들은 어쩐 일인지 총을 놓지 않고 그대로 달아나버리었다.

나는 그 집에서 대강 피를 수습하고 그 아래 조선 사람들 사는 촌에 와서 달포를 두고 치료했다. 총알에 뼈가 모두 으스러져서 살을 짜개고 으스러진 뼈를 주워내고 긁어내고 하는데 뼈 긁는 소리가 바각바각했다.[21]

이때 한용운은 이회영을 찾아가 그의 집에서 한동안 머물렀다. 고국으로 돌아가려고 하나 여비가 없었다. 이회영이 형 이석영에게 부탁하여 노자 30원을 한용운에게 내주었다. 뒷날 한용운은 불교계를 대표하여 3·1 혁명을 주도하고,「공약 3장」을 써서 민족정신을 발현했다.

이와 관련하여 이은숙은 자서전에서, 잠시 귀국했을 때 남편이 한 말을 이렇게 전한다.

> 연전年前에 하니허서 소개 없이 청년 하나 오지 않았던가? 그분이 지금 왔어. 자기가 통화 가다 총 맞던 말을 하며 '내 생명을 뺏으려 하던 분을 좀 보면 반갑겠다'고 하니, '그분은 영웅이야' 하시며 '내 그때 학생의 짓이나 아닌가 하여 학생을 꾸짖지 않았소? 그러나 그분이 총을 맞고 최후를 마쳤으면 기미 만세에「독립선언서」를 누구하고 같이 짓고, 33인의 한 분이 부족하지 않았을까?'[22]

이회영은 신흥무관학교 운영에 신명을 바쳤다. 비록 앞에 나서지는 않았으나 늘 그래왔듯이 뒤에서 갖은 애를 썼으니, 유능한 교사와 교관을 초빙하고, 유지들을 설득하여 운영기금을 마련했다. 1913년경에는 제법 사관학교의 체제가 정비되고 진용도 갖춰졌다. 당시의 교직원을 보면 교장은 여준, 교감은 윤기섭, 학감은 이광조,

교사는 이규봉·서웅·관화귀關華國(중국어 교사), 교관은 김창환·성준용·김흥·이극, 생도대장은 김창환, 생도반장은 김병상이었다.

학제는 4년제를 원칙으로 하고 6개월의 장교반과 3개월의 하사관을 교육하는 속성과를 두었다. 졸업 뒤에는 2년간 의무적으로 복무하게 했다.

학과는 보병, 기병, 포병, 공병 등 경중의 각 병과, 내무령, 측량학, 축성학, 육군형법, 징벌령, 위술복무, 구급의료, 편제학, 훈련교범, 전술 등에 중점을 두었다. 술과術科로는 연병장에서 주로 각개교련, 기초훈련을 하고, 야외에서는 고지에서 가상의 적을 상대로 공격전과 방어전을 펼치고, 체육으로는 엄동설한에 야간 도강, 70리 강행군, 빙상운동, 춘추대운동, 격검, 유도, 축구, 철봉 등을 실시해 체력을 연마시켰다.[23]

보기 드문 두 편의 논설을 남기다

이회영은 숱한 독립운동단체를 조직하고 활동해오면서도 글을 별로 남기지 않았다. 언제 일제에 붙잡힐지 모르는 망명자 신분 때문이기도 했지만, 그는 본질적으로 학자가 아닌 혁명가였다. 혁명가는 행동가이지 문필가는 아니다. 이런 이회영이 신흥무관학교를 경영하면서 1914년 5월에 하와이에서 발행되는 교포신문 《국민보》에 논설 두 편을 보냈다. '이회영'이라는 이름은 없지만 내용이나 정황으로 보아 그의 글로 추정된다.

「한국은 어떠한 인물을 요구하는가」(요지)

나라가 어지러우매 충신을 생각한다 하였고 비상한 인물이 나면 비상한 사업을 한다고 하였으니, 한국은 충신을 생각하는 때이며 다시 비상한 인물을 요구하는 시대로다. 미국은 워싱턴을 기다려 독립을 이루었고, 독일은 비스마르크에 이르매 연방이 되었나니.

알지 못하겠노라. 한국아, 어찌 오늘까지 국가를 부흥하는 대업을 이루지 못하고 민족을 구원하는 위훈을 세울 영웅을 얻지 못하였는가. 세계의 공론을 듣고 우주의 대세를 돌아보니, 한국이 부활할 날이 멀지 아니하였도다. 그런즉 이 일을 이룰 영웅이 반드시 산출하려니와 그 영웅은 어디 있는고.

우리 동포는 그를 찾으며 만나고자 하는 마음이 옛날 파사(페르시아)의 박사들이 예수를 찾아 만나고자 했던 마음보다 못하다 아니하며 게으르지 아니할진저.

우리의 요구하는 그 인물이 과연 어떤 인물인고. 혹은 말하되 나폴레옹 같은 군략가로 육해군을 통솔하여 남벌南伐 북정北征하며 동격東擊 서퇴西退하여 천하에 위업을 진동하고 세계에 쟁웅爭雄하여 일등 독립 강국을 만들 영웅이 우리의 요구하는 바이라 하니, 쾌快하다 이 말이여. (…)

겸양하여 그러한지 몇몇 인도자에게만 너무 전탁하는 경향이 적지 아니하니, 이 일이 좋기는 좋거니와 경천위지經天緯地하는 대정치가도 한 사람으로는 어찌할 수 없으며, 신출귀몰하는 대군략가도 한 사람으로는 용맹을 쓰기 어렵도다.

오늘날 우리가 주소晝宵로 원하고 바라는 것은 무엇인가? 삼척동자라도 반드시 독립이요 자유라 하니, 이 목적을 관철하며 이 이상을 통달

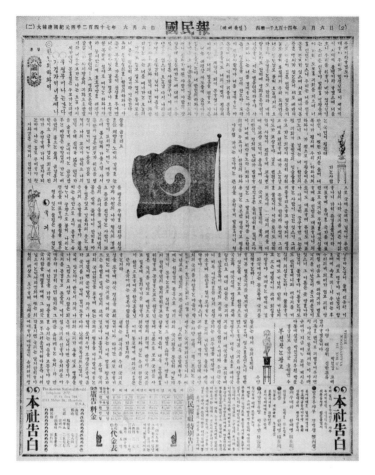

하와이에서 발행되는 교포신문 《국민보》에 실린 이회영의 글.

할 정치가도 우리 중에 있고 군사가도 동포 중에 있고 인도자도 사회상에 있지만, 오직 한 가지 부족한 것은 가장 크기도 하고 많기도 한 것이라, 한국이 요구하는 바는 정치가·군사가보다 더 위대한 인물이니, 이가 누구인가 하니, 곧 개인의 천직을 대하는 자, 사회의 책임을 행하는 자, 국가에 의무를 다하는 자이라.

한두 사람의 이 같은 것을 요구함이 아니요, 국민 대동의 이 같음을 요구함이니, 대영웅이 대국민만 같지 못하다 함은 천만년의 격언이요 진리가 있는 보훈이로다.

동서고금의 역사를 상고컨대, 영웅이 건설한 나라는 길이 가지 못하되 국민이 합동하여 세운 국가는 운명이 장구하도다.

진시황은 육군은 병탄하고 판도를 확장하여 전무후무한 대제국을 건설하고 천하에 호령하였으나, 진시황이 간 후에 그 사업이 시황을 따라 여산에 장사하였고, 마케도니아 알렉산더 대왕은 용도호략으로 일시에 혼천동지하여 구라파 전경과 아시아의 반폭을 거의 점령하여 만고에 혁혁한 대국을 세웠더니 대왕이 잠이 들매 위대한 사업도 춘몽같이 스러지고 광활한 대국은 거품같이 흩어졌나니, 그 이유를 말할진대, 진시황이 가매 그 사업을 이을 국민이 없었고, 알렉산더가 죽으매 그 목적을 계통할 사람이 없어 사업은 영웅과 같이 왔다가 영웅과 같이 갔나니, 어찌 애석하지 아니하리오.

불란서는 이와 같지 아니하며 건국한 이래로 위험한 역사가 허다하니 열강 연합군에게 유린을 당하며 괴걸의 농락에 빠져 혁명의 재앙을 입었으나, 천신만고를 다 지내고 만사 일생을 얻어, 오늘날 부강국 반열에 참여하나니, 이는 그 건국한 원동력이 오직 국민에게만 있던 연고니라.

우리 한국이 만겹 겁운劫運을 벗고 청천백일을 보며 원수의 기반을 면하여 자유의 복지에 달하자면 비상한 담력과 용맹과 열심과 성력과 모략과 지식과 수단이 있어야 목적을 달할지니, 이는 한두 영웅이나 서넛 인도자의 능할 바가 아니라 오직 그들은 지로승指路僧이 될 뿐이요, 무수한 영웅을 반드시 요구하나니, 이 무수한 영웅은 곧 다시 말하건대 자포자기하지 말고, 오직 자진자강하여 인생이 가장 귀중한 것을 깨닫고, 검은방장, 콩기름등 아래와 푸른대락, 아와즙에 불쌍한 세월을 지내지 말고, 배우든지 일하든지 개인의 천직을 다하여 사욕과 사리에 매두몰신하여 우준한 말하는 동물이 되지 말고, 독처고거하여 정막 초췌한 생활을 짓지 말고, 사회는 나의 사회요, 나는 사회의 일분자이니, 사회가 없으면 나도 없는 것을 생각하고, 공익을 경영하여 사회에 대한 책임을 행하며, 살아도 국가가 없는 자는 나라가 있고 죽은 자만 같지 못하도다.

오늘 하와이 동포는 더욱 국가에 헌신할 길이 열렸거니와 어디 있든지 어느 때든지 우리는 말로만 말고 실행하기를 시작하며, 국가에 대하여 만일의 도움이라도 되기를 예비하고 기회를 기다려 국민 된 의무를 다함이니.

우리 단군의 신성한 유민 2천만은 한 사람도 누락 없이 이상에 말한 바 되기에는 쉽고, 사에는 커질 만한 무수 영웅이 되어 선조의 유전하신 자유를 회복하여 천추만세에 대훈을 세울지니, 평생은 하나이요 둘이 아니며, 세월은 한번 가고 다시 오지 아니하나니, 이때가 곧 그때이라. 깊이 생각하고 깊이 생각하여 각각 한국의 요구하는 인물이 될진저.[24]

이 글에서도 보듯이 이회영은 국난기에 처해서도 일부 인사들의 '영웅론'을 배격하고, 사민평등 즉 개인들의 역할을 중시한다. 저마다 시대를 인식하면서 국가와 사회에 자신의 역할을 다하면 반드시 독립국가가 될 수 있다고 주장한다. 영웅호걸이 건설한 나라는 쉽게 무너지지만, 국민의 힘으로 세운 나라는 튼튼히 오래 유지된다는 것이 논지다. 이는 곧 만주에서 경학사와 신흥무관학교를 경영하는 배경이기도 하다.

이회영이 쓴 또 다른 글은 「아동교육에 대하여」이다. 같은 시기에 같은 신문에 실렸다. 부제를 '가정교육에 크게 주의'라고 붙였다.

「아동 교육에 대하여」(요지)

늙은 노인은 멀지 아니하여 갈 것이며 혈기 방성한 소년은 오래지 아니하여 또한 쇠할 것으로되, 오직 이 세상에 오래 있고 전정이 장원한 자는 오늘의 유년이라. 대개 왕성하는 집에는 자녀가 잘 나고 진흥하는 나라에도 후생이 잘 나나니, 다시 말하면 곧 국가나 가정을 왕성케 하려면 후생들도 좋은 인격을 이루게 함에 있음이라.

우리의 자녀는 우리의 사사로운 것이 아니요, 국가와 사회의 한 공범된 분자이요, 우리의 사업을 계속하여 진흥케 할 제2세 국민이니, 우리가 우리의 자녀를 교육함이 부모 된 책임뿐 아니라 곧 공공한 인생의 의무라. 그러므로 자녀를 교육하는 책임을 못 하는 자는 남의 부모 된 직분을 못할뿐더러 장래의 사회를 해롭게 하는 공적이라.

인생의 교육을 4기期로 분할하면 태중교육·가정교육·학교교육·사회교육이니, 이 4기 교육을 다 설명하기 게을리 못 하나, 다만 가정교육을 간단히 의논하고자 하노니, 사람의 성분은 물과 같아서 동으로 인도하면 동으로 흐르고 서로 이끌면 서로 가나니, 더욱 어린 때에는 이해함이 부족하고 생각이 순일하여 보고 듣는 대로 선악을 구별치 못하고 다 효빈效嚬하기 때문에 그 이웃(사위四圍, environment)을 잘 선택할지라.

그러므로 맹모의 삼천이 곧 이 까닭이라. 외국에 재류하는 우리 아동들은 여러 나라 사람들과 잡처하는 중에 혼거하여 교육의 문제가 가장 어렵도다. 그러므로 부모 된 자의 더욱 주의할 바가 아니라오.

각기 교육의 효과가 각각 같지 아니하여 태교는 신체·품성·정신에 관계가 있고, 가정교육은 인격과 덕성을 배양하며, 학교교육은 이상의 결과를 증장 보유케 하며 지식을 더하고, 사회교육은 경력을 주나니, 사람이 만일 지식이 있고 인격이 부족하든지 덕성이 없는 자는, 세상에 유익은 고사라 물론하고 종종의 해를 끼치는지라. 이어 두어 가지로서 자녀를 교육하는 동포에게 드리노라.

1. 정결케 할지니, 더러운 그릇에 정한 물이 담기지 못하며 오예汚穢 물을 쌓은 안에 향기가 있을 수 없는지라. 아이를 정결케 하지 못하면 정신이 신선치 못해지고, 정신이 신선치 못하면 생각하는 것은 혼탁하고 행동하는 일은 부정할 것이니, 어찌 혼탁 부정한 좋은 인물이 있으리오. 아이에게 관한 모든 것을 깨끗하게 하고 정쇄한 정신을 배양케 하여 호호발발浩浩潑潑한 인격을 이루게 하며,

2. 언어를 주의할지니, 언어는 사상을 발표하나니, 불규칙 무순서한 언어가 관습이 되면 고칠 수 없는 악한 습관을 자연히 이루는지라. 그러므로 국어·외국어를 막론하고 항상 법칙 있는 말을 하도록 주의할지라. 국어를 모르거나 튀기의 말로 횡설수설하는 것을 처음 듣는 사람은 이상한 감상이 일어남을 금지 못하겠더라. 또 추언·난설과 횡담 패언을 금하여 아이들로 이 같은 습관을 이루지 않게 할지며,

3. 예모禮貌 있게 할지니, 속언에 말한 바와 같이 어렸을 때 버릇이 장성하여도 변치 아니하나니, 어떠한 촌에 한 부부가 늦게 아들을 나매 기쁘고 귀함을 이기지 못하여 응석으로 부모의 뺨을 치기를 시켰더니, 장

성한 이후에도 그같이 하나 금할 도리는 과연 없더라.

어려서 예모 없이 양육하면 무례한 하류 인물을 이룰지라. 이제 말하는 바는 구습을 의지하여 양수거지兩手据地하고 쇄소응대灑掃應對하라는 것이 아니니, 이는 오늘날 행부득지사行不得之事어니와 보통 사람을 대할 때에 온공하며 친절하고 장자의 훈계를 순종하며 항상 단아 정숙한 태도를 지키게 하자는 의논이라. 어느 나라를 막론하고 상류 인물은 자녀를 반드시 예모로써 교훈하나 사람은 악한 것을 효칙效則하기 쉬운지라. 우리의 자녀로 하여금 야만 아동의 습관을 이루지 않게 주의할지며, 학교에 보내어 교육하되 가정의 교육이 없이 교사에게 배운 바를 복습하고 실습지 않고, 악한 행실을 응석으로 하며 못된 동무와 섞여 유희하면 학교의 교육이 헛된 데로 돌아가나니, 아이의 한 말과 한 행동을 사랑으로써 엄숙히 가르칠 것이라. (…)

이상에서 말한 바가 매우 천박하고 과도시대에 속한 듯하나, 이 글을 쓰는 자는 심히 오늘에 절박하고 진중한 문제로 홀로 아는 바이라. 만일 천만의 아동이 있을지라도 교육이 없으면 이는 잘 양성한 한두 아이만 같지 못하리라. 많은 것이 기쁨이 아니라 고상 우미한 인격이 사랑할 바이라, 우리 재외 아동은 교육의 기회는 비상하니, 가정교육도 완전체 하여 유용한 제2세 국민을 양성할진저.[25]

신흥학우단과 신흥학교 졸업생들

신흥무관학교는 졸업생이 늘어나면서 이들을 조직화하는 '신흥학우단'을 결성했다. 교장 여준, 교감 윤기섭과 제1회 졸업생 김석,

강일수, 이근호 등이 발기하여 조직했는데, 교직원과 졸업생은 정단원이 되고 재학생은 준단원이 되는 일종의 동창회 같은 조직이었다. 처음에는 명칭을 '다물단多勿團'이라 했다가 '학우단'으로 고쳤다. 신흥학우단은 "혁명대열에 참여하여 대의를 생명으로 삼아 조국광복을 위해 모교의 정신을 그대로 살려 최후의 일각까지 투쟁"하는 것이 목표였다. 또한 "군사·학술을 연구하여 실력을 배양한다, 각종 간행물을 통하여 혁명이념의 선전과 독립사상을 고취한다, 민족의 자위체를 조직하여 적구敵拘 침입을 방지한다, 노동강습소를 개설하여 농촌 청년에게 초보적 군사훈련과 계몽교육을 실시한다, 농촌에 소학교를 설립하여 아동교육을 담당한다"[26]라고 하면서 실력배양과 독립사상 고취, 계몽교육 등과 같은 일에 중점을 두었다.

신흥학우단은 졸업생이 늘어나면서 서간도 독립운동의 핵심체로 성장했다. 그들은 모교의 교명에 따라 2년간은 의무적으로 복무해야 했다. 또 그 대부분은 독립군에 편입되었으나, 여기에 편입되지 않은 졸업생들도 각지에 흩어져서 독립운동에 참여했다. 만주에서 신흥무관학교 졸업생이 관여하지 않은 독립운동이 없었다고 할 만큼 그 영향력은 지대했다.[27]

학생이 늘고 사기가 높아가는 반면 신흥무관학교에도 그늘진 부분이 있었다. 경영이 그만큼 어려워졌다. 이회영 일가의 돈도 바닥을 드러냈다. 그래서 자금을 모으기 위해 이관직과 장도순을 비밀리에 국내로 파견했다. 두 사람은 하니허를 출발해 귀국길에 올랐다. 장도순은 박중화의 집에, 이관직은 안확의 집에 묵으면서 알 만한 인사들을 만나 자금을 요청했다. 그러나 생각했던 것보다 모금

이 여의치 않았다.

그동안에 민심이 바뀐 탓도 있으나, 무엇보다 총독부의 엄한 통치와 사찰에 후환이 두려워 선뜻 돈을 내놓으려 하지 않았다. 장도순은 한 달 뒤에 만주로 돌아가고, 이관직은 국내에 남아서 장기적으로 자금을 모으기로 했다.[28]

신흥무관학교는 10년 동안 통산 3,500여 명의 졸업생을 배출한 것으로 보인다. 1912년 가을에 속성 특과로 11명을 배출한 것을 시작으로 해마다 속성과 본과 졸업자가 100~200명에 이르렀다. 여러 가지 상황으로 해마다 졸업자 수는 일정하지 않았다. 그러나 신흥소중학교와 신흥무관학교, 또 이들과 연계되는 학교와 기관도 많았다.

1919년 3·1 혁명 이후 신흥무관학교가 새롭게 출발하기 전까지 신흥무관학교 졸업생 수를 알아볼 수 있는 자료를 검토해보자. 필자를 알 수 없는 『제9항 백서농장사白西農庄史』에 따르면, 1915년에 이 농장에 들어온 사람들은 385명이다. 이 숫자는 거의 정확한 것으로 보인다. 385명에는 신흥무관학교 졸업자뿐만 아니라 신흥학교 분교와 지교 졸업자와 노동강습회 이수자도 포함되어 있다. 그렇지만 단단히 각오하고 독립군에서 중견 역할을 하기 위하여 병농兵農학교에 들어온 것이기 때문에 이들 대부분은 신흥무관학교 출신이라고 봐야 할 것이다.

그렇다면 1915년 봄 이전에 신흥무관학교를 졸업한 사람은 300명이 넘는다고 추정해도 큰 무리는 아닐 것이다.[29]

일제는 3·1 독립항쟁 이후 만주 지역에서 활동하는 한국독립군의 뿌리를 뽑아야만 조선에서 지배체제가 안정될 수 있다고 판단해서, 이 지역에 일본군을 파견하여 대대적인 학살작전을 벌였다.

또 중국 관헌을 압박해 한국인의 무장독립운동을 방해하고, 토착세력인 마적단을 조종하여 습격·납치·학살을 자행했다. 이에 신흥무관학교를 비롯하여 각급 민족운동 단체들은 위기에 직면했다.

그동안 신흥소중학교와 신흥무관학교는 만주 일대는 물론 노령에까지 수십 개 학교와 연계하면서 지방 청년들이 군사훈련을 하는 데 힘썼다. 각 지역에서 이름을 달리하는 많은 소중학교가 설립되었지만 대부분 그 뿌리는 신흥소중학교와 신흥무관학교였다. 신흥무관학교에서 배출한 졸업자는 통산 3,500여 명으로 추산되는데, 더 정확한 내용은 앞으로 더 연구해야 할 과제이다.

신흥무관학교 관련 학교들의 학생 수는 더욱 추산하기 어렵다. 조선 주재 헌병대사령부에서 조사한 자료에 의거할 경우 통화현과 류허현에 있는 대다수의 학교와 학생 수 및 그 밖의 지역(북간도 지방 포함) 학교 학생 수의 상당수가 신흥무관학교와 관련 있는 것으로 볼 수 있어, 축소된 점도 감안할 때, 대충 2,000명 안팎으로 추산할 수 있다. 하지만 이 숫자는 재학생 전체일 것이기 때문에 졸업생 수는 그것의 3배 안팎이 될 것이다.[30]

신흥무관학교 졸업생들은 만주 지역과 중국 관내에서 항일독립운동의 중핵이 되었다. 1919년 11월 만주 지린성吉林省(길림성)에서 '폭렬투쟁'을 선언하면서 조직된 의열단의 핵심 단원이 신흥무관학교 출신들이다. 단장 김원봉을 비롯하여 강세우, 권준, 김옥, 박태열, 배중세, 서상락, 신철휴, 윤보한, 이성우, 이종암, 이해명, 최동윤, 한봉근, 한봉인 등이다.

의열단은 최초 발기인 13명이었으나 1924년에는 단원이 70여 명에 이르렀다. 이들은 부산경찰서·밀양경찰서·총독부 폭파 사건, 황옥黃玉 경부 사건, 종로경찰서·동양척식회사·도쿄 니주바시二重僑 폭파 사건을 비롯해, 그 밖에도 16건의 테러활동을 실행해서 독립운동의 금자탑을 쌓았다.

만주 지역의 대표적인 무장독립운동 단체인 서로군정서西路軍政署는 1919년 4월 한족회와 통합하여 무장항쟁을 전개했다. 독판 이상룡, 부독판 여준, 정무청장 이탁, 군정청장 양규열, 참모장 김동삼, 교관 지청천·신팔균·김경천 등 간부 대부분이 신흥무관학교 출신들이다. 이들 외에 신흥중학과 신흥무관학교 출신으로 한족회와 서

前滿洲新興學友團復活記念
檀紀四二八〇年十月十九日

1947 신흥학우단. 해방 뒤 환국하여 독립운동의 요람인 신흥무관학교 학우들이 모여 신흥대학(지금의 경희대학)을 설립한 뒤에 자축하는 모습.

로군정서에서 주요한 역할을 한 인사는 권계환, 김동식, 김중한, 김우권, 김철, 김하성, 김학규, 박명진, 백광운, 백기환, 신용관, 오광선, 이덕수, 이병철, 현기선, 강화진, 김춘식, 박영희, 백종열, 오상세, 이운강, 최해 등이다.

신흥중학과 신흥무관학교 출신들은 또 1922년에 만주 펑톈성奉天省 환런현에서 조직된 통의부統義府에도 참여하여 주요 역할을 했다. 이천민은 군사위원을 맡아 직접 무장투쟁을 주도했다. 자치행정기구에 참여한 이들도 여러 명이었다.

1924년 만주 퉁화현에서 조직된 참의부參議府에는 백광운이 참의장이자 제1중대장으로서 무장투쟁을 지휘했다. 그 밖에 1925년 만주 닝안현寧安縣(영안현)에서 조직된 신민부新民府, 1929년 만주에서 조

한국광복군 총사령부 성립 전례식 후 찍은 한중 대표들 기념사진(1940. 9. 17.).

직된 국민부 등 만주 일대의 무장투쟁 단체에는 어김없이 신흥중학과 신흥무관학교 출신들이 참여하고 중심이 되었다.

1920년 6월에 일어난 봉오동전투, 그해 10월에 일어난 청산리전투 같은 '항일대첩'은 모두 이청천(지청천)과 이범석 등 신흥무관학교 교관 출신들이 주도했다. 신흥학교 출신들은 1940년에 충칭에서 임시정부 국군으로 조직된 광복군을 창설하는 데에도 핵심 역할을 했다. 그 대표적인 인물들이 지청천, 김학규, 김원봉, 이범석, 권준, 신동열, 오광선 등이다. 광복군 총사령 지청천, 참모장 이범석, 제1지대장 김원봉, 제3지대장 김학규 등은 모두 신흥무관학교 간부 출신이다. 신흥중학과 신흥무관학교는 무장독립운동의 사관학교였다.

5. 고종 황제의 망명을 추진하다

독립자금 마련을 위해 국내에 잠입

이회영은 젊은 시절에 익힌 왕수인王守仁의 양명학을 행동의 준거로 삼았다. "일을 통해 갈고 다듬되, 절대로 눈앞의 이익에 급급하여 조그마한 일로 자신을 과시하려 들어서는 안 된다."

신흥무관학교 교관·교사와 학생들은 구국의 일념으로 혼연일체가 되어 본래 목적한 바를 향해 잘 나아가고 있었으나 문제는 역시나 운영자금이었다. 본격적으로 일제와 무력항쟁을 벌이기 위해서는 학교를 운영하는 것보다 훨씬 더 막대한 군비를 확보해야 했다.

국내에서 독립운동 자금을 마련하는 데 실패하고 먼저 돌아온 장도순과 달리 이관직은 더 머물면서 자금을 구해보기로 했으나 크게 기대하기 어려운 실정이었다. 그때 수원에 사는 동지 맹보순이 은밀히 연락해왔다. 이회영과 이동녕, 정유순, 이시영, 김형선 등 5명을 사살하거나 체포할 목적으로 일제 형사대가 만주로 출동하니 이들을 피신시키라는 전갈이었다.

　이 소식을 들은 사람들은 서로 의논하여 블라디보스토크의 이상설에게 가서 의지했다가 거기서 기회를 기다려 활동하는 것이 좋겠다고 하고 블라디보스토크로 출발하려 했다. 그러자 선생(이회영)은 개연히 당신의 다른 뜻을 말했다.
　"우리가 조국광복의 큰 계획을 움직인다 하면서 빈손에 알맹이 없는 얘기만 하면서 북쪽 땅 한 귀퉁이에 모여 있으니 어느 세월에 무슨 기회를 답답하게 앉아 기다린단 말인가? 동지 여러분은 블라디보스토크로 가서 몸을 보호하시오. 나는 고국으로 들어가 자금을 구해오겠소."[1]

　지행합일을 중시하는 양명학자이자, 일의 승패 못지않게 과정을 중시하는 아나키스트의 결기였다. 모두가 말렸다. 사지死地로 보낼 수 없다는 뜻이었다. 이회영이 끝내 뜻을 굽히지 않자 이동녕이 나섰다. "옛날 중국의 촉한에 조자룡이 온몸이 모두 쓸개 덩이라고 했는데, 오늘 보니 우당의 온몸이 모두 쓸개 덩어리로구나"[2]라고 했다. 조자룡의 고사에서 나온 일신시담一身是膽(온몸이 쓸-개로 이루어져 있다)이라는 말은 곧 '두려움을 모르는 강하고 담대한 사람'을 가리킬 때 쓰는 말이다. 우리가 흔히 쓰는 '담대膽大하다'와 '대담大膽하다'는 말은 '쓸개膽'가 '크다大'라는 뜻이다.
　결국 네 사람은 블라디보스토크로 피신하고, 이회영 혼자서 망명

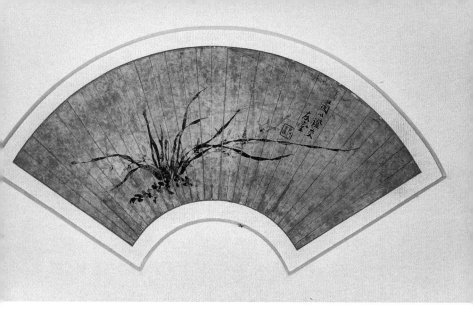

이회영이 윤복영에게 준 묵란 부채.

4년여 만에 왜적이 우글거리는 고국으로 돌아왔다. 단둥을 거쳐 기차로 무사히 서울역에 도착하여 윤복영의 집에 머물렀다. 이회영은 자신의 귀국 소식을 듣고 달려온 이관직과 만나 앞으로의 계획을 논의했다. 또 이상재, 유진태, 이덕규, 유기남 등 옛 동지들을 은밀히 만나 내외 정세를 의논하고 자금문제도 협의했다.

일제에 병탄된 지 벌써 4년 남짓한 세월이 흘렀다. 그 사이에 서울의 물정物情과 인심은 크게 달라져 있었다. 조선총독부는 1911년 6월에 사찰령을 공포해 조선 불교를 총독부 산하에 두게 하고, 산림령을 공포하여 조선인의 산림 소유권을 제한하는 대신 일본인에게 산림을 양여할 수 있는 법적 근거를 마련했다. 8월에는 조선교육령을 공포하여 일제 신민의 양성과 일왕에게 충성하는 교과 내용과 교육제로 바꾸었다.

1910년 12월에 안중근의 동생 안명근이 군자금을 모금하다가 피체되자, 일제는 이를 신민회 황해도 지회가 연관된 것으로 조작해 이듬해(1911) 1월에 안악군을 중심으로 지식층과 기독교인 등 160여 명을 검거했다. 이른바 안악 사건이다. 그리고 독립군 기지를 건설하고 국권회복을 도모했다는 죄명을 씌워 양기탁, 이동휘, 이승훈, 김구를 비롯한 신민회 간부 수십 명을 검거했다.

조선총독부는 같은 해 7월에 '안악 사건'과 '양기탁 보안법 위반 사건'에 대한 재판이 끝나자, 다시 서북지방의 민족운동을 말살할 목적으로 데라우치 총독 암살 미수 사건을 조작하여 그해 9월에 윤치호, 이승훈, 김구 등 600여 명을 검거했다. 일제는 이들을 끔찍하게 고문했고, 이 고문으로 2명이 목숨을 잃었고 많은 이들이 불구의 몸이 되었다. 이 사건을 계기로 신민회가 해체되면서 국내의 민족운동은 큰 타격을 받았다. 구속자 중 105명을 기소하여 '105인 사건'으로 더 잘 알려졌다.

조선총독부는 효과적인 통치와 경제적 수탈을 위해 수단을 가리지 않고 온갖 법제와 제도적 장치를 마련해나갔다. 1912년 3월, 조선민사령, 형사령, 태형령, 감옥령을 잇따라 공포하여 한국인이 옴짝달싹하지 못하도록 만들고, 같은 해 8월부터는 토지조사령과 시행규칙을 공포해 토지조사사업에 착수했다.

토지조사사업은 이른바 '지세 부담의 공평, 소유권의 보호, 생산력 증진'이라는 그럴듯한 명분을 내걸었지만, 일제의 목적은 토지 수탈이었다. 일본은 오래전부터 한국의 비옥한 땅에서 생산되는 쌀을 탐내왔다. 구한말에는 흉년이 들었는데도 막대한 양의 쌀을 일

105인 사건으로 끌려가는 사람들.

본으로 실어가자 조정에서 방곡령을 시행하기까지 했다. 방곡령^防穀令은 식량난을 해소하기 위해 곡물의 수출을 금지하는 명령으로, 이로 인해 벌어진 조선과 일본 간의 외교적 분쟁인 '방곡령 사건'은 100여 건이나 되었다고 한다.

총독부의 토지조사사업은 전통적인 농본국가 한국인의 생활 근간을 뒤흔드는 일이었다. 농민들은 조상 대대로 소유하던 토지 점유권 또는 소유권을 불법으로 빼앗기는 경우가 많았다. 일제에 대한 거부감으로 신고를 기피하거나 복잡한 서류를 제대로 갖추지 못해 토지 소유권을 잃는 경우도 적지 않았다. 일제는 바로 이런 점을 노리고 토지를 '합법적'으로 빼앗기 위해 수작을 부린 것이다.

이회영은 윤복영의 집에 오래 머물 수 없어서 이들이 마련해준 산속의 오두막에 은신하면서 동지들을 만났다. 얼마 뒤에는 유진태의 집으로 거처를 옮겼다. 유진태는 이회영의 제자로서 애국심이 투철한 청년이었다. 그러나 자금을 마련하는 일은 여전히 쉽지 않았다.

국민들의 생활 실태는 일제 합병 후 급격한 몰락의 길을 걷고 있었기 때문에 모두가 파산 지경에 있었으며, 더욱이 국가니 민족이니 하는 의식을 지니고 망국의 원한을 느끼는 사람들은 예외 없이 곤궁에 빠져 있었다. 당시에도 경제 능력을 가진 자들은 다만 친일과 추세의 무리가 아니면 매국 역적이며 또는 적의 위압에 놀라고 떨었던 수전노뿐이었다. 그러니 그런 형편 속에서 선생이 운동비를 마련한다는 것은 불가능에 속한 일이었다.[3]

일제는 안악 사건과 105인 사건을 조작하고, 태형령과 감옥령 등을 만들어 반일 인사들은 물론 일반인들의 기를 죽이고 공포감을 조성하는 한편, 토지조사사업을 통해 민족주의 계열 인사들의 재산을 탈취하면서 사회 분위기는 꽁꽁 얼어붙었다. 토지조사사업은 전통적인 조선 농민을 해체하는 계기가 되었다. 땅을 빼앗긴 농민들은 빈농과 소작농으로 전락하거나 도시 빈민으로 떠돌았다. 또 일부는 온 집안 식구를 이끌고 만주나 블라디보스토크로 떠나갔다.

이와 같은 국내 상황에서 이회영의 활동은 쉽지가 않았다. 뒷날 이때의 활동을 전해 들은 아내 이은숙은 이렇게 회상했다.

우당께서는 신흥무관학교를 필역畢役하시고, 자기 자택은 급한 대로 방 세 개만 만들고, 계축년(1913) 정월 초순에 떠나 조선에 무사히 가시었으나, 어느 누가 있어 반기시고, 우선 미안하지만 주객主客이 비밀을 지키며 4, 5식을 비밀히 묵으면서 동지들을 만났는데, 주야로 방에서 숨도 크게 못 쉬고 있었으니 오죽이나 미안하고 조심되셨으리오.

비록 윤복영 씨는 우당장이 사랑하시는 제자지만, 만주로 망명했던 위험한 분을 누가 좋다 하리오. 그러나 윤 씨는 백옥 같으신 신사이며, 그중에 효심이 출중하셨다. 우리 대고모님 고식姑息 분도 구식 부인이지만, 애국지사이다. 그러므로 여러 동지들의 칭송이 자자했다.[4]

비밀연락 혐의로 구류를 당하다

유진태의 집에 은거하고 있던 어느 날, 종로경찰서의 악명 높은 일본인 형사 미쓰와三輪가 갑자기 나타났다. 그동안 만났던 인사들 중에서 귀국 소식이 흘러나가 일제 정보망에 포착되었기 때문이었다. 미쓰와는 이회영을 붙잡은 뒤, 모든 재산을 정리하고 망명한 사람이 갑자기 만주에서 돌아온 이유를 캐물었다.

이회영은 단호하게 말했다. "선영의 산소에 나무를 누가 함부로 베어낸다는 소식을 듣고 조상의 산소에 성묘·배례도 하고 동기 자매와 친척도 만나고자 겸사로 돌아왔다."[5]

미쓰와는 언제 다시 만주로 돌아갈 것인지를 묻고, 만주로 떠나기 전에 미리 경찰에 연락해달라고 당부한 뒤 순순히 물러갔다. 그리고 이회영의 일거수일투족을 살피고, 그가 만나는 사람들을 놓치지 않고 치밀하게 추적했다.

일경은 이회영을 즉각 체포하지 않았다. 당장 무슨 혐의가 있는 것도 아니고, 자신들이 조선의 귀족이나 양반 사대부는 독립운동 따위는 하지 않는다고 선전해왔기 때문에, 귀족 가문 사람인 그를 구속하여 사건을 확대할 필요가 없다고 판단했던 것 같다. 이회영은 이 일이 있고 나서부터 더욱 신변을 조심하는 한편, 상동 공옥소학교 교사 출신 이경혁의 집으로 거처를 옮겼다. 이경혁은 신의가 두터워 믿을 만한 동지였다.

이회영은 모든 일 하나하나에 신중한 편이었다. 만나는 사람이나 서한 같은 것을 각별히 조심하여 꼬투리를 잡히지 않았다. 이를 두고 이회영의 아들 규창圭昌은 뒷날 회고록『운명運命의 여신餘燼』에서 이렇게 밝혔다.

> 부친께서는 성격이 주도면밀하시어 매사에 사려가 깊으시며 험악한 정세이므로 언제 왜놈들이 쳐들어와도 문제가 될 만한 문서는 그 즉시 소각하고 좀 중요한 문서는 담뱃재떨이 밑에 풀로 붙여두니 제아무리 왜놈이라 하여도 담뱃재떨이 밑바닥까지는 보지 않았다. 만주에서 환국하신 후 105인 사건의 여파로 체포되셨다가 증거를 전혀 포착하지 못한 왜놈들이 부득불 석방하게 되었고, 그 후로는 놈들의 감시가 거거익심去去益甚하였던 것이다.[6]

성격이 주도면밀했던 이회영은 아무리 믿을 만한 동지도, 만주에서 한밤중에 자신을 찾아오는 사람도 같은 방에서 재우지 않았다. 언제 일경이 들이닥칠지 몰랐기 때문이다. 이런 성격 때문에 실제로 화를 면한 일이 있었다. 이회영의 아내와 어린 아들이 고국으로 돌아왔을 때의 일이다. 다시 이규창의 회고를 들어보자.

> 그때 나의 기억으로는 한밤중에 비는 억수같이 내리는데 한 청년이

이규창의 회고록 『운명運命의 여신餘燼』 표지.

찾아와 장시간 밀담을 나눈 후 그 청년이 억수같이 내리는 비며 먼 길에
와서 핍권乏倦하여 타처로 갈 수 없으니 하룻밤을 유留하기를 부친께 청
하였으나 부친은 단호히 거절하며 말하시기를 내가 무정하여 그런 것이
아니라 지금의 시국 형편이 일각도 방심할 수 없는 때라 그놈들이 지금
이라도 들이닥칠지 모르니 그 점을 양해하고 딴 곳에 가서 유하라고 간
곡히 타일러서 돌려보냈다. 그 청년은 피곤한 몸을 이끌고 비를 맞고 돌
아갔는데 새벽녘도 되지 않아 아니나 다를까 왜놈 형사와 순사 놈 3명
이 불시에 들이닥치니 만약 그 청년이 우리 방에서 유하였더라면 그 결
과가 어찌 되었으랴?[7]

이 사람은 임석호 또는 임경호라는 청년이다. 1915년 여름에 이

회영에게서 모종의 임무를 받고 블라디보스토크의 이상설에게 갔다가 돌아온 이회영의 측근이었다.

이회영은 1915년 8월 20일경에 일제 경찰에 체포되었다. 일경이 왜 갑자기 체포했는지는 정확하지 않지만, 이른바 '조선보안법 위반 사건'과 관련 가능성이 없지 않다.

조선보안법 위반 사건은 이상설이 성낙형을 국내에 파견해 고종 황제와 의친왕을 해외로 망명시키려다 발각된 사건이었다. 일제는 이 사건을 사법 비밀로 처리했을 정도로 충격적인 사건이었다.

1914년, 이상설은 블라디보스토크에 망명정부인 대한광복군 정부를 세운다. 그리고 이듬해 3월, 상하이 영국 조계에 있는 배달학원에서 박은식, 신규식, 조성환, 유동열 등 주요 독립지사들과 함께 만나서 신한혁명단을 조직한다. 신한혁명단 본부장을 맡은 이상설은 외교부장 성낙형을 국내에 파견해 고종과 의친왕을 비롯해 왕족들의 망명 추진을 지시했다. 고종은 내관 염덕인을 통해 덕수궁 함녕전에서 관련 서류를 제출받고, 그 배후에 이상설이 있다는 말을 듣고 외교부장 성낙형의 비밀 알현을 허락했다.

그러나 왕자로서 항일의지가 가장 높은 의친왕의 장인 김사준과 그 사촌 김사홍, 김승현 등 관련자들이 여럿 검거되면서 이들의 시도는 실패하고 말았다. 일제는 이 사건을 조선보안법 위반 사건이라고 불렀다.

경기도 경찰부가 「보안법 위반 사건 검거의 전말」이라는 문건을 조선총독과 정부총감, 군사령관 등에게 보고한 때가 1915년 9월 21일로, 그해 8월 20일경에 체포되었던 이회영이 3주간의 구류를 마

치고 석방된 때와 비슷한 시기이다.[8]

이회영과 블라디보스토크의 이상설이 연계하여 고종 황제를 비롯한 왕족들의 망명을 추진하다 미수에 그치면서 관계자들이 구속되었는데, 이때 이 일로 이회영도 구속되었던 것 같다.

이회영의 구속 소식은 만주의 아내에게도 전해졌다. 구속 사실을 알게 된 둘째 형 석영이 제수씨에게 이 소식을 전했다. 이은숙은 자서전에서 다음과 같이 회고한다.

"오늘 펑톈에서 온 이세진 편지를 보니 우당장이 8월 20일께 봉변을 당했다 하니, 설마 별일은 없을 것이지만…" 하시며 그 시로 자리에 누우셔서 비감해하시니, 뵙기 절박하여 집안이 난리였다. 신흥학교에서도 3일간을 휴학하고, 대소댁은 말할 여지도 없고 근동 우리 조선인은 누구나 수선수선하니, 낸들 무슨 말을 하리오.

그러나 속히 조선으로 나가서 사식私食이나 대드릴까 하고 그날부터 치행治行 준비를 하여 걱정으로 지낸 것이 일망一望이 되나 조선 소식은 막연하고 주야로 걱정이 되어 잠을 이루지 못하였도다.[9]

아내와 만주의 가족, 신흥무관학교에서 이렇게 애태우고 있을 때 이회영은 종로경찰서 형사실에서 신문을 받고 있었다.

"선생은 어느 해에 만주로 나갔소?"
"경술년 겨울에 건너갔다."
"만주로 건너간 것은 무슨 의도에서요?"

"만주 광야에 토지를 얼마간 매입하고 개간해서 농업을 경영하려 한 것이다."

"전해오는 말에 선생이 경학사를 설립했다 하는데 무엇을 하는 회사요?"

"경학사라는 것은 농업과 학업을 권장하려는 것이다."

"선생이 다구산大孤山 아래에 무관학교를 설립했다 하는데 무관을 양성하여 무엇을 하려는 것이오?"

"그것은 낭설이다."

"구한국 해산 군대의 장교들이 모여 병서를 가르치고 전술을 훈련한다는데도?"

"지금 국내 각 학교에서 구한국 장교들이 학생들에게 체육을 가르치고 있는데 이와 마찬가지다."

"선생이 돌연히 귀국한 것은 무엇을 하려 함이오?"

"조상의 산소에 성묘 배례하고, 토지를 매각하고, 산소의 수목을 지키고 가꾸려고 왔다."

"선생은 언제 만주로 가시려 하오?"

"어느 때라고 정할 수는 없으나 머지않아 만주로 가려 한다."

"블라디보스토크에 있는 이상설을 선생이 전부터 알았소?"

"이상설은 죽마고우다."

"이상설의 소식을 들었소?"

"수천 리 먼 곳에 있는 친구의 소식을, 그곳에 왕래하는 사람이 없으니 어디에서 들어보겠는가?"

"이상설이 해외에서 무엇을 하오?"

"피차에 왕래하지도 못하고 또 서신도 막혀 끊어졌으니 그가 무슨 일을 하는지 나는 모른다."

"선생이 국내 모 인사와 국외 모 인사들과 독립운동을 한다면서요?"

"경관이 나에게 독립운동을 한다는 말은 무슨 말인가? 나의 지금 생각은 큰 부자가 되는 것이 소원이다."

"선생이 부자가 되고 싶다는 건 거짓말이오. 아마도 혁명가가 되는 것이 소원이겠지요? 선생이 겉으로 하는 말은 온화하고 아무 일도 없는 듯하지만 뱃속에 감춘 생각이 따로 있고 불평이 가슴에 가득한 것이 분명하오."[10]

이회영은 다행히 경찰서장의 즉결처분으로 3주간의 구류를 선고받는 데 그쳤다. 어떤 혐의나 물증을 찾지 못해 내린 처분이었다. 이회영은 경찰서에 구금당해 있던 어느 날 한 동지가 유치장에 갇혀 있는 것을 보았다.

3주일 구류를 당하는 동안에, 하루는 선생이 경찰서 철창 밖에서 잠시 산보를 하느라 왔다 갔다 하는데 유치장 안에 동지인 나羅 모 씨가 있는 것이 보였다. 선생이 놀라 혼자 생각하는데 나 군이 잡혀온 것이 혹시 자신이 관계된 모 사건(내용 미상)으로 인한 것이 아닌가 하는 의혹이 많아졌다.

선생은 대책을 묵묵히 생각하였는데, 작은 고육계苦肉計를 쓸 수밖에 없었다. 점심을 먹고 나서 선생은 나무젓가락으로 콧구멍을 비벼서 피가 나오게 한 후 젓가락에 피를 묻혀서 젓가락 싸는 종이에 "나는 그대를 말하지 않았다我不言君"라고 썼다. 그리하여 이것을 숨기고 있다가 경관이 없는 틈을 타서 철창 사이로 교묘히 나 군에게 던져 주었다.

선생은 나 군이 그것을 민첩하게 감추는 것을 보고 나서는 경찰서에서 새로운 일의 유무를 조용히 지켜보았다.[11]

'석파란'을 치며 국내 독립지사들과 접촉하다

이회영은 은신처에서 한 가지 큰일을 도모했다. 비밀단체를 조직하거나 일제 기관을 폭파하는 수준의 '거사'가 아니었다. 그러는 한편 각계의 애국인사들을 만나 여러 가지 항일운동을 추진했다. 그런데 앞에서 살펴본 대로 워낙 자료를 남기지 않아서 1913년 봄에 국내로 잠입한 이후 1919년 이른 봄에 재망명하기까지 6년간의 구체적 행적이 사라진 것은 애석한 일이다.

이회영은 활동비와 '거사' 자금을 위해 그림을 그려 팔기로 했다. 어릴 적부터 익혀온 시·서·화에는 일가를 이룰 정도가 되었다. 특히 난을 치는 솜씨가 뛰어났다. 조선의 귀족과 부자들은 여전히 흥선대원군 석파 이하응의 난 그림을 선호한다는 데 착안하여 그의 그림을 그렸다. 중국으로 재망명한 뒤에도 석파의 난을 그려 팔았다. 중국에서 종종 나타나는 석파의 난 그림은 베이징 망명 시절에 이회영이 그린 작품이라고 한다. 흥선대원군은 추사 김정희에게 배운 묵란墨蘭의 대가로서, 그의 작품은 추사가 "압록강 동쪽에는 이만한 대가가 없다"라고 극찬할 만큼 뛰어났다고 한다.

부친께서는 사군자 화畵에 능하시어 석파石坡 대원군의 난을 흡사하
게 치시기 때문에 부친은 석파의 난을 치시고 화제畵題는 서도에 능하신
유창환 선생이 쓰시고, 낙관은 부친이 직접 인장을 새겨서 석파의 난화
로 일호一毫의 차질 없이 작성하시고, 그 화폭은 백은 유진태 선생께서
당시의 거부 명문가에 갖고 가시어 한 폭씩 맡기고 일금 1, 2백 원씩 받
으시어 운동자금으로 조달했다.[12]

우리 독립지사들이 일제와 싸우면서 친일 부호들의 집에 들어가
돈을 빼앗거나 일제 금융기관을 습격하는 등 수단과 방법을 가리지
않았지만, 이회영은 대원군의 난을 모작하여 운동자금을 만들었다.
신채호는 국제위체 위조 사건으로 구속되어 재판을 받으면서 일인
판사가 부도덕성을 말하자 "일제와 싸우는 데는 모든 수단이 정당
하다"라고 일갈했다.

석파란의 묘미는 난의 잎사귀에 있다. 잎사귀를 그릴 때 '삼전지묘三轉
之妙'라고 하는 수법을 쓴다. 난의 잎이 뻗어 나가는 모습을 그릴 때 3번
돌려 자연스럽게 그리는데, 그 방법이 아주 어렵다. 그래서 고수가 아니
면 삼전지묘의 방법을 터득하기 어렵다고 한다. 우당은 명문가의 선비
였던 만큼 어렸을 때부터 시·서·화에 대한 기본교육을 받았던 모양이
다. 특히 대원군의 석파란에 대해서는 상당히 조예가 있었던 듯하다.[13]

이회영의 '석파란 치기'는 오래전부터 독립운동 진영에서는 물론
한국 고서화계에서 화제가 되었다. 그래서 더러는 진짜 대원군의

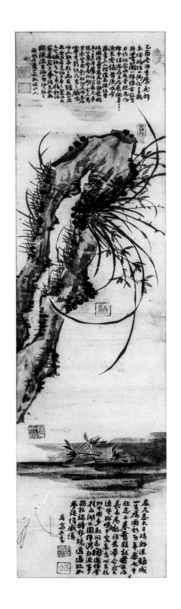

이회영의 묵란도(글씨는 왼쪽부터 이시영, 유치웅, 심석·오세창, 정인보).

그림보다는 이회영의 작품을 더 선호하는 수집가도 있었다. 두 사람의 난은 전문가가 아니면 분별이 어려울 정도라고 한다. 현재 남산 예장공원의 이회영기념관에는 이회영이 그린 '우당란' 몇 폭이 진열되어 있다.

만주에 남겨진 아내 이은숙은 1917년 6월 27일, 남편이 고국으로 떠난 뒤에 태어난 아들 규창과 딸 그리고 전실 소생 아들을 데리고 천신만고 끝에 서울로 돌아왔다. 고국을 떠난 지 7년여 만이었다. 이때 아들 규창은 아버지 얼굴을 처음으로 대했다.

드디어 내가 출생한 지 만 5년 만에 부친을 초대면하게 된 것이다. 부친이 거주하시던 곳의 마을 이름은 '느리골'이라 하였는데 지금은 어딘지 잘 모르겠으며, 그 집은 유창환 선생의 댁으로 우리는 방 하나를 빌려서 살게 되었다.

유창환 선생으로 말하면 당대의 유명한 문장가로 글씨에 더 유명한 분이시며 부친과는 독립운동 동지이고 유진태 선생과는 친척이시며, 세 분은 형제와 같이 의기투합하여 국가 장래를 위한 항일독립운동에 진력하는 처지였다. 그러니 유 선생의 집안하고 친불친이 있을 리 없고 부친과는 한 동기간처럼 지내는 처지였다.[14]

이회영이 잠입하여 국내에서 거사를 위해 준비하던 1916년 10월에 일본 육군대장 하세가와 요시미치長谷川好道가 조선총독에 임명되고 데라우치 마사타케는 일본 내각 총리대신으로 전임되었다. 요시미치는 조선 병탄과 폭압통치로 일본에서 능력이 평가되어 본국 총리로 전임된 것이다.

그해 12월 경제인들의 친일에 앞장선 경제단체 다이쇼大正 실업친 목회가 조직되고, 총독부령으로 공창公娼 제도가 시행되었다. 요시 미치는 부임과 함께 일본군 2개 사단을 여의도·용산·대구 등지에 상주시키고, 이를 위해 수백만 평의 한국인 토지를 강제 수용했다.

이회영이 은신하고 있었던 관계로 당장은 알지 못했으나, 1917년 3월 31일 평생의 동지이자 애국운동의 지도자 이상설이 망명지 니 콜리스크우수리스키(지금의 우수리스크)에서 서거했다. 아직 48살의 젊 은 나이였다. 이상설의 서거 소식을 나중에 베이징에서 들은 이회 영은 밤새도록 "운運이여 명命이여!" 하며 울부짖었다.[15]

이회영은 국내 각지의 주요 인사들을 은밀히 만나서 중국의 정세 를 전하고 독립운동의 방략을 논의했다. 그가 만나거나 연락한 사 람은 국내뿐만 아니라 중국 관내는 물론 만주와 하와이, 블라디보 스토크, 일본 등지에 퍼져 있던 해외 동포들과도 연결이 되었다.

그는 국내 천도교의 오세창을 비롯해 기독교의 이승훈, 불교계 의 한용운, 교육계의 김진호와 강매, 그리고 재야의 이상재와 유진 태, 안확, 이득년 등과 긴밀히 교류했다. 또 박돈서와 임경호, 홍증 식 등의 청년 동지들을 상하이와 베이징, 만주, 블라디보스토크 등 으로 보내 서로 정보를 교환하도록 했다.[16]

일제의 무단통치는 날이 갈수록 심해져서 지방 행정구역의 최말 단인 면장까지 일본인으로 임명하고, 토지조사에 이어 임야조사령 을 공포하여 임야조사사업을 실시했다. 조선식산은행을 설립하여 금융조합과 함께 일제 금융자본의 농촌 침투를 체계화했다.

「대한독립선언서」.

1918년 늦은 겨울, 만주 지린吉林에서는 국외 독립운동가 39명이 「대한독립선언서」를 발표했다. 김교헌, 김규식, 윤세복, 박은식, 안창호, 여준, 김동삼, 김약연, 이승만, 조소앙, 김좌진, 이동녕, 이동휘, 신채호, 박용만, 이시영 등이 서명했다. 국치 이래 가장 많은 독립운동 명망가들이 참여했다. 이회영은 국내에 은신한 까닭에 이 독립선언서에 서명하지 못했다.

무오년에 발표되어 일명 「무오독립선언서」로도 불리는 이 선언서는 "육탄혈전으로 독립을 완성할" 것을 결의하고 대일 무장투쟁을 선언했다. 선언서는 대한독립의군부 부령을 맡은 조소앙이 집필했다.

이 선언서가 일본의 한국 유학생들에게도 전해지고, 국내에도 은밀히 전달되어 독립지사들을 흥분시켰다. 이보다 앞서 같은 해 8월에는 여운형, 김구, 조동호, 신석우 등이 상하이에서 신한청년단을 조직하는 등 해외 독립지사들의 움직임이 빨라졌다.

고종을 내세운 '망명정부'를 기획 추진하다

1918년 가을에 접어들면서 1차 세계대전의 뒤처리를 위해 프랑스 파리에서 강화회의가 열렸다. 미국 대통령 윌슨이 '평화원칙 14개조'를 발표하면서 민족자결주의를 제창함에 따라 세계 곳곳의 약소민족들이 이를 자주독립의 계기로 삼았다. 한국의 국내외 독립운동 지도자들도 이 기회를 이용하여 국권을 되찾고자 준비했다.

이회영은 각계 지도자들과 상의하는 한편 오래전부터 준비해오던 '거사'를 실행에 옮겼다. 그것은 고종을 중국 베이징으로 망명시켜 망명정부를 수립하려는 엄청난 계획이었다. 그러나 이 같은 거사의 목적은 결코 왕조복벽운동이 아니었다. 이회영은 신민회 시절부터 이미 공화정체의 자주독립국을 수립하고자 하는 공화주의자였다.

그런데 이 시점에서 고종의 망명을 시도한 것은, 내부적으로는 그를 독립운동세력의 구심으로 삼고, 대외적으로는 다른 나라로부터 망명정부로 인정받아 거국적으로 독립전쟁을 전개하려는 복안이었다. 국내에 들어와 독립운동자금이 거의 마련되지 않은 것도 거사를 서두른 이유 중 하나였다. 고종을 내세워 임시정부를 세우게 되면 국내외에서 인적·물적 지원을 받을 수 있을 것으로 기대했기 때문이다.

고종을 망명시키려는 계획은 1910년에도 시도된 바 있었다. 이상설과 13도의군도총재 류인석 등이 고종을 러시아의 블라디보스토크로 망명시키려 했으나 뜻을 이루지 못했다. 1915년에도 이상설, 박은식, 신규식, 조성환 등이 상하이에서 신한혁명단을 조직하여 본부를 베이징에 두고 고종을 망명시켜 당수로 추대하려고 시도하다가 좌절되었다.[17]

이때의 고종 황제 망명 기도는 이상설이 주도했는데, 두 사람의 관계로 보아 이회영과도 연결이 되었을 것이다. 그런데 1917년에 이상설이 갑자기 사망하면서 이 계획은 중단되었다. 이를 이회영이 다시 시도했다.

이회영은 이 문제를 두고 오래 고심을 거듭했다. 헤이그 특사 파견 때와는 또 상황이 달랐다. 그 당시에는 고종이 비록 실권을 상실하기는 했으나 여전히 황제의 위치에 있었다. 하지만 지금은 황위에서 쫓겨나 유폐된 채로 일제의 감시를 받는 처지였다. 더욱이 "고종의 망명은 일제가 모든 것을 걸고 막아야 하는 식민지 통치의 제1대 원칙이었다."[18]

이 무렵 고종의 심기는 황실 문제로도 크게 불편했다. 일제는 순종에게 후사가 없자 순종의 동생인 영친왕을 일본 왕족 이방자李方子와 혼인시키려 했다. 조선 황실과 일본 왕실의 혼인으로, 그야말로 '내선일체'의 전범을 보이려는 책략이었다.

고종은 한국의 황태자가 일본 여인과 혼인한다는 것은 말도 안 된다

고종 황제.

고 생각했다. 순종이 후사가 없는 판국에 왕세자 영친왕이 일본 여인과
혼인한다면 조선 왕실의 순수한 혈통이 끊기는 것이라고 판단한 고종은
이회영의 망명 제의를 선뜻 받아들였던 것이다.[19]

이회영은 고종 황제를 중국으로 망명시켜 그를 구심으로 망명정
부를 세워 일제와 싸우면 국민의 전폭적인 지지와 협력을 얻을 수
있으리라 판단하고 이를 적극적으로 추진했다. 이회영은 고종의 사

위인 이교영, 대원군의 사위인 조정구, 조정구의 아들 조남승 등 고
종 황제의 측근이자 자신의 사돈('사돈 관계'는 뒤에서 다시 설명)인 이들을
통해 계획을 고종에게 알리고 승낙을 받았다.

　태상황제 고종 폐하께서 중국으로 어출御出하시어 파리강화회의에
한국 독립의 성명을 내고 광복운동에 친히 임하시는 방책을 깊이 생각
했다. 그래서 시종 이교영을 통하여 이 뜻을 상주하고 폐하께서 국외에
어출하시기를 주청하였는데 폐하께서 승낙하셨다.

　이리하여 선생은 홍증식과 함께 판서 민영달을 찾아가, 태상황제께
서 중국으로 어출하시려 한다는 성지를 전하고 그의 뜻을 물었다. 민영
달은 대답했다. "만약 폐하께서 나라 밖으로 나가신다면 독립운동에 광
채와 효력이 발양될 것이다. 나는 이번 일이 실현되기를 가슴에 가득한
성심성의로써 기원한다. 그리고 내가 비록 재주 없고 지혜 부족하지만
신하의 충심을 다 기울여 폐하를 따라 모시겠다."[20]

　이회영이 아들 규학의 신부례(신부가 시집에 와서 처음으로 올리는 예식)를
이용하여 몇 차례 황실에 들어가 고종 황제를 만나 계획을 설명하
고 동의를 얻어내면서 일은 순조롭게 추진되었다.

　달성 서씨 부인 소생인 규학은 만주에서 1917년 어머니와 함께
귀국하여 조 대비의 친족 조정구의 딸이며 고종의 조카딸인 조계진
과 결혼했다. 결혼한 지 1년이 지난 1918년 11월에 신부례를 올리기
로 한 것이다. 이회영은 이렇게 아들의 신부례를 구실로 황실을 드
나들게 되었다. 아무리 멸망한 왕조라도 황실의 신부례는 나름대로

이규학과 조계진.

격식을 갖추었다. 이규학의 동생 이규창의 회상을 들어보자.

　내 기억에는 근 70년 전의 의식이니 지금의 모든 의식과는 판이하고 장엄했다. 비록 망국 대부라 하여도 궁^宮의 의식을 가미한 것이었기 때문에 수일 전부터 그 절차가 복잡 다양하여서 참으로 축의 분위기였다. 신부례 폐백의 예물도 대단했다. 혼수를 다 궁내에서 준비하여서 궁내 내인으로 하여금 우리 집으로 폐백 전일에 다 가져왔다.

내가 신부례 날짜는 기억 못 하나 의식을 하는 날 형수는 머리에는 족두리를 쓰고 얼굴에는 연지곤지를 찍고 화려한 예복을 입고 아침 일찍이 집으로 가마를 타고 와서 방에 단정히 앉아 있었다.[21]

이회영은 아들의 신부례를 내세워 고종 황제를 만나 망명정부 수립을 품의하고 동의를 받아냈다. 그리고 민영달과 구체적으로 고종 황제의 망명에 관한 준비를 서둘렀다. 이규창의 회고를 조금 더 들어보자.

이리하여 부친께서는 민영달 씨와 비밀히 만나 구체적인 방법을 강구했다. 먼저 수水, 륙陸 두 가지의 출국 행로를 비교하여 배를 타시기로 하였고, 다음 행선지에 대해서는 우선 중국으로 하고 상하이와 베이징을 비교하여 베이징에 행궁行宮을 정하기로 했다.

1918년 말 무렵 부친께서는 민영달 씨가 내놓은 자금을 이득년·홍증식 두 동지에게 주어 베이징에 머물고 있던 다섯째 숙부 성재 이시영에게 전달하게 하고, 고종 황제께서 거처하실 행궁을 임차하고 수리하도록 부탁했다.[22]

이회영은 고종 황제를 움직여 망명을 이끌어내고 베이징에 거처할 행궁을 마련케 하는 한편, 오세창, 이승훈, 한용운, 이상재, 김진호 등 천도교·기독교·불교·교육계의 지도자들과 은밀히 만나 국권회복을 위한 모종의 거사를 진행했다.

고종의 독살로 망명 계획이 무산되다

이회영이 공들여 준비해온 고종 황제 망명 계획은 물거품이 되고 말았다. '주역'이 서거했기 때문이다. 1919년 1월 20일에 황제가 밤중에 식혜를 먹은 뒤 갑자기 복통을 일으켜 괴로워하다가 서거했다고 발표되었다. 발표 방식도 총독부와 황실의 공식 발표가 아니라 총독부기관지 《매일신보》의 호외를 통해, 그것도 하루 동안 숨겼다가 다음 날에야 보도했다.

고종은 당시 덕수궁 함녕전에 머물고 있었다. 고종이 승하한 그날 함녕전 숙직자는 의외의 인물들이다. 1급 매국노로 더 설명이 필요 없는 이완용, 일제로부터 자작 작위와 은사금 3만 원을 받은 이기용李埼鎔이었다. 이기용은 1급 친일파로, 총독부에서 비용 일체를 부담한 '조선 귀족 일본 관광단'으로 방일하여 일왕에게서 주병酒瓶을 하사받기도 했다. 또 그는 갑신정변 때 영의정을 지낸 완림군 이재원의 아들로 고종에게는 사촌 조카가 된다.[23]

비교적 건강했던 고종 황제의 갑작스러운 승하와 관련해서 이완용과 이기용의 그날 밤 행적에 의혹의 눈초리가 쏠렸다. 고종 황제의 임종을 지켜본 사람도 이들이었다. 당일 우연히 함녕전 숙직을 함께 선 두 사람과 함께 "독립운동가들은 고종을 독살한 장본인으로 이왕직의 장시국장이자 남작 작위를 받은 한창수와 시종관 한상학을 지목했다."[24]

한창수韓昌洙는 일제로부터 작위와 은사공채 2만 5,000원을 받고 조선총독부 중추원 참의로 임명되어 《반도사》 편찬심사위원 등 친일에 앞장서다가 1919년 자작 윤덕영을 대신해 이왕직 장시사장掌侍司長에 임명된 인물이다.[25] 이왕직의 업무 총관리인 격이다. 한상학은 한창수의 심복이었다.

이증복李曾馥은 『고종 황제와 우당 선생』에서 한창수와 한상학을 고종 황제 살해의 하수인으로 지목했다.

고종을 그대로 내버려둘 수 없겠다는 왜적은 비밀히 고종을 처단하려 했다. 그 처단 방법에 있어서는 독약을 사용하여 비밀히 제거하기로 했고, 그 하수자는 그 당시 이왕직 장시국장이자 남작 한창수와 시종관 한상학 두 사람이 담당하기로 했다. 이 두 사람은 매국 역신과 더불어 왜적의 가장 충실한 주구였다.

1919년 1월 20일 한창수·한상학 두 사람은 독약이 섞여 있는 식혜를 고종에게 드렸다. 밤중에 고종 앞에 놓이는 진찬珍饌, 그것이 고종의 운명을 마지막으로 빼앗으려는 독약인 줄이야 누가 생각했으랴.[26]

고종 황제의 독살설은 다른 기록에서도 나타난다.

1892년부터 1934년까지 한국에서 선교활동을 펼쳤던 미국 북감리교회 매티 윌콕스 노블Mattie Wilcox Noble이 당시 쓴 일기가 『3·1 운동, 그날의 기록』이라는 자료집으로 발간되었는데, 여기에도 같은 내용이 실려 있다. 그중 1919년 3월 3일 자 일기에는 "(…) 전 황제는 격노하여 서명을 거부했고 그러자 서명을 강요했던 사람들은 앞으로 어떤 일이 생길까 두려워 전 황제를 독살하고 상궁들을 죽였다"라고 기록되어 있다.[27]

이규창은 형수(조계진)한테서 다음과 같은 내용을 들었다고 한다.

　고종께서 야중에 밤참을 드시는 기회를 이용하여 궁인을 매수, 극비리에 식혜에다 극한 독약을 타서 잡수시게 하였으니 고종이 전신이 파열되시고 절명하시었다. 그리고 그 독약을 타게 한 궁인은 행방불명이 되고 말았으니 아마도 왜놈이 궁인도 암살한 것으로 예측된다. 이 사실은 나의 형수(조계진)가 고종 황제 붕어 5일 후 운현궁에 갔다 돌아와서 부친께 이 비밀사실을 말씀드려서 알게 되었다.[28]

이회영이 고종 황제를 망명시켜서 일제의 조선 병탄이 무효임을 만천하에 선포케 하고, 일제를 향해 개전 조칙을 내려 모든 국민을 궐기시키려 한 장대한 계획은 결국 수포가 되고 말았다. 이회영은 분노와 슬픔을 가눌 길이 없었다. 그러나 그는 어떤 일을 당해도 좌절하지 않는 굳센 혁명가였다.

저것은 벽
어쩔 수 없는 벽이라고
우리가 느낄 때
그때
담쟁이는 말없이
그 벽을 오른다

시인 도종환이 노래한 〈담쟁이〉라는 시다. 이회영은 바로 그 담쟁이 기질이었다.

　이회영은 고종 황제의 인산을 앞두고 지체 없이 고국을 떠났다. 국내에서 일어날 시위와 더불어 해외에서도 시위를 진행하려고 했기 때문이다. 이회영은 다시 베이징으로 떠났다. 두 번째 망명의 길이었다. 그러나 이번이 고국 땅을 다시는 밟을 수 없는 영원한 이별의 길이 될 줄은 몰랐다.

　　하루는 부친께서 형님을 앞에 놓고 무슨 훈칙을 써서 벽이 붙이시고 말씀하는 것을 들으니 부친의 말씀이 "내가 고국을 떠났다고 절대로 말하지 말 것이며, 내가 기별을 하면 가족을 인솔하여 고국을 떠날 것을 계획하고, 매사를 주도면밀히 하며 황제 인산 때 절대로 가족들은 외출하지 못하게 단속을 엄히 하라"고 분부하시었다. 나는 부친과 형의 대화 의미를 잘 모르고 옆에서 듣고만 있었다.[29]

　이회영은 고종 인산 날에 대규모 항일 시위가 있을 것을 알고 있었다. 달리 표현하면 1919년 3월 1일의 만세시위를 준비하고 떠난 것이다.

6. 임시 '정부'가 아니라 독립운동 '총본부'를 주창하다

왜 임시 '정부'로는 안 되는지를 내다본 혜안

1919년 1월 21일, 이회영은 전 부인과 사이에서 태어난 장남 규룡을 데리고 서울을 떠나 베이징으로 돌아왔다. 신흥무관학교가 있는 만주나 상하이가 아닌 베이징으로 길을 잡은 데는 그럴 만한 까닭이 있었다. 1차 세계대전이 끝나면서 국제질서는 재편의 과정에서 크게 요동치고 있었다.

중국에서는 1911년에 신해혁명으로 청나라가 멸망하고 2000년간 계속된 전제정치가 끝나면서 중화민국이 탄생하여 새로운 정치체제인 공화정치의 기초가 마련되고 있었다. 그 중심이 베이징이었다. 1917년에 제정 러시아를 타도하고 프롤레타리아 혁명이 일어난 러시아는 식민국가의 민족해방투쟁을 지원했다. 따라서 한국 독립운동을 전개하기에는 만주 쪽보다는 베이징이나 상하이 쪽이 더 유리한 형국이었다. 이회영은 베이징에서 독립운동 세력의 역량을 결집하여 국내에서 전개되는 항일투쟁과 연대하고자 했다.

이회영이 베이징에 새로운 망명거처를 정하고 독립운동을 전개하려던 때에 이 지역에는 한인이 극소수뿐이었다. 아직 한인사회가 형성되기 전이고 한인들의 생활수준은 대부분 열악해서 항일지사들이 활동하는 게 그만큼 어려운 형편이었다.

일본 경찰이 파악한 정보에 따르면, 1921년 초 베이징에 거주하는 한인은 모두 152명이었다. 그 가운데 학생이 38명이었다. 또 다른 일본 경찰의 정보 자료에 따르면, 1924년경 베이징 지역에는 한인이 대략 1,000여 명 정도 거주했을 것으로 추측하고 있었는데, 세대를 이루고 있는 사람은 50여 호 300여 명 정도에 불과했다. 학생 이외의 나머지 사람들 가운데 소수자는 상업에 종사했고, 대부분의 사람은 하급 노동자로서 불안정한 고용시장에서 낮은 생활수준을 유지했다고 한다. 그러므로 베이징 지역 항일운동에서 물적 토대는 취약할 수밖에 없었다. 항일지사들은 외부에서 자금을 제공받든지 스스로 생업에 종사하면서 항일운동을 병행해야 했다. 이 점에서 상하이 지역의 항일지사들이 처한 조건과 비슷했다.[1]

1919년 2월 중순, 이회영이 베이징에 도착했을 때는 동생 이시영과 이동녕, 조성환, 이광 등이 그곳에 자리 잡고 있었다. 그리고 얼마 뒤 국내에서 3·1 혁명이 거세게 전개되었다.

「독립선언서」(1919년 3월 1일).

　　이회영이 베이징을 망명지로 선택한 데는 또 다른 이유도 있었다. 국내에 머물면서 목격한 젊은이들의 정신 변화 상태였다. 다수의 군중이 몇몇 지도자를 무조건 추종하는 시대가 아니라는 것을 깨닫고는, 망명 지사들이 아직 이런 국내의 실정을 모르고 있다는 사실을 안타깝게 여겼다.

　　독립운동의 실정은 대다수의 지도자들이 다년간의 망명 생활 때문에 국내의 급변하는 동태와 정세를 모르고 국내의 민심 등의 사정이 10년 전과 같은 것으로 착각하고 있었다. 선생은 이것이 독립운동의 앞날을 염려하게 하는 점이라 생각하고, 하루빨리 해외 동지들과 만나 국내의 실정을 모두 얘기하고 의견을 나누고자 하였던 것이다. 선생의 의견은, 첫째로, 시대가 변하고 정세가 변하였으니 이에 따른 운동의 방향과 방법을 수립해야 한다는 것, 둘째로, 우리의 운동은 약자로서 세계적 강대국으로 성장하고 있는 강자와 맞서는 운동이므로 우리가 지닌 온 힘을 다하여 하나로 단결된 항쟁을 해야 하는 것이니, 과거에서부터 내려오는 지방적인 또는 인물 중심의 대립 등을 일절 지양하고 동심협력할 수 있는 방법을 강구하자는 것 등이었다.[2]

이회영은 세계적 강대국으로 빠르게 성장하는 일제와 싸우기 위해서는 독립운동 세력의 대동단결이 무엇보다 급선무라고 생각했다. 이회영의 이 같은 인식은 임시정부에 대한 입장을 비롯하여 구속될 때까지 일관되게 유지되었다. 그런데 독립운동 진영에서는 오래전부터 왕조시대의 파벌의식과 지방색이 대립하고 있었다.

3·1 혁명을 계기로 하여 국내외에서 몇 갈래로 임시정부 수립 운동이 전개되고, 독립운동가 상당수가 베이징과 상하이로 속속 찾아들었다. 10년 동안 일제의 무단통치에 짓눌렸던 한민족이 거족적으로 궐기하고, 해외 동포들도 곳곳에서 만세운동에 동참했다. 국민들 사이에 독립운동의 기세가 들불처럼 타올랐다.

이회영은 이시영, 이동녕, 조완구 등과 논의한 끝에 3월 중순쯤 상하이로 내려갔다. 상하이 독립운동가들 사이의 분위기는 마치 독립이 다 된 것처럼 들떠 있었다. 임시정부 수립에 뜻을 같이하는 사람이 많았고, 임시정부 수립은 대세처럼 되었다. 일제 통치에 조직적으로 저항하기 위한 기관이 필요하다는 것을 뼈저리게 느낀 독립운동가들은 상하이에서 임시정부를 조직하기로 하고, 프랑스 조계에서 임시의정원을 구성했다.

임시의정원 의원 30명은 1919년 4월 11일에 약헌 10개조를 제정·공포하고, 4월 17일에 대한민국 임시정부 관제를 발표함으로써 임시정부를 수립했다. 이회영은 동생 이시영과 오랜 동지 이동녕,

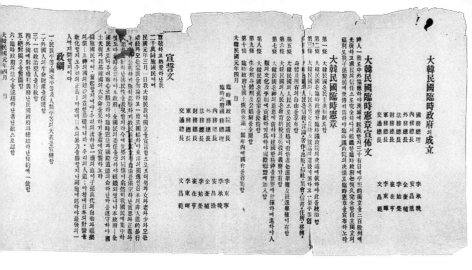

대한민국 임시정부의 수립을 알리는 「대한민국 임시헌장」.

베이징에서 동행한 이광 등과 함께 의정원 의원에, 이동녕은 의정원 의장에 선출되었다. 의정원 의원에는 김구, 김동삼, 김두봉, 김창숙, 손정도, 신규식, 신채호, 신익희, 여운형, 여운홍, 이정규, 조소앙, 조완구, 최근우, 홍진, 한위건 등 독립운동가 여러 명이 참여했다. 그리고 도쿄 2·8 독립선언을 주도한 김상덕도 추가로 선임되었다.

이회영은 의정원회의에서 임시정부 조직을 위한 헌법을 기초할 때 정부 기구가 아닌 독립운동총본부를 구성해야 한다고 주장했다. 정부를 조직하게 되면 지위와 권력을 두고 서로 다투게 되는 분규가 끊이지 않을 것이라고 내다보았기 때문이다. 이미 그런 조짐과 움직임도 없지 않았다. 특히 기호파, 서북파, 평안도파, 함경도파 등의 대립과 내분이 공공연하게 나타나고 있었다. 그래서 단일의 정부 기관보다는 모든 독립운동가(단체)가 참여하는 독립운동총본부를 설치하자고 제안했다.

선생의 의견은, 인물 중심의 단결이 당시의 각박한 인심과 세태 속에서도 또 변화된 세계적 분위기 안에서 이루어질 수 없다는 것이었다. 그러한 방법은 한 인물을 신격화·우상화하는 결과를 낳으며 결국 동학東學 식의 방법이라 할 수밖에 없는데, 어떤 특수한 일부에 대한 운동이라면 몰라도 일반적인 대중을 이해시키고 진작시켜 동원하려는 독립운동의 방법으로는 부적당하다고 했다. 또 만약 그 방법을 쓰기로 한다 해도, 종래 3, 4파가 대립·분열·알력을 벌여온 파벌 가운데서 어느 인물을 중심으로 삼을 것인가를 생각할 때 그것은 실현 불가능한 방법이란 견해였다.[3]

상하이임시정부 그리고 굽힐 줄 모르는 이회영의 신념

이회영이 우려했던 일이 어김없이 현실로 나타났다. 임시정부를 이끌 국무총리 선출 과정에서부터 분규는 시작되었다. 신채호는 박용만을, 조소앙은 박영효를, 김동삼은 이상재를, 현창운은 신채호를, 여운형은 안창호를, 신석우는 이동녕을, 이영근은 김규식을, 현순은 이회영을 각각 천거했으나 모두 부결되었다. 지금까지 어떤 직위에도 연연하지 않았던 이회영의 고사에도 불구하고 기독교 목사 출신 현순이 이회영을 국무총리로 적극 추천했으나 역시 부결되었다. 그리고 격론 끝에 무기명 단기식 투표 결과 이승만이 선출되었다.

이승만의 선출은 타는 불길에 기름을 끼얹는 격이 되었다. 1919년 2월 25일, 이승만과 측근 정한경은 미국에서 한국을 국제연맹의 위임통치에 두자는 '청원서'를 파리강화회의에 제출하고, 정한경은 국내에서 3·1 항쟁이 일어나고 미국 신문에도 이 사실이 보도되던 시점인 3월 21일 자 《뉴욕타임스》 기고문에서 "한국의 모든 인민은 한마음으로 파리강화회의와 국제연맹의 위임통치를 호소하고 있다"라고 엉뚱한 주장을 폈다.

완전독립과 자주독립 그리고 무장투쟁을 주장해온 신채호는 위임통치를 주장해온 이승만의 임시정부 첫 국무총리 선출은 3·1 독립정신에 위배된다면서 이를 받아들일 수 없다고 주장했다. 신채호는 "미국에 들어앉아 외국의 위임통치나 청원하는 이승만을 어떻게 수반으로 삼을 수 있단 말이오. 따지고 보면 이승만은 이완용보다 더 큰 역적이오. 이완용 등은 있는 나라를 팔아먹었지만 이승만은 있지도 않은 나라를 팔아먹은 자란 말이오"[4]라고 성토하면서 회의장을 박차고 나갔다.

신채호뿐만이 아니었다. 임시의정원 의장에 선임된 이동녕을 비롯하여 외무총장 박용만, 재무총장 이시영 그리고 조완구, 김규식, 이광, 조성환 등이 이승만의 선출에 크게 반발하면서 임시정부는 초창기부터 분란에 휩싸이고 파행을 겪게 되었다. 분란은 임시정부 밖에서도 제기되었다.

상하이에서 임시정부를 조직·발표한 지 반 달도 되지 않아서, 서울에서 조직 발표한 집정총재제執政總裁制의 임시정부를 승인·실시하고 상하이의 임시정부를 취소하는 일파가 나타나서 서울정부니 상하이정부니 하는 대립이 생겼고, 노령·간도·경상도 등 대표들이 상하이정부에 반대하고 합작하지 않는 태도를 견지했다. 선생은 이를 보고 또 참지 못하여 동생 이시영에게, 세상은 새로워졌는데 그대들은 아직도 옛 생각 옛 관념 그대로이니 독립운동의 앞날이 걱정된다고 경고했다.[5]

이회영은 이 같은 분란과 분규를 막기 위해서 정부라는 단일 조직보다는 통일운동을 총괄하는 본부를 통해 많은 인사가 참여할 수 있게 하고, 또 통일세력을 통합해 나가자고 주장했다. "그는 각 독립운동 조직이 서로 연락체제를 갖추어 실제 중복이나 마찰 없이 운동할 수 있는 조직을 만들자고 주장했다. 그러기 위해서는 그 조직 형태가 정부라는 행정적인 조직과는 근본적으로 다른, 자유연합적 독립운동 지도부를 구성하자는 새로운 제안을 한 것이다."[6]

이회영의 이 같은 정신을 이해하지 못한 측에서는 많은 오해와 비판이 따랐다. 일부 인사들은 그가 황실과 가까워서 구황제를 다시 추대하려는 보황파保皇派이고, 심지어 자신이 임시정부의 주요 인물이 되지 못했기 때문에 정부 조직을 반대하는 것이라고 비난했다.

이회영은 결코 보황파이거나 복벽주의자가 아니었다. 고종 황제를 망명시켜서 망명정부를 세우려 한 것은 황제를 항일투쟁의 구심으로 삼아 국제적으로 정부를 승인받고, 더불어 국민을 총궐기시켜 항일전선에 동원하려는 목적이었다. 그나마 고종이 사망하고, 무기력한 순종을 봉대해야 할 이유나 명분은 없었다. 무엇보다도 이회영은 신민회 참여 이래 공화주의자가 되었고, 중국과 러시아 혁명을 지켜보면서 시대 조류는 다수의 민중이 참여하는 공화제라야 한다는 강한 신념을 갖고 있었다.

1920년 1월 1일 대한민국 임시정부 신년축하회 기념사진.

　이렇게 이시영·이동녕을 비롯한 상하이임시정부 중심인물들과 뜻이 맞지 아니하여, 선생은 때로는 밤 깊도록 격론을 벌이기도 했고, 책상을 치며 분개하기도 했다. 선생의 심경과 정신을 모르는 그들은 선생이 이승만이나 이동휘 등의 개인에 대해 반대하는 것이 아닌가, 또 심지어는 구황제 중심의 보황파적인 생각으로 임시정부를 반대하는 것이 아닌가 하고 오해하기조차 했다. 그것은 선생이 오랜 시일을 두고 고종 황제와 깊은 관계를 맺어왔으며 더욱이 만주에서 귀국한 뒤로는 여러 해 동안 고종 황제가 하사한 비밀운동비로 활동해온 것을 생각하였기 때문이다. 그리고 또 때로는 선생 자신이 임시정부의 중심인물이 되지 못한 까닭에 반대한 것으로 오해하기도 했다.

그래서 선생은 그들의 무성의한 태도와 몰이해한 심경에 분개하고 독립운동의 전도를 개탄하면서 5월 중순에 상하이를 떠나 베이징으로 돌아오고 말았다.[7]

결과론의 시각에서, 그나마 1919년 3월과 4월에 국내외 곳곳에서 수립된 8개의 임시정부를 통합하여 단일 임시정부를 수립한 것은 다행이었을지, 아니면 이회영의 주장대로 자유연합 성격의 독립운동 지도부를 구성하여 모든 독립운동 역량을 하나로 모아내는 것이 더 현명했을지를 따지는 것은 부질없다.

그러나 임시정부는 곧 극심한 분란에 휩싸이게 된다. 임시정부의 수반이 된 이승만은 1920년 12월에야 임시정부가 있는 상하이로 건너와서 임시정부 대통령으로 부임했다. 그마저도 이승만이 이듬해 미국으로 돌아가면서 다시 수반이 정부를 비우는 상황이 되고 말았다. 또 한인사회당을 조직하여 활동하다가 국무총리에 선임된 이동휘는 소련에서 지원한 자금을 횡령했다는 문제로 분란을 빚다가 그역시 정부를 떠나고 말았다. 이후 이동녕, 신규식, 노백린이 차례로 국무총리 대리를 맡아 임시정부를 바로잡으려고 애썼지만, 정부 운영은 난맥을 면치 못했다.

임시정부가 난항을 거듭하자 임시정부 재편을 통해 독립운동의 새로운 활로를 찾고자 국민대표회의가 소집되었다. 물론 국민대표회의가 소집되기까지도 과정은 험난했다. 우여곡절 끝에 1923년 연초부터 상하이에서 140여 명이 참가한 가운데 열린 국민대표회의는 임시정부를 둘러싸고 창조파와 개조파로 나뉘어 대립하다가 결국

이승만 대통령의 상하이 도착 환영식. 태극기 아래 서 있는 사람들 왼쪽부터 손정도, 이동녕, 이시영, 이동휘, 이승만, 안창호, 박은식, 신규식, 장붕.

결렬되었다.

1925년 5월, 임시정부 의정원은 미국에 눌러앉아 임시정부를 돌보지 않는 이승만을 탄핵하고, 헌법을 개정하여 국무령을 수반으로 하는 체제로 전환했다.

초기의 임시정부가 이승만·안창호 중심의 외교론·실력양성론과 이회영·신채호·박용만 중심의 무장투쟁론으로 갈리고 있을 때, 만주에서는 신흥무관학교 출신들을 중심으로 하여 서로군정서, 간도국민회, 대한독립군, 북로군정서, 광복군사령부, 광복군총영, 대한독립군단 등 항일무장단체들이 연합하거나 단독으로 참여하여 일본군과 치열하게 싸웠다. 봉오동전투와 청산리전투는 그중에서 특히 큰 성과를 올린 전투였다.

1920년 6월에 벌어진 봉오동전투에서는 일본군이 사망자 157명, 중상자 200명, 경상자 100명인 데 비해 우리 독립군은 4명이 전사하고 2명이 다치는 데 그칠 만큼 대승을 거두었다. 또 그해 10월 청산리전투에서는 일본군 1,000여 명을 사살하며 승리했다. 두 전투는 우리나라 독립운동사에 길이 남을 대첩이었다.

이후에도 이 지역 독립운동가들은 통의부·참의부·정의부·신민부·국민부 등을 잇달아 결성하면서 일제에 맞서 치열하게 무장투쟁을 전개했다. 숱한 청년지사들이 만주의 삼림 지역과 연해주 국경 지역에서 게릴라전으로 일본군에 맞서 싸우면서 기꺼이 조국광복을 위해 스러져갔다.

이회영은 상하이임시정부의 분열상과 실현 가능성이 희박한 외교노선의 허구성을 지탄하면서 베이징으로 활동 무대를 옮겼다. 베이징에는 3·1 혁명 뒤 아내와 자식들이 다시 국경을 건너 베이징 자금성 북쪽 허우구러우위안後鼓樓園(후고루원)의 셋집에서 지내고 있었다. 임시의정원 의장 이동녕을 비롯하여 재무총장 이시영, 외무총장 박용만, 무장투쟁론의 선봉 신채호 그리고 조완구, 이광, 조성환, 김규식 등이 행동을 같이하여 베이징으로 돌아왔다. 이회영은 베이징에서 여러 사람을 만났다. 그의 투철한 애국정신과 온후한 인품 때문에 주변에는 항상 많은 사람이 모여들었다.

베이징에서 그는 서로 다른 사상을 가진 많은 사람들을 만났다. 미국에서 이승만과 반목하던 박용만, 무정부주의에 심취되어 있던 이을규·

이정규 형제, 러시아 혁명에 깊은 관심을 가졌던 조소앙, 그 밖에 신채호·김창숙, 중국의 지성 루쉰魯迅 등과 만나 사상 토론을 하면서 어떤 것은 반대하고, 다른 것은 회의하며, 또 어떤 것은 동의하기도 했다.[8]

베이징에 집결한 독립운동가들은 무력으로 일제와 싸우자는 목표 아래 1921년 봄에 군사통일회의라는 연합기구를 결성했다. 군사통일회의는 이어서 상하이임시정부를 부정하면서 한성정부의 법통을 이은 대조선공화국의 수립을 선언했다. 대통령에 이상룡, 국무총리에 신숙, 내무총장에 김대지를 내정하고 대조선국민군 총사령관에 박용만을 임명했다. 대조선공화국을 수립한 이들은 무력항쟁의 당위와 이승만의 위임통치론을 비판하는 「성토문」(신채호 초안)을 발표했다. 여기에는 김창숙과 김원봉 등 임시정부에 비판적인 인사 54명이 서명하여 기세를 올렸다.

또 1920년 여름에는 단장 박용만, 부단장 김창숙, 총무 신채호를 중심으로 보합단普合團을 결성하는 등 무장투쟁론을 주장하는 독립운동가들이 속속 단체를 조직했다.

그러나 이회영은 신중하게 대처했다. 동지들의 끈질긴 종용에도 불구하고 군사통일회의는 물론 대조선공화국 그리고 보합단에도 참여하지 않았다. 상하이임시정부의 비현실적인 외교독립론과 분열상에 분개하면서도 새로운 조직에 선뜻 나서지 않은 것은, 또 다른 감투싸움이거나 독립운동 진영의 분열상으로 보였기 때문이다.

미국에서부터 이승만과 반목해왔던 박용만이 찾아와 이승만과 안창호 등을 격렬하게 비난했다. 이에 대해 이회영은 단호하게 선

이승만과 박용만(오른쪽).

을 그었다. 그들의 노선을 비판할지언정 인물 자체를 욕해서는 안
된다는 이유에서였다.

박용만은 날마다 선생을 찾아와 이승만·안창호 등의 결점과 과오를
얘기했다. 이것은 선생이 상하이에서 임시정부 조직을 반대하고 베이징
으로 왔다는 것을 알고 한 것이었다.

그러나 선생이 정부 조직을 반대한 이유와 그의 주도권 쟁취를 목적
으로 하는 불순한 동기와는 근본적으로 차이가 있었기 때문에, 그가 유
도한다 해서 합의될 수 있는 성질의 일이 아니었다. 그래서 선생은 그에
게 운동의 선배로서 충고를 하여, "그대의 운동이론으로 본다면 운동조
직으로서 정부라는 형태가 문제되는 것이 아니라 그 인물들이 마음에
아니 맞는다는 것이니 그것은 피차에 마찬가지일 것이다. 그 몇 개인이

자기의 마음에 안 맞는다 하여 정부를 배격하는 것은 냉정한 이성적 판단을 잃은 한갓 감정적 행동일 뿐 아니겠는가?"라고 그의 반성을 촉구한 일이 한두 번이 아니었다.[9]

이회영은 결코 감정을 앞세우거나 특정 인물을 배척하기 위해서 임시정부 수립을 반대한 것이 아니었다. 독립운동 진영의 대동단결을 목적으로 독립운동총본부의 결성을 주장했고, 같은 차원에서 군사통일회의와 대조선공화국 수립에도 찬동하지 않았다.

이 같은 신념과 처신 때문에 이회영은 독립운동 진영에서 늘 외로운 처지에 놓였다. 어느 쪽이라도 서지 않으면 외톨이가 될 수밖에 없는 것이 인간관계의 속성이라면 독립운동 진영이라고 예외일 수는 없었다. 이회영의 이 같은 처신은 독립운동 진영의 대동단결을 바라는 진정에서 비롯되었지만 지나친 결벽증이라는 비판을 받을 여지도 있었다.

상하이임시정부에서는 박찬익을 베이징으로 특파하여 반임정 계열 인사들을 설득하려 했다. 하지만 이회영은 꼼짝하지 않았다. 이은숙의 증언을 들어보자.

박찬익 씨가 상하이에서 오셨는데 그 이유인즉 석오장·우당장·성재장을 모시고 임시정부의 일을 같이하자고 특사 격으로 오셨으나 세 분이 다 불응하여 1년 이상 동거하면서 설득한 결과 석오·성재 두 분이 임정으로 가시고, 우당장은 끝내 가시지 않으셨다.[10]

망명객들의 '사랑방'이 된 궁핍한 셋집

이회영은 사망할 때까지 임시정부에 참여하지 않았고, 이때를 계기로 동생 이시영과 동지 이동녕과도 일정한 거리를 두게 되었다.

베이징의 망명생활은 궁핍하기 그지없었다. 그런 중에도 중국 관내는 물론 만주와 국내에서 활동하는 독립지사들은 베이징에 오면 이회영의 집을 찾았다. 그곳에는 이념도 지역도 나이의 많고 적음도 없었다. 집이라야 협소한 전셋집이었다. 그런데도 많은 사람이 찾아왔고, 개중에는 며칠이나 몇 달씩 머물다 가는 이들도 있었다.

집은 협소하고 식구는 많아 있을 수가 없으니, 진스방자 얼옌징二眼井 (이안정)이라는 곳으로 이사하니, 망명객의 거처라 아마 1년에 수십여 번 이사한다 해도 과언이 아니리라.

만세(3·1 운동) 후에 상하이에 임시정부 건설했다는 소문이 사면에 파다하여 애국지사들이 매일 5, 6명(박숭복·박찬익·이승복·이해창·유진태 제씨) 씩, 적을 때는 2, 3인씩 오는 대로 대접했다. 집 안에 있는 사람이라고는 다 남자고, 며느리는 저의 오라범이 데려가고 여자라고는 9세 된 딸년과 나뿐인데, 임신 8·9삭에 오죽이나 어려우랴.[11]

이회영은 베이징에 자리를 잡고 나서 많은 인사들과 만나 독립운동의 방략을 강구했다. 이 시기 베이징에서는 이회영과 더불어 이 지역 '독립운동 3거두'로 불리는 신채호와 김창숙이 머물렀다. 세 사람은 자주 만나 불꽃 튀기는 논쟁을 벌였다. 세 사람이 다 성격과

단재 신채호(왼쪽)와 심산 김창숙.

고집 그리고 독립운동에 대한 신념이나 방법론에서 생각이 남달랐
기 때문이다.

　1920년대 초기 베이징에 머물고 있던 이회영과 김창숙·신채호는 독
립운동 3거두로 불리었다. 나이도 이회영이 두 사람보다 12~13세 많
아 맏형이지만, 성품이 온후하여 늘 고집부리는 두 사람의 이견을 조율
하는 노릇을 했다. 1921년 4월 베이징에 올라온 유자명도 이즈음 그의
집에 머물렀다. 유자명의 소개로 정화암과 이을규·이정규 역시 10월경
이회영을 자주 만나 교류했다. 이들은 모두 이회영의 독립투쟁 방략을
이은 후계자들인 동시에 사상적 공감을 나누며 생사를 함께한 평생 동
지가 되었다. 이때부터 이른바 재중 한인 아나키스트 그룹의 역사가 시
작된다.[12]

이들뿐이 아니었다. 국내외의 망명객들이 이회영의 주위에 몰려들었다. 그는 국내외의 인사들과 연락하면서 독립운동을 지도했다. 아들 이규창은 다음과 같이 회고한다.

부친은 상하이에서 베이징으로 오신 후 주로 국내와 긴밀한 연결과 해내외의 범독립운동의 모의를 부단히 하시며 만주에 산재한 동지며 신흥무관학교 졸업생들을 근간으로 독립군을 편성하여 장래 왜군과의 항전에 전력할 것을 재만 동지와 연결을 취하고 '은계隱溪' 백 선생이란 분이 베이징과 만주를 내왕하시며 재만의 우리 조직체인 통의부를 비롯하여 김좌진·홍범도·신팔균 장군 등 우리 독립군의 장군과 '은계' 백순白純 선생이 분망히 연결을 취하여 제반 전투의 준비를 빈틈없이 진행하고 있었다.[13]

이규창의 회고에 따르면 이 무렵 허우구러우위안 이회영의 집에 자주 모인 독립지사들은 김규식, 신채호, 김창숙, 안창호, 조소앙, 조성환, 박용만, 이천민, 김원봉, 이광, 송호성, 홍남표, 유석현, 어수갑, 유자명, 이을규, 이정규, 정현섭, 김종진, 조완구, 임경호, 한진산, 이정열…[14] 등이었다. 이규창은 회고록을 쓰면서 60여 년 전의 일이라 독립운동을 하던 분들의 존함을 다 기억하지 못하는 것을 애석해했다.

이회영의 누추한 전셋집은 이렇듯 독립지사들의 집합소가 되었다. 이들의 노선도 다양하여 동지이면서, 때로는 서로를 적대시하기도 했다. 그러나 이회영은 이념과 노선을 모두 포용했고, 그의 집은 사랑방 구실을 했다.

이회영의 집에 모인 이들은 그대로 우리나라 독립운동 노선의 역사가 된다. 김규식, 김창숙, 안창호, 조소앙 등은 민족주의를 고수했고, 홍남표와 성주식 등은 공산주의자가 되었다. 유자명, 이을규, 이정규, 정현섭, 김종진 등은 아나키스트가 되었으며, 김원봉과 유석현 등은 일제를 공포에 떨게 한 행동가였으니 우리나라 독립운동사의 모든 노선이 이회영의 베이징 거처를 중심으로 나뉜 셈이다. 달리 말하면 모든 노선의 독립운동 세력이 이회영을 중심으로 모이고 흩어지면서 인연을 쌓아갔다.[15]

독립지사들은 하루가 멀다며 대여섯씩 찾아왔으나 대접할 음식은 시원찮았다. 이들을 대접하느라 고달팠던 이은숙의 회고는 당시 생활이 얼마나 딱했는지 여실히 보여준다.

경신·신유(1920~1921) 1, 2년간은 그럭저럭 손님 대접과 만세 소동에 동지들이 사업비와 생활비를 겸하여 혹 보내주더니, 그나마 3, 4년 후에는 단 일 푼 보내주는 이 없었다. 왜놈들의 세력은 점점 높아 베이징까지 뻗치고, 우리가 바라는 희망은 날로 사라지니 어느 인간이 이를 알아 알뜰히 보살펴주리오. 내 지금도 역력히 생각나느니, 그때는 정말 뵙기 딱하고 가엾으시지, 하루 잘해야 일중식日中食이나 하고, 그렇지 않으면 절화絶火하기를 한 달이면 반이 넘으니, 생불여사生不如死로다. 노소 없이 형용이 초췌한 중에 노인이 어찌 견디리오. 지금도 생각하면 가슴 아픈 일이다.[16]

하루를 점심 한 끼로 때우고 베이징의 추운 겨울에도 방에 불을 피울 수 없는 날이 한 달에 절반이어서, 사는 것이 차라리 죽는 것보다 못했다는 회상이다. 이런 실정을 자세히 알 리 없는 망명객들은 그의 집으로 꾸역꾸역 몰려들었고, 이회영은 여전히 궁한 기색 없이 이들을 맞아 독립운동의 방략을 논의했다.

이은숙은 전셋집 뜰에 각종 채소를 심어 자급하기도 했지만, 이것만으로 식솔과 찾아오는 독립지사들의 반찬을 마련하는 데는 어림도 없었다. 그래서 이웃 가게에서 외상을 트고 갚지 못한 돈이 2천~3천 원에 이르렀다. 처음에는 심하게 외상값을 독촉하던 이 가게 주인들이 이회영이 동양귀東洋鬼(일본)의 침략으로 자기 나라에까지 와서 독립운동을 한다는 사실을 알고는 탕감해준 일도 있었다.

이회영의 초기 베이징 시절은 숱한 사람들과 만남의 연속이었다. 사건과 사고도 잇따랐다. 아나키스트 독립운동가 유자명도 그 무렵 이회영을 찾아오곤 했다. 유자명은 신채호가 「조선혁명선언」을 집필할 때 자문한 것을 비롯하여 이회영 등 베이징의 독립지사들에게 아나키즘을 '전파'하는 다리 역할을 했다.

나는 박숭병朴崇秉의 집에서 단재 선생과 같이 있다가 그해 가을에 우당 선생의 집에서 잠시 동안 생활하게 되었다. 우당은 상하이임시정부의 재무부장 이시영 선생의 친형인데, 조국이 망한 뒤에 전 가족을 데리고 베이징으로 와서 생활하고 있었다. 그래서 나는 이때로부터 우당 선생과 친밀한 관계를 갖게 되었다.[17]

베이징 시절 가족과 함께(1920년으로 추정). 왼쪽부터 이규창, 이규숙, 이회영, 이규홍(이시영의 둘째 아들). 이회영이 안고 있는 이들은 이현숙(왼쪽)과 이학진.

이 무렵 이회영의 집에 거처를 정했던 이 중에는 뒷날 소설 『상록수』를 쓴 작가 심훈이 있다. 심훈은 베이징에서 신채호가 펴내던 한문 잡지 《천고天鼓》의 발간을 돕기도 했다. 이회영은 심훈을 막내아들처럼 귀여워했다. 심훈은 당시를 이렇게 기억했다.

나는 맨 처음 소개를 받아서 그 어른(이회영)이 있는 베이징으로 갔다. 부모의 슬하를 떠나보지 않았던 19세 소년은 우당장과 그 어른의 영식인 규룡 씨의 친절한 접대를 받으며 월여月餘를 묵었다.

조석으로 좋은 말씀도 많이 듣고 북만에서 고생하시던 이야기며 주먹이 불끈불끈 쥐어지는 소식도 거기서 들었는데, 선생은 나를 막내아들만큼이나 귀여워해주셨다. 이따금 쇠고기를 사다가 볶아놓고 겸상을 해 잡수시면서, "어서 먹어, 집 생각 말고" 하시다가도 내가 전골냄비에 밥을 푹 쏟아서 탐스럽게 먹는 것을 보고는, "옳지, 사내 숫기가 그만은 해야지" 하시고 여간 만족해하시는 것이 아니었다. (…) 두 달 만에야 식비가 와서 나는 우당 댁을 떠나 둥단파이러우東單牌樓(둥단패루)에 있는 궁위公寓(공우)로 갔다.

허구한 날 돼지기름에 들볶아주는 음식에 비위가 뒤집혀서 조반을 그대로 내보낸 어느 날 아침이었다. 뜻밖에 양털을 받친 마꽤馬掛를 입고 모발이 반백이 된 노신사 한 분이 양차洋車를 타고 와서 나를 심방했다. 나는 어찌나 반가운지 한달음에 뛰어나가서 벽돌 바닥에 두 손을 짚고 공손히 조선 절을 했다. 내 손에 옮겨 들린 조그마한 항아리에서는 시큼한 통김치 냄새가 끼쳤다.[18]

궁핍한 생활에서도 무명 청년에 대한 이회영의 배려가 이러했다. 심훈은 3·1 혁명에 가담했다가 투옥되고 퇴학당하여 1921년에 중국으로 망명했는데, 이회영의 소식을 듣고 그를 찾아갔다. 그 뒤 항저우杭州(항주) 즈장대학之江大學에서 공부하고 1923년에 귀국하여 연극·영화·소설 창작에 많은 관심을 갖고, 언론사 근무에 이어 경성방송국으로 옮겼으나 사상문제로 곧 퇴직했다. 시집 『그날이 오면』을 출간하려다 총독부 검열로 무산되는 등 문필로 저항운동을 계속하고, 1935년 장편 『상록수』를 발표하여 농민문학에 크게 기여했다. 그는 두고두고 이회영의 인품을 흠모했다.

베이징 시절 초기, 이회영이 그 어려운 형편 가운데서도 독립지사들을 대접하고 돌볼 수 있었던 것은 임경호의 지원 덕분이었다. 임경호는 이회영을 아버지라고 부르며 따르는 애국청년으로, 국내 잠입 시기에 블라디보스토크의 이상설에게 밀사로 보냈던 그 사람이다. 그는 1년에 한두 차례 국내에서 베이징을 방문할 때는 재력가를 은밀히 대동하고 와서 약간의 운동비와 생활비를 보태주곤 했다. 이회영은 돈의 일부를 동지들에게 나눠주었다.

그런데 이와 같은 사실이 민족운동 진영 인사들에게 와전되고, 몇 사람이 이회영의 집에 있던 임경호를 폭행하여 그는 이후 다시는 베이징에 오지 않았다. 그리고 국내에서 독립운동을 하다가 대구형무소에서 옥사했다.[19]

독립운동가를 가장으로 둔 가족들의 신산했던 삶은 이은숙도 피해갈 수 없었다. 이은숙은 베이징 시절 남편의 궁핍했던 생활과 동지들 사이에서 벌어진 불미스러웠던 사건을 자서전에 남겼다.

> 불쌍하신 우리 가군家君. 기결이 씩씩하신 풍도에 일확천금을 일시에 희롱하시던 마음으로 적수공권 수중에 무일푼이고, 슬하권속이 기한飢寒을 못 이겨 하는 걸 보시고는 만사를 참으실 제 얼마나 마음이 아프실까 생각하고, 나로서는 가군에게 조금도 어려운 빛을 안 보이려고 하나, 노인이 기한을 못 이겨 하시는 걸 보면 차마 딱하고 가슴이 아픈지라. 아무리 영웅호걸이라도 적수공권이니 무슨 소용이 있으리오. 금전은 사람에게 활이라, 지금도 생각하면 열렬하신 마음으로 만사를 참고 지내시던 일이 금창이 녹는지라.[20]

이은숙은 애국청년 임경호와 관련된 폭행사건에 대해서도 소상하게 회고한다.

경신년(1920) 9월에 서울서 임경호가 이정렬이란 사람을 데리고 왔다. 이 군은 충무공(이순신) 후손으로 애국지심이 충만하여 베이징과 상하이에서 임시정부를 건설하고 활동했다. 임경호는 베이징서 우당장이 열사들과 제반 독립운동을 하신다는 풍문을 듣고 이 점을 소개하여 다소 재산을 가지고 와서 우당장께 드렸다. 이분이 다소 금전을 가지고 와서 상하이정부에 몇백 원과 군정서에 얼마, 이승만에게 얼마씩 다 고루 보내고, 베이징에 있는 동지들 생활비로 고루 나누어주고, 이정렬의 공부할 비용으로 얼마를 주고, 우리 생활비로 얼마씩 쓰고 그랬다. 그러나 무지한 인간들이 우리 생활비 외에 얼마나 더 있나 하고, 소위 동지들이 몰려다니며 망측하게 야단하던 걸 생각하면 불쌍들 하지.[21]

생활비는 물론 활동자금이 떨어지자 이은숙은 운동자금도 마련하고 마침 어머니의 소기小료(사람이 죽은 지 1년 만에 지내는 제사)도 치를 겸하여 1922년 여름에 국내 잠입을 시도했다. 네 살 난 어린 딸을 등에 업고, 국내 인사에게 전하는 남편의 비밀 서한을 신발 안창에 숨겨 태연하게 국경을 넘었다. 하지만 신의주를 지나 백마역에서 일경의 불심검문에 걸려 신의주경찰서로 끌려갔다.

이은숙은 무남독녀 외동딸로 태어나 금지옥엽으로 귀하게 자랐다. 그러나 이회영과 결혼한 뒤부터 독립운동가의 아내가 되어 해외를 떠돌다가 어머니의 장례식에도 참석하지 못하고 말았다. 이제 어머니 소기를 맞아 고국 땅을 밟았다가 네 살짜리 여식과 함께 경찰서에 유치되기에 이르렀다. 다행히 이회영의 주도면밀한 원려로 서한은 지인에 대한 안부로 밝혀지고, 딸아이가 학질에 걸려 위독한 것을 본 경찰이 다음 날 석방했다. 그사이 홀로 된 아버지를 만나 위로하고 어머니 산소를 찾아 뒤늦은 제물을 올렸다. 그리고 운동자금 모금에는 아무런 소득도 없이 몇 달 뒤에 다시 베이징으로 돌아왔다.

이은숙은 차츰 '여걸'이 되어갔다. 나라가 어지러울 때면 현신賢臣이 생각나고 집안이 빈한하면 현처賢妻가 생각난다고 했던가. 이은숙은 남편의 독립운동을 내조하는 '현처'의 수준이 아니라 여걸로 변모해가고 있었다. 남편이 엉뚱하게 모략을 받고 시달리게 되자 식칼을 들고 쫓아가 독립운동가들의 멱살을 붙잡고 오해를 풀어주기도 했다.

이은숙은 1920년 4월에 신채호가 홀로 치열하게 독립운동을 하는 한편 역사 연구를 하는 것을 보고 옌징대학燕京大學(1912년부터 베이징대학으로 이름을 바꾸었으며, 옌징은 베이징의 별칭이다) 재학생 박자혜를 중매하여 결혼을 성사시켰다. 박자혜는 3·1 혁명에 참여했다가 퇴학당하고 중국으로 망명하여 베이징에서 유학 중인 20대 처녀였다. 신채호는 1910년에 망명하면서 부인과 이혼한 뒤부터 독신으로 지내온 40대의 중년이었다. 두 사람을 지켜보던 이은숙의 중매로 혼사가 이루어져 신채호는 한때나마 단란한 가정생활을 하게 되어 후사를 남길 수 있었다.

7. 아나키즘에서 독립운동과 미래사회의 길을 찾다

'지나간 미래' 아나키즘을 사상의 거처로 삼다

　요즈음 아나키즘을 '지나간 미래의 이념'이라 부른다. 19~20세기 인류의 의식과 이념을 주름잡았던 많은 이데올로기가 과거완료형 또는 현재진행형인 데 비해 아나키즘은 과거에 뿌리를 둔 미래형이라는 뜻이다. 자본주의, 공화주의, 민주사회주의, 사회민주주의, 공산주의, 마르크스주의, 사회주의, 마오쩌둥주의 등 주요 사상들이 대부분 시효가 끝나거나 사양길에 접어들었는데, 아나키즘은 21세기 인류의 대안 이데올로기로 조명되고 있다.

　1910~20년대를 전후하여 베이징에 모인 한국 독립운동가 중에는 아나키즘에 경도된 인사들이 적지 않았다. 이회영, 신채호, 유자명, 이을규, 이정규, 백정기, 정화암 등 대부분 지적知的으로 무장한

《황성신문》 창간호.

지식인들이다. 이들은 일본제국주의를 최고의 강권으로 단정하고
이를 타도하기 위한 이념으로 아나키즘을 택했다. 이들 중 신채호
는 이미 1905년 국내에서 《황성신문》 논설위원 시절부터 고토쿠 슈
스이幸德秋水의 『장광설長廣舌』을 읽고 아나키즘을 수용했다.

　신채호가 동방무정부주의자연맹 사건으로 중국 다롄大連에서 재
판을 받을 때이다.

　　"그대는 언제부터 무정부주의에 공명하였나?"
　　"내가 《황성신문》에 있을 때에 고토쿠 슈스이의 무정부주의 『장광설』

을 읽은 때부터이오."

"그대는 아나키스트인가?"

"나는 의심 없는 무정부주의자요."[1]

신채호는 러시아, 만주, 상하이를 거쳐 베이징에 머물면서 1921
년에 순한문 잡지 《천고天鼓》를 발행하고, 1923년에 의열단의 행동
강령인 「조선혁명선언」을 집필하는 등 아나키스트로서 활동했다.

이회영은 신채호, 유자명, 이을규, 이정규, 백정기, 정화암 등과
자주 만나 아나키즘을 이해하게 되고 이를 수용했다. 학문으로서의
아나키즘 혹은 독립운동의 전략 그리고 해방 뒤에 수립하게 될 건
국 방략으로 아나키즘은 이 무렵부터 수용하게 되었지만, 그의 내
면에는 일찍이 아나키즘이 자리 잡고 있었다.

정통 유학인 성리학을 버리고 양명학을 택한 것, 과거시험을 거
부한 것, 헤이그 특사 파견을 구상한 것, 신민회를 발기한 것, 삼한
갑족의 기득권을 포기하고 망명을 택한 것, 자치기관 경학사와 신
흥무관학교를 설립한 것, 고종 황제의 망명을 추진한 것, 임시정부
보다는 자유연합 성격의 독립운동총본부 구성을 제의한 것, 숱한
단체·기관을 조직하고도 높은 자리를 사양하는 것 등에서 그의 아
나키스트적인 성향이 나타난다.

그의 개성은 반강권과 반권위주의, 자유와 자주, 자치주의를 선
호한다. 이와 같은 성향 탓에 선뜻 아나키즘을 수용하게 되고, 아나
키스트들과 어울리면서 이를 독립운동과 해방 뒤 새로운 국가 건설
의 방략으로 택하게 된 것이다.

이회영이 아나키스트 동지들을 만나게 되어 얼마나 기뻐했는지, 이은숙의 회고를 들어본다.

임술년이 지나고 계해년(1923)을 당하니, 생활난은 매일반이라. 별 도리가 없고, 다만 하루 살아 나가기가 삼춘三春같이 지루한데 때는 중춘이라. 하루는 몽사夢事를 얻으니, 가군께서 사랑에서 들어오시며 희색이 만면하여 "내 일생에 지기知己를 못 만나 한이더니, 이제는 참다운 동지를 만났다" 하시며 기뻐하시기에, 내가 무슨 말을 하려다가 홀연히 깨니 남가일몽이라. 곰곰 몽중에 하시던 말씀을 생각하며, 또 어떤 사람이 오려나 했더니, 그날 오정쯤 해서 이을규 씨 형제분과 백정기 씨, 정화암 씨 네 분이 오셨다.[2]

이회영은 이들 아나키스트 동지들을 '일생의 지기'라고 불렀다. 베이징 시절 이후 그의 곁을 스쳐 간 숱한 독립운동가 중에서 아나키스트 운동가들과 가장 가까이 지내고 자신도 아나키스트가 되었다. 이와 관련하여 이회영의 아들 규창도 비슷한 기억을 자서전에 남겼다.

어느 날 하오인데 나는 학교에서 하학하고 모친 방에서 조반 겸 점심을 먹고 있는데 부친께서 방으로 돌아오시며 말씀하시길 내가 근년 들어 참다운 사상이며 독립운동의 동지들을 얻었으니 참으로 내 맘이 무한히 기쁘다 하시며 모친께 환한 신색을 하시었다. 다름 아닌 유자명·이을규·이정규며 신채호·김창숙 선생을 지목하시는 말씀이었다.[3]

이회영과 그의 동지들이 아나키즘에 심취한 것은 당시 베이징의 사회 분위기도 크게 작용했을 듯싶다. 이회영이 베이징에 머물던 1920년대 초반 무렵, 베이징은 가히 아나키즘의 선전장이라 불릴 만큼 자유와 평등의 사조가 풍미했다. 그 가운데서도 베이징대학은 그 '중심의 중심'이었다.

베이징대학은 1898년 당시 청조의 개화파인 캉유웨이康有爲와 량치차오梁啓超에 의해 옌징대학으로 출발했다. 이 대학은 신해혁명(1911) 이후인 1912년 3월 이후 차이위안페이蔡元培가 교육총장에 임명된 이후 국립 베이징대학으로 명칭을 바꾸고 교육개혁을 단행하기 시작했다. 그가 1916년에 학장으로 임명된 이후 대학 개혁에 착수했고, 1919년부터 여자의 입학을 허용해 남녀공학이 되었다.[4]

베이징대학에는 진보사상가 천두슈陳獨秀, 리다자오李大釗, 첸쉬안퉁錢玄同을 비롯하여 대문호 루쉰魯迅과 그의 동생으로 저명한 문필가인 저우쭤런周作人 그리고 아나키스트 리스청李石曾, 우즈후이吳稚暉 등이 자리 잡고 있으면서 진보개혁의 일대 화원을 이루고 있었다. 여기서 리스청과 우즈후이 등 아나키스트들은 국제 공통어로 알려진 에스페란토어를 보급하면서 아나키즘을 전파했다.

중국에서는 이보다 앞서 1914년 12월에 상하이에서 무정부 공산주의 동지사同志社가 조직되고, 난징에서는 아나키즘 토론회가 열리는 등 아나키즘이 폭넓게 전파되었다. 특히 1920년 9월에 리다자오가 중국공산당 베이징소조北京小組를 결성했을 때 발기인 9명 중 5명이 아나키스트였다. 다음 글에 당시의 상황이 잘 담겨 있다.

리다자오 선생과 내가 베이징에서 동지들을 모집할 때 표준이 과도하게 엄격했던 것은 어찌할 수 없었다. 나의 동문들인 뤄장룽羅章龍과 류런징劉仁靜은 마르크스주의를 제법 연구하고 있어서 나의 제안에 흔연히 응답하고 참여했다. 리다자오 선생은 아나키스트들과 연락하여 황쉰쌍黃凌霜·천더룽陳德榮·장바이이張佰根 등 5명을 가입하게 했는데, 황쉰쌍 등은 모두 베이징대학 학생들로서 당시 저명한 아나키스트들이었다. 이때의 베이징대학 학생 중에는 아나키즘을 신봉하는 사람이 마르크스주의자들보다 더 많았을 뿐만 아니라 그 활약도 매우 활발하여 정기간행물 《민성주간民聲週刊》을 발행했고 얼마간의 소책자도 발간했다.[5]

중국 혁명가들은 아나키즘을 반청운동의 공동전선으로 모색하면서 청조 타도 운동에 활용했다. 장지張繼와 류스페이劉師培가 1907년 6월 일본의 대표적 아나키스트 사상가 고토쿠 슈스이를 초청하여 강연을 듣고 토론하는 등 진보적 지식인들은 일찍부터 아나키즘 운동을 전개했다. 류스페이는 반청운동과 아나키즘의 제휴를 강조하면서 아나키즘의 우월성으로 "1. 민족주의는 자민족만을 존중하고 타민족을 경시하는 경향이 있으므로 제국주의로 통하는 길이다. 그러나 아나키즘은 이러한 편협성을 초월한다. 2. 혁명은 한 민족의 이기적 동기에서가 아니라 전 인류의 해방을 위하여 행해질 때 비로소 진정한 의의가 인정된다. 3. 반청운동은 그 성질상 일부 학생이나 비밀집단에 의해서 담당되고 있을 뿐인데, 아나키즘은 전 민중의 혁명적 정열에 의해서만 성취될 수 있다"[6] 등의 세 가지를 들었다.

당시 베이징에서는 아나키즘을 선전하는 《자유록》, 《분투》, 《북대北大학생주간》, 《사회운동》 등의 다양한 잡지가 발간되었다.[7] 또 베이징대학에서는 《베이징대학일간》, 《베이징대학학생주간》 그리고 진보개혁의 대명사가 된 《신청년》이 발간되어 지식인과 청년들을 사로잡았다. 이 같은 분위기에서 한국 독립운동가들은 아나키즘에 관심을 갖게 되었고, 타고난 성품이 아나키스트적인 이회영도 아나키즘의 이론과 이념에 깊숙이 빠져들었다.

모든 개인이 어떠한 강권의 지배도 받지 않고 자신의 자유의지에 따라 자유롭게 살아가는, 개인의 절대적 자유가 보장되는 아나키스트 사회를 건설하기 위해서는 우선 일본제국주의를 타도해야만 했다. 이들은 테러적 직접행동론, 경제적 직접행동론, 혁명근거지건설론, 민중봉기론, 민족전선론 등을 민족해방의 방법론으로 채택하고, 거기에 입각해서 테러 활동, 혁명기지 건설, 비밀결사 결성, 항일전쟁 등을 전개했다.[8]

독립운동가들은 항일투쟁의 이데올로기를 아나키즘에서 찾았고, 궁극적으로는 해방된 조국의 미래상으로 강제·강권·독점이 없는 민주사회 건설을 꿈꾸었다. 이것은 곧 이회영과 신채호, 유자명 등이 그리는 이상사회의 종착지이기도 했다. 이회영과 함께 아나키즘 운동을 했던 이정규는 이회영의 고민과 실천을 조금 더 자세히 들려준다.

선생이 사상적으로 지향하는 방향이 확정된 때는 1922년 겨울이었다. 선생은 시대적 조류를 따르고 또 자신의 천품과 성격에 따라서 사람은 "자유롭고 평등한 생활을 목적으로 하며 그 실현을 위해 노력하는 것"이 옳은 길이라고 생각한 것이다. 독립운동도 이것을 위해서만 빛이 나는 것이며 혁명운동도 이것으로만 가치가 있다고 보았다.

이처럼 자유평등의 사회를 지향하는 사상적인 방향이 정해졌다 하여 곧 선생의 사상이 완전히 확립된 것은 아니었다. 그것은 시작이었으며 선생의 번민은 계속되었다. 그러한 사회, 그러한 나라를 실현하는 구체적 방안이 무엇인가, 곧 그 목적을 달성하도록 추진하는 운동의 조직과 새 나라의 제도와 그 기저가 되는 이론의 수립 등이 해결되어야만 선생의 고민은 완전히 해소될 수 있는 것이었다.

이처럼 구체적인 것들을 생각하고 모색하면서 선생은 당시의 상하이 임시정부는 구미 여러 선진국의 정치 형태나 정부를, 그리고 정치라는 그 자체에 관하여 연구 검토하고 해석하여 보았다.[9]

이회영은 국내 아나키스트들과 만나 독립운동 방략을 논의하는 것과 더불어 중국의 저명한 아나키스트 학자·문인·사회개혁가들과도 폭넓게 교류했다. 이회영은 자신이 아나키즘을 택한 이유를 이렇게 밝혔다.

독립운동자의 견지에서 나는 가장 적절한 이유라고 생각한다. 현실에서 모든 운동자들이 자기 사상은 어떻든 간에 실제에서 무정부주의의 자유연합이론은 그대로 실행하고 있는 것이며 기미己未(1919년 3·1 혁명)

이전은 말할 것도 없고 기미 이후 지금까지 수많은 단체와 조직이 생겼지만 그들 사이에 단원 자신들의 자유의사에 의하지 않고 강제적인 명령에 맹종하여 행동한 사람이 누가 있으며 그러한 단체가 어디에 있는가?[10]

'아나키즘 자유연합'을 독립운동의 방략으로 삼다

이회영은 '아나키즘 자유연합'을 이상적인 독립운동의 연대로 구상했다. "다 같이 자유롭게 살자는 것"을 요체로 한다. 이것은 임시정부 수립 과정에서 대안으로 제시했던 '자유연합적 독립운동지도부 구성'과 맥을 같이한다. 이회영은 뒷날 신흥무관학교의 제자 김종진에게 '자유연합이론'을 이렇게 설명한다.

목적이 방법과 수단을 규정하는 것이지 방법과 수단이 목적을 규정할 수 없다는 번연한 이 논리로 볼 때에 한 민족의 독립운동이란 것은 그 민족의 해방과 자유의 탈환일진대, 더욱이 이런 해방운동·혁명운동이란 자각과 목적의식이 투철한 사람들이 하는 것인 까닭에 운동 자체가 해방과 자유를 의미하는 것이다.

자의식이 강한 이 운동자들에게 맹목적인 복종과 추종이란 있을 수 없으며, 있다면 거기에는 오직 운동자들의 자유합의가 있을 뿐이니 이것이 이론으로도 당연한 것이다. 그러니까 강권적인 권력중심의 명령조직으로서 혁명운동이나 해방운동이 이루어진 예는 없는 것이다. 많은 사람이 모인 집단에서 수행되는 운동인 까닭에 설혹 합의되지 않는 사람들이 있다 치더라도 공통된 동일한 목적을 가지고 있는 만큼 양보 관용하여 소수인 자기들의 의견을 양보하거나 보류하고 협력하는 것이 일반적인 예인 것이다.

만일 강제로 일을 한다면 효과가 없을 뿐 아니라 그 일은 실패로 돌아갈 것이다. 그러니까 동서를 통하여 소위 해방운동이나 혁명운동은 자유와 평등을 추구하는 운동이고 운동자 자신들도 자유의사, 자유결의에 의한 조직운동이었으니까 형식적인 형태는 여하튼지 사실은 다 자유합의의 운동이었던 것이다. [11]

이회영은 소련에서도 공산정권이 수립되기까지의 운동은 아나키즘의 자유연합 방식으로 진행되었다면서 이렇게 강조했다.

남들이 강철의 조직이라 하고 강제와 복종의 기율을 생명으로 하는 공산당이라 하더라도 그것은 적로赤露와 같은 자기들의 정치권력이 확립된 후의 말이지, 그들도 혁명당으로서의 정치과정에서는 운동자들의 자유합의에서 행동하였던 것이다. [12]

이회영과 독립운동가들이 아나키즘에 경도되고 있을 무렵 중국에서는 아나키즘 관련 각종 서적이 저술되거나 번역되었다. 이회영도 이 책들을 열심히 읽고 이론체계를 갖추었다. 신채호가 번역한 고토쿠 슈스이의 『기독말살론』을 비롯하여 러시아의 대표적 아나키스트인 크로폿킨의 『한 혁명가의 회억』, 『빵의 탈환』, 『청년에 고함』, 톨스토이의 『전쟁과 평화』, 『부활』, 투르게네프의 『처녀지』,

『아버지와 아들』 등이었다. 특히 크로폿킨의 저서들은 한인 아나키스트들에게는 필독서가 되었으며, 신채호는 이를 《천고》와 국내 신문에 소개하기도 했다.

이회영 등 베이징의 독립운동가들이 당시 맹위를 떨치던 사회주의보다 아나키즘을 수용한 데는 몇 가지 이유가 있었다. 오장환은 그 이유를 다음과 같이 세 가지로 분석했다.

첫째, 민족주의 진영의 분열과 이에 대한 회의다. 민족주의 계열의 대표적 기관인 상하이임시정부는 투쟁방법에서 외교론에 치중하였고, 따라서 일부 무력투쟁론을 주장하는 인사들은 반임시정부 입장으로 돌아서게 되었다.

둘째, 공산주의에 대한 거부감이다. 다양한 사회주의 조류가 소개되었을 때 일부 한인들이 소위 마르크스레닌주의 내지 볼셰비즘을 거부하게 된 이유는 독재에 대한 거부감이다. 3·1 운동 직후 독립운동가들은 세계 최초의 사회주의 혁명을 성공시킨 소련에 대한 환상을 갖게 만들었지만, 일부 반권위적 성향의 운동자들이 접한 소련의 구체적인 실상으로 독재와 탄압으로 상징되는 또 하나의 새로운 지배체제를 구축한다는 인상을 갖게 되었다.

셋째, 한인독립운동과 아나키즘과의 사이에 이론상 모순이 없다고 인식한 것으로써 한국독립운동의 추진에 아나키즘이 장애 요인이 되지 않는다고 이해한 것이다.[13]

이와 같은 이유(분위기)에서 이회영과 독립운동가들은 아나키즘을 수용하고 독립운동의 방략으로 활용했다. 이회영은 대표적 민족주의자에서 아나키스트로 변신한 것과 관련하여 이렇게 피력했다.

> 내가 의식적으로 무정부주의자가 되었거나, 무정부주의로 사상을 전환했다고는 생각할 수 없으며, 다만 한국의 독립을 위하여 생각하고 실현하고자 노력하는 나의 사고와 방책이 현대적인 사상적 견지에서 볼 때 무정부주의자들이 주장하는 것과 상통될 뿐 각금시이작비覺今是而昨非식으로 본래는 딴 것이었던 내가 새로이 방향을 바꾸어 무정부주의자가 된 것은 아니다.[14]

'각금시이작비'는 중국 동진의 시인 도연명의 〈귀거래사歸去來辭〉에 나오는 구절로, '지금이 옳고 지난날이 잘못되었음을 깨달았다'라는 뜻이다.

이회영과 아나키스트 동지들 그리고 루쉰과 예로센코

이회영은 베이징대학 교수 루쉰과 깊이 교류했다. 루쉰은 "루쉰 없이 중국의 5·4운동을 논할 수 없고 중국 현대혁명사와 문학사를 논할 수 없다"[15]라고 할 만큼 중국의 혁명·사상·문학사를 빛낸 큰 별이었다.

루쉰과 더불어 떠오르는 또 한 사람은 러시아의 저명한 아나키스트 예로센코(1889~1952)였다. 우크라이나에서 농부의 아들로 태어나 어려서 실명하고, 1914년부터 일본·태국·인도를 여행했으며, 1921

루쉰(왼쪽)과 예로센코 초상화(나카무라 츠네. 1920).

년 5월에 일본에서 추방되어 블라디보스토크를 거쳐 1922년 2월에 차이위안페이蔡元培 등의 초청으로 베이징에 도착했다. 루쉰의 집에 1년 동안 머물며 에스페란토 운동을 전개하면서 베이징대학에서 강사로 일했다.

루쉰과 예로센코는 정신적으로 절친한 사이가 되었다. 루쉰은 자신이 번역한 예로센코의 동화집『행복한 배』서문에서 둘 사이의 우정을 이렇게 썼다.

예로센코는 우리 모두가 존경하는 우인友人이다. 그의 어깨까지 드리운 파도 같은 아마색의 머리카락, 여성 같은 얼굴, 굳게 감은 두 눈, 이 모든 것은 마치 우리 마음속에 깊이 박힌 듯하다. 이 러시아의 맹인 시인은 인류의 비애를 자기의 비애로 하고 그가 인류에 대한 사랑은 자신에 대한 사랑보다 더 깊다. 그는 마치 금사琴師와 같았는데, 그는 그가 인류에 대한 사랑과 현실 사회제도에 대한 한을 거문고 시위 줄에 타서 하나의 아름답고 처량한 형식을 가첨하여 연주함으로써 사람들의 마음을 감동시켰다. 때문에 중국에 단기적으로 거류하는 중에 그도 중국 청년들의 마음에 사라지지 않는 인상을 남겼다.

그렇다. 그는 확실하게 우리에게 많은 예물을 주었는데, 마치 그가 일본 청년들에게 『무지개 나라』, 『독수리 마음』, 『복숭아색의 구름』, 『행복의 돛배』를 준 것처럼 그가 우리에게 『붉은 꽃』, 『애자의 부스럼』, 『한 적막한 영혼의 신음소리』를 주었다.[16]

예로센코는 러시아 혁명을 통해 집권한 볼셰비키 정권의 전제와 폭력성 특히 지식인의 대거 숙청에 대해 통렬히 비판하면서 사회주의자는 에스페란티스토(에스페란토를 사용하는 사람)여야 한다고 갈파하여 중국 지식인과 청년들에게 호응을 크게 얻었다. 한국의 정화암, 이을규, 이정규 등 젊은 유학생들에게도 크게 영향을 주었으며, 이회영과 그의 동지들과도 교류하게 되었다. 정화암은 예로센코의 이야기를 들으며 아나키스트의 사고방식에 빠지게 된 이야기를 다음과 같이 들려준다.

베이징에 있을 때지. 러시아인으로 장님인 예로센코라는 시인이 있었지. 아주 유명한 시인인데, 그 사람이 일본으로 갔다가 일본에 더 있지 못하게 되니까 베이징으로 왔던 것입니다. 베이징대학에서 교편을 잡고 있었지요. 이때 베이징대학에는 『아큐정전』으로 유명한 루쉰이 역시 교수로 있지 않았습니까?

이 두 교수가 무정부주의자 즉 아나키스트의 영향을 주었는데, 우리도 그들과 교류하다가 거기에 젖었지요. 특히 예로센코는 볼셰비키 혁명 이후의 러시아 현실에 대해 많이 말해주었어요. 볼셰비키 혁명 이후에 크론스타트라는 곳에서 수병들이 반란을 일으킨 사실, 수병들의 반란을 레닌이 무자비하게 진압해 수많은 수병들을 죽인 사실, 또 우크라이나에서 농민들의 반란을 탄압하고 학살한 사실을 자세히 들었어요. 여기서 우리는 "이 세상은 그렇게 간단한 것이 아니구나" 하고 새삼 깨달았지요. 그래 자연히 아나키스트의 사고방식에 하루하루 깊이 젖어들게 되었지요.[17]

이회영과 그의 동지 정화암과 이을규 등은 베이징에서 루쉰, 예로센코 등 세계적인 아나키스트들과 교류하면서 독립운동의 방략을 모색했다. "베이징에서 단재 신채호, 우당 이회영, 베이징대학 교수 저우수런周樹人(루쉰), 러시아 맹인 시인 예로센코, 대만인 판번량范本梁 등과 교유하면서 무정부주의 사상을 연구했다."[18]

이회영이 구체적으로 루쉰과 예로센코를 몇 차례나 만나서 교류했는지는 자료가 없어서 정확히 알 수 없다. 다만 김명섭에 따르면, 이회영의 제자인 이을규와 이정규 형제가 이들을 만난 과정이 루쉰의 『루쉰 일기』에 기록되어 있다고 한다. 김명섭은 이 내용을 다음과 같이 들려준다.

이을규와 이정규 형제는 누구보다도 에스페란토에 지대한 관심을 보이며 루쉰과 예로센코를 직접 찾아가 교류했다. 이을규는 1922년 10월경 베이징에 와서 우당 이회영의 집에 머물면서 루쉰과 예로센코, 타이완의 혁명가 판번량范本梁 등과 교유했다. 동생 이정규는 차이위안페이와 교수 리스청의 도움으로 베이징대학 경제학과 2학년에 편입할 수 있었다. 『루쉰 일기』에 의하면, 1923년 3월 18일 이정규가 루쉰의 집을 찾아왔다고 한다.

이정규가 중국말이 서툴러 두 사람은 일본어로 대화를 나누었다. 루쉰은 이정규와의 대화를 통해 조선에 대한 일제의 학정 상황과 재중 한인들에 대해 이해하게 되었다고 한다.[19]

이회영은 아나키스트들과 접촉하고, 또 일련의 사건을 접하면서 러시아 혁명으로 이해하고 있었던 사회주의에 점차 등을 돌리게 되었다.

당시 러시아 혁명의 여파로 중국에서는 사회주의가 급속히 전파되고, 한국 독립운동가들도 이에 경도된 사람이 적지 않았다. 이회영도 그랬다. 그러나 1921년 5월에 러시아에 갔던 조소앙한테서 러시아 혁명의 실상과 러시아 민중의 현실을 전해 듣고는 크게 실망했다. 여기에 레닌 정부에서 약소민족의 해방운동을 돕는다는 명분으로 지원한 100만 루블을 둘러싸고 벌어진 일부 한국 독립운동가들의 추태를 보고 사회주의를 배척하게 되었다. 신채호도 이와 비슷했다.

볼셰비키 혁명의 급속한 타락, 1921년 6월 (한인공산당의 내부 파쟁으로 인하여) 독립군 부대에 대한 소련 적군의 무자비한 학살이 자행되었던 자유시의 참변, 1923년 8월 러시아령에서의 한인 임시정부 설치 불허, 코민테른에 의한 사회주의 독립운동의 지배와 사회주의자의 시대적 복종 등을 목도하면서 사회주의를 추구하던 좌파 민족주의를 부정적으로 인식하게 되었다. 그리하여 신채호는 사회주의의 프롤레타리아 독재론에 내재하고 있는 전제성을 간파하였을 뿐 아니라, 전문적 엘리트 혁명가가 주도하는 볼셰비키 혁명의 강권성 또한 직시할 수 있었던 것이다.[20]

신채호에 관한 분석이지만, 당시 이회영과 신채호는 인근에 살면서 자주 만나는 사이였기에 다수 한국 아나키스트들의 일반적 인식으로 보아도 무방할 것이다. 이규창의 회고에도 이런 내용을 뒷받침하는 이야기가 담겨 있다.

이런 정세를 알게 된 유자명·이을규·이정규 선생 등은 대 공산주의 생각을 검토할 것을 숙의할 때, 러시아에서 사상가로 유명한 예로센코란 맹인 아나키스트가 러시아 제정이 붕괴되고 혁명이 되었으나 제정 때보다 (오히려) 더 잔인무도한 정치체제하에서 도저히 생존할 수 없어 중국으로 망명하여 전 세계에 대하여 잔인무도 비인간적인 공산주의를 폭로하는 것을 청취한 고로 세 분은 완전히 공산주의에 대한 모든 생각을 청산하고 새로 사상과 이념을 연구하게 되고 독립운동의 방향도 다시 정립할 것을 모색하게 되었다.

유자명·이을규·이정규 세 분이 관인사 집으로 와서 사상에 대한 문제 또는 독립운동에 대한 새로운 방향을 (모색하기 위해) 매일 회합을 하셨으며, 신채호·김창숙 선생과도 매일 모여서 토론하신 것을 보았다. 그런 시기를 2, 3개월 하시면서 부친 거처에서는 화기애애한 담소가 흘러 나오기도 하며 무엇인가 희망찬 분위기였다.[21]

이회영과 독립운동가들은 사회주의(공산주의)의 폭력성과 한국 독립운동을 방해한 러시아 당국의 적대행위를 비판하면서 신新사조로 아나키즘을 수용했다. 독립운동의 방략으로뿐만 아니라 미래 한국의 정치 형태 또는 인류가 공동으로 추구해나가야 할 미래의 사회 가치로서 아나키즘을 연구하고 토론했다.

선생은 신채호와 만날 때마다 몇몇 문제점들을 논의했다 한다. "여러 선진국의 현 정치제도를 그대로 답습 모방하여가지고는 자유·평등의 사회 즉 정치·경제·사회·문화 등 인간생활 전반에 걸쳐서 자유롭고 평등한 사회가 실현될 수 있겠는가?", "그들의 정치를 모방한다면 부자유와 불평등에 의해 불만·불평·억압이 생겨나는 저주스러운 현대사회의 결함이, 새로이 독립할 우리나라에서도 반복되지 않겠는가?" 그때는 신채호도 사상적으로 방황하던 때였으므로 두 분이 서로 만나면 자연히 이러한 생각을 토론할 수밖에 없었으리라는 것은 쉽게 추측할 수 있다.[22]

1920년대와 30년대 무렵 이회영을 비롯한 독립운동가들은 아나키즘을 받아들이고 나서 '무정부주의 운동'을 벌였다. 다음은 그들이 이 운동을 통해 무엇을 주장하는지 구체적으로 보여준다.

만인의 자유·평등을 주장하고, 일체의 정치적 지배·강권을 부인하고, 경제적으로는 사유재산, 강권적 공산을 배격하고 윤리적으로 상호부조와 만인의 공영을 주장하고, 실현하고자 하는 주의이다. (…) 무정부주의 운동은 (…) 재래의 사회적 해독물인 지배·착취·강권 등의 제도를 파괴하고 근절하고, 정치적으로도 경제적으로도 각 방면에 상호·압축 속박되어 살고 있는 민중을 해방시키고, 동시에 지배와 강권이 없는 자유공산사회를 실현시키는 운동이다. 만인이 능력에 따라 일하고, 필요에 따라 취하는 것이다. [23]

대한통의부를 수립하고 대일혈전에 나서다

이회영과 동지들은 이론학습에만 매달리지 않았다. 1921년, 신채호는 베이징에서 흑색청년동맹 베이징지부를 결성했다. 그와 이회영의 관계로 볼 때 아마도 함께 조직했을 것이다. "그동안 베이징을 중심으로 일어난 모든 운동에는 선생이 간접적으로라도 관계하지 않은 것이 없을 것"[24]이라는 증언도 있다.

이회영은 1922년에 베이징과 만주를 오가며 독립운동 단체를 통합하는 작업을 했다. 몸은 베이징에 있었으나 마음은 항상 만주 쪽에 가 있었다. 몸소 혼신의 힘을 쏟아 세운 신흥무관학교 출신들을 통해 그동안 만주의 사정은 소상히 알고 있었다.

만주로 건너간 이회영은 청산리전투와 봉오동전투 등 우리 독립군이 혁혁한 전과를 올리고도 여러 갈래로 분산되어 있는 것을 안타깝게 여겨 통합작업을 벌였다. 이런 노력의 결과 만들어진 것이 대한통의부大韓統義府다. 이에 앞서 1922년 2월, 남만주 일대의 독립운동 단체인 한족회, 대한독립단, 대한서로군정서, 광한단光韓團 등의 대표가 펑톈성 환런현에 모여 통군부統軍府를 조직한다. 그리고 8월에 다른 독립운동 단체들과 통합해서 대한통의부를 결성하게 된다.

통의부는 군사조직과 자치행정기구를 갖추었으며 군사조직으로는 5개 중대와 유격대·헌병대를 두고, 이천민이 사령관직을 맡았으며, 병력은 약 50명이었다.

대한통의부는 1922년 2월 서간도 지역의 가장 큰 항일단체인 한족회·서로군정서·대한독립단이 연합하여 결성한 대한통군부가 확대 발전하여 서간도 일대의 통합 투쟁단체로서 조직된 것이다. 1922년 8월 23일 군정서·대한독립단·관전동로한교민단·대한광복군영·대한정의군영·대한광복군총영·평안북도독판부 등 이른바 8단團 9회會의 대표 71명이 환런현 마취안쯔(마권자)에 모여 대한통의부 결성 등 6개항을 결의하고 8월 30일 남만한족통일회 회장 김승만 명의로 이를 발표하기에 이르렀다. 당시 간부는 모두 73명이었는데, 주요 간부는 총장 김동삼, 비서과장 고활신, 재무부장 이병기, 법무부장 현정경, 교통부장 오동진, 군사부장 양규열, 사령장 김창환, 부총장 채상덕, 민사부장 이웅해, 교섭부장 김승만, 학무부장 신언갑, 실업부장 변창근, 참모부장 이천민 등이었다. 이 직제에 의하면 대한통군부에서 대한통의부로 확대 발전하며 군사 활동과 한인 자치를 더욱 강화한 것임을 알 수 있다.[25]

통의부는 산하에 의용군을 편성하여, 일제 군경의 관서를 습격하여 각종 무기를 노획하거나 러시아를 통해 무기를 매입하여 무장하고 관내 한·중 친일파를 처단했다. 1924년 10월에는 한·중 국경 방면에 진공하여 일경 28명과 친일분자 32명을 처단하고, 1924년 4~6월간 평북 일원에서 적과 교전하여 11명을 사살하고 주재소를 공격했다. 또 일본인 회사를 습격하고 친일 자위단을 격파했으며, 전신주를 절단하는 등 28회의 항일투쟁을 벌였다. 국경 지역 외에 충청·전라·경상 지역에서도 활동하고, 40여 명의 결사대를 조직하여 유사시에 대비하게 했다.

그러나 내부에서 복벽계와 공화주의계의 정체 이념과 요직에서 배제된 세력 간의 불화, 중국 관헌들과의 마찰, 마적단의 습격 등으로 극심한 분열상을 보이다가 1924년 11월 정의부正義府가 조직되면서 상당수가 이에 흡수되었다.

「중화민국 싱징현興京縣 공서조사公署調査 불령선인不逞鮮人 재료材料」에 따르면, 1922년 2월에 8개 독립운동단과 9개 독립운동회가 모여 팔단구회八團九會를 열었다. 그 결과 대한통군부(이하 통군부)가 결성되었는데, 이 회의를 주도한 인물이 이회영이라고 기록되어 있다.

또 1922년 8월 23일, 환런현 마취안쯔촌에서 열린 더 큰 규모의 남만한민족통일회의도 이회영이 주재한 것으로 전하고 있다. 이것은 이 회의에 대해 그간 알려진 다른 자료들에는 없는 내용이어서 주목된다. 이 회의에서는 각 단체와 각 기관의 명의를 취소하고 무조건 통일제도에 복종한다는 것과 명칭을 통의부로 한다는 것, 통의부 군대 명칭은 의용군으로 결정하고 제도는 총장제로 한다는 것 등의 사항을 결정했는데, 남만주 독립군 단체를 통일했다는 점에서

중요한 회의였다.[26]

통의부 의용군은 우리 독립전쟁사에 찬란한 기록을 남겼다. 대한민국 임시정부 기관지 《독립신문》 1924년 7월 26일 자는 평북 일대에서만 1924년 4월 24일부터 2개월 동안 28차례나 국내 진공 작전에서 큰 전과를 올렸다고 보도했다.

수많은 독립운동단체가 난립하여 일제와 싸우면서 내부적으로는 주도권 쟁취에 소모전을 벌였던 남만주 일대의 독립운동가(단체)를 대한통군부와 대한통의부로 묶어낼 수 있었던 것은 이회영만이 가능한 일이었다. 일제의 자료는 이러한 이회영의 역할에 신빙성을 부여해준다. "이 자료는 더 많은 검토가 필요하지만 이회영의 경력상 신빙성이 있다고 보인다. 왜냐하면 이회영은 헤이그 특사 사건과 고종 망명 기도 사건에서 볼 수 있듯이, 황실과도 관계가 밀접해서 복벽주의 계통으로서도 거부할 이유가 없을뿐더러, 애국계몽단체인 신민회의 주도 인물이기도 해서 공화주의 계통으로서도 거부할 이유가 없는 인물이었던 것이다. 또 일찍이 만주로 망명해 신흥무관학교를 세운 경력 등은 그가 남만주 일대의 무장독립단체 통일의 과업을 달성하는 데 적합한 인물임을 입증해주고도 남음이 있다."[27]

앞에서 살펴본 대로 이회영은 늘 조정자와 통합자의 역할을 자임하고 나섰으나 막상 자신은 어떤 직위에도 오르지 않았다. 그래서 대한통의부를 결성하여 항일무장투쟁의 혁혁한 전과를 올리고도 그의 이름은 어디에서도 찾아볼 수 없고, 일제 정보자료에만 남아 있다.

선생의 성격을 볼 때, 당시 해외 운동자들의 일반적 경향이 그렇듯이 무슨 장長, 무슨 총재 하는 등의 구상을 가지고 단체를 만들자고 교섭하러 온 자들을 보며 선생은 당연히 심한 불쾌감과 증오를 느꼈을 것이다. 선생은 천품이 자유롭고 거리낌이 없어서 형식을 좋아하지 않았다. "일만 하면 그만이지" 하는 것이 선생의 심경이었기 때문에 한평생 동안 독립운동을 하였지만 장이니 총재니 하는 직위를 한 번도 가져본 적이 없었고, 또 자기를 내세우려는 생각조차 없었다. 우리 독립운동의 대선배로서 그러한 이는 아마 선생 한 분뿐일 것이다.[28]

그러나 이듬해에 통의부의 분열과 내부 폭력사태에 크게 실망한 이회영은 베이징으로 돌아왔다. 그 무렵 상하이, 노령, 만주 일대의 독립운동 진영은 분열되어 민족역량을 한데 모으지 못했다. 이회영은 온갖 정성을 들여 통합 무장단체로 출범한 통의부의 분열상을 보고 실망 · 개탄하면서 베이징으로 돌아와 새로운 구상을 했다.

8. 의열단에 바친 열정 그리고 이상촌의 꿈

의열단의 조직과 활약 그리고 독립투쟁에 바친 삶

이회영이 만주에서 실망을 안고 베이징으로 돌아왔을 때는 이미 57살로, 환갑을 바라보는 나이였다. 하지만 그에게는 아직 할 일이 많았고 의욕도 넘쳤다.

그사이 내외 정세를 살펴보면, 1923년 1월에 상하이임시정부는 그동안의 분열을 끝내고 통합을 이루기 위해 국민대표회의를 소집했다. 이 대회에는 좌우익을 비롯하여 나라 안팎의 70여 독립운동 단체, 100여 명의 대표가 참석했다. 그러나 임시정부를 독립운동 체질에 맞도록 개조하자는 개조파와 현재의 임시정부를 해체하고 아예 새로운 정부를 수립해야 한다는 창조파가 날카롭게 맞서면서 회의는 결렬되고 말았다. 이후 임시정부에서는 조덕진을 비롯한 의정

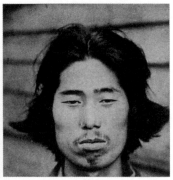

김상옥(왼쪽)과 박열.

원 의원들이 제출한 대통령 이승만의 탄핵안이 통과되고(1925년 3월), 헌법을 개정하는 등 체제를 정비했으나 세력이 크게 약화하는 것을 막기는 어려웠다.

1923년 1월에는 의열단원 김상옥이 종로경찰서에 폭탄을 투척하고, 은신 중 일본 경찰과 총격전 끝에 몇 명을 사살하고 자결했다. 이 사건은 일제에 적잖은 충격을 안겨주었다. 그해 9월에는 일본 도쿄에서 아나키스트 박열 부부가 일본 왕세자의 결혼식 날에 일왕 부자를 폭살시키려던 계획이 탄로 나 검거되었다.

한 해 전인 1922년 9월에는 임시정부의 국무총리를 지낸 신규식이 상하이에서 임시정부의 내분이 격화되자 이를 걱정하며 25일간 단식한 끝에 사망했다. 신규식의 사망 소식을 들은 이회영은 그의 애국심과 절개를 높이 기리며 그를 추모했다. 같은 해 11월에는 상하이에서 일본 육군대장 다나카 기이치田中義一를 저격했으나 실패하고 검거된 의열단원 김익상에게 사형(뒤에 20년으로 감형)이 선고되었다.

왼쪽부터 신채호, 신석우, 신규식.

　이회영은 의열단원들의 잇따른 쾌거와 아나키스트들의 투쟁 소식을 들으면서 아직 우리 민족이 죽지 않았구나, 의기가 살아 있구나, 하며 희망의 끈을 놓지 않았다. 무엇보다 자신의 손으로 세웠던 신흥무관학교 출신들이 의열단에 참여하여 일제와 용감하게 싸우는 모습에 한없는 자부심을 느꼈다.

　의열단은 1919년 11월 10일에 만주 지린성 파호문 밖 중국인 판씨潘氏 집에서 신흥무관학교 출신을 중심으로 김원봉 등 13명에 의해 창단되었다. 비무장과 비폭력의 만세시위로 전개된 기미년 3·1혁명이 민족독립을 이끌어내지 못한 데에 실망하고, 그 직후 수립된 상하이임시정부의 독립운동 방략이 외교론과 준비론에 치우쳐 있는 데 반발한 의혈청년들이 만든 무장투쟁 단체였다.

의열단의 명칭은 의사義士와 열사烈士의 정신을 잇고 실천한다는 의미로 각 글자에서 '의' 자와 '열' 자를 따와서 만들었다. 의열단은 창단 직후 "천하의 정의의 사事를 맹렬히 실행키로 함, 조선의 독립과 세계의 평등을 위하여 신명을 희생키로 함, 충의의 기백과 희생의 정신이 확고한 자라야 단원이 됨, 언제 어디서나 매월 한 차례씩 사정을 보고함, 일一이 구九를 위하여 구九가 일一을 위하여 헌신함, 단의에 배반한 자는 처살함"이라는 6개 항의 공약을 채택했다. 공약 제1조 '천하의 정의로운 일을 맹렬히 실행한다'에 의열단의 정신이 잘 담겨 있다.

의열단은 조직적인 무장투쟁과 폭력적인 수단을 통해서만 일제 식민통치를 끝내고 민족이 해방될 수 있다는 신념으로, 만주에서는 독립군의 무장투쟁을 전개하고 국내에서는 소수정예의 결사대를 조직하여 작탄투쟁炸彈鬪爭을 결행했다.

의열단은 조선총독 이하 고관, 일본군 수뇌, 타이완 총독, 매국적 친일파 거두, 적의 밀정, 반민족적 토호 등 7개 부류의 암살 대상을 정했다. 또 파괴 대상으로 조선총독부, 동양척식회사, 매일신보사, 경찰서를 비롯하여 기타 외적의 주요 기관을 선정하여, 식민지배의 수탈기구·폭압기구·선전기관을 모조리 파괴하고 그 수뇌와 요인 및 민족반역자를 제거하는 데 활동목표를 두었다.

목표를 설정한 의열단은 즉각 행동에 나섰다. 1920년 봄부터 여름에 걸쳐 부산경찰서장실 진입 투탄, 밀양경찰서 투탄, 조선총독부 청사 진입 투탄, 상하이 일본 육군대장 저격, 일본 왕궁 정문 폭탄 투척을 비롯하여 무기 국내 밀반입, 일제 통치기관 폭파, 총독부 요인 암살 기도 등 숱한 의거를 결행했다. 거사 과정에서 의열단원이 검거되기도 했다.

1920년대 초기 의열단의 폭렬투쟁은 일제의 간담을 서늘하게 만들었고, 많은 애국청년들이 의열단에 속속 가입하여 육탄혈전肉彈血戰을 벌였다. 그러나 폭탄과 권총 등 무기의 성능이 좋지 않아서 더러는 불발이 되어 기대한 성과를 올리지 못한 경우도 있었다. 의열단의 영웅적인 투쟁이 내외에 널리 알려지면서 상하이파 고려공산당과 임시정부에서도 이에 적극 협력했다.

> 의열단은 상하이파 고려공산당이 소련에서 수령해 온 '레닌 자금'의 일부를 지원받아, 상하이에 열두 군데의 비밀 폭탄제조소를 설치해놓고 외국인 기술자를 초빙하여 위력 있는 폭탄을 제조할 수 있게 되었다. 1922년 여름에는 대한민국 임시정부 재무총장 이시영의 요청으로, 국내 부호들로부터 독립운동자금을 거두기로 하고, 원활한 의연금 징수를 위해 사전에 일제기관에 대한 폭탄거사를 단행하기도 했다.[1]

의열단 단장 김원봉은 1919년 6월 신흥무관학교에 입학해 많은 의열 동지들을 만나고 폭탄제조법 등 군사기술을 익혔다. 의열단의 산파역을 맡은 황상규는 만주와 국내 청년들을 모아 신흥무관학교에 입교시켰다. 의열단의 폭렬적인 작탄투쟁은 이렇듯 이회영의 신흥무관학교에서 연원한다.

한민족의 독립은 민족 스스로 목숨을 걸고 나서 의열투쟁이나 무력 항쟁 등 보다 적극적이고 강력한 투쟁을 통해서만 성취될 수 있다는 의식이 형성되었던 것이다. 이러한 흐름은 김원봉을 비롯한 일부 젊은 열혈투사들에 의해 제창되었지만, 의열투쟁의 장엄한 역사의 밑바닥에는 이회영이 일찍이 심혈을 기울여 양성한 신흥무관학교의 젊은 청년들이 있었다.[2]

의열단 단원들은 모두 일당백一當百의 청년들이었다. 일종의 결사대원으로, 적진에 들어가 적을 죽이거나 기관을 파괴하고 장렬하게 전사하는 것이 그 소임이었다. 천우신조로 살아 돌아올 수 있으면 다행이지만 그렇지 못한 경우가 대부분이었다. 그래서 활동이나 행동거지 하나하나가 무척 조심스러웠고 어떤 측면에서는 청교도적인 순결함을 보여주었다.[3]

의열단원들은 마치 특별한 신도들처럼 생활하였고, 수영·테니스 그밖의 다른 운동을 함으로써 항상 최상의 컨디션을 유지하도록 했다. 매일같이 저격연습도 했다. 이 젊은이들은 독서도 하였고, 쾌활함을 유지하고 특별한 임무에 알맞은 심리상태를 유지하기 위하여 오락도 했다.

그들의 생활은 명랑함과 심각함이 기묘하게 혼합된 것이었다. 언제나 죽음을 눈앞에 두고 있었으므로 생명이 지속되는 한 마음껏 생활하였던 것이다. 그들은 놀라울 정도로 멋진 친구들이었다.

의열단원들은 언제나 멋진 스포츠형의 양복을 입었고, 머리를 잘 손질하였으며, 어떤 경우에도 결백할 정도로 아주 깨끗이 차려입었다. 그들은 사진 찍기를 아주 좋아하였으며, 언제나 이번이 죽기 전에 마지막 찍는 것이라고 생각했다.

그들은 프랑스 조계 공원 산책을 즐겨했다. 모든 한국 소녀들은 의열단원들을 동경하였으므로 수많은 연애사건이 있었다. 블라디보스토크에서 온 아가씨들은 러시아인과 한국인의 혼혈이었는데 매우 아름다웠고 지성적이었다. 이 아가씨들과의 연애는 짧으면서도 격렬한 것이었다.[4]

그들은 거의 종교적인 열광으로 테러 활동을 숭상했다. 죽음을 두려워하지 않는 정예 용사들로서 오직 모험적인 행동만이 능히 일제의 식민통치를 뒤엎을 수 있다고 굳게 믿었고, 망국의 치욕을 피로써 능히 씻을 수 있다고 믿었다. 하여, 그들은 일제의 요인을 암살하고 특무와 암살자들을 처단하는 것을 주요한 행동강령으로 삼았으며 가슴속에서 불타던 적개심은 그들에게 환락과 아울러 비극을 가져다주었다.[5]

일제강점기 내내 일제가 가장 두려워하고 증오했던 무장독립운동 단체였던 의열단의 주요 단원은 신흥무관학교 출신들이었다. 단장 김원봉을 비롯해 창립 단원인 이종암, 이성우, 서상락, 강세우, 김옥, 한봉근, 한봉인, 신철휴 그리고 뒷날 의열단에 가입한 권준(권중한), 박태열, 배중세, 윤보한, 이해명, 최윤동 등이 대표적인 인물들이다. 신흥무관학교에서 민족정신과 신식군사훈련을 받은 정예 청년들이 참여했으며, 그 밖의 각급 항일투쟁의 전위가 된 것은 많이 알려진 사실이다.

의열단 단원이었던 장지락(김산)은 님 웨일스가 쓴 『아리랑』의 주

인공으로 우리에게 잘 알려져 있다. 이 책에는 의열단의 활약상이
잘 기록되어 있다.

(의열단과 적기단 중) 의열단이 더욱 활동적이었고 1919년에서 1924년
에 걸쳐 왜놈에 대한 테러를 국내에서만도 약 300건이나 해냈다. 그들
의 대규모 계획들은 실패하였지만 조그마한 계획들은 때때로 성공했다.
1919~1922년에 걸쳐서 왜놈들은 의열단원만 해도 300여 명이나 처형
했다. 현재 살아 있는 단원은 극소수다. 이 단체는 무정부주의 이데올
로기에 지배되었다. 그러므로 조선 무정부주의 전성기는 1921년에서
1922년이었다.

의열단원은 몇 명 안 되었다. 많은 단원을 확보하려고 하지 않았다.
핵심은 50명으로 구성된 하나의 통일체이며, 모든 것이 엄격하게 비밀
로 되어 있었다. 여러 시기를 통산해도 의열단원은 도합 수백 명에 불과
했다. 의열단의 활동자금은 모두 조선에 있는 부유한 사람들이 임시정
부를 통해서 낸 것이다. 임시정부는 조선이 완전히 독립한 후 30년 이내
에 상환한다는 조건으로 3,000만 달러의 공채를 발행했다.

당시에는 약간의 미국인과 선교사들까지도 '조선독립의 벗' 운동에
참가했다. 의열단의 폭탄제조 기술자는 이 비밀결사의 단원인 마르틴
Martin이라는 독일인이었다.[6]

「의열단선언」 그리고 아나키스트가 꿈꾸는 세상

이회영은 핵심 의열단원들을 키워낸 신흥무관학교의 산파역이기

도 했고, 신채호가 의열단의 이념을 정립하는 「조선혁명선언朝鮮革命宣言」(또는 「의열단선언」)을 작성하는 데도 적잖은 역할을 했다.

만주에서 베이징으로 돌아온 이회영은 아나키즘 이론가인 신채호, 유자명과 거의 날마다 만나다시피 하며 새로운 독립운동 방략을 논의했다.

이 무렵 이회영의 동생 이호영이 베이징 시내 샤오징창小徑廠(소경창)에 가옥을 구하여 한국 유학생들을 상대로 한 하숙소를 경영하면서 생계를 꾸리고 있었다. 신채호는 그곳에 방 하나를 얻어 머물렀다. 이규창은 아버지 이회영과 신채호, 김창숙 등의 시중을 들었던 일을 다음과 같이 들려준다.

여섯째 숙부님의 하숙소에서 신채호 선생이 일간 방을 치고 유하시며 (…) 우리 집에 매일매일 오셔서 부친과 다방면에 걸쳐 환담하셨으니 김창숙 선생도 매일 신 선생과 부친이 토의하시는 것을 뵈었다. 나는 그분들의 시중을 들면서 내용은 잘 모르지만 독립운동에 대한 대화인 줄 대강 알게 되었다.[7]

이회영은 베이징으로 돌아왔으나 여전히 생계가 막막하기 그지없었다. 신채호도 1년여 동안 관인사觀音寺(관음사)에 들어가 승려 생활을 하면서 의식주를 해결하다가 이호영의 집에 의탁하고 있었다. 당시 이회영과 신채호의 빈한했던 생활 모습은 이규창의 회고에 고스란히 담겨 있다.

내가 골절상이 완쾌하고 학교에 가는데 교복이 없어서 모친께서 심려하시는 것을 아신 단재 선생은 자기의 승복인 장삼을 갖다 주시며 이 장삼을 개조하여 교복을 해주라고 모친께 주셨다. 그리하여 즉시로 모친이 밤을 새시며 나의 교복을 만들어 학교에 가게 되었다. 지금도 그때를 생각하면 단재 선생에게 참으로 감사한 마음을 잊지 못한다.[8]

이회영이 신채호, 유자명, 이을규, 이정규 등 이른바 '베이징 아나키스트 그룹'과 만나 사상토론을 하고 있을 때 김원봉의 제의를 받은 유자명이 신채호에게 의열단의 선언문을 기초해줄 것을 의뢰했다. 이때의 일화 역시 이규창의 회고로 들어본다.

하루는 유자명·이을규·이정규 등 세 분이 부친을 방문했다. 유자명 선생은 본시 충청남도 분으로 공주공업학교를 나오시고 1919년 3·1 운동을 계기로 해외에 망명하시어 베이징에 오셨다. 의열단 단장 김원봉 선생과 막역한 친우 사이며 의열단 총참모 격의 중요한 직책을 맡아서 제1선 운동에 참여하신 분이다. 중국의 정치가, 사상가, 문학가 등과 광범위하게 교제가 있었다. 그리하여 신채호 선생께서 정치가·사상가인 리스청李石曾 씨도 유자명의 주선으로 알게 되어 베이징대학 사고전서四庫全書며 여러 가지의 원조를 받았으며 관인사의 화상和尙이 된 것도 이런 연유였다. 그리고 의열단선언서 「조선혁명선언서」를 유자명 선생이 단재 선생께 의뢰하여 천하무비의 대작을 작성하시게 되어 근 반세기가 지나도록 지금에도 명문으로 불후의 작품으로 역사의 지보至寶로 보존되어 있다.[9]

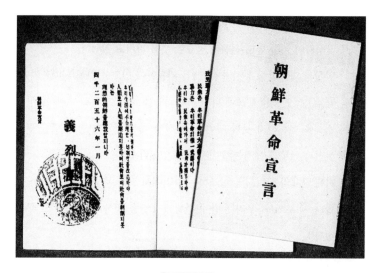

「조선혁명선언」.

'천하무비', 즉 '세상 어디에도 비길 데 없이 뛰어난' 대작이라는
평가를 받는 「조선혁명선언」은 이렇게 하여 신채호에게 집필이 맡
겨졌다. 그런데 이와 약간 다른 기록도 있다. 상하이에 머물던 김원
봉이 베이징으로 와서 신채호를 만나 직접 집필을 의뢰했다는 것이
다. 박태원의 이야기를 들어보자.

이번 베이징 길에 그의 가장 큰 기쁨은 단재 신채호 선생과의 회견이
다. 단재는 세상이 다 아는 사학계의 태두泰斗로 왜적의 통치 아래 사는
것을 떳떳지 않게 생각하여, 해외로 망명한 지사다.

서로 안 지 수일에 약산(김원봉)은 그의 학식과 지조를 높이 우러러, 인
격적으로 가장 숭배할 수 있는 분이라 생각하였거니와, 단재 역시 이 젊
은 애국자에 대하여는 아끼고 사랑하는 마음이 유달리 두터웠다. 이는

이미 오래된 일이거니와 약산은 진작부터 의열단이 주장하는 바를 문서로 작성하여 이를 널리 천하에 공표할 뜻을 가지고 있었다.

'암살과 파괴만이 능사가 아니다. 행동만이 있고 선전이 뒤따르지 않을 때, 일반 민중은 행동에 나타난 폭력만을 보고 그 폭력 속에 들어 있는 정신을 이해하지 못할 것이다. 부절不絕하는 폭력과 함께 또한 꾸준한 선전과 선동과 함께 계몽이 반드시 있어야 한다.'

이제 단재와 만나 간담상조하는 자리에서 그는 문득 이 생각을 하고, "그렇다, 이분이다! 우리는 단재 선생에게 글을 청하기로 하자!"고 무릎을 쳤다.

약산은 어느 날 단재를 보고 말했다.

"저희는 지금 상하이에서 왜적을 무찌를 폭탄을 만들고 있습니다. 한번 같이 가셔서 구경 안 하시겠습니까? 겸하여 우리 의열단의 혁명선언도 선생님이 초하여 주셨으면 좋겠습니다."

그 말에 단재는 대답했다.

"좋은 말씀일세. 그럼 같이 가보세."

이리하며 며칠 후 단재는 약산을 따라 상하이로 향하였던 것이다.[10]

김원봉은 신흥무관학교 출신이어서 누구 못지않게 이회영을 잘 알고 존경하고 있었다. 베이징의 이회영 집에도 몇 차례 방문하여 인사를 드렸다. 김원봉과 유자명, 유자명과 이회영·신채호 등의 관계로 보아 「조선혁명선언」은 '베이징 아나키스트 그룹'에서 충분히 논의되고, 신채호가 김원봉과 함께 상하이로 내려가서 한 달 동안 여관에 투숙하면서 집필했을 것이다.

유자명.

곁에는 유자명이 앉아서 '조언'을 하여 1923년 1월 전 5장 6,400
여 자에 이르는 통렬 유려한 선언문이 작성되었다. 일제에 대한 폭
력투쟁의 정당성을 극명하게 표현한 역사적인 문서일 뿐만 아니라,
민족독립운동의 새로운 단계와 독립항쟁정신을 가장 힘차고도 확
고하게 천명한 격렬한 어조의 선언문이다. "「조선혁명선언」은 단지
신채호 개인의 사상을 피력한 것이 아니라, 이회영과의 긴밀한 의
견 교환과 유자명의 협조를 통한 공동작품인 동시에 베이징 아나키
스트 그룹의 공동선언문이라 봐야 할 것이다."[11]

「조선혁명선언」은 그 내용과 함께 웅혼한 필체로 하여 의열단원
들을 감격시키고 사기를 높이기에 충분했다. 의열단원들은 거사 때
에는 반드시 인쇄된 이 문건을 갖고 가서 현장에 살포해, 자신들의
의사를 분명히 밝혔다. 중국 관내는 물론 한국, 일본과 노령, 미주
에도 우편으로 「조선혁명선언」을 전달했다.

다음은 「조선혁명선언」 전문이다. 읽고 이해하기 쉽도록 문장은
현대어로 바꿔 다듬었다.

1. 강도 일본이 우리의 국호를 없이하며, 우리의 정권을 빼앗으며,
우리 생존의 필요조건을 다 박탈했다. 경제의 생명인 산림·천택川
澤·철도·광산·어장 내지 소공업 원료까지 다 빼앗아 일체의 생산기
능을 칼로 베며 도끼로 끊고, 토지세·가옥세·인구세·가축세·백일
세百一稅·지방세·주초세酒草稅·비료세·종자세·영업세·청결세·소
득세—기타 각종 잡세가 날로 증가하여 피는 있는 대로 다 빨아가고,
어지간한 상업가들은 일본의 제조품을 조선인에게 매개하는 중개인
이 되어 차차 자본집중의 원리 아래서 멸망할 뿐이요, 대다수 민중
곧 일반 농민들은 피땀 흘려 토지를 갈아, 그 일 년 내 소득으로 일신
一身과 처자의 호구거리도 남기지 못하고, 우리를 잡아먹으려는 일본
강도에게 갖다 바쳐 그 살을 찌워주는 영원한 우마牛馬가 될 뿐이요,
끝내 우마의 생활도 못 하게 일본 이민의 수입이 해마다 높은 비율로
증가하여 딸깍발이 등쌀에 우리 민족은 발 디딜 땅이 없어 산으로 물
로, 서간도로 북간도로, 시베리아의 황야로 몰려가 배고픈 귀신이 아
니면 정처 없이 떠돌아다니는 귀신이 될 뿐이며, 강도 일본이 헌병정
치·경찰정치를 힘써 행하여 우리 민족이 한 발자국의 행동도 임의로
못 하고, 언론·출판·결사·집회의 일체의 자유가 없어 고통의 울분
과 원한이 있어도 벙어리 냉가슴이나 앓을 뿐이요, 행복과 자유의 세
계에는 눈뜬 소경이 되고, 자녀가 나면, "일어를 국어라, 일문을 국문
이라" 하는 노예양성소(학교)로 보내고, 조선사람으로 혹 조선사를 읽

게 된다 하면 "단군을 속여 스사노오노미코토素嗚尊(일본 신도神道의 주요 신으로 '폭풍의 신'이며, 그의 누나 아마테라스 오미카미天照大神는 '태양의 신'으로 통함)의 형제"라고 하며, "삼한시대 한강 이남을 일본 영지"라고 한 일본 놈들 적은 대로 읽게 되며, 신문이나 잡지를 본다 하면 강도정치를 찬미 하는 반일본화半日本化한 노예적 문자뿐이며, 똑똑한 자제가 난다 하 면 환경의 압박에서 염세절망의 타락자가 되거나 그렇지 않으면 '음 모사건'의 명칭 아래 감옥에 구류되어, 주리를 틀고 목에 칼을 씌우고 발에 쇠사슬 채우기, 단근질·채찍질·전기질, 바늘로 손톱 밑과 발 톱 밑을 쑤시는, 수족을 달아매는, 콧구멍에는 물 붓는, 생식기에 심 지를 박는 모든 악형, 곧 야만 전제국의 형률사전에도 없는 갖은 악 형을 다 당하고 죽거나, 요행히 살아 옥문에서 나온대야 종신 불구의 폐질자가 될 뿐이다.

그렇지 않을지라도 발명 창작의 본능은 생활의 곤란에서 단절하 며, 진취 활달의 기상은 경우境遇의 압박에서 소멸되어 "찍도 쨱도" 못 하게 각 방면의 속박·채찍질·구박·압제를 받아 환해 삼천리가 일개 대감옥이 되어, 우리 민족은 아주 인류의 자각을 잃을 뿐 아니 라, 곧 자동적 본능까지 잃어 노예로부터 기계가 되어 강도 수중의 사용품이 되고 말 뿐이며, 강도 일본이 우리의 생명을 초개草芥로 보 아, 을사 이후 13도의 의병 나던 각 지방에서 일본 군대의 행한 폭행 도 이루 다 적을 수 없거니와, 즉 최근 3·1 운동 이후 수원·선천 등 의 국내 각지부터 북간도·서간도·노령·연해주 각처까지 도처에 거 민을 도륙한다, 촌락을 불 지른다, 재산을 약탈한다, 부녀를 욕보인 다, 목을 끊는다, 산 채로 묻는다, 불에 사른다, 혹 일신을 두 동가리

세 동가리로 내어 죽인다, 아동을 악형한다, 부녀의 생식기를 파괴한다 하여 할 수 있는 데까지 참혹한 수단을 써서 공포와 전율로 우리 민족을 압박하여 인간의 '산송장'을 만들려 하는도다.

이상의 사실에 의거하여 우리는 일본 강도정치 곧 이족통치가 우리 조선민족 생존의 적임을 선언하는 동시에, 우리는 혁명수단으로 우리 생존의 적인 강도 일본을 살벌殺伐함이 곧 우리의 정당한 수단임을 선언하노라.

2. 독립이나 참정권이나 자치를 운동하는 자가 누구이냐

너희들이 '동양평화' '한국독립보존' 등을 담보한 맹약이 먹도 마르지 아니하여 삼천리 강토를 집어먹던 역사를 잊었느냐?

"조선인민 생명·재산·자유 보호" "조선인민 행복증진" 등을 거듭 밝힌 선언이 땅에 떨어지지 아니하여 2천만의 생명이 지옥에 빠지던 실제를 못 보느냐? 3·1 운동 이후에 강도 일본이 또 우리의 독립운동을 완화시키려고 송병준·민원식 등 한두 매국노를 시키어 이따위 광론狂論을 외침이니, 이에 부화뇌동하는 자가 맹인이 아니면 어찌 간사한 무리가 아니냐?

설혹 강도 일본이 과연 관대한 도량이 있어 개연히 이러한 요구를 허락한다 하자. 소위 내정독립을 찾고 각종 이권을 찾지 못하면 조선민족은 일반의 배고픈 귀신이 될 뿐이 아니냐?

참정권을 획득한다 하자. 자국의 무산계급 혈액까지 착취하는 자본주의 강도국의 식민지 인민이 되어 몇 개 노예 대의사代議士의 선출로 어찌 아사의 화를 면하겠는가?

자치를 얻는다 하자. 그 어떤 종류의 자치임을 묻지 않고 일본이 그 강도적 침략주의의 간판인 '제국'이란 명칭이 존재한 이상에는, 그 지배하에 있는 조선인민이 어찌 구구한 자치의 헛된 이름으로써 민족적 생존을 유지하겠는가?

설혹 강도 일본이 불보살佛菩薩이 되어 하루아침에 총독부를 철폐하고 각종 이권을 다 우리에게 환부하며, 내정 외교를 다 우리의 자유에 맡기고, 일본의 군대와 경찰을 일시에 철환하며, 일본의 이주민을 일시에 소환하고 다만 헛된 이름의 종주권만 가진다 할지라도 우리가 만일 과거의 기억이 전멸하지 아니했다 하면, 일본을 종주국으로 봉대한다 함이 '치욕'이란 명사를 아는 인류로는 못할지니라.

일본 강도정치 아래서 문화운동을 부르는 자가 누구이냐? 문화는 산업과 문물의 발달한 총적總積을 가리키는 명사니, 경제약탈의 제도 아래서 생존권이 박탈된 민족은 그 종족의 보존도 의문이거든, 하물며 문화발전의 가능이 있으랴?

쇠망한 인도족·유태족도 문화가 있다 하지만, 하나는 금전의 힘으로 그 조상의 종교적 유업을 계속함이며, 하나는 그 토지의 넓음과 인구의 많음으로 상고上古에 자유롭게 발달한 문명의 남은 혜택을 지킴이니, 어디 모기와 등에같이, 승냥이와 이리같이 사람의 피를 빨다가 골수까지 깨무는 강도 일본의 입에 물린 조선 같은 데서 문화를 발전 혹 지켰던 전례가 있더냐?

검열·압수, 모든 압박 중에 몇몇 신문·잡지를 가지고 '문화운동'의 목탁으로 스스로 떠들어대며, 강도의 비위에 거슬리지 아니할 만한 언론이나 주창하여 이것을 문화발전의 과정으로 본다 하면, 그 문화발전이 도리어 조선의 불행인가 하노라.

이상의 이유에 의거하여 우리는 우리의 생존의 적인 강도 일본과 타협하려는 자나 강도정치 아래서 기생하려는 주의를 가진 자나 다 우리의 적임을 선언하노라.

3. 일본의 구축驅逐을 주장하는 가운데 또 다음과 같은 논자들이 있으니, 제1은 외교론이니, 이조 500년 문약정치文弱政治가 외교로써 호국의 좋은 계책으로 삼아 더욱 그 말세에 대단히 심하여 갑신甲申 이래 유신당維新黨·수구당守舊黨의 성쇠가 거의 외원의 도움의 유무에서 판결되며, 위정자의 정책은 오직 갑국을 끌어당겨 을국을 제압함에 불과하였고, 그 믿고 의지하는 습성이 일반 정치사회에 전염되어 즉 갑오·갑신 양 전역에 일본이 수십만 명의 생명과 수억만의 재산을 희생하여 청·러 양국을 물리고, 조선에 대하여 강도적 침략주의를 관철하려 하는데 우리 조선의 "조국을 사랑한다. 민족을 건지려 한다" 하는 이들은 일검일탄一劍一彈으로 어리석고 용렬하며 탐욕스러운 관리나 국적에게 던지지 못하고, 탄원서나 열국공관列國公館에 던지며, 청원서나 일본 정부에 보내어 국세國勢의 외롭고 약함을 애소哀訴하여 국가 존망·민족사활의 대문제를 외국인 심지어 적국인의 처분으로 결정하기만 기다리었도다.

그래서 '을사조약' '경술합병' 곧 '조선'이란 이름이 생긴 뒤 몇 천 년 만에 처음 당하던 치욕에 대한 조선민족의 분노 표시가 겨우 하얼빈의 총, 종로의 칼, 산림유생의 의병이 되고 말았도다.

아! 과거 수십 년 역사야말로 용기 있는 자로 보면 침을 뱉고 욕할 역사가 될 뿐이며, 어진 자로 보면 상심할 역사가 될 뿐이다. 그리고 도 국망國亡 이후 해외로 나가는 모모 지사들의 사상이, 무엇보다도 먼저 외교가 그 제1장 제1조가 되며, 국내 인민의 독립운동을 선동하는 방법도 "미래의 미일전쟁美日戰爭·러일전쟁 등 기회"가 거의 천편일률의 문장이었고, 최근 3·1 운동의 일반 인사의 '평화회의' '국제연맹'에 대한 과신의 선전이 도리어 2천만 민중의 용기 있게 힘써 앞으로 나아가는 의기를 없애는 매개가 될 뿐이었도다.

제2는 준비론이니, 을사조약의 당시에 열국공관에 빗발 돋듯 하던 종이쪽지로 넘어가는 국권을 붙잡지 못하며, 정미년의 헤이그 밀사도 독립회복의 복음을 안고 오지 못하매, 이에 차차 외교에 대하여 의문이 되고 전쟁이 아니면 안 되겠다는 판단이 생기었다.

그러나 군인도 없고 무기도 없이 무엇으로써 전쟁하겠느냐?

산림유생들은 춘추대의에 성패를 생각지 않고 의병을 모집하여 아관대의로 지휘의 대장이 되며, 사냥 포수의 총 든 무리를 몰아가지고 조일전쟁朝日戰爭의 전투선에 나섰지만 신문 쪽이나 본 이들 곧 시세를 짐작한다는 이들은 그리할 용기가 아니 난다. 이에 "금일 금시로 곧 일본과 전쟁한다는 것은 망발이다. 총도 장만하고, 돈도 장만하고, 대포도 장만하고, 장관이나 사졸감까지라도 다 장만한 뒤에야 일본과 전쟁한다" 함이니, 이것이 이른바 준비론 곧 독립전쟁을 준비하자 함이다. 외세의 침입이 더할수록 우리의 부족한 것이 자꾸 감각되어, 그 준비론의 범위가 전쟁 이외까지 확장되어 교육도 진흥해야겠다, 상공업도 발전해야겠다, 기타 무엇 일체가 준비론의 부분이 되었다.

경술 이후 각 지사들이 혹 서·북간도의 삼림을 더듬으며, 혹 시베리아의 찬바람에 배부르며, 혹 남·북경으로 돌아다니며, 혹 미주나 하와이로 돌아가며, 혹 경향京鄕에 출몰하여 십여 년 내외 각지에서 목이 터질 만치 준비! 준비!를 불렀지만, 그 소득이 몇 개 불완전한 학교와 실력이 없는 단체뿐이었다.

그러나 그들의 성의의 부족이 아니라 실은 그 주장의 착오이다. 강도 일본이 정치·경제 양 방면으로 구박을 주어 경제가 날로 곤란하고 생산기관이 전부 박탈되어 입고 먹을 방책도 단절되는 때에, 무엇으로 어떻게 실업을 발전하며, 교육을 확장하며, 더구나 어디서 얼마나 군인을 양성하며, 양성한들 일본 전투력의 백분의 일의 비교라도 되게 할 수 있느냐? 실로 한바탕의 잠꼬대가 될 뿐이로다.

이상의 이유에 의하여 우리는 '외교' '준비' 등의 미몽을 버리고 민중 직접혁명의 수단을 취함을 선언하노라.

4. 민족의 생존을 유지하자면, 강도 일본을 쫓아내야 할 것이며, 강도 일본을 쫓아내려면 오직 혁명으로써 할 뿐이니, 혁명이 아니고는 강도 일본을 쫓아낼 방법이 없는 바이다.

그러나 우리가 혁명에 종사하려면 어느 방면부터 착수하겠는가?

구시대의 혁명으로 말하면, 인민은 국가의 노예가 되고 그 위에 인민을 지배하는 상전 곧 특수세력이 있어 그 소위 혁명이란 것은 특수세력의 명칭을 변경함에 불과했다. 다시 말하면 곧 '을'의 특수세력으로 '갑'의 특수세력을 변경함에 불과했다.

그러므로 인민은 혁명에 대하여 다만 갑·을 양 세력 곧 신·구 양 상전의 누가 더 어질며, 누가 더 포악하며, 누가 더 선하며, 누가 더

악한가를 보아 그 향배를 정할 뿐이요, 직접의 관계가 없었다.

그리하여 "임금의 목을 베어 백성을 위로한다"가 혁명의 유일한 취지가 되고 "한 도시락의 밥과 한 종지의 장으로써 임금의 군대를 맞아들인다"가 혁명사의 유일미담이 되었거니와, 금일 혁명으로 말하면 민중이 곧 민중 자기를 위하여 하는 혁명인 고로 '민중혁명'이라 '직접혁명'이라 칭함이며, 민중 직접의 혁명인 고로 그 비등·팽창의 열도가 숫자상 강약 비교의 관념을 타파하며, 그 결과의 성패가 매양 전쟁학상의 정해진 판단에서 이탈하여 돈 없고 군대 없는 민중으로 백만의 군대와 억만의 부력富力을 가진 제왕도 타도하며 외국의 도적들도 쫓아내니, 그러므로 우리 혁명의 제일보는 민중각오의 요구니라.

민중이 어떻게 각오하는가?

민중은 신인이나 성인이나 어떤 영웅호걸이 있어 '민중을 각오'하도록 지도하는 데서 각오하는 것도 아니요, "민중아, 각오하자" "민중이여, 각오하라" 그런 열렬한 부르짖음의 소리에서 각오하는 것도 아니다.

오직 민중이 민중을 위하여 일체 불평·부자연·불합리한 민중향상의 장애부터 먼저 타파함이 곧 '민중을 각오케' 하는 유일한 방법이니, 다시 말하자면 곧 먼저 깨달은 민중이 민중의 전체를 위하여 혁명적 선구가 됨이 민중 각오의 첫째 길이다.

일반 민중이 배고픔, 추위, 피곤, 고통, 처의 울부짖음, 어린애의 울음, 납세의 독촉, 사채의 재촉, 행동의 부자유, 모든 압박에 졸리어 살려니 살 수 없고 죽으려 하여도 죽을 바를 모르는 판에, 만일 그 압박의 주인 되는 강도정치의 시설자인 강도들을 때려누이고, 강도의 일체 시설을 파괴하고, 복음이 사해四海에 전하여 뭇 민중이 동정의 눈물을 뿌리어, 이에 사람마다 그 '아사餓死' 이외에 오히려 혁명이란 일로가 남아 있음을 깨달아, 용기 있는 자는 그 의분에 못 이기어, 약자는 그 고통에 못 견디어, 모두 이 길로 모여들어 계속적으로 진행하며 보편적으로 전염하여 거국일치의 대혁명이 되면, 간활잔포한 강도 일본이 필경 쫓겨나가는 날이리라.

그러므로 우리의 민중을 깨우쳐 강도의 통치를 타도하고 우리 민족의 신생명을 개척하자면 양병 10만이 폭탄을 한번 던진 것만 못하며 억천 장 신문 잡지가 일 회 폭동만 못할지니라.

민중의 폭력적 혁명이 발생치 아니하면 그만이거니와, 이미 발생한 이상에는 마치 낭떠러지에서 굴리는 돌과 같아서 목적지에 도달하지 아니하면 정지하지 않는 것이다.

우리의 경험으로 말하면 갑신정변은 특수세력이 특수세력과 싸우던 궁궐 안 한때의 활극이 될 뿐이며, 경술 전후의 의병들은 충군애국의 대의로 분격하여 일어난 독서계급의 사상이며, 안중근·이재명 등 열사의 폭력적 행동이 열렬하였지만 그 후면에 민중적 역량의 기초가 없었으며, 3·1 운동의 만세소리에 민중적 일치의 의기가 언뜻 보였지만 또한 폭력적 중심을 가지지 못하였도다.

'민중·폭력' 양자의 그 하나만 빠지면 비록 천지를 뒤흔드는 소리를 내며 장렬한 거동이라도 또한 번개같이 수그러지는도다.

조선 안에 강도 일본이 제조한 혁명 원인이 산같이 쌓였다. 언제든지 민중의 폭력적 혁명이 개시되어 "독립을 못 하면 살지 않으리라" "일본을 쫓아내지 못하면 물러서지 않으리라"는 구호를 가지고 계속

전진하면 목적을 관철하고야 말지니, 이는 경찰의 칼이나 군대의 총이나 간활한 정치가의 수단으로도 막지 못하리라. 혁명의 기록은 자연히 처절하고 씩씩한 기록이 되리라. 그러나 물러서면 그 후면에는 어두운 함정이요, 나아가면 그 전면에는 광명한 활기이니, 우리 조선 민족은 그 처절하고 씩씩한 기록을 그리면서 나아갈 뿐이니라.

이제 폭력(암살·파괴·폭동)의 목적물을 열거하건대, 조선총독 및 각 관공리, 일왕 및 각 관공리, 정탐꾼·매국노, 적의 일체 시설물 이외에 각 지방의 신사나 부호가 비록 현저히 혁명운동을 방해한 죄가 없을지라도 만일 언어 혹 행동으로 우리의 운동을 지연시키고 중상하는 자는 우리의 폭력으로써 마주할지니라. 일본인 이주민은 일본 강도정치의 기계가 되어 조선민족의 생존을 위협하는 선봉이 되어 있은즉 또한 우리의 폭력으로 쫓아낼지니라.

5. 혁명의 길은 파괴부터 개척할지니라.

그러나 파괴만 하려고 파괴하는 것이 아니라 건설하려고 파괴하는 것이니, 만일 건설할 줄을 모르면 파괴할 줄도 모를지며, 파괴할 줄을 모르면 건설할 줄도 모를지니라.

건설과 파괴가 다만 형식상에서 보아 구별될 뿐이요, 정신상에서는 파괴가 곧 건설이니 이를테면 우리가 일본 세력을 파괴하려는 것이 제1은 이족통치를 파괴하자 함이다. 왜? '조선'이란 그 위에 '일본'이란 이민족 그것이 전제專制하여 있으니, 이족 전제의 밑에 있는 조선은 고유적 조선이 아니니, 고유적 조선을 발견하기 위하여 이족통치를 파괴함이니라.

제2는 특권계급을 파괴하자 함이다. 왜? '조선민중'이란 그 위에 총독이니 무엇이니 하는 강도단의 특권계급이 압박하여 있으니, 특권계급의 압박 밑에 있는 조선민중은 자유적 조선민중이 아니니, 자유적 조선민중을 발견하기 위하여 특권계급을 타파함이니라.

제3은 경제약탈제도를 파괴하자 함이다. 왜? 약탈제도 밑에 있는 경제는 민중 자기가 생활하기 위하여 조직한 경제니, 민중생활을 발전하기 위하여 경제약탈제도를 파괴함이니라.

제4는 사회적 불평등을 파괴하자 함이다. 왜? 약자 위에 강자가 있고 천한 자 위에 귀한 자가 있어 모든 불평등을 가진 사회는 서로 약탈, 서로 박탈, 서로 질투·원수시하는 사회가 되어, 처음에는 소수의 행복을 위하여 다수의 민중을 해치다가 말경에는 또 소수끼리 서로 해치어 민중 전체의 행복이 필경 숫자상의 공空이 되고 말 뿐이니, 민중 전체의 행복을 증진하기 위하여 사회적 불평등을 파괴함이니라.

제5는 노예적 문화사상을 파괴하자 함이다. 왜? 전통적 문화사상의 종교·윤리·문학·미술·풍속·습관 그 어느 무엇이 강자가 제조하여 강자를 옹호하던 것이 아니더냐? 강자의 오락에 이바지하던 도구가 아니더냐? 일반 민중을 노예화하게 했던 마취제가 아니더냐? 소수 계급은 강자가 되고 다수 민중은 도리어 약자가 되어 불의의 압제를 반항치 못함은 전혀 노예적 문화사상의 속박을 받은 까닭이니, 만일 민중적 문화를 제창하여 그 속박의 철쇄를 끊지 아니하면, 일반 민중은 권리 사상이 박약하며 자유 향상의 흥미가 결핍하여 노예의 운명 속에서 윤회할 뿐이다. 그러므로 민중문화를 제창하기 위하여 노예적 문화사상을 파괴함이니라.

다시 말하자면 '고유적 조선의' '자유적 조선민중의' '민중적 경제의' '민중적 사회의' '민중적 문화의' 조선을 건설하기 위하여 '이족통치의' '약탈제도의' '사회적 불평등의' '노예적 문화사상의' 현상을 타파함이 니라. 그런즉 파괴적 정신이 곧 건설적 주장이라. 나아가면 파괴의 '칼'이 되고 들어오면 건설의 '깃발'이 될지니, 파괴할 기백은 없고 건 설하고자 하는 어리석은 생각만 있다 하면 500년을 경과하여도 혁명 의 꿈도 꾸어보지 못할지니라.

이제 파괴와 건설이 하나요 둘이 아닌 줄 알진대, 민중적 파괴 앞 에는 반드시 민중적 건설이 있는 줄 알진대, 현재 조선민중은 오직 민중적 폭력으로 신조선新朝鮮 건설의 장애인 강도 일본 세력을 파괴 할 것뿐인 줄을 알진대, 조선민중이 한 편이 되고 일본강도가 한 편 이 되어, 네가 망하지 아니하면 내가 망하게 된 '외나무다리 위'에 선 줄을 알진대, 우리 2천만 민중은 일치로 폭력 파괴의 길로 나아갈지 니라.

민중은 우리 혁명의 대본영大本營이다.

폭력은 우리 혁명의 유일 무기이다.

우리는 민중 속에 가서 민중과 손을 잡고 끊임없는 폭력(암살·파괴· 폭동)으로써, 강도 일본의 통치를 타도하고, 우리 생활에 불합리한 일 체 제도를 개조하여, 인류로써 인류를 압박치 못하며, 사회로써 사회 를 수탈하지 못하는 이상적 조선을 건설할지니라.

1923년 1월

「조선혁명선언」은 외교독립론이나 독립준비론과 당시 국내에서 대두되던 자치론과 참정권론 등 이른바 타협주의 노선을 강력히 배격하면서, 투쟁방법을 이제까지의 개인 폭력투쟁 노선에서 민중 직접혁명 노선으로 발전시켰다. 핵심 골자는 아나키즘 계열의 민중사회건설론 및 폭력혁명론과 혁명적 민족주의 계열의 절대독립론을 결합하여, 민중 직접혁명으로 완전독립을 쟁취하고 자유·자주·평화·평등이 보장되는 국가를 건설하자는 이상을 담았다.

아나키즘에는 이상주의적인 요소가 적지 않다. 지극히 현실주의적이면서 이상주의가 적절하게 배합되었다. 현실주의의 몸통에 이상주의의 날개를 달았다고 하겠다. 그렇지 않다면 아나키스트 전사들이 그렇게 조직이나 조국을 위해, 혁명이나 민족해방을 위해 사지死地에 뛰어들거나 목숨을 던지기란 쉽지 않았을 것이다. 애국심과는 또 차원이 다르다.

아나키즘의 역사에서 비굴한 아나키스트는 찾아보기 어렵다. 독립운동을 한 민족주의자, 사회(공산)주의자, 자본주의자, 복벽주의자 가운데는 변신이나 훼절을 일삼은 자가 적지 않았지만, 아나키스트들은 대부분 죽음도 두려워하지 않는 기개로 청절하게 지조를 지켰다. 아나키즘의 이상주의적인 속성 때문일 것이다. 아나키즘을 규정하는 몇 가지 성찰이 있다.

인간은 들판의 꽃이나 하늘의 새처럼 거침없이 자유롭게 살아가기를 원한다. 아나키즘은 이러한 인간의 근원적인 욕망이나 이상을 위해 싸우고 있다.

인류사회의 궁극적인 이상 형태를 말하자면 의심할 나위 없이 그것은 아나키즘의 사회일 것이다. (…) 아나키스트 개개인의 주장 가운데 아무리 많은 오류가 있을지라도 그들이 제기했던 문제는 인간존재에게 영원한 과제다. 무정부주의의 원리는 역시 동적 변천에 기초하는 것이 아니라 정적 원동력에 기초하는 것이다.

아나키즘과 마르크스주의와의 차이는 종교로 말하자면 불교와 그리스도교의 차이이다. 마르크스주의가 일원적(단수적)이라면 아나키즘은 현실 그 자체의 다원적(복수적) 구조 위에 서 있다.[12]

아나키즘의 또 하나의 속성이라면 연합주의적 자치사회를 들 수 있다. 아나키스트 프루동에 따르면, 아나키즘은 각인에 의한 각인의 통치 즉 자치를 말하는 것이고, 정치적 기능이 모두 경제적 기능으로 환원되는 것을 의미한다. 프루동은 이를 이론화하여 이렇게 설명한다.

'농업·공업 연합'을 다시 줄인다면 '연합'이라는 한 단어로 된다. 왜냐하면 '연합'은 원래 '개인'을 전제로 하기 때문이다. '개인'은 본래 독립적인 것이고 자율적인 것으로서 자유로운 존재다. 따라서 '연합'함으로써 모든 장소에서 자유로운 자신이 관철된다. 결국 개인의 연합에 의해 자유로운 집단이 형성된다. 집단이 정착하면 '자유공동체'로 된다. 이 자유공동체가 공장에서는 '자주관리경영'이 되고 농촌에서라면 '지역공동체'로 된다. 이리하여 공장과 농촌의 각 자주관리연합체가 다시 연합하여 상급 연합체가 되고, 이제까지의 정당정치를 대신하게 된다. 즉 '무정부'의 민중통치가 이루어진다.[13]

아나키스트로서 이상촌 건설을 꿈꾸다

아나키스트 이회영은 1923년 9월에 이상농촌인 량타오촌洋濤村(양도촌) 건설을 계획했다. 헤이그 특사 파견 기획 등에 이은 또 한 차례의 획기적인 시도였다.

'량타오촌 건설'은 중국 후난성湖南省 한수이현漢水縣 퉁팅호洞庭湖 부근에 이상농촌을 건설하려는 장대한 계획이었다. 매입한 농지를 소작인들에게 능력에 따라 분배하고, 소작인들은 자유합작기구인 조합을 결성하고, 교육비 등 모든 문화시설 및 농지개량 등의 비용을 공동부담으로 하며, 농지는 조합의 공동소유로 할 것 등이 목표였다. 한국인들을 량타오촌으로 이주시켜 인삼을 재배하면 한·중 합작의 의미도 있을 것으로 기대했다.

이 계획은 이정규가 중국인 아나키스트 천웨이치陳偉器로부터 제안을 받아 이회영을 방문하여 '지도'를 요청함으로써 추진되었다. 이정규는 이회영이 서간도에서 경학사를 운영한 것이나 옛 동지 백순을 내세워 네이멍구(내몽골) 바오터우包頭(포두) 등지에 농민을 이주시킨 경력을 알고 찾아왔다. 이정규가 들려주는 그 자세한 내막은 다음과 같다.

1923년 9월에 선생의 사상이 확정되는 계기가 왔는데, 그것은 이른바 '이상농촌 량타오촌 건설계획'이었다. 량타오촌은 후난성 한수이현 퉁팅호 가에 있는 농촌이었는데, 이 량타오촌을 중심으로 광대한 농토를 가진 무정부주의자 중국인 청년 저우周 씨가 있었다. 그런데 이 저우

씨가 자기의 동지이며 동향인인 천웨이치와 상의하여 이상농촌을 만들려는 계획을 세웠다.

그 주요 내용은 저우 씨 소유의 연 수확량 오천 딴擔(1딴은 대두 7말) 이상인 농지를 모든 소작인들에게 경작 능력에 따라 분배하고, 소작인들을 조합원으로 하여 하나의 자유합작기구인 이상농촌 건설조합을 만들며, 교육을 비롯하여 문화시설 및 농지개량 등의 비용을 공동으로 부담하고, 농지는 조합의 공동소유로 한다는 것 등이었다.[14]

이러한 계획을 제의받은 이회영은 망설이지 않고 시도해보기로 결정했다. 아나키즘 정신의 '자유공동체'를 운영하면서 새로운 독립운동의 전진기지로 삼을 수도 있을 것으로 판단했다. 또 한국인들을 이주시켜 인삼을 재배하면 '고려인삼'을 선호하는 중국인들에게 팔아 군자금을 마련하고, 한·중 두 나라 국민 사이에 우의도 도탑게 할 것으로 보았다.

천웨이치가 제안한 이상촌 건설사업은 5·4 운동을 전후한 시기에 활발하게 전개되었던 '신촌운동新村運動'의 연장선상에서 수립된 것이었다. 당시 중국 청년들은 새로운 이상사회를 건설하거나 사회적 이상을 실현한다는 목적 아래 공독호조단工讀互助團 등의 단체를 조직하였는데, 이 단체들은 농촌을 기반으로 한 이상사회를 건설하고자 하는 '신촌운동'을 전개했다. 저우쭤런周作人은 1919년 3월 《신청년》에 일본의 '신촌' 실험을 소개하는 글을 발표했다.[15]

50호에 이르는 한국 농민을 개성과 개풍 등지에서 이주시키기로 하는 등 이듬해 봄을 기하여 이 계획을 실행할 수 있도록 준비했다. 그러나 이 계획은 빗나가고 말았다. 불행히도 후난성에서 내분이 일어나 저우의 일족이 쫓겨나 뿔뿔이 흩어지는 바람에 어쩔 수 없이 중지하고 뒷날을 기약하기로 했다.[16]

이상촌 건설사업을 이호룡은 이렇게 평했다.

> 이상촌 건설사업은 상호부조의 자위자치적 농촌공동체인 자주적 코뮌 건설을 목표로 전개된 아나키스트 운동으로서, 한 지역에 아나키스트 사회를 건설하고 그 지역을 근거지로 하여 아나키스트 혁명을 전 중국으로 확산시키는 것을 목표로 하고 있었다. 아나키스트 사회 건설이 일본제국주의 타도를 전제로 한다는 점에서 이상촌 건설사업은 한국인의 민족해방운동 성격을 띠고 있었다고 할 수 있다. 하지만 민족해방운동의 물적 기반을 전적으로 중국인에게 의존함으로써 아나키즘의 세계성 원칙에는 충실하였을지 모르지만 자기 문제는 자기 스스로 해결한다는 아나키즘의 기본원칙에서 벗어나는 등의 문제점을 지니고 있었다. 그러한 문제점으로 인해 이상촌 건설사업은 하나의 꿈으로 끝나고 말았다.[17]

이정규가 『우당 이회영 선생 약전』에서 "1923년 9월에 선생의 사상이 확정되는 계기가 왔는데, 그것은 이른바 '이상농촌 량타오촌 건설계획'이었다"라고 한 기술을 근거로 이회영이 이때부터 아나키스트가 된 것처럼 규정하는 연구가들도 있다. 그러나 이회영은

1921년부터 이미 유자명, 신채호, 김창숙 등과 가까이 지내면서 아나키즘을 수용하고 있었다. 유자명은 1919년에 의열단에 가입한 이래 아나키즘의 급진적 투쟁이론을 신채호와 이회영 등에게 제공하는 한편 『의열단간사義烈團簡史』를 저술하여 의열단의 활동을 기록으로 정리할 만큼 핵심 단원이면서 아나키즘의 이론가이자 실천가로 활동하고 있었다.

1921년 4월, 유자명은 다시 베이징으로 망명하여, 신채호·이회영·김창숙 등의 독립운동가들을 만나게 된다. 유자명은 신채호와 함께 박숭병의 집에 기거하면서 신채호로부터 직접 중국의 고대 역사와 모건Morgan의 『고대사회』를 배웠으며, 가을에는 이회영의 집으로 옮겨 숙식을 같이 한다. 이와 같이 미래의 위대한 한국 아나키스트들은 서로 밀접한 관계를 맺는 가운데 아나키즘에 관해 광범위하면서도 심도 있는 학습과 토론을 전개하였을 것으로 추측된다. 이 무렵 유자명은 이미 아나키스트로서의 확신과 정체성을 갖게 된 것 같다.[18]

이회영은 1921년 초 무렵부터 한국의 대표적인 아나키스트 독립운동가들과 교유하면서 아나키즘을 독립운동의 방략과 사상의 거처로 삼기 시작했다. '이상농촌'을 건설하려는 시도도 그 일환이었다. 비록 꿈을 이루지는 못했지만.

9. 아나키즘의 사상적 연원과 우당의 활동

아나키즘은 자유를 희구하는 인간 본연의 사상

21세기 인류가 지향해야 할 사상과 이념은 뭘까? 서구의 일부 인문학자와 미래연구가들은 정치적으로는 아나키즘, 사회적으로는 간디주의, 문화적으로는 소로주의를 꼽는다. 이는 곧 지배권력이 존재하지 않는 무강권주의(아나키즘), 비폭력평화주의(간디주의), 절약과 친환경의 자연생태주의(소로주의)이다.

인류는 그동안 각 시대를 거치면서 일정한 이념과 사상을 추구하고, 이것은 당대인들의 삶에 크게 영향을 끼쳤다. 시대마다 종교·과학·철학·정치·경제 등 다방면에 걸쳐 그 시대를 지배하는 이념이 있었다. 순전히 학문적으로 탐구되기도 하고, 정치·경제·사회적 필요에 따라 '제조'되기도 했다. 인간은 이데올로기를 만들고 이데올로기는 인간형을 만들었다. 이념과 사상이 대부분 '제조' 또는 '조합'된 것이라면, 아나키즘은 "인류 역사와 더불어 도도히 흐른 지하수"와 같은 이념이다.

누구든 인간의 의식에는 본원적으로 아나키즘이 내재해 있다. 억압과 권위, 폭력을 반대하고 자유를 추구하려는 아나키즘은 동양에서는 노장사상에서, 서양에서는 그리스 견유학파(키니코스학파)와 디오게네스에서부터 연원한다. 동서양을 막론하고 전제정치가 강화되면서 아나키즘은 심한 박해를 받고, 정상적으로 성장하기 어렵게 되었다. 현실 사회에서 하나의 조류로서 아나키즘이 본모습을 드러낸 것은 프랑스 혁명기를 거친 18~19세기 유럽이었다. 계몽사상의 묘판에서 싹을 틔운 것이다.

이회영은 아나키즘을 독립운동의 이데올로기로 수용하고, 생애의 후반부 대부분을 아나키스트로 활동했다. 따라서 아나키즘을 이해하지 않고서는 이회영의 삶과 실천논리를 제대로 설명하기 어려울 터이다.

오늘날의 리투아니아 출신의 무정부주의 혁명가 엠마 골드만(1869~1940)은 아나키즘이 도전한 '권위 있는' 역사적 실체로 네 가지를 들었다.

첫째는 신과 교회 즉 유럽을 지배했던 가톨릭교회다. 아나키즘은 가톨릭교회의 신적 권위를 부인하고 거기에 도전했다. 한때는 종교개혁의 산물인 개신교도 아나키즘과 일정한 동맹을 맺기도 했다.

둘째는 국가다. 국가 중에서도 '짐이 곧 국가'라고 오만을 떤 절대왕정이 아나키즘의 주된 적이었다. 프랑스 대혁명으로 대표되는 절대왕정에 대한 투쟁에서 아나키즘과 자유주의적 민주주의와 사회주의 이념이 연합했다.

셋째는 자본가를 중심으로 한 부르주아 세력이다. 부르주아 의회와 국가와 언론이 아나키즘의 타도 대상이 되었다. 이때는 사회주의와 아나키즘이 힘을 합쳤다.

넷째는 사회주의와 사회주의 국가다. 사회주의자들이 당을 만들고 권력을 잡고 새로운 사회주의 권력을 세우려고 시도하자 아나키즘은 사회주의를 경멸했다. 새로운 권위를 세운 사회주의는 아나키즘의 입장에선 또 하나의 타도 대상일 뿐이었다. 실제로 인민해방의 기치를 내걸고 권력을 잡은 사회주의 정권은 강력한 권력과 권위체제를 구축했다.[1]

모든 지배와 권위를 거부하고 정부나 통치의 부재不在를 뜻하는 아나키즘Anarchism은 그리스어 'an archos'에서 유래한다. 모든 정치 조직·규율·권위를 거부하고, 국가권력의 강제수단을 철폐하여 자주·자유·평등·정의·형제애를 실현하려는 이데올로기다. '아나키anarchy'는 미하일 바쿠닌이 처음 쓴 말로 알려졌다. "그는 '재산은 절도'라는 말로 유명한 프루동의 제자로, '아나키'는 그가 조합한 단어다. '계급구조'를 의미하는 하이어아키hierarchy의 반대 개념으로 '무정부'를 뜻하지만, '혼돈'이나 '무질서' 개념으로도 사용된다."[2]

아나키즘이 동양에 소개되면서 일본에서 '무정부주의'라고 번역하여 마치 정부의 존재를 부정하는 것처럼 곡해되었다. 하지만 아나키즘의 본질은 자연론적 사회관, 개인의 자주성, 권위에 대한 저항이므로, 아나키즘은 강제가 없는 자유사회 즉 '무강권주의'로 번역하는 게 본뜻에 더 가까울 듯하다.

'아나키즘'을 '무정부주의'로 번역한 이는 도쿄대학 학생 게무리야마 센아치로煙山專太郎였다. 그가 1902년에 『근세무정부주의』를 펴내면서 번역한 '무정부주의'라는 말이 일본은 물론 한국과 중국 등에 그대로 퍼졌다. 그 탓에 아나키즘이 정부의 존재를 부정하는 이념으로 인식되면서 일반인에게 오해를 불러일으키기도 하고 아예 외면받기도 했다.

국가권력의 도덕 및 사회적 정당성에 관한 논의는 정치철학 연구의 초기부터 대두되었다. 고대 그리스 스토아학파의 정치철학자 중에는 정치제도의 필요성을 경시하여 선량한 생활의 방법은 정당하게 조직된 국가에서 발견된다기보다는 차라리 선량한 사회적 본능에 따라서 인간이 자유롭게 활동할 수 있는 일정한 사회적 조건하에서만 찾을 수 있다고 하며, 자비롭고 합리적인 인간들이 인간 사회의 열등한 분자로서 구성되는 집정관들의 통치에 복종한다는 것은 불합리한 것이라고 주장했다.

중세의 일부 종교인들은 종교만이 정당하고 질서 있는 주민생활의 적절한 보루이며, 기독교 신앙으로 결합된 사람들은 국가의 어떤 제한에도 구애됨이 없이 그 신앙적 통제에서만 생활하도록 되어야 한다고 주장했다.

근대에서도 일부 지식인이나 철학자들은 일반적으로 인격권의 침해자로서 정치적 강제를 비난하고, 인간 본연의 합리성과 사교성은 정당하고 행복한 사회생활을 위한 최선의 기반이라고 주장했다.

그러나 근대 아나키즘의 원전은 자연적 인권으로서의 자유와 평등에 관한 이론 및 18세기 중농주의자들로부터 고전파에 속하는 경제학자들에 이르는 자연적 질서에 관한 경제학적 이론에 있다.

또 각 개인은 자신의 이익만을 추구하며 조직화된 사회의 협조를 얻지 않고도 충분히 자기 이익을 충족시킬 지혜를 가지고 있다는 대전제를 시인하는 경제적 개인주의에 기초를 둔 심리학적 이론, 그리고 기존의 정치제도는 노동자가 창조하는 가치를 착취하는 경제제도를 시인하고 있다는 사회주의적 국가관 등에서 찾게 된다.

그러나 아나키즘의 가장 중요한 사회심리학적 기초는 결국 인간이 이기적이고 경쟁적이라는 것보다 오히려 사회적이며 협동적이라는 성선설에 입각한 신념이다. 이처럼 자유주의와 사회주의적 관념의 혼효混淆로서 아나키즘은 개인주의적 아나키즘, 집산주의적集産主義的 아나키즘, 공산주의적 아나키즘으로 분류되며, 바쿠닌과 크로폿킨을 경계로 해서 공상적 아나키즘과 과학적 아나키즘으로 분류되기도 한다. 일반적으로 철학적 아나키즘과 혁명적 아나키즘으로 크게 나뉘기도 한다.

초기 아나키스트들과 '아나키즘의 아버지' 프루동

철학적 아나키즘의 대표적 인물은 영국의 윌리엄 고드윈(1756~1836)과 프랑스의 피에르 조제프 프루동(1809~1865)이다. 이들은 19세기 전반기의 아나키스트에 속한다. 이들의 이론은 장래 이루어질 궁극의 합리적 사회이론으로 성립된 것이며 여기서 개인은 절대적으로 앙양

되고, 재산권은 개인의 수중에 놓이게 된다. 이들은 인간의 본질적 성선性善을 신뢰하고 개인의 절대적 자유가 무제한하게 인정된 아나키즘 사회를 구상했다.

혁명적 아나키즘은 후기의 아나키스트들이 수용한 사상으로, 대표적인 학자는 미하일 알렉산드로비치 바쿠닌(1814~1876)과 표트르 알렉세예비치 크로폿킨(1842~1921)이다. 혁명적 아나키즘은 인간의 본질적 합리성과 사교성을 기초로 하는 아나키즘 이론에 만족하지 않고, 더 정치적이며 사회적인 방법을 구상했다. 이들은 아나키즘을 실천하기 위해 혁명을 제창하고 사회를 재조직하기 위해 다양한 계획을 세우고 추진했다.

세계 아나키즘의 역사에는 무수한 지성의 성좌聖座들이 포진한다. 근대부터 치더라도 계몽주의 시대가 막 열리는 시기에 프랑스에서 활동한 사제 출신의 장 멜리에(1664~1724)는 종교적 권위뿐 아니라 정치권력의 권위를 거부한 사람으로서 아나키즘의 선구자로 꼽힌다.

"이 땅의 모든 왕족과 귀족을 성직자들의 창자로 묶어 교수형에 처하기를"이라고 주장할 만큼 격렬한 반권력·반권위의 아나키스트 멜리에는 죽고 나서 이런 글을 남겼다.

나는 인간의 거짓·허영·광기를 보았고 또 인식했다. 나는 그것들을 증오하고 혐오한다. 나는 평생 동안 감히 그렇게 말하지 않았다. 그러나 적어도 죽으면서 그리고 죽은 뒤에는 그렇게 말할 것이다. 이는 사람들로 하여금 내가 현재에 생각하고 있는 것을 알도록 하기 위해서요, 그저

윌리엄 고드윈.

좋아 보인다는 이유로 그것을 보고 읽는 모든 사람들에게 진리를 말해
주기 위해서다. [3]

　프랑스 혁명기에 활동했던 자크 루는 시골의 주임신부로 있을 때
(1790) 그의 교구 안에서 농민들이 봉기하고 성을 강탈하자, "땅이 모
두 동등하게 분배되어야 하고 영주에 대한 납세는 거부되어야 한
다"라고 설교했다가 구속되었다. 자크 루는 선동죄로 체포되어 유
죄판결을 받고 옥중에서 자살했다.
　'근대 최초의 아나키스트'로 불린 고드윈은 영국에서 목사의 아들
로 태어나 목사가 되었으나 1782년에 성직을 포기하고, 나중에 프
랑스 혁명에 매료되었다. 『정치적 정의와 그것이 일반 미덕과 행복
에 미치는 영향에 관한 고찰(1973)』에서 고드윈은 이렇게 피력했다.

인류의 벗인 지식인 전부가 얼마나 기쁘게 정부의 소멸을 대망할 것인가! 인류의 악덕의 유일하고 영원한 원인이며, 또 그 본질과 결부되어 있어 그것을 완전히 근절시키지 않는 한 제거할 수 없는 온갖 해독을 가진 저 야만적 기관의 소멸을 대망할 것인가![4]

고드윈은 "모순이 없고 체계가 선" 정치적 견해를 발표하면서 '자주인적自主人的' 인간의 독립을 위해 교육의 중요성을 역설했다. 권력은 자주인의 생활을 파괴하기 때문에 극도의 무질서도 극도의 예속보다는 오히려 낫다고 보았다.

아나키는 일시적인 것이지만 전제정치는 영구히 계속하려는 경향을 갖고 있다. 아나키는 가장 좋은 방식으로는 아니라 할지라도 정신을 각성시키고 사회 전체에 활기와 진취의 기상이 퍼지게 한다. (…) 이에 반하여 전제정치에서는 정신이 가장 가증한 종류의 획일성에 의해 짓밟힌다. 위대성을 약속하는 모든 것은 의혹과 선망의 손으로 절멸시키게끔 운명 지워진다.[5]

대개 '아나키즘의 아버지'로 불리는 프루동에게는 '역설의 명수', '이율배반적인 사고의 열애자', '지적 프로메테우스'라는 수식어도 뒤따른다. 근대 아나키즘의 역사에서 프루동은 '창시자'의 칭호를 들을 만큼 탁월한 재능을 발휘하여 아나키즘이 정립하는 데 크게 기여했다.

평민 출신인 프루동의 아버지는 벌목 인부, 포도원 농부, 술통 만

피에르 조제프 프루동.

드는 직공을 시작으로 나중에는 양조장을 경영했다. 어머니는 요리
사였다. 서민 신분을 오히려 자랑스럽게 여긴 프루동은 농촌에서
소를 먹이며 지냈던 어린 시절을 그리워했다. 아버지의 실직으로
인쇄소 식자공으로 취업하여 인쇄교정 일을 하면서 온갖 책을 읽을
수 있어서 독학으로 상당한 지식을 쌓았다.

　이런 덕분에 라틴어 학자나 신부들과 사귀게 되고, 히브리어를
습득하게 되면서 신학에 정통한 학자가 되었다. 한때 교직에 몸담
기도 하고, 29살 때에 대학입학 자격시험에 합격하고, 브장송 아카
데미의 장학금을 받아 파리로 갔다. 파리에서 사회주의자들과도 교
류하고, 노동자들의 불만을 관찰하며 아나키즘에 심취했다. 그는
1840년에 자신의 사상을 정리한 최초의 저서 『소유란 무엇인가?』를
발표하여 큰 반향을 일으켰다. 여기서 프루동은 자신은 아나키스트

라고 선언하는 데 그치지 않고 "소유는 도둑질이다"라고 주장했다. 그가 공격한 '소유(재산)'는 일반적인 의미의 재산이 아니라 타인의 노동을 착취하는 재산을 의미했다. 반면에 다른 의미의 재산, 즉 농부가 자신이 일할 토지를 소유할 권리 또는 장인(匠人)이 도구나 작업장을 소유할 수 있는 권리에 대해서는 자유의 보존을 위해 본질적인 것이라고 했다.

> 사람들은 도둑질하고 노상에서 폭력을 써서 도둑질하고 강도를 하며 사기를 행하고 위조하며 소매치기를 한다. 상대방을 신용하지 않으며 도박이나 복권을 노리고 폭리를 탐내며 지대를 받고, 정당한 보수 이상으로 이윤을 추구하며 자기가 만든 것으로 벌기도 하고 일을 하지 않고 많은 봉급을 받아들이기도 한다.[6]

프루동은 사유재산을 전면 부정하지는 않았다. 재산 속에 정의의 관념이 없이 재산이 불평등하게 분배되는 경우에는 그것을 파괴하지 않으면 안 된다고 했다.

프루동은 1848년 파리혁명이 일어났을 무렵 국회의원에 당선되어 의회에서 활동했다. 그러던 중 1849년, 그가 발행하던 무정주의적 신문 《인민의 대표자》에 루이 나폴레옹을 비판하는 글을 썼다가 징역 3년과 벌금 3,000프랑을 받았다. 그는 1852년까지 감옥에 갇혀 있었다. 루이 나폴레옹은 1851년에 쿠데타를 일으키고 이듬해에 스스로 황제(나폴레옹 3세)에 올랐다.

1852년에 석방된 프루동은 제국의 권력으로부터 끊임없이 방해를 받아 자신의 사상을 담은 저서나 글은 발표할 수 없어서 투자자를 위한 시시한 글이나 쓰면서 생계를 유지해야 했다. 그가 1858년 펴낸 『혁명과 교회에서의 정의를 위하여』는 모두 몰수되고 재판을 받게 되었는데, 그가 벨기에로 망명함으로써 결석재판에서 더 높은 형량을 선고받았다. 그는 1862년까지 벨기에에 머물면서 민족주의를 비판하는 한편 세계연방사상을 발전시켰다. 프루동은 망명지 벨기에에서 조국 프랑스를 그리는 글을 썼는데 사뭇 격정적이다.

오오, 나의 나라여, 나의 프랑스여, 영원의 혁명을 노래하는 사람들의 나라여! 너의 속박에도 불구하고 지상의 어디에도 유럽에도 아메리카에도, 너의 땅에서처럼 자유로운 정신, 그것이야말로 완전한 인간인 자유로운 정신은 없다! 자라나는 자식이 어머니에게 품는 저 모든 사무치는 애정을 갖고 부르노니 나의 사랑하는 나라여![7]

1862년에 독재와 싸우겠다는 신념으로 귀국한 그는 곧바로 투옥되었다. 다시 3년여의 옥고를 치르고 석방되었으나 「민중의 목소리」라는 글을 썼다가 다시 투옥되었다. 그는 그때 옥중에서 자서전 『혁명가의 고백』을 남겼다.

파리로 돌아온 뒤 프루동은 노동자들 사이에서 영향력을 행사하기 시작했다. 그의 상호부조주의 사상을 받아들인 파리의 수공업자들은 1865년 그가 죽기 직전에 창립된 제1인터내셔널의 핵심세력이 되었다. 프루동의 마지막 저서 『노동계급의 정치적 역량』(1865)은 임종 직전에 완성되었는데, 여기서 그는 "노동계급의 해방은 경제적

투쟁을 통한 노동계급 스스로의 과업"이라고 주장했다.

프루동은 당대 프랑스의 세계적인 지성이었다. 러시아의 아나키스트 알렉산드르 게르첸, 미하일 바쿠닌과 친교를 맺고, 파리에서 망명생활을 하던 카를 마르크스와도 가깝게 지냈다. 마르크스는 초기에는 프루동을 높이 평가했으나 나중에는 서로를 비판하면서 대립하게 된다. 한 예로, 프루동이 『경제적 모순 또는 빈곤의 철학』(1846)을 발표하여 마르크스 이론에 문제를 제기하자 마르크스가 『철학의 빈곤』(1847)을 집필하여 프루동의 오류를 신랄하게 비판했다. 프루동과 마르크스의 대립은 프루동의 제자 바쿠닌까지 이어졌다.

프루동의 대표 저서의 하나인 『혁명의 정의와 사회의 정의』에는 그가 인류와 사회에 대해 바랐던 모든 것이 포함되었다.

정의는 사회를 지배하는 중심의 별이고, 그 둘레를 정치의 세계가 회전하는 극이고, 그리고 모든 매매의 원리이고 규제하는 자이다. 정의의 이름 아래서가 아니고서는 사람들 사이에 아무것도 일어나지 않고, 정의에 호소함이 없이는 아무것도 존재하지 않는다.[8]

프루동의 정의에 대한 관념은 절대적이었다. "만약에 내가 둘 중에서 선택을 하지 않을 수 없게 된다면, 나는 나라를 정의를 위하여 희생시킬 수 있는 인간이고 싶다"라고 토로할 만큼 '정의'를 지고至高의 가치로 인식했다.

"소유는 도둑질이다"라는 말은 19세기 정치적 표어의 하나가 될 만큼 프루동의 첫 책 『소유란 무엇인가?』는 프랑스 사회는 물론 유럽, 나아가서 아나키즘의 이념과 사상을 함축하는 명저가 되었다.

> 만일 내가 '노예제도란 무엇인가'라는 질문에 답하도록 요구되어 한 마디로 '살인이다'라고 답한다면, 내가 말하는 의미는 곧 이해될 것이다. 인간에게서 그의 사고, 그의 의지, 그의 인격을 빼앗아가는 권력은 생사여탈의 권력이고, 인간을 노예화하는 것은 그를 죽이는 것이라는 것을 보여주는 데에 그 이상의 논의는 필요치 않을 것이다. 그렇다면 '소유란 무엇인가'라는 다른 질문에 대하여 왜 나는 '도둑질이다'라고 마찬가지로 답해서는 안 되는가.[9]

프루동은 인간의 강권과 지배가 없는 사회를 향하여 끝없이 '혁명'을 추구했다. 현실적으로 자신이 꿈꾸는 '혁명'이 쉽지 않을 것이라 믿으면서도 그 꿈을 버리지 않았다. 논문 「혁명의 일반적 이론」에서 혁명은 필연적 현상, 즉 사死와 생生과 성장과 같은 자연의 경로와 마찬가지로 피할 수 없는 발전으로 제시했다.

> 혁명은, 신의 힘이건 인간의 힘이건 여하한 권력도 그것에 이겨내지 못할 것이요, 그것이 부딪치는 저항 자체에 의하여 성장해간다는 것이 그 힘의 성질이다. (…) 제군이 그것을 억누르면 누를수록 그 반발은 점점 커지고 그 행동을 불가항력적인 것으로 만든다. 그런 까닭에 사상의 승리에 대해서는 그것이 박해되고 괴롭혀지고 처음부터 두드려 맞거나, 순조롭게 성장하고 발전해가거나 매일반이다. 아무리 빌어도 협박해도 결단코 안 움직여지던 고대인들의 네메시스(그리스 신화의 여신)처럼, 혁명

은 어두운 운명 지워진 걸음걸이로, 그 우군에 의하여 뿌려진 꽃을 넘어서, 그 옹호자들의 피를 통하여, 그 적의 시체를 넘어서 전진한다.[10]

'자유'를 위해 헌신한 바쿠닌

미하일 알렉산드로비치 바쿠닌은 아나키스트 중에서도 다방면으로 특이한 존재다. 인간적으로 터무니없이 별나고 매력 있는 사람이었다. 그는 모든 면에서 대단한 정력의 소유자였다.

그는 약간 천천히 내리 계속해서 이야기하고, 손에 잡히는 대로 난독하며, 브랜디를 와인처럼 마시고, 작센 지방에 투옥되었던 1개월 동안 1,600권의 책을 독파했다고 전해진다. 재산이나 물질적 안전 따위는 의식조차 하지 않았다.

바쿠닌은 대단히 박학다식했으나 저술가로서는 후세에 남을 한 권의 저서도 남기지 않았다. 그러나 바쿠닌은 후대에 남긴 이런 단점들에 비해 자신을 내던지는 헌신적인 정신과 동물적인 통찰력이라는 장점을 가지고 있었다. 바쿠닌은 그만큼 모든 행동에서 아나키즘의 가장 초자연적인 면을 확대시켰고, 뿌리에서부터 반역자였다. 이러한 장점은 과거에도 많은 인재를 길러냈지만 오히려 현대에서야말로 요구되는 성격으로 "새로운 바쿠닌이 나타나야 한다"고 강조할 수 있겠다.[11]

바쿠닌은 모스크바 북서쪽 트베리에서, 1,200명의 농노를 거느린 귀족의 아들로 태어났다. 아버지는 나폴리와 파리에서 외교관을 지

미하일 알렉산드로비치 바쿠닌.

낸 엘리트였다. 유복한 가정에서 자란 그는 모스크바와 베를린 대
학에서 철학을 연구하고 헤겔의 변증법 이론, 포이어바흐의 철학적
휴머니즘, 마르크스주의, 프루동의 아나키즘에서 영향을 받았다.

1849년, 드레스덴 봉기에 참여했다는 죄목으로 작센 정부로부터
사형을 선고받고 파웰 요새의 지하감옥에 수감되었다. 감옥에서 6
년 동안 생활하면서 괴혈병으로 치아가 모두 빠지는 고통을 겪었
다. 모스크바로 유배되자 1861년에 탈출하여 일본을 거쳐 영국으로
망명했다. 다시 런던에서 이탈리아로 옮겨 가 '국제동포단'이라는
비밀조직을 만들어 혁명운동에 나섰다. 그는 단원들을 상대로 혁명
의 당위성을 교육했다.

질적 변혁이, 새로운 생활이, 생명을 부여하는 천계天啓가, 새로운 하

늘과 새로운 땅이, 모든 현재의 불협화음이 조화로운 전체 속에 해소되는 젊고 억센 세계가, 거기에 있을 것이다. (…) 오직 그것이 전 생명의 신비적이고 영원히 창조적인 원천임으로 해서, 파괴하고 절멸시키는 그 영원한 정신을 믿게 하라. 파괴에의 충동은 또한 창조에의 충동이니라.[12]

6년 동안의 감옥살이도 오랜 망명 생활도 그의 신념과 투지를 빼앗지 못하고, 그의 정신을 파괴하지도 못했다.

감옥은 나에게 좋은 것이었다. 그것은 나에게 여가와 숙고의 습관을 길러주었다. 말하자면 나의 정신을 강화해주었다. 감옥은 나의 옛 감정을 하나라도 변경시키는 것은 아니었다. 역으로 그것은 옛날 감정을 이전보다도 열렬하게 절대적으로 만들어왔다. 이후 나의 인생에 남아 있는 모든 것은 한마디로 요약된다. 자유라는 한마디로.[13]

영국의 정치학자이자 역사가이며 뛰어난 전기 작가인 E. H. 카는 바쿠닌의 전기 『미하일 바쿠닌』을 썼는데, 이 책에서 다음과 같이 말했다.

바쿠닌은 몽상가요 예언자였다. 그의 관심사는 대중이 아니라 개인이요 제도가 아니라 도덕성이었다. 그의 생애에는 구체적인 결과가 없었다. "그는 평생을 시시포스의 역할을 하면서 보냈다"고 그의 친구 비루보프는 말했다. "그는 끊임없이 정치적·사회적 혁명을 준비했으나 그것은 또한 항상 그의 어깨에서 무너져 내렸던 것이다." 그러나 아무것도 이루지 못했다고 해서 그가 실패했다고 말하는 것은 적절하지 못하다. 왜냐하면 생각 자체가 그의 성격이나 목적과는 성질이 전혀 다른 낯선 것이었기 때문이다.

라이첼은 한번 그에게 그가 계획하는 모든 것이 이루어져서 그가 꿈꾸던 모든 것을 창조한다면 무슨 일을 할 것인가 물은 적이 있었다. "그때가 되면" 하고 바쿠닌은 대답했다. "나는 즉시 내가 만든 모든 것을 다시 허물어뜨리기 시작해야 할 것이오."

그는 반역자이자 혁명가요 이단자이자 낭만적인 무정부주의자요 역사상 자유정신을 가장 완벽하게 구현한 사람이었다.[14]

'무한자유'를 추구한 크로폿킨

아나키즘 이론을 정립한 러시아의 혁명가이자 사상가로 유명한 표트르 알렉세예비치 크로폿킨은 지리학자이자 뛰어난 작가이기도 하다. 최고의 걸작으로 꼽히는 아우구스티누스, 루소, 괴테, 안데르센 등의 자서전과 비교해도 전혀 손색이 없다는 자서전 『한 혁명가의 회상』을 남겼으며, 다윈의 진화론에 맞서는 『상호부조론: 진화의 한 요인』을 발표하는 등 학자로서의 업적도 남겼다.

크로폿킨은 모스크바에서 공작의 아들로 태어나 사관학교를 졸업하고 시베리아에서 근무하며 북만주 및 시베리아의 지리 탐험에 이어 핀란드와 스웨덴의 빙하층을 탐사했다. 1872년에 스위스를 방문하여 국제노동자협회를 알게 되고 아나키즘에 공감한다. 다시 고국으로 돌아온 뒤에 차이콥스키단에 참가하고 1874년에 체포되어 투옥되었으나 2년 만에 탈옥해 영국으로 망명했다. 그 뒤 스위스로 옮겨가서 '쥐라연맹'에 참가하고, 기관지 《반역자》를 창간하고, 1881년에 스위스에서 추방돼 런던을 거쳐 프랑스로 가서 활동하다가 그곳에서 체포되었다. 3년 동안 옥고를 치르고 1886년 석방되어 런던에 정착한 그는 이후 신문 《자유》를 창간하여 반제투쟁과 아나키즘 운동에 전력했다.

크로폿킨이 1882년 광산폭동 사건에 연루되어 혹독한 옥살이를 하면서 동료 53명과 재판을 받으며 진술한 기록이 남아 있다. 그는 이때 감옥 생활의 끔찍함을 털어놓았다.

아, 재판관 여러분, 감옥살이가 얼마나 끔찍한지 당신들도 안다면 얼마나 좋겠습니까! 모든 희망을 포기해야만 하는 불행한 사람들의 저주를 저만큼만 들었다면 여러분은 이런 징역형을 선고하지는 못했을 것입니다.

제가 있었던 감옥에서 죄수 9명은 미치광이가 됐고 11명은 자살했습니다. 저는 중병에 걸려 병원으로 옮겨졌습니다. 그곳에서 도망쳐 나와 그때부터 스위스에서 피에르 드 바쇼프라는 가명으로 살았습니다.[15]

그는 이 재판 진술에서 또 아나키즘이 무엇이고, 자신들이 무엇을 원하는지, 왜 가장 나쁜 정부가 가장 좋은 정부라고 주장하는지 등을 설명한다.

무정부주의는 무엇이며 무정부주의자란 어떤 사람인지 말하겠습니다. 무정부주의자는 언론과 사상의 자유, 무한한 자유를 외치는 것을 자

표트르 알렉세예비치 크로폿킨.

신의 임무라 여기는 사람들입니다. 그렇습니다. 여러분, 우리 무정부주의자들은 전 세계에 흩어져 있으며, 그 숫자는 수천, 수백만에 이르고 있습니다. 왜냐하면 우리는 대중이 마음속으로 생각하는 것을 단순히 큰소리로 외치는 일을 할 뿐이기 때문입니다. 우리는 절대적 자유, 오직 자유, 완전한 자유를 요구하는 수백만 노동자입니다.

우리는 자유를 원합니다. 모든 인간이 자신이 하고 싶어 하는 것을 모두 할 수 있는 권리와 기회를 달라는 것입니다. 자연의 불가항력과 이웃의 욕구를 존중해야 하는 경우를 제외하고는 어떤 제약도 없이 자신의 욕구를 완전히 충족시킬 수 있어야 합니다.

우리는 자유를 원합니다. 자유는 선택된 것이든 강제된 것이든, 왕정이든 공화정이든, 신법에 나온 것이든 보통선거권에서 나오는 것이든 그 원천과 형식에 상관없이 모든 형태의 '지배'와 양립할 수 없습니다. 왜냐하면 결국 정부라는 것은 다 거기서 거기고 쓸모가 없다는 것을 역사가 말해주고 있기 때문입니다.

가장 좋은 정부는 사실은 가장 나쁜 정부입니다. 근본적으로 언제나 같으며 하나같이 편협합니다. 외관상 자유를 표방하는 정부라도 결국은 인터내셔널에 적대적인 법들을 그럴싸하게 꾸며 '입법이라는 무기고'의 먼지 더미 속에 교묘히 숨겨놓은 채 자유를 억압하고 있습니다.[16]

아나키스트 동지들과 '무련' 조직

아나키즘은 일제강점기 한국 독립운동사의 거대한 줄기의 하나였다. '삼한갑족'의 기득권을 버리고 독립운동에 나섰던 이회영, 민족사학자 신채호와 유자명, 일왕을 처단하고자 했던 박열과 그의 동지들이 대표적인 아나키스트들이었다. 이들은 아나키즘의 이념을 내걸고 조국독립과 민중해방을 추구했다.

"혁명가란 저 강 건너 멀리 아름다운 땅에서, 이 더러운 세상을 향해 불어오는 한 줄기 미풍이라 했다. 우리는 이리로 불어와, 희미한 향기만을 남기고, 암흑 속으로 사라져갈 뿐이다."─영화〈아나키스트〉의 마지막 내레이션[17]

1924년 4월 20일, 베이징에서 '재중국조선무정부주의자연맹'이 결성되었다. 베이징에 살던 친일부호의 집에서 패물을 훔쳐와서 당시 신문에도 대서특필된 '마오얼후퉁帽兒胡同(모아호동) 사건'으로 약간의 자금이 확보되어서 가능했다. 이상농촌 건설사업 실패로 좌절을 겪은 이회영이 그 뒤로 아나키스트 동지들과 논의해왔던 일이 마침 내 성사된 것이다. "장소는 기록된 바가 없으나 이회영의 숙소로 짐 작된다. 왜냐하면 당시 여러 사람이 이회영을 중심으로 그의 숙소 에서 모이고 있었기 때문이다."[18]

재중국조선무정부주의자연맹(이하 '무련') 결성에 참여했던 정화암 은 당시 상황을 다음과 같이 들려준다.

> 마오얼후퉁 사건이 차츰 잠잠해지자 고명복의 집에서 가지고 나왔던 물건도 처분했다. 약간의 활동자금이 마련되었다. 우리는 이제 본격적인 활동을 할 수 있게 되었고, 그동안 흩어졌던 동지들도 한자리에 모였다.
>
> 우당 이회영, 회관 이을규, 우관 이정규, 구파 백정기, 우근 유자명, 나까지 여섯이 모였다. 이때 단재 신채호는 베이징 순즈먼順治門(순치문) 내內의 스덩안石燈庵(석등암)에 칩거하여 사고전서四庫全書를 섭렵하고 역 사편찬에 몰두하고 있었고, 유림柳林은 청두대학成都大學에 재학 중이라 참석하지 못했다. 우리는 그동안 벌여왔던 독립운동을 체계화하기로 서 로 의견을 모았다.[19]

한국 아나키즘 독립운동사의 큰 획을 긋는 '무련'의 활동은 이렇게 시작되었다. 비록 6명이 참가한 조촐한 출범이었지만, 이들 각자는 독립운동은 물론 아나키즘 운동에 큰 발자취를 남긴 인물들이었다.

이들이 '무련' 조직을 서둘렀던 데는 그 까닭이 있었다. 1923년 9 월 일본에서 간토(관동)대지진이 발생하자 일제는 이를 빌미로 6,000 여 명의 조선인을 학살하고, 아나키스트 박열과 그의 동지들을 구속하는 등 잔인한 탄압을 자행했다. 국내에서는 1924년 1월에 이광수가 《동아일보》에 「민족적 경륜」이라는 제목으로 항일투쟁을 포기하고 자치운동으로 전환하자는 내용의 연작 사설을 집필하는 등 타협론이 기승을 부렸다.

3·1 혁명 이후 일제가 이른바 '문화정치'를 내세우면서 실제로는 민족분열책을 펴자 민족개량주의자들은 1923년 가을부터 한국 민족의 역량으로 보아 당장의 독립은 불가능하니 자치권을 획득해야한다는 움직임이 나타나기 시작했다. 이광수는 이런 움직임에 기반해 사설을 썼다. '자치론'의 본질은 《경성일보》 사장 소에지마 미치마사副島道正가 "자치는 일본이 조선을 영구히 통치하기 위한 가장 타당한 통치방식이며, 조선에 자치권이 부여되면 독립운동은 자연히 수그러질 것"[20]이라고 주장한 데서 잘 드러난다. 국내의 일부 인사들은 조선총독부의 지침에 따라 자치론을 전개했는데, 독립운동가들은 이것을 투항주의로 받아들였다.

'무련'을 조직한 또 다른 이유도 있었다. "의열단 내부의 공산주의 세력에 의해 내분이 심화되자, 공산주의 사상에 맞서 올바른 독립운동의 방략을 제시할 새 단체가 필요"[21]했기 때문이라는 것이다.

'무련'을 결성하는 데 앞장섰던 정화암은 그 배경을 이렇게 설명한다.

일제가 조국을 강점한 지 벌써 만 14년이었다. 그동안 많은 애국지사들이 해외와 국내에서 피나는 투쟁을 전개해왔으나 일제의 학정은 날로 심해졌다. 더구나 1923년 9월 1일 일본 간토대진재關東大震災 때는 터무니없는 유언비어를 퍼뜨려 조선사람을 닥치는 대로 학살했다. 도쿄를 중심으로 살던 2만 명의 조선사람 가운데 6,000명이 살해되었다.

일제는 조선인들이 일본인 사회주의자들과 불온한 음모를 꾸몄다고 조사하기도 했는데 이때 무정부주의자인 박열도 잡혔다.

1924년 4월 우리 여섯은 재중국조선무정부주의자연맹을 창립하기로 합의했다. 우리의 운동을 당시의 이론적 기반을 갖춘 사상적 토대 위에서 추진함으로써 대외적인 호응을 얻기 위해, 또 간토대진재 때의 일제 만행에 대한 보복 심리에서였다.[22]

'무련'은 기관지 《정의공보正義公報》를 순간旬刊(열흘에 한 번 발행)·석판 인쇄로 발행하여 국내와 중국 관내·만주·일본·미주 지역에 배포했다. 기관지를 통한 선전 활동과 독립운동자금 모금 및 이상촌 건설을 통한 자력 기반 조성이 목적이었다.

《정의공보》 발행 재정은 주로 이회영이 조달했다. 중앙집권적 공산주의와 파벌적 민족주의 세력의 독립운동 노선을 비판하고, 자유연합의 조직 원리에 따라 모든 독립운동 세력이 제휴할 것을 주장했다. 9호까지 간행되고 자금난으로 중단되었다. 또 이들은 베이징대학교 교수인 차이위안페이·루쉰·리스청, 타이완의 판번량, 러시아의 예로센코 등 국제 무정부주의자들과 국제적 연대를 형성했다.[23]

이회영은 극도의 가난 속에서도 이 잡지의 간행 비용을 부담했다. 아내의 혼수 옷가지도 팔고 살림살이도 팔아서 충당했다.

《정의공보》는 자금난으로 9호에서 멈췄으나 그 파급효과는 상당히 컸고, 일제 당국을 크게 긴장시켰다. 아쉽게도 당시 발행된 《정의공보》는 현재 한 부도 발굴되지 않았고, 그 내용만 일부 전해지고 있다. 정화암은 이 기관지가 표방하는 바를 다음과 같이 말한다.

이 순간지旬刊誌는 아나키즘에 입각하여 민족주의 진영 내의 파벌주의 경향을 지향할 것을 요구하며, 자유연합의 조직 원리에 따라 모든 독립운동단체들의 총력을 결집할 것을 호소하고, 프롤레타리아 독재를 표방하는 공산주의의 볼셰비키혁명이론을 비판했다.[24]

'무련'의 또 다른 구성원이었던 이정규는 《정의공보》의 내용을 조금 더 자세히 기록했다.

《정의공보》는 기관지인 만큼 연맹의 자기주장과 주의선전을 위주로 하는 것은 물론, 선생의 편집 방침을 따라 독립운동에 이론을 제공하여 공산주의와의 이론적 대결을 꾀하며 한편으로는 독립운동 진영 내부의 나쁜 점을 비판하고 규탄하는 것을 그 주된 임무로 삼기로 했다. 그리하여 《정의공보》는 횟수를 거듭하면서 모든 이에게 새로운 자극을 주었다. 특히 사이비 철학인 공산주의에 대한 비판과 당시 해외 독립운동전선에 큰 파동을 일으킨 흥사단의 무실역행론務實力行論의 부작용에 대한 시비, 국민대표회의에 대한 비판 등이 그 중심 내용이었다.

흥사단의 무실역행론이 시비 거리가 된 것은, 1921년 이래로 독립운동전선에서 이탈하고 적에 투항하는 자들이 가뜩이나 속출하고 있었는데, 이때 무실역행론이 나타나 그들에게 구실과 기회를 제공하는 부작용이 생겼기 때문이다. 그런데 이 《정의공보》는 9회까지 발행된 다음 자금난으로 인해 막을 내리고 말았다.[25]

이회영과 그의 동지들은 끼니를 잇기 어려울 만큼 궁핍한 환경 속에서도 《정의공보》를 통해 공산주의를 비롯하여 국내에서 전개된 자치론과 무실역행론을 비판하고, 독립운동 진영의 결속을 통한 항일투쟁의 방법론을 제시했다. 정확한 발행 부수는 알려지지 않았으나 파급효과는 자못 컸던 것 같다.

그러나 베이징에서 '무련'의 활동을 오래 지속하기는 어려웠다. 일제의 감시와 자금난 때문이었다. 그래서 이회영과 유자명은 베이징에 남고, 다른 이들은 상하이로 옮기기로 했다. 정화암의 증언을 들어보자.

우리가 베이징에서 '무련' 활동을 했으나 활발할 수가 없었습니다. 일본 관헌의 감시가 매우 심했고, 우리에게 자금이 너무 없었어요. 이틀에 한 끼, 그것도 좁쌀밥으로 한 끼밖에 못 먹을 정도로 생활난이 심했습니다. 그래서 이회영과 유자명은 베이징에 남고, 나와 이을규·이정규 형제와 백정기가 그해 9월과 6월에 상하이로 갔지요.[26]

일제 관헌들은 '마오얼후퉁 사건'의 주동자들이 새로 조직체를 만들고 공공연하게 기관지를 발행하여 활동하자 바짝 긴장하여 감시를 더욱 강화했다. 여기서 '무련' 조직의 자금줄이 되었던 '마오얼후퉁 사건'의 진상을 살펴보자.

정화암은 이회영과 함께 톈진과 베이징 사이를 흐르는 강 근처의 하천부지 개발계획을 세우고, 1921년 말 정화암이 국내로 잠입하여 갑부인 고명복 모녀를 데려왔다. 고명복의 이모는 이근홍의 첩이었는데, 이근홍은 유명한 친일파이자 순종 황후의 친정아버지인 윤택영과 가까운 사이였다.

이근홍은 이들을 베이징 귀족들이 사는 특수지역에 이주시키고 아무나 출입하지 못하게 했다. 고명복 모녀가 독립운동자금 조달에 동의하지 않자, 김창숙과 백정기 등은 그들의 재산이 민족을 팔아 부당하게 갈취한 돈이라며 이를 탈취해 독립운동자금으로 쓰자고 주장했다. 이에 김창숙과 이을규·이정규·백정기 등은 그들의 집에 잠입해 귀금속을 빼내었다. 귀족들의 거주지에서 일어난 이 사건은 다음 날 각 신문에 대서특필되었고, 사람들은 그 대담성에 혀를 내둘렀다. 베이징 당국은 정화암과 일행을 잡기 위해 수사력을 집중했다.[27]

친일파에게서 빼앗은 귀금속의 일부가 《정의공보》 발행비용에 충당되었다. 일제의 압력을 받은 중국 관헌들은 이들을 쫓게 되고, 정화암과 이을규 형제, 백정기는 상하이로 피신했다. '무련'은 초창기부터 일제의 집중적인 감시와 탄압을 받게 되어 본격적인 활동을 더 이상 지속하기 어려운 상황이 되었다.

같은 해 8월에 선생은 여러 동지들에게 제의했다. "운동비를 마련하는 일이 매우 어려운 문제이며 개인 생활도 극도로 곤궁하니 이렇게 하여서는 운동의 발전을 꾀할 수 없다. 그러니 각처로 분산하여 각자가 동지 획득에 전력하고, 특히 중국에서 중국 동지들과 긴밀한 유대를 맺음으로써 중국 측 운동에도 우리가 참가하고 우리의 운동에도 중국 동지가 참가하여 상호협력이 되도록 하자"고 제의했다.

백정기·정현섭(정화암) 등이 벌써부터 그런 생각을 하고 푸젠福建의 중국인 동지와 연락을 하는 중이었기 때문에 선생의 제의대로 논의가 귀결되었다. 몇몇 동지는 푸젠성으로 떠나고 또 몇 동지는 상하이로 갔다.

상하이는 우리 운동의 본거지이기도 했지만, 중국 동지들의 노동운동의 한 중추기관인 공단연합회가 상하이에 근거를 두고 있었기 때문이었다. 그리고 선생은 베이징에 남아서 국내와의 연락을 책임지기로 했다.[28]

이호룡은 아나키스트 핵심 이론가이며 실천가인 신채호와 유자명 등이 '무련'에 참가하지 않은 것은 '노선의 차이' 때문이었으리라고 분석한다.

이회영과 교류하고 있던 유자명·신채호 및 유서柳絮(유기석)가 재중국조선무정부주의자연맹에 참가하지 않은 것은 노선상의 차이에 기인하였던 것으로 여겨진다. 당시 유자명·신채호·유여 등은 테러 활동을 추구하고 있었기 때문에 이상촌 건설을 도모하던 이을규·이정규 등이 주축이 된 재중국조선무정부주의자연맹 결성에는 관심을 별로 기울이지 않았던 것으로 보인다. 신채호와 이회영 사이의 노선상의 갈등은 김달하 살해 사건을 둘러싼 태도에서도 나타난다.[29]

이회영과 누구보다 가까웠던 신채호가 '무련'에 참가하지 않은 것은 이정규의 설명("역사서 편찬에 몰두하느라")에도 불구하고 다소 의아한 대목이다. 노선상의 차이였는지 개인 사정이었는지는 더 연구가 필요하다. 이호룡은 유자명도 참가하지 않은 것으로 기록하고 있으나, 정화암의 회고록에는 참가한 것으로 나와 있다. '무련'은 이상촌 건설에만 집중했던 것은 아니고, 해외 한인들의 단결과 무장독립투쟁노선을 명확히 하고 있었다.

무련은 비록 소수의 인원에 의해 창립되었지만, 코민테른의 지시에 의해 움직이는 공산주의 세력과 외교청원, 실력양성 등을 내세워 무장독립투쟁을 방기한 민족주의 우익에 맞서 탄생했다. 이 단체는 중국·만주·러시아·일본 등지에 흩어져 있는 한인들의 단결과 무장독립투쟁노선을 추구하고 자유연합주의를 주창하는 세력이 모여 만든 최초의 사상적 결집체였던 것이다.[30]

상하이로 장소를 옮긴 '무련' 인사들은 이회영과 계속 연락하면서 1928년에 재중국무정부공산주의자연맹('연맹')을 결성하고 새로운 기관지 《탈환(奪還)》을 발행했다. 자금난과 일제의 감시로 베이징에서 휴간되었던 기관지를 이름을 바꾸어 복간한 것이다.

이회영은 기관지가 복간됐다는 소식을 듣고 축시를 보내어 동지들을 격려했다. '연맹'은 《탈환》을 6호까지 발행하면서 '연맹'의 목표인 민중직접혁명론 등을 선전했다. 《탈환》 제4호는 1928년 12월 1일, 제5호는 1929년 3월 1일, 제6호는 1929년 5월 1일에 각각 발행되고, 이후 자금난으로 간행이 중단되었다.

　필진은 이정규·이을규·흑노黑奴·여군서呂君瑞 등이고, 한·중·일 3개 국어로 발행되어 만주·조선·일본·중국·타이완 등 각지에 배포되었다. 창간호와 창간증간호가 현존하며, 제4호·제7호·제9호는 일본 경찰의 정보보고 서류에 일부가 번역되어 전한다.[31]

　《탈환》 창간호를 보면 1928년 6월 1일 발행으로 되어 있다. 영어 제목은 'The Korean Anarchist Federation in China'라고 표기하고 있다. 창간증간호는 1928년 6월 15일에 발행되었는데, "모든 빼앗긴 자유를 탈환하자!"와 "만인이 다 탈환한 모든 자유의 주인이 되자!"는 구호를 제시했다. 여기서 탈환이란 말은 크로폿킨의 『빵의 탈환』에서 나왔을 것이다.[32]

　'무련'은 경제적인 어려움 속에서도 활동을 계속했다. 상하이로 내려간 이을규, 이정규, 정화암, 백정기는 영국인이 경영하는 공장에서 독일계 유대인 마첼에게서 폭탄제조기술을 배웠으며, 중국 노동운동에도 참여했다. 이을규 형제는 1927년 4월에 중국 아나키스트의 요청으로 상하이 노동대학 설립과 푸젠성 노동자위운동 등의 국제 활동에 참여했다.[33]

　이회영을 비롯하여 우리 독립운동가들은 중국 관내는 물론 만주와 러시아 할 것 없이 심각한 재정난에 시달려야 했다. 일제는 중국에서도 욱일승천의 기세를 보이게 되고, 국내에서는 폭압통치로 자금줄이 거의 차단되었다. 국내의 자금줄이 차단되면서 훈련이나 거사, 무기 구입 등이 쉽지 않았다.

무엇보다도 독립운동가 개개인의 생계부터가 어려웠다. 중국이나 러시아 현지인들은 이방의 망명객들에게 별로 호의적이지 않았다. 일본의 세력이 날로 강해지면서 눈치를 보느라 우리 망명객들에게는 오히려 적대적인 경우도 많았다.

이회영 등의 빈곤은 날이 갈수록 극심해졌다. 1년에 두 차례씩 찾아와 운동비와 생활비를 약간씩 보태주던 임경호가 폭행사건 이후로는 발길을 끊으면서 생계가 더욱 어려워졌다. 이 무렵 신채호는 호구지책을 찾지 못해 관인사로 들어가 1년여 동안 승려 생활을 하기도 했다.

이회영의 집에는 끼니를 때우기 어려운 데도 끊임없이 독립운동가들이 찾아오고, 아내 이은숙은 이웃 가게에서 외상으로 식품을 구해와 대접해야 했다. 이 무렵 심산 김창숙은 이회영과 자주 만나 독립운동을 논하며 이회영 가족의 참상을 지켜보았던 사람 중의 하나였다. 그는 국내에서 베이징에 온 지 얼마 되지 않아 약간의 노자가 남아 있었던 것 같다. 김창숙은 뒷날 자서전에서 당시 정황을 이렇게 썼다.

우당 이회영은 곧 성재 이시영의 형이다. 가족을 데리고 베이징에 우거한 지 여러 해가 되었다. 생활형편이 극난한 모양이었지만 조금도 기색을 나타내지 않아 나는 매우 존경했다. 하루는 내가 우당을 집으로 찾아가서 함께 공원에 나가 바람이나 쐬자고 청하였더니 거절했다. 그의 얼굴을 살펴보니 자못 초췌한 빛이 역력했다.

내가 마음속으로 의아하게 생각하여 그의 아들 규학圭鶴에게 물었더니 "이틀 동안 밥을 짓지 못하였고 의복도 모두 전당포에 잡혔습니다. 아버지께서 문밖에 나서지 않으려는 것은 입고 나갈 옷이 없기 때문입니다" 하여 나는 깜짝 놀라 주머니를 털어 땔감과 식량을 사오고 전당포에 잡힌 옷도 찾아오게 했다.

이윽고 규학이 의복을 들고 와서 올리니 우당은 "이것은 심산 선생한테서 나온 것이 아니냐?"고 하기에, 나도 "선생이 나한테 실정을 말씀하지 않다니 원망스럽소이다" 하고 서로 한바탕 웃었다. 그로부터 우의가 날로 더욱 친밀해졌다. 그해 겨울에 우당과 단재와 상의하여 김상호를 영남지방으로 보내어 여러 동지들에게 자금을 구해보도록 했다.[34]

삼한갑족의 후손 이회영 일가가 생존을 위한 최소한의 음식도 마련하기 어려운 처지가 되었다. 얼어 죽어도 곁불은 안 쬐고 굶어 죽어도 빌어먹지 않는다는 조선 선비의 기절氣節, 지행일치의 양명학 정신, 여기에 아나키스트의 청빈·결기를 겸비한 이회영은 이런 궁핍한 처지에서도 새로운 투쟁 방안을 모색했다.

10. 다물단을 지휘하고 밀정을 처단하다

다물단 창단과 밀정 김달하 처단

이회영의 생애에서 어느 해라고 평안한 때가 있었을까? 그런데 1925년에는 특히 액운이 겹치고 사건이 잇달았다.

먼저, 김달하金達河 암살 사건이 대표적이다. 평북 의주 출신의 김달하는 서우학회西友學會와 서북학회에서 활동하다가 경술국치 뒤 중국 베이징으로 옮겨와 거주했다. 중국 북양군벌 돤치루이段祺瑞 정부의 시종관부 부관으로 일하면서 한국 독립운동가들과 접촉했다.

1923년경, 베이징에서는 이석영의 아들 규준, 이회영의 장남 규학 그리고 이성춘 등 청년들이 유자명과 협의하여 다물단多勿團을 조직했다.

'다물'은 고구려 시대의 "옛 조선의 영토를 되찾자"라는 말에서 뿌리를 찾을 수 있으며, 그 목적은 빼앗긴 조국을 다시 회복한다는 것이었다. "우당의 둘째 형 이석영의 아들 규준이 몇 동지를 규합해서 다물단을 조직하고 있었다. 우당은 우근(유자명)과 상의하여 그것을 의열단과 합작시켰다. 그리하여 베이징에서 소문난 밀정 김달하를 처단했다."[1]

다물단은 당장의 목표를 친일파·밀정을 처단하는 데 두었다. 의열단의 목적과 크게 다르지 않았다. 이규창의 이야기를 들어보자.

다물단의 시초 조직은 1923년경 이규준·이규학·이성춘 등 수인이 의열단의 유자명 선생과 상의하여 조직된 단체인데 이규준은 나의 사촌 형으로 둘째 숙부 석영님의 장자였다. 이규학은 나의 큰형이며 먼 후에 이 사건에 관련됨을 알았다. 규준 형이 나에게 편지를 써주며 신채호 선생께 비밀히 전하라고 부탁하여 선생께 전했다.[2]

다물단은 유자명과 신채호 등을 배후로 이회영의 아들과 조카, 가까운 청년 동지들이 조직했다는 것을 알 수 있다. 이들의 면면으로 보아 이회영이 그 중심에 있었을 것이다. 신채호가 작성한 것으로 알려진 「다물단선언」은 애석하게도 그 내용이 전해지지 않는다.

다물단의 창단 첫 사업은 김달하 처단이었다. 김달하는 애초에 민족주의 계열의 인사로 알려졌는데, 언제부터인지 일제의 밀정이라는 소문이 나돌게 되었다. 결국 그는 다물단의 표적이 되었다. 이 사건은 이회영은 물론 베이징 독립운동가 사회에 큰 파문을 일으켰다. 그뿐만 아니라 이 사건으로 이회영의 딸 규숙圭淑이 중국 경찰에

이회영이 베이징에 체류하던 시절(1924). 앞줄 오른쪽부터 이회영, 철도청 소속의 중국 관리, 김창숙, 뒷줄 오른쪽부터 김달하, 손영직.

체포되고, 이회영은 몸을 피해야 했다. 이런 와중에 이회영의 두 살 난 막내아들과 손녀 둘이 잇달아 병으로 죽는 아픔을 겪어야 했다.

베이징에서 유명하였던 적의 간첩 김달하를 처단했다. 이 일은 우리 운동전선에는 큰 장애물을 제거한 쾌거였지만, 사적으로 선생의 가정에는 거듭되는 참화를 가져왔다. 김달하가 처단되자 중국 경찰의 의혹의 눈이 선생과 선생의 가족에게 집중되었고, 선생의 딸 규숙이 체포되었으며 선생은 잠시 피신했다.

경찰은 며칠 동안 온 가족에게 금족령을 내렸다. 이리하여 "재앙은 혼자 오지 않는다"는 말이 선생에게 현실로 나타나게 되었으니, 하루 세 끼조차 끓이지 못하는 형편에 이런 변을 당한 데다가 선생의 두 살 난

막내아들과 두 손녀가 열흘도 못 되는 사이에 잇달아 병으로 죽고 만 것이다.[3]

김달하의 존재는 독립운동가들 사이에도 오해와 분란을 일으키는 불씨가 되었다. 김달하는 베이징에서 월남 이상재, 심산 김창숙 등의 신임을 받으면서 독립운동 진영 인사들과 자주 어울렸다. 독립운동가들은 그의 실체를 잘 모른 채 접촉했다.

1922년 봄에 이상재와 김활란이 서울에서 베이징으로 와서 김달하의 집에 머물렀다. 해방 뒤 이화여자대학 총장을 지낸 김활란은 김달하의 처제였다. 이상재와 김활란은 베이징에서 열린 만국기독교청년대회에 참석하기 위해 왔던 참이었다. 김창숙은 김달하를 이회영과 신채호 등에게도 소개했다.

김창숙은 김달하를 만나고, 처단하게 된 과정을 자서전에서 다음과 같이 비교적 소상하게 밝혔다.

내가 김달하를 알게 된 것이 이때부터였다. 그는 제법 학식이 풍부하고 이승훈·안창호와도 친하여 관서의 인물로 일컬어지고 있었다. 나는 그와 상종하며 경사를 토론해보고 그 해박한 지식에 서로 얻는 바 있어 기뻤다. 당시 사람들이 그를 일본의 밀정이란 의심을 두었는데 나는 실로 눈치채지 못했다.

하루는 도산을 달하의 집에서 만났다. 도산이 웃으면서 내게 "소봉小峰을 일본의 밀정으로 생각하시오?" 하고 묻는다. 소봉은 곧 달하의 호다.

"나는 전혀 모르오. 정말 그가 밀정 노릇을 하는 줄 안다면 당신은 어째서 상종하고 있소?"

"돌아다니는 말은 있지만 나는 믿지 않고 있소. 다만 농담으로 해본 것입니다."

그 뒤 하루는 달하가 서신으로 만나자 하여 갔다. 이야기로 밤이 깊어져, 그는 천하대세를 통론하다가 문득 우리나라 독립운동가들이 파당을 일삼는 데 이르러 독립을 쟁취할 가망이 없다면서 슬픈 기색으로 눈물을 흘렸다. 그러더니 내 손을 잡고 은근히 묻는 것이었다.

"선생은 근래 경제적으로 자못 곤란한 터인데 숨기지 말고 말씀해주시오."

"곤란하기야 곤란하지만 분투하는 혁명가의 본색이 그렇지 않겠소?"

"천하에 어찌 자기 식생활도 해결하지 못하는 혁명가가 있단 말이오? 만약 자기 식생활도 해결하지 못한다면 소위 혁명운동은 빈말에 지나지 않는 것이오."

그러고서 그는 다시 나의 손을 굳게 잡고 눈물을 흘리며 말했다.

"선생은 끝내 성공하지도 못할 독립운동에 종사하시니, 무엇 때문에 이같이 고생을 사서 한다는 말입니까? 곧 귀국할 결심을 하여 안락한 가정의 낙을 얻는 것만 같지 못합니다. 제가 이미 선생의 귀국 후 처우 등의 절차를 조선총독부에 보고하여 승낙을 얻어놓았습니다. 경학원 부제학 한 자리를 비워놓고 기다리고 있으니 선생은 빨리 도모하시기 바랍니다."

나는 대노하여 그를 꾸짖었다.

"네가 나를 경제적으로 곤란하다고 매수하려 드는구나. 사람들이 너를 밀정이라 해도 뜬소문으로 여겨 믿지 않았더니 지금 비로소 헛말이 아닌 줄 알았다."

나는 와락 그의 손을 뿌리치고 돌아와서 김달하가 밀정 노릇하는 사실을 널리 알렸다. 얼마 가지 않아 다물단원이 그를 목을 졸라 죽여버렸다.[4]

김달하는 극적으로 처단되었다. 김달하의 정체를 알게 된 김창숙은 이회영, 유자명과 대책을 숙의한 끝에 다물단원들을 동원하여 처단하기로 결정했다.

김달하가 김창숙을 회유하려다 실패한 지 얼마 안 되는 1925년 3월 말 오후 6시, 이인홍과 이기환이 김달하의 집 문을 두드렸다. 하인이 나와 누구시냐고 묻자 두 사내가 달려들어 하인의 뒷결박을 짓고 입에 재갈을 물려 한구석에 틀어박아 놓은 채 안으로 들어갔다. 가족과 함께 방 안에 있던 김달하가 자리에서 벌떡 몸을 일으키며 손을 바지로 가져갔다. 그러나 그보다 먼저 김인홍이 김달하를 제압하면서 권총을 꺼내 들고 다가가 그의 권총을 빼앗았다.

두 사람은 가족들을 차례로 묶은 다음 김달하를 뒤채로 끌고 갔다. 그리고 품에서 문서 한 장을 꺼내 탁자 위에 펼쳐 놓았다. 바로 의열단에서 내린 사형선고였다. 몇 시간 뒤 겨우 결박에서 벗어난 가족들은, 목에 올가미가 걸린 채 시체로 변한 김달하의 시신을 뒤채에서 찾을 수 있었다.[5]

국내의 한 신문은 김달하 사건을 이렇게 보도했다.

오랫동안 베이징에서 그곳에 체류하는 조선 사람들로부터 크게 주목을 받아오던 김달하가 죽었다는 소문이 근일에 와서야 세상에 드러나게 되었다. 죽은 지가 벌써 두 달이나 된 오늘에야 이 비밀이 탄로된 것을 보면 얼마나 관계자들이 이 사실을 감추려고 애를 썼는지 알 것이다. 김달하는 본래 조선 안에서 모 중학교 교사로 있다가 지금으로부터 10년 전에 총독부의 은밀한 사명을 띠고 베이징으로 간 후 그간 10년을 자기 직무에 충실한 자인데 그간에 수없는 청년을 잡아주기도 하였고 여간 위험한 땅에도 드나들기도 했다.

그러는 동시에 중국 정부에 어떻게 보였던지 수위 참의參議라는 벼슬까지 얻어서 한 일까지 있었고 얼마 전에는 자기 식구 10여 명을 솔가하여 베이징으로 가서 남달리 안락한 생활을 하고 있었다. 그런 중에 금년 봄에는 박용만 사건에 관계되어 더욱 청년들의 주목함이 되었는데 이번에 돌연히 죽은 것은 그 사건에 관련된 듯하다.

그 가족들이 전하는 말을 들으면 어떤 날 젊은 청년 두 사람이 주인을 찾아와서 급히 볼 일이 있다 하므로 의심 없이 들어오라 하였더니 청년들은 한참 이런 이야기 저런 이야기를 하다가 집안사람들 보고 하는 말이 주인과 급히 비밀히 할 말이 있으니 잠깐 안으로 들어가 달라 함으로 역시 의심 없이 다 안으로 들어갔는데 그런 후에 시간이 퍽 오래 지나도 아무 소식이 없음으로 나가 보았더니 청년들도 주인도 없으므로 아마 무슨 일을 의논하러 나갔나 보다 하고 의심도 아니 하였으나 저녁때가 되도록 주인이 들어오지 않아 퍽 기다렸는데 저녁에 며느리가 외마디 소리를 지르며 들어오기에 부엌에 나가본즉 주인을 목매여 죽인 시체가 피에 쌓여 아궁이 속에 있음으로 크게 놀라 물론 그 청년들이 그 짓을 한 것이 분명하여 즉시 경찰에 통지하여 수색하였으나 아직까지 아무 소식이 없다고 하는데, 주인이 죽은 후로는 10여 식구를 지금은 돌봐줄 사람도 없고 또 총독부에서도 10여 년으로 사용한 공으로 생각이라도 해주련만 그것도 없으니 이제는 거지가 될 수밖에 없는가 보다고 가족들은 말하였는데, 베이징 일반사회에서는 아직까지 김달하 사건의 진상을 그 이상 알지 못한다더라.[6]

이은숙, 칼을 들고 신채호와 김창숙을 찾아가다

김달하는 이렇게 처단되었으나 이회영 일가에 닥친 수난과 후폭풍은 견디기 어려울 지경이었다. 이회영의 아들 규학이 상하이로 피신한 가운데 김달하에 관한 저간의 사정을 알 리 없던 이회영의 아내 이은숙은 평소 김달하의 아내와 왕래가 있던 관계로 김달하 상가에 조문을 다녀왔다. 이 때문에 사달이 났다. 베이징의 독립운동 사회에서는 이회영이 김달하의 죽음을 애석하게 여겨 자기 대신 아내를 조문 보냈다는 헛소문이 퍼진 것이다.

신채호와 김창숙은 우편으로 절교를 선언하는 편지를 보내왔고, 이회영의 집 주위에는 수시로 다물단원들의 감시의 눈초리가 번뜩였다. 다물단 창단의 주역이 엉뚱하게 단원들의 감시를 받게 된 것이다. 이회영으로서는 억울하고 참담한 심정이었다. 이때 이은숙이 나서서 남편의 무고함을 풀어주었다.

하루는 우체부가 편지를 전하는 것이 심산(김창숙)의 편지라. 그 편지에 우당장 내외가 김달하 초종初終에 조상弔喪을 갔으니, 앞으로는 절교하겠다는 내용이었다.

김달하는 스파이라 암살한 걸 일판이 떠들은 걸, 동지라며 근 10년 간에 쏜살같은 우당장의 혈성血性을 알면서도 이런 모략을 하니, 심산과 단재를 인간이라 칭하리오.

그 시기 베이징은 우리 독립군의 행동이 대단히 험할 때라. 다물단 한 사람은 육혈포를 차고 우리 집에 무슨 눈치가 있나 하고 종종 다니니 살얼음판 같은지라. 내가 무심히 있다가는 가군의 신변이 위험한지라, 하루는 아침 일찍 규창을 데리고 집안식구들 모르게 칼을 간수하여 단 재·심산이 있는 집에 찾아가니 아침식사 중이다.

그분들이 머물고 있는 집은 독립운동에 참가하신 한세량韓世良 씨 댁 으로 그분들과 함께 있는 이는 최태연 씨였다. 하여간 바싹 추켜잡고 일 일이 들은 말대로 따지며 "너희 눈으로 우리 영감이 김달하 집에 조상 간 걸 보았느냐? 잘못 보는 눈 두었다가는 우리 동포 다 죽이겠다. 우리 집안이 어떤 집안인 줄 알며, 말이면 다 하는가? 우리 영감의 굳세고 송 죽松竹 같은 애국지심을 망해놓으려고 하는 놈들, 김달하와 처음부터 상 종한 놈들이 저희가 마음이 졸여서 누구를 물고 들어가려고 하는가? 정 말 바로 말 아니하면 이 칼로 너희 두 놈을 죽이고 가겠다" 하고 어찌나 분한지 죽을 것같이 몸부림을 치며 두 사람을 휘어잡았다. 두 사람은 나 중에 "잘못했소. 우리들이 잘못 알고 그랬소" 하며 사죄했다.

이런 중에 가아家兒가 와서 한진산 병원에 가 내 몸의 상처를 치료하 고 집으로 돌아왔다. 가군께 좀 걱정을 들었지만, 그 뒤부터는 일절 우 리에게 대하여 부정한 말이 없었다.[7]

이은숙은 남편에 대한 악의적인 소문에 칼을 품고 달려가 남편의 동지들에게 따지고 그들을 휘어잡아 사과를 받아내는 당찬 여성이었다. 독립운동가 남편을 따라 산전수전 다 겪으면서 그 또한 누구 못지않은 운동가가 되었다. 남편과 가문의 명예를 지키기 위한 여장부의 모습 그대로였다.

중국 경찰이 이회영의 딸 규숙을 체포한 데는 그럴 만한 까닭이 있었다. 다물단에서 김달하 처단 계획을 짜놓고 구체적으로 실행에 옮기기 전에 먼저 그 집 안의 구조를 알아야 했다. 이규준은 사촌 동생인 규숙이 김달하의 딸 유옥과 동창인 관계로 하굣길에 친구 집에 놀러가는 척하고 들어가서 김달하가 어느 방에 거처하며 가족이 몇 명인지를 알아오도록 했다.

규숙은 그대로 실행하여 사촌 오빠에게 알려주었고, 다물단원들은 이 정보에 따라 김달하를 처단할 수 있었다. 중국 경찰의 조사 과정에서 규숙이 유옥에게 집안 구조 등을 자세히 물었다는 사실을 알아내고, 그를 검거하여 1년여 동안이나 옥살이를 시켰다.

이처럼 1925년은 이회영 집안에 특히 고난의 그림자가 짙게 드리웠다. 이규창도 그때를 돌아보며 고통스러워했다.

1925년이란 연수가 이다지도 불운의 해였던가. 부친·모친, 우리 가족의 운수가 이렇게 비참하였던 해였다. 더욱이 형수님 '조계진'이 격일로 딸 둘을 다 저세상으로 보냈으니 그 비통한 맘을 어찌 헤아리겠는가. 학진·이진이 부친의 손녀요, 규오 이름의 자가 또 세상을 뜬 것이다. 내 우외환이란 말이 이런 데에 쓰이는 말인가보다.[8]

항일투사 박용만 피살 사건의 전말

김달하 사건이 잊혀질 만한 무렵에 이번에는 임시정부 외무총장을 지낸 박용만 피살 사건이 일어났다.

박용만은 1909년 미국 네브래스카주 커니 농장에 한인소년병학교를 설립하여 첫 졸업생 13명을 배출하고, 재미한인 독립운동단체인 대한인국민회 기관지 《신한민보》 주필로 활동한 데 이어 항일무장독립운동 단체인 대조선국민군단을 설립했다. 또 1917년에는 상하이의 신규식, 이상설, 박은식 등과 공동으로 「대동단결선언」(1910년 8월 29일에 행한 순종의 주권포기는 단지 한 군주의 주권포기에 불과하므로 이는 국가와 민족 차원에서는 무효이며, 아울러 순종의 주권포기는 결국 주권이 군주에서 국민에게 상속된 것과 다름없다는 선언. 이 선언은 이후 공화주의 담론의 기반이 되었으며, 1918년 11월에 결성된 신한청년당, 1919년 9월에 출범한 대한민국 임시정부의 공화주의와 삼권분립에 커다란 영향을 주었다)을 발표하고, 1918년에는 《태평양시사》를 창간하여 주필 겸 사장으로 활동했다. 1919년에는 한성임시정부 및 상하이임시정부 외무총장을 역임했다.

박용만은 상하이임시정부 수립 당시 이승만의 위임통치론에 반대하여 이회영, 신채호 등과 베이징으로 옮겨서 군사통일촉성회를 결성하고 무장투쟁론을 제시하면서 임시정부와 결별했다. 1925년에 호놀룰루에서 태평양연안 국제신문기자대회에 한국 대표로 참가·활동하고, 1926년에 독립운동 기지 건설을 목적으로 베이징에 대본공사를 설립했다. 대본공사는 중국의 미개간지를 사들여 개간을 통해 독립운동 근거지를 마련하는 한편 독립군 양성자금을 마련

한인소년병학교 시절의 박용만.

하려는 데 목적을 두었다.

박용만의 경력을 길게 소개하는 것은, 그가 투철한 독립운동가이며 무엇보다 반이승만 노선의 무장투쟁론자로서 이회영, 신채호 등과도 각별한 사이였는데 말기의 의문스러운 행적 때문에 의열단의 표적이 되었다는 점 때문이다.

박용만은 1928년 10월 17일, 이해명에게 암살되었다. 그는 비밀리에 국내에 들어가 조선총독부 고위 관계자들과 밀담을 하고 돌아왔다고 한다. 그리고 1926년에 김달하가 박용만을 총독부와 연결시켰다는 설이 있지만, 확인되지는 않았다. 또 박용만의 전력으로 보아 그렇게 쉽게 훼절할 인물이 아니라는 것도 그를 아는 사람들의 한결같은 인식이었다.

당시 베이징의 무장독립운동을 주도했던 다물단은 일제 밀정과 민족반역자들을 색출하여 가차 없이 처단함으로써 그 의기를 드날리고 있었는데, 아마도 박용만은 일제의 이이제이以夷制夷 식 모략에 따른 오해로 인한 희생양이 되었을 것으로 보인다. 이들 다물단의 배후에는 이회영과 신채호, 유자명 등이 버티고 있었다. 신채호가 1928년에 동방무정부주의자연맹 국제위체 위조 사건으로 구속되어 재판을 받을 때, 일제는 줄기차게 이들 사건과 연계시켜 극형으로 몰아가려 기도했다.

박용만의 조선총독 밀담설 등과 관련해 독립운동가 박용철은 다음과 같이 말했다.

어찌 보면 (박용만은) 현실론자랄까 (…) 하여튼 이승만 박사의 외교·청원 방법도 구두선口頭禪 독립투쟁에 불과하다는 식이었고, 또 임시정부도 현실적으로 다스릴 땅도 백성도 없으면서 감투싸움이나 한다고 외면했지요.

그저 러시아 혁명 후 시베리아 공산군을 몰아내자는 명분으로 구러시아 귀족세력과 반공체제를 구성, 무기는 일본이 대도록 하여, 이렇게 확보한 무기·물자로 일제와 대결한다는 전략이었는데, (…) 절대로 체포하지 않겠다는 약속 아래 우가키宇垣 총독을 만나고 왔을 때는 이미 간악한 일제의 계략에 걸려든 것이지요. 우리 손으로 죽일 것이 있느냐, 국제 신의도 있고 하니 놓아 보내주면 저희들(독립운동가)끼리 죽일 텐데. (…)

그와 노선이 다른 독립운동가들이 가만있나요? 성토하고 야단났지요. 집안사람이라고 잘못을 감추자는 것이 아니라 공은 공, 과는 과 아닙니까? 여기 국민위원회 박용만 사변査辨위원장 신숙 선생이 낙관한 증언도 있습니다만, 어찌 조그만 실수로 그토록 그분을 헐뜯을 수 있다는 말씀입니까?[9]

박용만의 암살에는 여전히 풀리지 않는 의문이 따른다. 누구보다 투철한 애국지사였던 그가 조선총독 등을 만난 이유가 해명되지 못하고 있다. 연구가 중에는 그가 총독을 만난 적이 없고, 이런 소문 자체가 그를 제거하기 위한 일제의 술책이었다고 주장하는 이들도 있다. 어쨌든 무장독립운동의 대표적 인물의 한 사람이었던 박용만의 피살은 독립운동 진영에는 큰 손실이었다.

"미친개는 두드려 패는" 의열단과 다물단

이회영이 베이징에서 힘겨운 투쟁을 벌일 때 중국 사회는 1926년 4월 군벌 연합군이 베이징에 진입하면서 정치정세가 더욱 악화되었다. 돤치루이 군벌 정부는 루쉰 등 학계의 비판적인 지식인 15명을 지명수배한다고 발표했다. 루쉰은 1925년 5월에 베이징여자사범대 학생 폭행치사 사태를 신랄하게 비판한 바 있다. 이회영, 신채호, 유자명 등은 루쉰과 교유하면서 그의 작품을 읽었다.

1926년 1월, 루쉰은 격주간지 《망원莽原》에 「페어플레이는 늦춰져야 한다」라는 글을 실었다. 이 글은 중국 지식인 사회에 일대 파란을 일으켰다.

루쉰은 이 글에 대해 "나의 피로 쓴 것이 아니라 나의 동료, 그리고 나보다 나이 어린 젊은이들의 피로 쓴 것"이라고 말했다. 그는 이 글에서 물에 빠진 미친개는 두드려 패라고 일갈했다.

"건드려도 노하지 않는 것"은 관용의 도이고 "눈에는 눈, 이에는 이로 갚는 것"은 곧은 도이다. 그런데 중국에 너무 넘쳐 탈인 것은 비뚠 도인지라 물에 빠진 개를 때리지 않으면 오히려 그 개한테 물린다. 그러나 이것은 정직한 사람이 스스로 고생을 사서 하는 것이다.

남몰래 숨어 사람을 죽이는 귀신들을 자비롭게 대하다보면, 귀신들이 자꾸만 늘어나 퍼지게 마련이다. 그렇게 되면 나중에 가서는 현명한 젊은이들이 이러한 어둠의 세력이 꾸미는 계략에 맞서기 위해 더욱 애써야 하고 더욱 많은 생명을 바쳐야만 한다.

나중에 빛의 세력이 어둠의 세력과 끝까지 싸우지 않고, 만약 사악한 세력이 제멋대로 날뛰도록 내버려 두는 것을 너그럽게 감싸는 것인 줄로 착각하여 마냥 덮어놓고 내버려 두기만 한다면, 오늘날과 같은 혼돈의 상태는 영원토록 끝나지 않을 것이다.

개혁에 반대하는 자들이 개혁자들에게 휘두르는 매서운 손끝은 지금껏 느슨하게 풀어진 적이 없다. 그들이 사용하는 사납고도 무서운 수단은 이미 더 이상 보탤 것이 없을 정도로 끔찍해졌다. 개혁자들만이 꿈속에 잠겨 언제나 손해를 보아왔다. 이 때문에 중국은 늘 개혁을 이루지 못했다. 앞으로는 이러한 태도와 방법을 바꾸어 그들을 매섭게 다루어야 할 것이다.[10]

루쉰의 지적은 중국에만 국한되는 것이 아니라 한국에도 절실한 문제였다. 망국의 뒷마당에서 침략자들이 던져주는 뼈다귀에 맛을 들여 날뛰는 친일·민족반역자들의 행태가 바로 '미친개'와 다르지 않았다. 이러한 인식을 바탕으로 의열단과 다물단이 '미친개' 두드려 패기에 나섰다.

이회영과 아나키스트 동지들은 일본제국주의의 침략과 살상의 만행 그리고 중국 군벌과 부패한 장제스의 우파세력, 여기에 새로운 권력구조로 굳어져가는 중국 공산당 세력의 행태를 지켜보면서 인류를 구원할 수 있는 이데올로기는 아나키즘밖에 달리 없을 것으로 인식했다.

1928년에 결성된 재중국무정부공산주의자연맹은 기관지 《탈환》을 창간하면서 크로폿킨의 「청년에게 호소함」이라는 글을 실었다. 신채호는 크로폿킨을 5대 성인으로 인식할 만큼 높이 평가하고, 이회영 등은 그의 저작을 탐독했다. 다음은 「청년에게 호소함」 가운데 변호사가 되고자 하는 청년에게 고하는 대목이다.

한 부유한 지주가 있다고 하자. 그의 소작인이 세를 지불하지 않자 그는 소작인에게 전답을 내놓을 것을 요구한다. 법적으로 이 사건은 논란의 여지가 없다. 소작료를 지불할 수 없기 때문에 소작인은 전답을 빼앗겨야만 한다. 그러나 우리가 자세히 살펴보면, 우리는 다음과 같은 사실을 알아낼 수 있다.

지주는 세를 받아 쾌락 추구에 탕진했다. 반면에 소작인은 늘 일만했다. 지주는 그의 토지를 비옥하게 하기 위해 아무것도 하지 않았다. 그럼에도 불구하고 그의 땅은 50여 년 만에 3배로 값이 올랐다. 도로가

나고 관개시설이 확충된 덕뿐 아니라 소작인이 (지주가 방치해놓은) 주변 황무지까지 열심히 일군 덕분이다. 그러나 이러한 땅값 상승의 상당 부분에 헌신한 소작인은 파산을 했다. 전답은 관리인의 손에 넘어가고 소작인은 빚더미에 앉게 되어 더 이상 지주에게 아무것도 지불할 수가 없게되었다. 법이 부자의 편에 있음은 더욱 명백하다. 땅 주인이 옳다고 한다. 그러나 정의감이 법적인 허구에 의해 아직 질식되지 아니한 당신은 이러한 경우에 어떻게 하겠는가?

당신은 그 농부가 그 땅으로부터 쫓겨나야 하는 것에 만족할 것인가? (그것은 늘 법이 주장하는 것이다.) 혹은 당신은 그 땅 주인이 이 농부에게 농부의 수고로 인해 땅값이 올라간 만큼 농부에게 지불해야 한다고 주장할 것인가? (이것은 평등이 요구하는 것이다.) 당신은 어느 편을 들 것인가? 법의 편에서 정의를 거역할 것인가? 혹은 정의의 편에서 법을 거역할 것인가?[11]

이상과 현실의 괴리, 혁명가의 이상과 생활인의 현실은 천 겹 만 겹의 차이가 있었다. 중국 경찰의 감시는 날이 갈수록 심해지고 생활고는 하루 한 끼도 때우기 어려웠다. 연거푸 어린 아들과 손녀들을 잃은 아픔도 가시지 않았다.

그런 상황에서도 이회영은 루쉰의 개혁적인 글을 읽고 크로폿킨의 혁명적인 논설을 접하면서 아나키스트 독립운동의 길을 모색했다. 아나키즘 연구가 이호룡은 1920년대 초 식민지 한국 지식인들과 청년들이 아나키즘을 수용한 이유를 다음과 같이 다섯 가지로 정리했다. 이 무렵 이회영의 심경을 이해하는 데도 도움이 될 듯하다.

첫째, 아나키즘은 사회진화론을 극복하는 데 적합했다. 둘째, 전통사상인 유교에서 말하는 "내가 하고 싶지 않은 일은 남에게도 시키지 않아야 한다己所不欲勿施於人"는 내용은 아나키즘이 추구하는 철학과 유사하다. 셋째, 계나 품앗이 같은 공동체 의식과 관습이 강하게 남아 있었다. 넷째, 사회경제적인 조건이 악화되어 민중이 사회변혁의 주체로 출현하고 있었다. 다섯째, 봉건적인 질곡과 일제의 식민지배로부터 해방되고자 하는 자유에 대한 열망이 존재했다.[12]

이회영은 여러 가지로 고심한 끝에 자신은 중국 경찰과 일제 관헌의 감시의 눈을 피해 톈진으로 옮겨서 새로운 운동을 시도하기로 했다. 반면 아내 이은숙은 적의 소굴이 되어버린 국내로 잠입하여 활동자금을 모아오기로 했다. 이들의 삶은 간난신고의 연속이었다.

을축년(1925) 반년은 이렇듯 신고를 겪고 나날을 굶으며 먹으며 지내가는데 생불生佛이 아니고서야 어찌 부지하리오. 생각다 못해 고국에 다시 돌아가서 생활비라도 마련해볼까 하고 내외 의논하던 차에 상하이 가셨던 해관 선생이 베이징 소문이 하도 요란해 오셨다 하며 오시니 오죽이나 반가우리오.[13]

11. 아내를 서울로 보내고 톈진에서의 나날

영영 이별의 길이 되고 만 아내 이은숙의 서울행

　나라가 망하거나 전쟁이 일어나면 특히 여성은 이중삼중의 고통을 겪는다. 성적 피해를 당하거나, 남자들이 전장으로 나가면 가족의 생계를 떠맡아야 하기 때문이다. 일제에 나라를 빼앗긴 뒤 수많은 조선 여성들이 일본군 위안부로 끌려가서 죽느니만 못한 삶의 고통을 겪었으며, 6·25 전쟁터에 남편과 자식을 보낸 수많은 아내들이 식구를 먹여 살리기 위해 온갖 궂은일을 해야 했다.

　엄혹한 일제강점기에 독립운동가를 지아비나 자식으로 둔 여성들의 희생도 눈물겹기는 마찬가지였다. 더하면 더했지 모자라지 않았다. 이회영의 아내 이은숙도 역시 모진 간난의 세월을 버텨내야 했다. 남편을 비롯한 가족과 동지들의 참담한 생활을 함께 견디면서 다시 한번 밀입국을 시도했다. 다른 나라로 탈출하는 일보다 내 나라로 들어오는 길이 더 위험한, 역설의 시대였다.

옛말에 여성은 약해도 어머니는 강하다고 했다. 이은숙은 어머니로서도 강했지만 아내로서도 그에 못지않았다. 만주 시절에 마적단의 습격을 받은 적도 있고, 1차 밀입국 때는 일경에 붙잡히기도 했다. 남편에 대한 헛소문을 믿고 의절을 선언한 동지들에게 식칼을 들고 찾아가 준엄하게 따져 사과를 받아낸 여장부였다. 그 어느 것 하나 보통 용기와 배짱으로는 이기거나 해낼 수 없는 일들이었다.

이은숙은 1925년 7월 하순에 생활비와 군자금을 마련하기 위해 다시 귀국길에 올랐다. 그러나 속히 다녀온다며 서로를 걱정하며 헤어진 이 길이 영원한 이별의 길이 될 줄 누가 알았을까? 이를 두고 이은숙은 '천고영결'이라고 했다.

해관 선생과 같이 의논하고 을축년 7월 하순에 떠나서 왔다. 그때 차를 문밖에 놓고 작별하고 나올 때 가군께서 내가 떠나는 걸 보지 않으려고 그러셨던지, 현아가 7세라, 엄마를 따라나서는 걸 저의 부친께서 데리고 들어가며 "네 어머니 속히 다녀올 제 과자 사고 비단옷 해 가져올 거다" 하고 달래시던 말씀 지금도 역력하도다. 슬프다. 이날이 우리 부부 천고영결千古永訣이 될 줄 알았으면 생사 간 같이 있지 이 길을 왜 택했으리오.

아들 규창을 데리고 역에 나와 차를 타고, 규창이더러 "공부 잘하고, 현숙이 잘 데리고 놀아라" 하고, 국경을 무사히 넘어 장단역에 내리니 일세日勢가 저물었다.[1]

이때 이회영은 59살, 이은숙은 37살이었다. 1908년에 결혼했으니 부부의 인연을 맺은 지 17년이 지났다. 그 사이 규숙(딸), 규창(아들), 현숙(딸)을 낳았는데, 규숙은 김달하 등 민족반역자의 처단 과정에서 감옥살이를 하게 되고, 막내 현숙은 어린 나이에 사망했다. 그리고 두 번째 밀입국할 때 뱃속에 새 아이가 자라고 있었다. 우당의 시중과 가족의 살림은 며느리 조계진에게 맡겼다.

귀국하고 몇 달 뒤에 이은숙은 아들 규동을 낳았다. 규동은 유복자 아닌 유복자가 되어 아버지 얼굴을 한 번도 보지 못한 채 자라나 독립운동을 했다. 형 규창은 선친의 뜻에 따라 친일파 척결에 나섰다가 일제에 피체되어 13년 징역형과 옥중투쟁으로 1년이 추가되어 서대문형무소 등에서 복역하다가 8·15 해방을 맞아 석방되었다. 규창도 이 허망한 일을 훗날 이렇게 회고했다.

모친과 부친의 이번 이별이 아주 영원한 이별이 될 줄이야 누가 꿈엔들 생각하였으랴. 더욱이 모친이 임신하시고 국내로 가셨으니 출생한 동생이 영원히 부친의 존안을 대하지 못한 유복자가 될 줄이야 누가 꿈엔들 생각이나 하였을 것인가.[2]

아내가 고국으로 떠난 뒤 이회영의 생계는 더욱 어려워졌다. 그동안 톈진에서 독립운동을 하던 둘째 형 이석영 부부와 아들이 더이상 생계를 의탁할 길이 없어 베이징으로 올라와 이회영의 집에 함께 기거하기에 이르렀다. 만석꾼이었던 이석영은 끼니도 이을 수 없을 지경에 이르렀다. 쌀이 없어서 하루 종일 밥을 못 지을 만큼

처참하고 슬픈 이때의 참상을 이규창은 자서전에서 형수 조계진의
회고를 통해 이렇게 기록했다.

 쌀이 없어 하루 종일 밥을 못 짓고 밤이 다 되었다. 때마침 보름달이
 중천에 떴는데, 아버님께서 시장하실 텐데 어디서 그런 기력이 나셨는
 지 무슨 곡인지는 모르지만 하도 처량하여 눈물이 절로 난다고 하며 퉁
 소를 부시니 사방은 고요하고 달빛은 찬란한데 밥을 못 먹어서 배는 고
 프고 이런 처참한 광경과 슬픈 일이 어디 있겠는가. 시어머니도 안 계시
 는데 시아버님 진지를 종일 못 해 드리니 얼마나 죄송한가 생각을 하셨
 다고 해방 후 과거의 회고록을 쓴 적이 있었다.[3]

 "천하에 어찌 자기 식생활도 해결하지 못하는 혁명가가 있단 말
이오?" 밀정 김달하가 김창숙을 회유하면서 꺼낸 이 말은 독립운동
가들에게는 통절한 아픔이고 현실이었다. 생계 문제는 이회영 가족
뿐 아니라 독립운동가들 대부분이 겪는 고통이었다. 더구나 언어도
다른 이국에서 활동하는 독립운동가들은 신변을 노출시킬 수 없는
상황에서 생계를 돌보기란 현실적으로 쉽지 않은 일이었다.
 상하이임시정부 시절 경무국장 김구의 어머니는 가족과 임시정
부 요인들의 식사를 준비하면서 중국인들이 버린 채소 쓰레기를 주
워 와서 반찬을 만들기도 했다. 충칭임시정부 문화부장 시절 김상
덕은 부인과 막내딸을 잃고 어린 남매를 중국인 고아원에 맡겨놓고
는 공무를 보아야 했다.
 신채호는 베이징에서 먹고살 길이 없어서 1년여 동안 관인사에

서 승려 생활로 버티고, 실명의 위기에서 고국의 처자를 마지막으로 보려고 불렀다가, 역시 생계가 어려워 고국으로 돌려보냈다. 신채호의 아내는 서울에서 산파 일을 하면서 힘겹게 살았다. 이런 사례를 들자면 끝이 없다.

독립운동가들이 먹고사는 문제에 허덕일 때 친일파들과 악덕 지주들은 명월관 등 고급 요정에서 흥청거리고 떵떵거리며 '태평성대'를 구가했다.

자금난으로 무산된 독립군 기지 건설 계획

이회영은 김창숙과 새로운 독립운동 방략을 모색했다. 그 결과 네이멍구 지방에 독립운동 기지를 건설하고 생활 근거지를 만들어 새 무관학교를 설립하기로 했다. 이러한 계획을 세우는 데에는 김창숙의 노력이 크게 작용했다.

일찍이 내가 우당에게 이런 의견을 말했다.

"독립운동의 전도는 해와 달로 성취를 기약하기 어렵습니다. 만약 일본 세력이 미치지 못하는 러허熱河(열하)나 차하르察哈爾(찰합이) 등지의 황무지로 경작이 가능한 땅을 얻는다면 만주의 동포들을 이주시켜 살리고 가르쳐서 실력을 양성했다가 때를 기다려 움직이는 것이 지금 우리로서는 실로 상책이라고 하겠습니다. 그러나 우리에게는 땅도 없고 자금도 없으니 무슨 도리가 있습니까?"

그랬더니 우당이 "한탄만 하고 있을 것이 아니라 먼저 자네와 친한 중국인 정계의 요인을 찾아가서 땅을 빌리는 문제를 의논해보게. 다행히 땅만 빌려주면 자금을 구하는 문제는 그때 의논해도 되지 않겠는가?" 했다.[4]

이회영과 김창숙의 독립기지 건설 계획은 상당히 진척되었다. 김창숙은 중국 참의원 리멍겅李夢庚을 찾아가서 땅을 빌려 개간하는 문제를 논의했다. 그리고 러허와 차하르 지역은 북방군벌의 한 사람인 펑위샹馮玉祥 장군의 영내라는 사실을 알고, 중국의 전 외교총장 쉬첸徐謙을 통해 펑위샹을 만나게 되었다. 펑위샹은 한-중 양국의 상호협력을 크게 찬성하면서 러허와 차하르에는 마땅한 땅이 없고, 그 대신 중국 북부 네이멍구 중부지방의 수이위안綏遠과 인근 바오터우包頭 등지에 3만 정보의 개간 가능한 땅이 있으니 적당히 이용하라고 허락했다.[5]

이회영과 김창숙은 크게 기뻐하면서 불모지 개간사업에 필요한 자금 준비를 서둘렀다. 하지만 중국에서는 거금을 마련하기가 쉽지 않아서 김창숙이 국내로 비밀리에 들어가 마련하기로 했다. 마침 면우 곽종석의 문집 간행 관계로 많은 선비들이 서울에서 모인다는 소식을 듣고 급히 귀국을 서둘렀다. 하지만 국내의 민심은 크게 식어 있어서 모금이 쉽지 않은 상황이었다. 김창숙은 직접 지면이 있는 많은 선비를 만나거나 또는 사람을 중간에 연결해서 재산이 여유 있는 인사들을 만났지만 그다지 효과는 없었다.

김창숙은 이듬해 독립군 기지를 건설하는 데에는 턱없이 부족한 소액을 마련해 국경을 넘었다. 그런데 당시 톈진과 베이징 사이에는 중국 군벌 간에 전쟁이 치열하게 전개되고 있었다. 그래서 뱃길을 이용해 상하이로 건너가야 했다. 이회영과 김창숙이 희망을 걸고 추진한 독립군 기지 건설계획은 결국 물거품이 되었다. 김창숙이 마련해온 기금은 나중에 나석주 의거의 준비자금으로 활용되었다.

한편, 국내로 들어온 이은숙은 남편의 옛 동지들을 비롯하여 여러 사람을 만나 기금을 모으고자 했으나 쉬운 일이 아니었다. 일제 관헌과 밀정들의 사찰이 두려워 돈을 안 내놓기도 했지만, 무엇보다 사회 분위기가 3·1 혁명의 좌절 이후 '독립 불능'의 패배주의에 휩싸여 있는 게 더 큰 문제였다. 앞에서 소개한 대로, 유림사회의 명사이던 김창숙도 이 무렵 기금 모금에 나섰으나 큰 소득이 없었다. 김창숙은 당시의 상황이 다음과 같았다고 말한다.

금강암에서 10여 일이 지나자 이재락, 이석강, 손후익, 정수기, 송영우, 김화식, 김창백 등이 와서 모였다. 나는 여러 사람들에게 말했다.

"내가 이번 위험을 무릅쓰고 들어온 것은 나라 사람들이 호응해줄 것을 진심으로 기대했던 것이오. 전후 8개월 동안 겪고 보니 육군六軍(천자의 군대)이 북을 쳐도 일어나지 않을 지경이고 방금 왜경이 사방으로 깔려 수사한다니 일은 이미 낭패가 되었소. 나는 실로 다시 압록강을 넘어갈 면목이 없지만 한 번 실패로 다시 일어나지 못하는 것도 혁명가의 일이 아닙니다. 나는 장차 여장을 꾸려서 밖으로 나가 해외 동지들과 함께 황무지 개간사업을 거론하기도 만 번 어려울 것이니, 쉬첸을 다시 만날 면목이 없소이다. 출국하는 대로 당장 이 돈을 의열단 결사대의 손에 직접 넘겨주어 왜정 각 기관을 파괴하고 친일부호들을 박멸하여 우리 국민의 기운을 고무시킬 작정이오. 국내에 계신 동지 여러분이 만약 그 기회를 잡아 일제히 일어난다면 누가 감히 혁명가의 호령에 응하지 않겠습니까?"[6]

막내아들 출산 그리고 호구에서 벗어난 기지

이은숙은 만삭이 되어가는 몸으로, 무엇보다 먼저 베이징에서 굶고 있을 가족의 생활비와 독립운동자금을 마련하고자 동분서주했다. 마음이 바빠 '동분서주'지 몸은 동분서주할 상황이 아니었다. 언제 일경과 밀정에 자신의 정체가 탄로 날지 모르는 처지라 은밀히 지인들을 만나 독립운동가들의 어려운 실정을 호소했다.

동지들을 만나 우리의 실정을 설파하니 모두들 듣고는 답답해하나 별도리가 없었다. 멀리 가군께서 나를 보내시고 무슨 좋은 소식이 있을까 하고 기다리실 일과, 집에서는 어찌 지내시는지 생각을 하면 답답한 마음 진정할 길이 없어 하는 수 없이 우리 종조 해관장을 보고 사정을 하고, 이득년 씨, 유진태 씨, 또 다른 동지들도 만나서 베이징에서 지내는 형편을 말하나 누가 그리 간곡히 생각해주리오.

그래도 그중에서 박돈서 씨가 다소간 주선하여 주고 이득년 씨, 유진태 씨 그 두 분이 가장 걱정을 하면서 다소간 주선하여주어 감사히 받아 우선 급한 대로 부쳤다. 우당장과 의형제를 맺은 이 진사께서는 100원을 주어 그 돈을 부친 후로는 100원이란 다시 생각할 수도 없게 되었으니, 그때의 답답했던 심정은 말할 수도 없도다.[7]

이은숙은 이듬해(1926) 2월 초, 황해도 장단의 친척 집에서 아들을 낳았다. 규동圭東이다. 타지에서 태어난 아기는 성치 않았다. 순산은 했으나 산후조리를 제대로 하지 못해 아기가 병고에 시달렸다. 조선총독부가 1912년에 이른바 조선민사령(식민지 조선에서 발생하는 모든 민사 문제를 판단하는 기준이 되었던 법령으로, 1912년 3월 18일 제령制令 제7호로 제정됨)을 공포함으로써 그 이전에 망명한 이회영 일가에는 민적民籍이 있을 리 없었다.

따라서 민적이 없는 아이를 병원에 입원시키기란 쉽지 않았다. 이은숙의 친척이 보증을 서서 간신히 치료를 받아 아이는 다행히 건강을 회복했다. 이은숙은 절로 탄식했다. "유아는 쑥쑥 자라 건강하건만 저의 부친 승안도 못하여 주야로 마음이 걸리고 애처로운데, 원수의 금전을 마련할 길이 없으니, 어찌하리오."[8]

이은숙의 고통스러운 생활은 계속 이어졌다. 이 진사가 준 돈 100원을 베이징으로 송금한 것이 경찰의 촉수에 걸려들어 엄중한 조사를 받게 되었다. 왕가 출신 며느리 조계진이 시집올 때 가져왔던 옷을 팔아 마련한 돈이라고 둘러대어 간신히 모면했다. 사정이 이렇다 보니 자금 모금은 더욱 어려워지고, 지인들을 만나는 것도 쉽지 않다. 이은숙은 당시 어려웠던 사정을 자서전에 이렇게 남겼다.

한번은 을축년(1925)에 처음 서울에 와서 가군과 결의형제이신 이 진사께서 금화 100원을 주시어 그해 양력 12월에 부친 것을 병인년 10월 결산 중에 안 모양이다. 내가 시외가에서 혼일 일을 돕고 있을 때 나의 시외사촌 되는 변호사 정군모 씨가 오시어서는 "형사가 내 변호사 사무소로 와서 '이회영 씨 부인이 베이징으로 돈 100원 부친 일이 있느냐?' 묻더라"고 말씀하신다. 100원 부친 일이라곤 이 진사께서 주신 돈밖에는 없고, 그게 탄로 난 것이 분명했다. 이분이 주셨다고 하면 고마우신 활인지부活人之父를 경찰에 욕뵈는 일밖에 되지 않고, 또 그분에게 미칠 화를 생각하니 다시금 놀랍고도 답답한 마음이다. 아무리 생각해도 좋은 모계謀計가 없어 밤을 당하여도 잠인들 오나, 경경불면耿耿不眠하다가 어렴풋이 잠이 들었는데, 몽중에 부처님의 가르치심인지 문득 생각이 떠올랐다.

그것이 기미년(1919)에 가군이 먼저 베이징으로 가신 후 인편에 기별하기를 "며느리 옷이 여기서는 적당하지 않으니 가지고 오지 말라"고 하시어서 며느리더러, "너의 존구께서 네 조선 의복이 그곳에서는 적당하지 않다고 하시며 가져오지 말라고 하셨으니 너의 본가로 가져가게 하라" 하고 이르니 며느리가, "저의 본가엔 아니 갔다 두겠으니, 다른 데에 두는 것이 좋겠어요" 하여, 그럼 우리 대고모 댁에다 두기로 하고, 옷 수효를 일일이 적어서 발기 둘을 하여 하나는 제가 갖고 하나는 대고모님에게 드리고 왔었다.

그 이듬해 경신년(1920)에 며느리 작은오빠 조남익 씨가 와서, 누이가 자기 옷을 맡긴 것을 찾아가라 했다 하여 모두 찾아가고 대고모님은 발기 적은 것만 가지고 계시다 했다. 나는 이 물건을 본인이 팔아서 돈을 길러 달라 한 것이 100원이라, 그것을 부쳤다고 말을 하기로 미리 준비를 하고, 대고모 보고도 조사가 오거든 이같이 말을 하시라고 부탁드려 놓았다.

그 이튿날 오전 여덟 시에 형사 둘이 와서 같이 동대문서로 가자 하여 데리고 가서는, 첫 공사供辭에 100원이란 돈을 누가 주더냐 하기에 "주기는 누가 주겠어요. 우리 며느리 의복이 중국에서는 적당하지 않아 우리 대고모에게 맡기고 간 것을, 며느리가 옷을 팔아서 돈을 길러 달라 하기에, 내가 가군에게 주시기로 하고 부쳤죠" 하니, 정말이냐고 묻기에 "내 말이 못 믿겠거든 조사해보면 알 일이 아니오?"라고 했다. 그 시로 우리 대고모 댁에 가서 조사를 해보아도 내 말과 같은지라 별 의심을 사지 않고 무사히 치르고 오후에 돌아와 보니, 우리 규동을 시외숙모께서 암죽을 만들어 먹이시며 내가 속히 못 나올까 걱정하시는 중이라 모든 것이 미안한 마음이었도다.[9]

이은숙은 독립운동가의 아내이자 어머니로서 기개가 높았을뿐더러 이처럼 범상치 않은 기지도 갖추고 있었다. 아찔한 순간에 그 기지를 발휘해서 호구虎口에서 벗어날 수 있었다.

이광의 출현으로 오랜만에 활기를 찾다

이은숙이 국내에서 자금을 마련하기 위해 온갖 고생을 하고 있을 때, 이회영은 활동 근거지를 톈진으로 옮겼다. 베이징의 집에는 이석영 가족이 기거하기로 하고, 이회영은 톈진의 프랑스 조계 다지리大吉里(대길리)로 옮겼다. 이곳으로 옮긴 이유는 프랑스 조계 지역이었기에 일본 영사관 경찰의 수색을 피할 수 있었기 때문이다. 이때 오랜 동지 이광이 구세주처럼 나타나 큰 도움을 주었다.

굶으면서 지내던 무렵 구세주처럼 찾아온 인물이 성암 이광李光이었다. 일본 와세다대학과 중국 난징의 민국대학을 졸업한 이광은 신민회 회원이었고, 이회영과 함께 경학사와 신흥무관학교를 운영한 가까운 동지였다. 그는 임시의정원 의원과 외무부 베이징 주재 외무위원을 겸임하며 한—중 양국의 외교 사항을 처리할 만큼 중국통이었다.

이광은 근 일 년여 동안 소식이 두절되었다가 불쑥 나타났다. 그 일 년 동안 이광은 산시성陝西省 출신의 중국 국민국 부사령과 제2군 군장 및 허난성河南省 독판인 후잉이胡景翼의 행정고문관이 되어 있었다.

극심한 가난에 시달리던 이회영 일가에게 이광의 출현은 복음이었다. 이광이 후잉이로부터 상당한 자금을 받아 왔기 때문이다. 이광은 그 자금으로 '할 일'이 있다면서 상하이의 아나키스트들을 불렀다.[10]

이광의 출현은 이회영에게 새로운 활로를 터주었다. 이광은 프랑스 조계에 집 두 채를 마련하여, 한 채는 이회영 가족이 쓰도록 하고 다른 한 채는 상하이에서 활동 중이던 아나키스트 동지들의 숙소로 사용하도록 했다.

톈진에 모이게 된 이회영과 아나키스트 동지들은 모처럼 활력을 되찾았다. 이광의 연락을 받고 톈진으로 온 아나키스트들은 이을규, 이정규, 백정기, 정화암, 이상일, 이기인 등이었다. 이들은 이광이 마련해온 돈으로 무기중개상을 통해 권총과 폭탄 10여 개를 구입하여 두꺼운 책 속에 감추어 톈진으로 가져오는 데 성공했다.

다지리大吉里에 얻어놓은 집에 여장을 풀고 부친께 와서 그간 이별하였던 회포를 나누시며 또 새로운 동지들과 다시 인사를 나누었다. 그리고 백정기 선생이 큰 가방 하나와 보온통 5개를 부친께 무어라 말을 하시며 나보고 규호(규창의 아호)는 저 보온통을 절대로 만지면 안 된다고 하기에 나는 백 선생을 쳐다보고 대단히 무서운 표정을 지었으며 내 입에서 혀를 빼내고 고개를 흔들었다. 그랬더니 "너 참으로 큰일 날 놈이구나, 네가 무엇을 안다고 그런 표정을 하느냐"고 하니 나의 말이 "나는 다 알고 있어요, 무서운 것이죠?" 했다. (다시) "너 참 큰일 날 놈이다" 하며 말해주었다. 보온통에는 과연 무서운 것이 들어 있었다. 보온통 1개에 폭탄이 2개씩 들어 있어 폭탄이 모두 10개나 된다. 꼭 보온통같이 보여 누가 의심할 수 있겠는가.

나는 그 당시 눈치와 생각이 비상하여 어른들의 손짓과 입 놀리는 것만 봐도 대개 짐작하였었다. 큰 가방 안에는 권총 15정이 들어 있었다. 이것이 다 상하이에서 사가지고 온 것이다. 이 폭탄과 권총이 훗날 나석주 의사의 의거에 사용될 줄이야.[11]

독립운동가들에게 무기는 생명과 같은 것이다. 그동안 침체되고 의기소침했던 이들에게 무기와 거처가 마련되고 일정한 규모의 자금이 확보된 것은 정말 신바람 나는 일이었다.

이런 와중에 이회영과 그의 동지들에게 약간 실망스러운 일이 생겼다. 이광이 후잉이를 통해 전달받은 자금은 당연히 일제를 타도할 목적으로 제공하는 자금인 줄 알았다. 그런데 알고 보니 이광은 자신이 모시는 후잉이의 라이벌을 처치해달라는 조건으로 돈을 내놓은 것이라 했다. 조선인 손으로 자신의 라이벌을 제거하려는 후잉이의 얕은 속셈이었다. 같은 중국인보다 조선인이 나서서 일을 처리하면 사후 수습도 쉽게 해결되리라 계산한 것이다.

독립운동 진영에는 아주 곤란한 문제였다. 성공해도 별 소득이 없고, 실패하면 자칫 한—중 사이에 큰 불상사를 일으키게 되어 자칫 독립운동 진영 전체에 누가 될 수 있는 사안이었다. 이 문제로 이회영과 그의 동지들은 걱정이 컸다. 그런데 때마침 다행히 1925년 말에 후잉이가 실각하면서 문제가 자연스럽게 해결되었다.

곤궁함 속에서 풍류로 시름을 달래다

후잉이의 실각으로 당장 난감한 일은 해결되었으나 다시 눈앞에 닥친 생계의 어려움은 상황이 조금도 나아지지 않았다. 이회영은 동지들과 의논하여 부자마을 다지리에서 집세가 가장 싼 톈진 난카이南開의 다싱리大興里에 방 두 칸을 빌려서 이사했다. 정화암은 베이징으로 가고, 이정규, 이을규, 백정기 등은 톈진에 남아서 새로운 독립운동의 활로를 모색했다.

이회영은 다시 하루 한 끼도 때우기 어려운 힘든 나날을 보내야 했다. 국내로 들어간 아내 이은숙은 일제의 감시 때문에 이회영에게 돈을 부치는 일이 여의치 않았다. 그러는 사이에 1925년이 저물고 1926년이 되었다. 이회영의 나이는 어느덧 60이었다. 44살에 중국으로 망명했으니 고국을 떠난 지도 16년이 흘렀다.

가족은 뿔뿔이 흩어진 채로, 자신은 며느리와 아직 어린 남매를 데리고 있고, 아내는 젖먹이 아들을 데리고 왜적이 통치하는 서울에서 모진 고생을 했다. 이 무렵 이은숙은 남편에게 보낼 돈을 마련하기 위해 일을 가리지 않았다. "《동아일보》 사장 김성수의 동생 김연수가 경영하는 고무공장에서 여공 생활을 하기도 하고 유곽遊廓기생들의 옷 수선 등의 일을 하여 근근이 돈을 모아 중국으로 보내는 수밖에 없었다."[12]

생계의 절대빈곤 속에서도 이회영은 '선비'의 풍모를 잃지 않았다. 동지들에게 단소短簫 등을 만들어주어 틈틈이 불면서 마음을 달랠 수 있도록 하고, 자신도 양금, 단소, 간소(중국인들의 악기)를 연주했다.

그런 참혹한 생활 속에서도 부친께서는 음악의 풍류로 참혹한 환경을 위안 겸 하시는 것 같았다. 양금과 단소, 간소를 취주吹奏하시며 유쾌한 시간을 보내시며 이을규 선생에게 단소를 배우도록 하여 당신은 양금을 치시며 을규 선생에게는 단소를 잘 못 불지만 하시도록 하시었다.

그리하여 근 1개월이 경과되어 을규 선생도 제법 단소를 곧잘 불게 되었다. 해방 후에도 이을규 선생 댁을 가면 단소를 직접 조작하여서 톈진 그 시절 부친께 습득한 단소제작법으로 제작하여서 한 곡을 취주하시는 것이다. 그러면서 우당 선생을 회상하시는 것을 들었었다. 이것이 과거 독립운동사의 한 토막 역사인 것이다.[13]

평탄한 삶이었다면 그해에 맞은 육순 생일은 만인의 하례를 받으며 제법 크게 열렸을 것이다. 하지만 망명객 신세에 가족은 뿔뿔이 흩어지고 당장 끼니도 해결하기 어려운 처지였으니 잔치는 생각지도 못할 일이었다.

1926년은 선생이 육순을 맞이하는 해였다. 여러 동지들은 선생이 나이 든 만큼 더욱 힘을 내어 건강과 평안을 누리기를 빌면서 각자 떠나갔다. 그런데 앞으로 다가오는 몇 해는 선생의 생애 중에서 물심양면으로 가장 큰 고초를 겪는 시기가 되었다. 국내에서도 좋은 소식이나 기쁜 연락이 없었고, 중국에서 남북으로 흩어져 활동하는 동지들에게서도 시원스러운 소식이 없었다.

남의 나라에서 떠돌이 생활을 하며 어린 자녀를 데리고 극도에 달한 생활고에 시달리면서 답답하게 그날그날을 보내는 고초는 비록 강철같이 비범한 신체와 정신을 지닌 선생이었지만 이미 60이 된 노구로서 너무나 어려운 일이었다. 때로는 가중되는 고초를 어찌 다 이겨낼 것인가 하며 칼을 빼물고 죽어버릴 생각까지도 하는 때가 있었다. 그러나 선생은 실망을 모르는 강심장으로 끝내 이겨내셨다.[14]

혁명가 이회영의 나날은 힘들고 고달프지만 자신의 삶이 부끄럽지는 않았다. 배가 고파도 비굴하지 않고 의복이 남루해도 주저하지 않았다. 혁명가는 꿈을 먹고 사는 현실주의자이기 때문이다.

자신의 야망을 채우기 위해서가 아니라
진정으로 민중을 섬기기 위해서
울
사람들은
도대체 어디에
있다는 말인가!

이회영은 자신이 좋아하는 크로폿킨의 절구를 가슴에 새기며 흐트러지려는 마음을 다잡고 있을 때, 어느 날 시야野也 김종진이 찾아왔다. 어려움이 닥쳤을 때마다 동지와 제자들이 찾아와 힘을 보태준 것은 지난날 이회영이 베푼 덕이 크고, 독립운동 진영에서 그만큼 존경받는 어른이었기 때문일 것이다.

김종진과 나눈 대화에 나타난 우당의 철학과 사상

괴로운 나날을 보내고 있을 때 남쪽으로부터 돌연히 김종진이 헌헌장부軒軒丈夫가 되어 찾아왔다. 김종진은 7년 전인 1920년 늦가을에 베이징으로 찾아와서 여러 달 동안 이회영을 흠모하며 모셨던 청년이다. 1924년 봄에 군관학교 입학을 지망해서 이회영이 이시영과 신규식 등에게 그를 소개했었다.

그런데 어느새 세월이 흘러 그는 벌써 윈난雲南(운남) 군관학교를 졸업했다고 한다. 그동안 꿋꿋하게 처음에 품은 뜻을 지키며, 갖은 고초를 겪으면서도 정진을 게을리하지 않아 이회영의 가르침 그대로 문무를 갖춘 재목이 되어 있었다.

여러 동지를 규합하여 실지의 싸움터인 북만주로 진군하러 떠나는 길에 이회영을 보러 온 것이었다. 이회영은 그 씩씩한 기개와 늠름한 체구, 굳은 신념과 포부, 먼 앞날을 내다보며 희망에 가득 차 있는 모습이 대견해 보였다. 그동안 가라앉았던 기분이 풀리면서 이 청년 독립군 장교와 함께 쌓이고 쌓인 회포를 풀며 밤새워 이야기를 나누고 또 나누었다.[15]

이회영은 늠름하고 멋진 대장부가 되어 오랜만에 찾아온 이 젊은 혁명가와 더불어 며칠 동안 긴 대화를 나누었다. 저녁이면 12살 된 아들 규창이 가져온 멀건 죽 한 그릇과 소금 한 접시로 허기를 달래면서 밤을 새워 이야기를 주고받았다.

이회영은 자신의 사상과 철학 등이 담긴 글을 거의 남기지 않았다. 그런데 이회영과 김종진이 이때 주고받은 내용을 이을규가 『시야 김종진전』에서 비교적 자세히 기록해놓았다. 이회영의 정치이념을 알 수 있는 드문 자료이자, 그날 이후 김종진이 추진하는 혁명운동의 이념을 알 수 있는 기록이기도 하다. 다음은 그 주요 대목을 발췌한 내용이다.

나는 의식적으로 무정부주의자가 되었다거나 무정부주의자로 사상을 전환했다고는 생각지 않는다. 다만 내가 우리나라의 독립에 관하여 실현하려 노력하는 나의 생각과 방법이 현대사상의 견지에서 보면 무정부주의자들이 주장하는 것과 상통하기 때문에 남들이 그렇게 보는 것이다. "지금 것이 옳고 예전의 것이 틀렸다는 것을 깨달았노라"는 식의 방향전환을 하여 무정부주의자가 된 것은 아니다.

일부 사람들의 말과 같이 내가 만약 구황실 중심의 보황파였다면 그것은 그야말로 180도의 방향전환이라고 할 수 있을 것이다. 그러나 내가 구한말부터 기미독립 직전까지 주로 고종 황제를 앞세우려 했던 것은 왕을 다시 세우려 하는 봉건사상에서가 아니라 항일독립을 촉성하기 위한 것이었다.

그것은 한국 독립의 문제를 국제문제로 제기하기 위해서 국제간에 영향력이 있는 사람이 나서야 하며, 또 국내적으로 영향력을 가져야 하는데, 그러한 역할에는 고종 황제가 가장 알맞은 분이었으므로 그런 방법을 택했던 것이다. 아마 대동단大同團의 전협全協 씨가 의친왕 이강 씨를 상하이로 데려가려 한 것도 같은 생각일 것이다.

나는 본래 벼슬을 원하지 않는 사람이며 불평등한 신분제도도 본래 반대하던 사람이다. 독립을 하자는 것도 나 개인의 영화를 위한 욕심에서가 아니라 전체 민족이 평등하고 자유로운 행복한 생활을 누릴 수 있기 위해서다.

그러므로 그 목적을 달성할 수 있는 알맞은 제도와 조직과 구조를 생각해야 했고 그 결과 얻어진 것이 이것이니, 나의 이 사상은 일관된 것이며, 나의 독립운동의 방향이라고 나는 믿는다. 그러므로 나의 생각이 무정부주의와 공통된다 하여 나에게 사상적 전환을 했다 하는 의견에는 나는 수긍할 수 없다.

나는 사심 없이 공정한 민족적 양심을 지닌 사람이라면 당연히 나와 같은 주장을 가질 것이라고 생각한다. 그리고 그것을 무정부주의라고 한다면 우리나라의 독립운동은 무정부주의 운동이어야 할 것이다.[16]

이회영은 자신에게 쏟아진 '무정부주의자로의 전환'에 대해 강력히 반박한다. 자신은 의도적으로 무정부주의자가 되거나 갑자기 무정부주의 사상으로 전환한 것이 아니라 독립운동의 방향과 방법이 무정부주의자들의 주장과 상통하기 때문에 아나키스트가 되었다고 힘주어 설명한다.

또 자신은 감투를 싫어하며 신분제도를 반대하여 독립된 나라의 미래상인 민족 구성원 전체가 평등하고 자유로운 생활을 누리기 위해서는 아나키즘을 실현하는 것이 유일한 길이라고 주장했다.

신채호가 누누이 역설해왔듯이, 외래 이념이나 종교에 대한 맹목적인 추종이 아니라 그것이 민족과 민중을 위하는 이념이 돼야 한다는 철학인 셈이다. 이회영의 설명은 다음과 같이 이어진다.

> 우리 독립운동의 현실로 보아 (아나키즘이) 가장 실제적인 이론이며 적절한 방법론이라고 나는 생각한다. 또 사실상 모든 운동가들이 자기 사상이야 어떠하든지 이미 무정부주의 자유연합의 이론을 다 같이 이대로 실행하고 있다. 기미년 이전과 이후를 막론하고, 지금까지 수많은 단체와 조직이 생겼지만 그에 소속된 운동가가 자신의 자유의사의 결정에 의지하지 않고 강제 명령에 무조건 맹종하여 행동한 사람이 누가 있는가? 그런 단체가 어디 있는가?
>
> 이른바 철의 조직이라고 자타가 공인하며, 강제와 복종의 기율을 조직의 생명으로 하는 공산당이라 하더라도, 그것은 지금의 소련과 같이 자기들의 정치권력을 확립한 뒤의 얘기다. 그들도 혁명 과정에서는 모든 당원이 명령에 무조건 복종한 것이 아니라 자유합의에 의해 토론과 타협을 하고 나서 행동하였던 것이 아닌가?[17]

'자유협동체론'의 인류 이상을 제시하다

스승과 제자는 고픈 배도, 밤이 깊은 것도 아랑곳없이 서로 묻고 답했다. 이회영이 자신의 사상과 신념을 이렇듯 심도 있게 이야기한 경우는 아주 드문 일이었다.

김종진이 독립운동 진영의 분열상과 자리다툼을 불식하기 위해서는 우당의 '자유연합이론'이 타당하다고 제기하자, 이회영은 이렇게 설파했다.

개인적인 욕심이 없이 오직 일만 생각하는 사람은 불순한 자기 고집이 없이 공정하게 사물을 판단하는 법이며, 솔직하게 제 고집을 버리고 상대의 옳은 의견에 따르는 법이다. 그런데 자네도 스스로의 고집을 간단히 버리고 상대의 옳은 의견에 찬동하는 것을 보니 역시 무정부주의자 기질이 있는 사람이군.

자유평등의 사회원리와 민족자결원칙에 의해 독립된 한 민족의 내부 구조에도 자유평등의 원칙은 그대로 적용되어야 할 것이다. 권력의 집중을 피하고 분권적인 지방자치제를 확립하면서 지방자치단체의 연합으로서 중앙정치기구를 구성하며, 경제건설에 있어서는 재산의 사회성에 비추어 일체의 재산은 사회화를 원칙으로 하고, 경제의 운영 관리는 사회적 기획 아래에서 되도록, 즉 사회적 자유평등의 원리에 모순이 없도록 민주적 관리 운영의 합리화를 꾀하여야 한다.

그리고 교육은 물론 사회 전체의 부담으로 실시해야 할 것이다. 무정부주의는 사회개혁의 원리이자 생활의 원리인 까닭에 그 기본인 자유평등의 원리와 자유합의의 이론을 살리면서 그 사회의 현실에 맞도록 합리화시켜야 할 것이다. 이 모든 구상은 내 개인적인 생각이기는 하지만, 한국 무정부주의자들도 약간 생각이 다르더라도 크게는 다 찬동할 것이다. 그리고 무정부주의자는 공산주의와 달라 반드시 획일성을 요구하지는 않으므로, 그 민족의 습성과 전통 및 문화적·경제적 실정에 맞추면서 그 기본원리를 살려 나가면 되지 않겠는가.[18]

이회영의 철학사상이 심도 있게 제시된 것은 김종진과의 이 대담이 거의 유일하다. 행동하고 실천하는 혁명가에게서 이와 같은 깊은 사상과 신념을 발견하기란 쉽지 않은 일이다. 두 사람의 대담은 계속 이어진다.

결론적으로 무정부주의는 궁극의 목적이 대동大同의 세계요, 세계가 한 집인 하나의 세계다. 이 하나의 세계라는 말은 전 세계가 하나의 생활권으로 변한다는 것이니, 곧 각 민족 및 공동생활 관계를 가진 지역으로 독립된 사회군社會群들이 지구상에 있는데, 이들의 이해관계 등의 공동관계를 계획하고 조정하는 세계적인 기구가 형성됨으로써 이들 사회군들이 자유연합적인 세계연합으로 일원화된다는 것이다.

이러한 세계연합이 이루어지면 각 민족적 단위의 독립된 사회나 지역적인 공동생활권의 독립된 단위 사회가 완전 독립된 주권을 지니면서, 자체 내부의 사건과 문제는 자주적으로 해결할 것이고, 다른 사회와의 관계나 또는 공통적인 관계는 개별적으로 또는 연합적인 세계 기구에서 토의 결정하여 처리하는 것이다.

여기에서 부연하여 둘 것은 국가와 사회와의 개념 문제이다. 곧 단위 사회는 독립된 주권이 확립되어 있으니 한 국가가 아니겠느냐고 할 것이다. 그것을 국가라고 보아도 무방하겠지만, 세계 연합의 일원인 까닭에 세계가 국가적 자유연합의 체제를 갖추게 되면 사회라는 어휘는 국가라는 어휘와 동의어가 될 것이다. 그러면 그때는 국가라는 말이 실용되지 않게 될 것 같다. 이것은 마치 미합중국의 각 주가 독자적인 독립된 법을 가지면서도 연합적인 연방국을 구성하였기 때문에 각 주가 독립된 국가가 아니며, 단지 하나의 주州로 변하는 것과 같다.

문제는 실질적인 국가 간의 일인데 현재의 자유 진영과 공산 진영이 그러하듯이 이상과 이념을 달리하는 국가끼리 대립하면서도 현상유지를 해나갈 수 있겠으므로 어쩔 수 없이 과도적으로 중앙연합기구(정부)가 외교·국방·무역·문화교류 등의 국제문제를 다루게 될 것이다.[19]

이회영이 그리던 인류 미래의 사회상은 1세기가 지난 현재 시점에서도 그대로 적합한 청사진이다. 밤이나 낮이나 일구월심日久月深 일제 타도를 위해 노심초사하던 혁명가가 이와 같은 심모원려深謀遠慮의 인류 미래상을 제시한 것은 놀라운 일이다. 이회영은 결론을 다음과 같이 들려준다.

인간은 본래 상호부조·협동노작協同勞作하는 본능, 즉 사회적 본능이 뿌리 깊이 박혀 있어서 때로는 이기적인 투쟁도 하지만 그보다는 양보와 협동으로 상호 간에 더 큰 이익을 보아왔다. 그래서 고립해서는 생의 유지가 불가능하다는 것을 알고 충돌과 투쟁을 피하고 타협·이해·관용으로써 자기 생존을 보존하여 왔다. 그리고 그것이 본능으로 체화되어 있기 때문에 때때로 나타나는 인간 상호 간의 증오·불신·투쟁은 과도적인 것이며 결코 영속될 수 있는 성질의 것이 아니다.[20]

이회영과 김종진의 대담은 며칠 동안 계속되었다. 대담과 관련하여 이정규는 "그 씩씩한 기개와 늠름한 체구, 굳은 신념과 포부, 먼 앞날을 내다보며 희망에 가득 차 있는 모습 등을 보면서 당신의 침체되었던 기분이 풀려 이 청년 독립군 장교를 상대로 쌓이고 쌓인 회포를 풀며 밤새워 담론했다"[21]라고 적었다.

내일을 예측하기 어려운 처지에서도 우리 독립운동가들은 독립운동의 이념과 철학 그리고 해방 뒤 수립하게 될 독립국가의 이상을 구상했다. 대표적인 예로 김구의 '문화국가론', 조소앙의 '삼균주의' 그리고 이회영의 '자유협동체론'을 들 수 있다.

한 연구자는 이회영을 '진정한 인본주의자, 나아가 세계평화주의자'의 모습으로 그리면서, "남을 억압하지 않으면서 공의가 실현되는 진정한 평화사회를 위해 싸우는 휴머니스트, 상호부조와 공존공영의 이상사회를 꿈꾸는 세계평화주의자"[22]라고 규정했다.

이회영과 헤어진 뒤에도 김종진은 이회영의 뜻을 이어받아 더욱 정진하여 열혈투사로서 독립운동을 계속했다.

12. '동방연맹' 결성 그리고 풍찬노숙의 일월

기대만 잔뜩 부풀려놓고 개교가 무산된 상하이 노동대학

중국의 정세는 크게 요동치고 있었다. 1927년 4월에 장제스蔣介石가 쿠데타를 일으켜 좌파의 우한정부에 대항해 난징정권을 수립하고 이어서 북벌에 나섰다. 북벌군은 중국의 심장부인 우창武昌(무창)과 한커우漢口(한구)에 이어 난창南昌(남창)을 점령하고, 곧 난징과 상하이까지 점령하여 기세를 올렸다. 그해 10월에는 마오쩌둥이 징강산井岡山(정강산)에 근거지를 개척하고, 이에 앞서 5월 말에는 공산주의자들이 상하이에서 총파업을 벌이고, 무장봉기를 일으키면서 다시 국공분열이 심화되었다.

장제스 정부는 중국 대륙에 거세게 휘몰아치는 공산주의 세력을 제거하고 건전한 노동운동을 위해 중국 아나키즘 지도자들과 협력하여 노동운동 지도자 양성기관으로 상하이에 노동대학 설립을 추진했다. 정부 대표와 아나키스트 리스청 등이 설립준비위원으로 선정되고, 한인으로 이을규·이정규 형제 그리고 일본인 아나키스트 이와사 사쿠타로岩佐作太郎가 객원교수로 초빙되었다.

상하이 노동대학은 난징 정부가 공산주의자들을 숙청하는 과정에서 상하이총공회上海總工會 산하의 각급 노동조직 및 친공계의 각 기관을 봉쇄하여 총검거를 단행한 뒤, 노동조직을 이끌어나갈 노동단체의 간부를 양성할 목적으로 설립했던 기관이었다.[1]

중국인 아나키스트 내부에서 상하이 노동대학 설립에 참가하는 것을 반대하는 의견이 제기되었다. 그러나 이정규 등은 노동대학 설립 참가에 반대하던 일본인 아나키스트 이와사 사쿠타로를 설득하여 객원으로 함께 참가했다.

이정규가 상하이 노동대학을 설립하는 데 참가한 이유는 중국 형편상 국민당 정부와의 합작을 인정할 수 있다는 것과 노동대학을 설립하는 것은 다수 동지를 집결하여 조직을 강화할 수 있는 좋은 기회라고 생각했기 때문이다.[2]

상하이 노동대학 설립은 한인 아나키스트들에게는 큰 희망이고 기대였다. 이를 통해 유능한 인재를 모아 조직을 확대하고 국제적으로 연대하는 데 도움이 될 것으로 생각했다.

상하이 노동대학은 정규 교육과정의 노공학원에, 단기 훈련과정으로 노공요원 양성소를 부설하기로 했다. 이을규·이정규 형제와 이와사 사쿠타로 등 실무준비위원들은 양성소를 1927년 7월 1일에, 정규 대학과정은 9월 1일에 개학한다고 정하고 준비를 서둘렀다.

준비위원들은 교과목을 편성하고, 교수로는 일본의 저명한 아나키스트인 이시카와 산지로石川三四郎와 에스페란티스트 야마가 타이지山鹿泰治 그리고 프랑스의 폴 루크류(엘리제 루크류의 동생)를 초빙하기로 했다. 노동대학에서는 에스페란토와 프랑스어가 필수과목이었고, 사회문제를 비롯해 사회주의의 역사, 국제 노동운동의 역사, 세계 현대사, 노동문예, 사회보장법과 노동법, 사회진화론의 역사, 문화가치 진화이론 등을 이수과목으로 선정했다.

이후 난징 정부 교육부의 교육지침에 따라 군사훈련과 당의 이념을 비롯 논문의 삼민주의 교육이 이수과목이 되는 등 상당히 변화된 모습을 보여주었다.

이처럼 노동대학은 공산주의 이념과 대항할 인재 양성을 목표로 중국 아나키스트들이 국민당 세력과 협력하여 야심차게 시도한 실험이었다. 그러나 처음부터 모든 것을 국민당과 정부에 의지한 채 출발했다는 치명적인 약점을 가지고 있었다.[3]

이을규는 이 같은 사정을 톈진에 있는 이회영에게 서신으로 전하면서, 규창 군을 중고등학교에 입학시키면 어떻겠느냐고 물었다. 학비가 면제일 뿐만 아니라 장래 대학까지 진학할 수 있다고 덧붙였다.

규창이 이미 입학할 나이인 12살이 되면서 교육문제로 고심하던 이회영에게는 반가운 소식이었다. 그런데 상하이로 가려면 선박을 이용해야 했고, 뱃삯으로 6원이 있어야 했다. 그러나 준비된 돈은 겨우 2원뿐이었다. 상하이에만 가면 숙부와 형 규학이 있으니 어떻게든 살아갈 수 있을 것이라 믿었다.

이규창은 우여곡절을 겪으며 '무전여행'으로 상하이에 도착한 뒤, 영국인이 경영하는 버스회사 검표원으로 일하는 형 규학을 만났다. 입학시험을 치르고 기다리는 동안 이을규의 소개로 이동녕, 조완구, 김구 선생을 차례로 찾아뵈었다. 이동녕과 조완구는 베이징에서 뵌 분들이었지만 김구에게는 처음 드리는 인사였다.

이규창은 시험에 합격했다. 그러나 복잡한 정치적 이유로 노동대학은 개교하지 못하고, 아울러 함께 세우려던 중고등학교도 개교할 가망이 없었다. 이규창은 다시 톈진으로 돌아올 수밖에 달리 방법이 없었다.

숙부님, 석오 이동녕 선생, 조완구 선생께 다 고별인사를 드리고 백범 김구 선생께도 안녕히 계시라고 인사를 드리고 소생은 톈진으로 돌아간다 하니, 백범이 부친을 뵙거든 문안을 드린다고 여쭈라 하시며 내가 너에게 노자를 보조할 테니 받으라 하시며 지갑을 홀랑 뒤집어서 대양大洋 3원을 다 주시며 이것이라도 가지고 가라 하셨다.[4]

이회영의 실망은 컸다. 아들의 입학 문제도 그렇거니와 노동대학이 설립된다는 소식을 듣고 얼마나 기뻐했는지 모른다. 형편이 되면 개교식 날에는 상하이로 달려가서 축사라도 해주고 싶었던 심경이었다. 그래서 이을규 형제가 진행 상황을 알려오고 자문을 구할 때마다 상세하게 답신을 해주었던 터였다.

'동방연맹' 결성과 아나키스트들의 국제연대

1928년 5월, 상하이에 모인 이을규, 이정규, 정화암, 류기석 등은 재중국무정부공산주의자연맹(연맹)을 결성했다. 이들은 4년 전 휴간된 《정의공보》를 복간하는 의미로 《탈환》을 6월 1일 자로 발행했다. 아나키즘을 선전하는 논설을 주로 실었다. 이회영은 여기에 축시를 보내 복간을 축하해주었다.

'연맹'은 이 기구를 국제적인 연대 기구로 키우기 위해 많은 노력을 기울였다. 이회영에게도 수시로 연락하면서 자문을 구했다. 이들은 중국, 대만, 일본의 아나키즘 동지들과 연대하여 일제의 무력 침략과 공산주의국제연맹에 대처하는 방법을 찾고자 했다.

아나키스트들의 국제연대운동은 1920년 10월 오스기 사카에가 극동 사회주의자회의에 참석하기 위해 중국 상하이로 밀항하면서 비롯되었다. 그는 제국주의 침략에 반대하는 동아시아 아나키스트들이 상하이에 모여 전체 대회를 열 것을 주창했으며 의열단 단장 김원봉과도 만나 일본 혁명을 위한 연락기관 설치에 동의했다. 1923년 9월 오스기 사카에가 일본 헌병 대위에게 학살당하자, 아나키스트들의 국제연대는 1926년경 신채호와 유기석, 이정규 등 한인들과 타이완 출신 린빙원林炳文 등에 의해 계승되어 추진되었다.[5]

이런 준비 과정을 거쳐 동방무정부주의자연맹(동방연맹)이 조직되었다. 조선, 중국, 일본, 타이완, 베트남, 인도, 필리핀 등 7개국 대

1928년에 결성한 동방무정부주의자연맹. 뒷줄 왼쪽에서 셋째가 이을규, 오른쪽에서 셋째가 류기석이고, 앞줄 오른쪽에서 둘째가 이정규.

표 120명이 모여 동방연맹을 결성했는데, 한국의 이회영, 신채호, 이필현 등을 비롯하여 중국의 대표적인 아나키스트 리스청과 루쉰 등이 참석했다.

대회 참석자들은 '동방연맹'이 각기 자기 나라에서 연락기관을 설치하여 국제연대를 긴밀히 하고, "동아시아 국가들의 국체변혁과 모든 사람이 자유롭게 잘 사는 이상사회를 건설하는 데 있음을 분명히 선언했다."[6] 이회영은 이 대회에서 논문 한 편을 발표했는데, 이 논문은 대회 결의안으로 채택되었다.

선생은 이 대회에 「한국의 독립운동과 무정부주의운동」이라는 제목의 글을 한 편 보내어 한국의 무정부주의운동은 곧 독립운동이라는 것

을 밝혔다. 그리고 이번 동방대회에서 한국의 독립운동을 지지해줄 것
과, 각국의 동지들은 계속적으로 성원해줄 것을 호소했다. 선생의 논문
은 이 대회에서 하나의 결의안으로 채택되었다.[7]

한국의 아나키스트들은 '동방연맹'에서 결정된 사항을 실행하기
위해 다시 재중국한인아나키스트대회를 열었다. 이 대회에서는 베
이징 교외에 폭탄과 총기공장을 건설하는 한편, 독일 기사를 초빙
해 폭탄과 총기를 제조하고, 일제의 고관 및 친일 민족반역자를 암
살하고 식민기관 건물을 파괴하는 한편, 선전기관을 설치하고 선전
문을 만들어 세계 각국에 보내기로 결의했다.

이 대회에서는 또 전 세계의 무산대중과 특히 동방 각 식민지 무
산대중을 국제자본주의적 제국주의와 대결시키고 무산대중의 해방
을 위한 만국 노동자의 굳은 결속을 호소하는 「선언문」이 채택되었
다. 신채호가 집필한 「선언문」의 주요 대목은 다음과 같다.

우리의 세계 무산대중! 더욱 우리 동방 각 식민지 무산대중의 혈·
피·육·골을 빨고, 짜고, 씹고, 물고, 깨물어 먹어온 자본주의의 강도제
국 야수들은 지금에 그 창자가 꿰어지려 한다. 배가 터지려 한다.

그래서 저들이 그 최후의 발악으로 우리 무산대중, 더욱 동방 각 식
민지 민중을 대가리에서부터 발끝까지 박박 찢으며 아삭아삭 깨물어,
우리 민중은 사멸보다도 더 음참한 불생존의 생존을 가지고 있다.

아, 세계 무산대중의 생존! 동방 무산대중의 생존!

소수가 다수에게 지는 것이 원칙이라 하면, 왜 최대 다수의 민중이

최소수인 야수적 강도들에게 피를 빨리고 고기를 찢기느냐?

왜 우리 민중의 피와 고기가 아니면 굶어 뒈질 강도들을 박멸하지 못하고 도리어 그놈들에게 박멸당하느냐?

저들의 군대 까닭일까? 경찰 까닭일까? 군함·비행기·대포·장총·장갑차·독가스 등 흉참한 무기 까닭일까?

아니다. 이는 그 결과요, 원인이 아니다.

피등彼等(저들)은 역사적으로 발달 성장하여 온 수천 년이나 묵은 괴동물이다. 이 괴동물들이 맨 처음 교활하게 자유·평등의 사회에서 사는 우리 민중을 속이어 지배자의 지위를 얻어가지고, 그 약탈 행위를 조직적으로 백주에 행하려는 소위 정치를 만들며, 약탈의 소득을 분배하려는 곧 '인육 분장소'인 정부를 두며, 그리고 영원 무궁히 그 지위를 누리려 하여 반항하는 민중을 제재하려는 소유 법률·형법 등 부어터진 조문을 제정하며, 민중의 노예적 복종을 시키려는 소위 명분·윤리 등 먼동이 같은 도덕률을 조작했다. (…)

이 야수세계, 강도사회에 '정의'니 '진리'니 하는 것이 다 무슨 방귀이며 '문명'이니 '문화'니 하는 것이 무슨 똥물이냐?

우리 민중은 알았다. 깨달았다. 저들 야수들이 아무리 악을 쓴들, 아무리 요망을 피운들, 이 모든 것을 부인한, 모든 것을 파괴하려는 대계大界를 울리는 혁명의 북소리가 어찌 처연히 까닭 없이 멎을쏘냐. 벌써 구석구석 부분 부분이, 우리 민중과 피등彼等 야수가 진영을 대치하여 포화를 개시했다.

옳다. 되었다. 우리의 대다수 민중들이 저들 소수의 야수들과 선전하면 선전하는 날이 무산민중의 생존! 이것을 어데 가 찾으랴.

알 것이다. 우리의 생존은, 우리의 생존을 빼앗는 우리의 적을 없애

버리는 데서 찾을 것이다. (…)

우리 무산대중의 최후 승리는 확정 필연한 사실이지만, 다만 동방 각

'식민지' '반식민지'의 무산대중은 자래로 석가·공자 등이 제창한 곰팡내

나는 도덕의 '독' 안에 빠지며, 제왕·추장 등이 건설한 비린내 나는 정치

의 '그물' 속에 걸리어 수천 년 헤매다가, 하루아침에 영·독·일본 등 자

본제국 경제적 야수들의 경제적 착취와 정치적 압력이 전속력으로 전진

하여 우리 민중을 맷돌의 한 돌림에 다 갈아 죽이려는 판인즉, 우리 동

방민중의 혁명이 만일 급속도로 진행되지 않으면 동방민중은 그 존재를

잃어버릴 것이다. (…)[8]

'동방연맹'의 국제위체 위조 사건과 재판 과정

각종 대회의 선언문이나 결의문이 그렇듯이 신채호의 이 「선언

문」도 이회영을 비롯하여 재중 한국 아나키스트들의 토론을 거쳐

작성되었을 것이다. 그럼에도 신채호의 아나키즘 이념에 따라 작성

된 이 「선언문」은 항일독립운동사와 한국 아나키즘 역사에 불후의

명작으로 남는다. 이날 대회에서는 "불순을 극한 현하의 조선 민족

운동 반대, 일체의 정치운동 부정, 사이비 혁명의 허식인 공산전제

의 배격, 공산당 이용주의자의 모호한 사대주의 사상의 청산"[9]을 결

의문으로 채택했다.

'동방연맹'은 1928년 8월 20일에 기관지 《동방東方》을 발행하는 등

활동을 힘차게 전개했다. 이회영은 《동방》 창간호에 '묵란墨蘭'을 게

재하고 이를 격려했다. '동방연맹'은 극심한 자금난에도 1930년 무렵까지 동양 아나키스트 운동의 중심단체 역할을 하면서 활발히 활동했다. "동방무정부주의자연맹은 테러적 직접행동을 통해 민중들을 각성시켜 그들로 하여금 일제의 식민지 지배에 맞서 봉기하도록 유도하고자 하였지만, 1931년 무렵부터 활동이 침체되었다."[10]

'동방연맹'의 핵심 맹원들은 하나같이 신념과 투지가 넘치는 실천가들이다. 그만큼 활동을 하기 위해서는 더 많은 자금이 필요했다. 그래서 조금 특별한 방법으로 자금을 확보하기로 했다. 타이완 출신 아나키스트 린빙원은 당시 베이징우편관리국 외국위체계外國爲替係에서 근무했다. 그를 통해 국제위체國際爲替 200매를 위조한 뒤 베이징 우편관리국을 통해 일본, 타이완, 조선, 만주 소재 우편국에 유치위체留置爲替로 발송했다. 린빙원은 조선과 만주 지역, 이필연은 일본, 신채호는 타이완 지역을 각각 맡아 돈을 찾아오기로 임무를 분담했다.

그러나 '동방연맹'의 이 거대한 자금마련 계획은 일제의 촉수에 걸려 실패하고 말았다. 오히려 신채호와 린빙원, 이필현, 이경원이 일제에 피체됨으로써 조직이 큰 타격을 입게 되었다. 신채호는 5월 8일 일본을 거쳐 타이완 지룽항基隆港에 상륙하려다 일경에 피체되어 다롄으로 호송된 뒤 10년형을 선고받았다.

신채호가 피체된 데 이어 이회영이 혈육처럼 아끼던 이정규가 1928년 11월에 상하이 영사관 관헌에게 피체되어 국내로 압송되었다. 이회영으로서는 견디기 힘든 슬픔이고 타격이었다. 동지들의 구속 소식을 들으면서 이회영의 마음은 더욱 강고해졌다. 새삼 늙은 몸을 던져서라도 무슨 일이든지 하겠다는 결의를 다졌다.

'동방연맹'의 맹원들은 동지들의 잇단 구속에도 굴하지 않고 활동을 계속하여 기관지 《동방》을 한·중·일어로 번역하여 각지에 보내고, 각종 선언문과 삐라(전단)를 제작하는 등 대일항쟁을 멈추지 않았다. 이회영의 존재는 이들에게 큰 의지가 되었다.

아나키즘의 전사들이 속속 피체되어 국내로 압송되거나 중국 관내의 일본 영사관 재판소에 회부되어 재판을 받았다. 신채호는 다롄지방법원에서 재판을 받고, 이을규는 국내로 압송되어 공주지방법원에서 재판을 받았다.

이들의 재판 과정이 국내외 언론에 보도되어 '동방연맹' 사건이나 아나키즘 운동이 일반에 알려지는 계기가 되었으니, 이들은 자기희생을 통해 아나키즘을 선전한 격이 되었다. 재판 과정에서 신채호 등이 심문에 답변한 내용도 국내 신문에 보도되었다. 신채호는 국제위체 위조 사건에 대해서는 당당하게 인정했다.

1928년 4월 중에 중국 베이징에서 조선·일본·중국·인도·베트남·타이완 등의 무정부주의자들 100여 명이 모여 조직한 동방무정부주의자연맹이란 동방연맹 사건의 조선인 신채호(49세), 이지영(이필현, 25세), 의열단원 이종원(24세)과 대만인 린빙원(26세) 등에 대한 치안유지법 위반, 유가증권 위조행사 및 사기·살인 및 시체유기 사건 제2회 공판은 지난 7일 다롄지방법원에서 안주安住 재판장 주심으로 개정되었다.

피고 4명 중 대만인 린빙원은 작년 8월에 옥중에서 폐병으로 사망하여 피고 신채호 이하 3명만이 출정하였는데 방청석에는 사건이 사건인 만치 재중 조선인, 동료는 물론 그 밖에 중국인과 일본인까지도 다수가 몰려들어 무려 200명에 달하여 종래에 없었던 대만원을 이루고 출정한 세 피고는 창백한 얼굴에도 씩씩한 빛이 감돌았다. 동일 오전 10시 재판장은 피고 세 명을 불러 세우고 작년 12월 13일 제1회 공판의 속행을 선언한 후 먼저 피고 신채호부터 사실심리를 시작했다.

문 그대는 국제위체를 사기하려 하였나?

답 그랬소.

문 그것은 무엇에 쓰려고 한 짓인가?

답 동방연맹 자금으로 쓰되 우선 주의 선전 잡지를 발간하여 동지를 규합하고자 한 것이오.

문 사기를 나쁘다고 생각하지 않나?

답 우리 ○○가 ○○하기 위하여 취하는 수단은 모두 정당한 것이니 사기가 아니며… 할지라도 양심에 부끄러움이나 거리낌이 없소.

문 베이징에서 김천우라는 일본 밀정이 살해당했다는 것은 아는가?

답 풍문으로 들었소.

문 피고도 관계가 있다지?

답 나는 풍문으로 들었을 뿐 아무 관계도 없소.

문 피고 이필현이 그 사건에 관계한 일이 없나?

답 그런 일이 없소.

피고 신채호에 대한 사실심문을 이같이 끝내고 다음 이필현의 사실심문에 들어가서 재판장은 먼저 피고 신채호와의 관계를 묻고 나서 피고는 김천우(일본 관헌 밀정 혐의로 암살된 사람)가 살해될 때 그를 유인해준 일이 있느냐 하매 피고는 절대로 그런 일은 없고, 그 전부터 김천우와 친면이 있기 때문에 도리어 피고 일반에게 의심을 받는 곤란한 입장에 있었다는 것을 밝혀 변명하여 살인사건에 관계가 없다고 극력 부인했다. 그 뒤를 이어 피고 이종완을 불러 세워 심문했다.

문 피고는 김천우 살해사건 하수인이라지.

답 그렇소.

피고는 이렇게 재판장이 묻는 말에 사실 전체를 시인하고, 피고 이필현이 부인한 사실까지 시인했다. 그와 같이 양 피고의 사실심리에서 서로 틀리는 공술이 있고 증거수집상 좀 더 조사할 것이 있으므로 동 사건 공판에 열석했던 사건담임 사이토^{齋藤} 변호사는 그 같은 이유로 결심을 짓지 말고 좀 더 상세한 심문을 하여 달라고 하여 사건 공판은 오는 20일 재개하기로 하고 동 오후 6시경에 폐정했다는데 피고들이 주의선전의 자금으로 6만 원 국제위체를 위조 사기했다가 발각되었다는 점에도 적지 아니한 의혹이 없지 않다 함으로 금후 사건은 매우 주목된다더라.[11]

이들의 공판은 계속되었다. 10월 3일 제4회 공판에서 신채호는 동방연맹과 관련된 심문에 다음과 같이 답변한다. 역시 신채호는 시종일관 재판장의 질문에 당당하게 맞서며 답변을 이어갔다.

재판장(이하 재) 동방연맹에는 다이쇼大正 14년경에 입회하였으며 그때 이필연과 안 일이 있었던가?

신채호(이하 신) 일본 연대를 써보지 못하여 다이쇼 몇 년이란 것은 모르며 어쨌든지 지금부터 3년 전 여름에 입회하였노라.

재 동방연맹이란 기성국체를 변혁하여 사유재산 제도를 부인하고 공산국을 건설하자는 것인가?

신 모르오.

재 동방연맹의 주장은 누구이든가?

신 린빙원이오.

재 그러면 피고는 린의 소개로 입회하였던가?

신 그렇소.

재 본부는 톈진에 있었던가?

신 별로 본부라는 것은 없소.

재 입회한 자에게는 서약 같은 것을 받는가?

신 없소.

재 입회에서 한 일이 무엇인가?

신 아무것도 한 일은 없고 이번 내가 이 자리에 선 것이 처음이오.

재 동방연맹이란 일본·중국·인도 등 동방에 있는 여러 무정부주의자 동지가 결탁하여 기성국체를 변혁하여 자유노동사회를 건설하자는 단체인가?

신 무정부주의로 기성국체를 변혁하여 다 같이 잘 살자는 것이오.

재 회원은 얼마나 있었나?

신 모르오.

재 입회하여 일반 단원과 모여서 운동 방침에 대한 의논 같은 것을 한 일은 없는가?

신 없었소.

재 피고 개인으로나 혹은 단체로서 국체 변혁을 목적하고 직접행동을 한 일이 있는가?

신 그런 일은 없고 톈진서 대회를 열어가지고 잡지 기타 등으로 선전을 하고자 하였으나 각 회원의 번호로써 회의한 결과 누가 회의에 모였는지 모르오.[12]

나석주 의거 그리고 톈진에서 상하이 '중원만리'

이회영이 톈진에서 극심한 생활고에 시달리면서 아나키스트 독립운동가들을 도와 활동하고 있을 때 아내 이은숙 역시 국내에서 어린 자식을 양육하면서 힘겨운 나날을 보내고 있었다. 이은숙은 자금 마련을 위해 귀국했으나 일제의 감시와 견제가 심해 여의치 않았을뿐더러 자신의 서울 생활 하나를 건사하기도 벅찼다.

심지어 이은숙은 고무공장 여공 생활도 하고, 삯바느질이든 삯빨래든 무엇이든 닥치는 대로 일을 했다. 당시 사정을 이은숙은 자서전에서 다음과 같이 밝혔다.

그날부터 일감을 얻어 빨래를 해서 잘 만져 옷을 지어 주면 여자 저고리 하나에 30전, 치마는 10전씩 하고, 두루마기 하나에는 양단이나 합비단은 3, 4원 하니, 두루마기나 많이 입으면 입양이 넉넉하겠지만

나석주.

두루마기가 어찌 그리 많으리오. 매일 빨래하고 만져서 주야로 옷을 지
어도 한 달 수입이란 겨우 20원가량 되니, 그도 받으면 그시로 부쳤다.
매달 한 번씩은 무슨 돈이라는 건 말 아니하고 보내드리는데, 우당장께
서는 무슨 돈일 줄도 모르시면서 받아 쓰시니, 우리 시누님하고 웃으며
지냈으나, 이렇게 해서라도 보내드리게 되는 것만 나로서는 다행일 뿐
이다.[13]

텐진의 이회영에게 또다시 위기가 닥쳤다. 나석주 의거(1926) 때문
이었다. 나석주는 황해도 재령 출신으로 23살에 만주로 건너가 신
흥무관학교에서 훈련을 받았다. 다시 국내로 들어와 3·1 혁명 때
군자금을 거두어 상하이임시정부에 보내고, 동지들을 규합하여 황
해도 평산군 상월면 주재소의 일본 경찰과 면장을 죽이고 중국으로
망명했다. 임시정부 경무국에서 일하다가 중국 허난성 한단군관학

교를 졸업한 뒤에 중국군 장교를 지냈다. 의열단에 가입하여 활동하다가 김창숙 등 한국 독립운동가들과 만나 일제의 통치기관과 친일부호를 없애는 데 몸을 바치기로 하고 1926년 12월 26일에 '마중덕'이라는 이름의 중국인으로 위장해 국내로 잠입했다.

12월 28일, 나석주는 서울 시내 중심가인 남대문 통에 있는 동양척식회사 경성지점과 식산은행에 폭탄을 던졌으나 폭탄이 터지지 않자 일본인에게 총격을 가한 뒤, 추격하는 경기도 경찰청 다바타田唯次 경부보와 동양척식주식회사 토지개량부 오모라大森大四郎 차석 등 3명을 사살하고 자신도 권총으로 자결했다.

김창숙이 이회영과 새로운 독립군 기지를 건설하기 위해 국내에 들어와 모금한 돈이 당초의 목적에는 턱없이 부족하여 나석주 의거에 사용되었다. 폭탄과 권총도 이을규, 이정규, 백정기, 정화암, 이상일, 이기인 등이 상하이에서 이광의 자금지원으로 톈진으로 올 때 가져온 것을 이회영이 보관하고 있던 무기였다.

나석주 의거로 일제 경찰은 '배후' 검거에 혈안이 되었다. 이회영과 김창숙, 유자명 등이 수배 목록에 오르고, 일경의 촉수는 톈진 이회영의 집에까지 미쳤다. 당시 이회영의 집에는 독립운동가 김사집金思集이 함께 머물고 있었다. 김사집은 일본 메이지대학 법과를 졸업하고, 변호사가 되었다가 3·1 혁명 뒤 중국으로 망명했다.

이규창의 회고에 따르면, 당시 일본 영사관 사람이 이회영의 집에까지 와서 이회영을 잡으러 왔는데, 마침 이회영과 김사집은 집에 없어서 화를 면할 수 있었다고 한다.

4월경의 일이다. 김사집 선생은 출타하였고 부친과 누님이 방에 있었는데 문밖에서 이상한 사람의 말이 들리니 조선어 반, 일본어 반을 섞어서 말을 한다. 그리하여 누님이 문을 열고 중국말로 누구를 찾는가 하니 부친의 성명을 대며 이 집에 있는가 했다. 누님은 그런 분은 이곳에 없다고 하며 당신은 누구냐고 물으니, "나는 일본 영사관에 있는데 이런 사람을 찾으러 왔다"고 한다.

누님이 재차 그런 사람은 이곳에 없다고 하니 그러냐고 하며 방을 살펴보았으나 단 누님밖에 없음을 알고 갔다. 그러니 어찌하여 일본인이 우리 집에 왔으며 무슨 사건이 났나 하고 김사집 선생이 돌아온 후 숙의하시고, 여하튼 사실을 탐문하겠다 하며 수소문하러 나가고 내일부터는 아침 일찍이 구러시아 조계지 공원으로 피신하기로 정했다.[14]

이회영은 텐진을 빠져나가기로 작정했다. 이미 일제 영사관에서 거처를 알고 쫓고 있는 이상 이곳에 더 머물러 있을 여유가 없었다. 딸 규숙과 현숙은 텐진시가 운영하는 빈민구제원에 맡기고, 아들 규창을 데리고 김사집과 함께 그곳을 탈출하기로 했다.

1927년 5월 3일 새벽, 세 사람은 텐진에서 상하이로 가는 진푸선 津浦線 철로를 따라 상하이 방향으로 정처 없이 길을 걸었다. 중국 땅은 넓고도 넓었으나 마땅히 갈 만한 곳이 없었다. 그렇다고 여비가 넉넉할 리도 없었다. 실제로는 '무전여행'이지만 이들 쫓기는 도망자들에게는 낭만과 스릴이 따르는 그런 행복한 '무전여행'이 아니었다. 당장 여비도 없었거니와 선박이나 기차는 검문을 하기 때문에 이용하기도 어려웠다.

김사집 선생이야 상하이로 가든 톈진에 있든 혼자의 몸이니 어디를 가나 매일반이요, 상하이로 가는 게 자기로서는 나을 것이다. 그러나 부친의 입장은 다르다. 상하이에는 비록 동생 성재 시영이 있고 아들 규학 내외와 둘째 형님 석영께서 있지만, 여식 둘을 빈민구제원에 두고 무전여행으로 수천 리를 간다는 게 어디 말이 쉽지 그분의 심정이야 그분 자신이 아니고서 헤아릴 수 있겠는가. 참으로 비참한 일이요, 슬픈 정경이었다.[15]

3인의 '무전여행객'은 하루에 50~60리를 걸어 허베이성河北省을 거쳐 산둥山東(산둥)의 지난濟南(제남)—타이안부泰安府(태안부)를 지났다. 3개월 뒤에야 겨우 쉬저우부徐州府(서주부)에 도착했다. 그러나 여전히 안심할 수가 없었다. 일제의 손길이 산둥성까지 미치고 있는 것을 알았기 때문이다. 그래서 철로변을 피해 걸어야 했고, 하루하루 먹고 자는 일도 쉽지 않았다. 게다가 어느 날은 짐 보따리까지 도난당했다.

한 동네를 들러 집주인을 찾아서 먹을 것을 달라고 하고 하루 재워 달라 하니 먹는 것은 우리와 같이 먹어도 잠은 잘 데가 없으니 저기 헛간에서나 자려면 자라고 하기에 그 헛간이라도 자라는 것이 고마웠다. 그리 하겠다고 하고 옥수수떡과 국이라고 하는 것과 저녁을 먹고 헛간에다 옥수수 짚을 깔고 하룻밤을 잤다. 이 또한 재수가 없었다. 새벽에 부친께서 측간에 갔다 오셔서 우리를 깨우시며 우리의 보따리 하나가 없어졌다고 하시기에 좌우를 보니 과연 보따리가 없어졌다. 이러니 어

찌하면 좋은가. 주인 보고 말을 하였지만 주인도 고개만 흔들 뿐 아무 말이 없다.[16]

여러 달 동안 제대로 먹지 못한 채 황량한 대지를 걷고 한뎃잠을 자서인지 세 사람의 몰골은 말이 아니었다. 돈이 떨어지자 규창이 톈진 난카이학교南開學校에 다닐 적에 사 입었던 외투를 팔아 1원 50전을 받았다. 이 돈으로 끼니를 때우면서 여러 날 만에 쑤현역宿縣驛(숙현역)에 이르렀다. 여기서 난징까지는 400리, 난징에서 다시 상하이까지는 800여 리가 된다고 했다. 그런데 여기서 이회영은 김사집에게 자신은 상하이로 가지 않겠노라고 말했다.

부친께서 김사집 선생에게 말씀하시길, 나는 지금 이 불성모양不成模樣인 초라한 이 내 몸을 가지고는 상하이로 갈 수 없다고 하시며 상하이에 있는 사람이 다 나의 형이요, 아우요, 아들이라 하더라도 이 나의 모습을 하고 형과 아우, 아들을 만날 수 없지 않겠느냐 하시며 김 동지는 어찌 생각하시오, 하신다.

그 말을 들은 김사집 선생도 무어라 대답을 하겠는가. 한참 있다가 그러면 선생님은 어떻게 하시겠습니까, 하고 묻는 것이다. 부친은 나는 상하이로 못 가겠다고 하며 도로 톈진으로 가겠노라 하신다. 그 말을 듣고 난 후 김 선생은 자기는 톈진으로는 도로 안 가겠고 상하이로 가겠노라는 것이다. 그래서 두 분은 남북으로 서로 등을 향해 작별인사를 하게 되고, 내 외의外衣를 판 돈에서 3분의 1을 김사집 선생에게 주시며 노비로 쓰시라 하시었다.[17]

비록 독립운동을 하다 일제에 쫓기는 처지의 어찌할 수 없는 상황이라도 이회영은 자신의 초라한 모습을 자식과 형제들에게 보여주고 싶지가 않았다. 이럴 때는 어김없이 얼어 죽어도 곁불은 쬐지 않는다는 조선 선비의 모습 그대로였다.

김사집은 상하이 방향으로 떠나고 이회영 부자는 다시 톈진으로 돌아가기로 했다. 돌아가는 길이라고 여행 경비가 있을 리 없었다. 주인 몰래 무작정 올라탄 석탄화물차에서 까맣게 물든 옷을 강가에서 빨아 입기도 하고, 굶기를 밥 먹듯이 하면서 톈진으로 돌아가는 발길을 재촉했다. 자신의 초라한 모습을 혈육과 동지들에게 보이지 않으려는 자존심 때문에 돌아간다고 했으나 무엇보다도 빈민구제원에 맡긴 두 딸의 안위가 걱정되었다. 자식을 걱정하는 부정父情이 발길을 돌린 또 다른 이유였다.

이회영은 톈진을 탈출할 때 고국에 있는 아내에게 저간의 사정을 설명하면서 앞으로 빈민구제원의 주소로 딸들에게 편지를 하라는 서한을 보냈다.

이 해는 무진년 하절夏節, 하루는 가군에게서 온 편지를 보니, 급한 사정으로 규숙·현숙을 톈진 부녀구제원으로 보내어 성명은 홍숙경·홍숙현으로 고쳤으니, 편지할 때엔 '구제원 홍숙경'이라고만 하면 받아본다 하시고, 당신은 규창을 데리고 무전여행으로 상하이에 가니, 혹 다소간 되거든 현아에게로 부치라고 하시고는, 지금 떠나면서 부친다고 하셨으니, 세상에 이런 망창한 일이 또 어디 있으리오.

그 편지를 보고 나는 혼절을 다 하고 정신을 차리지 못했다. 시외질서운부가 나를 위로해주어 정신을 차리고 다시 생각하는데, '가군은 항상 위험한 행동을 하여 급하게 피한 것이거나, 그렇지 않으면 상하이에서 무슨 일이 있어 급히 가시느라고 아이 형제를 그런 데다 보내신 것일 게다. 하나 하룻길이라도 무전여행이란 용이한 일이 아니거든 하물며 천 리 길이 넘는 상하이까지 어찌 무전으로 가실 것인가' 생각하면 미칠 듯하나 나 역시 무일푼이니 어찌하리오. 마음만 상하는 중에 며칠을 두고 의당장(이득년)과 백은(유진태) 두 분에게 "아무튼 변통하여 곧 가시도록 하자" 하나, 어찌 곧 되기를 바라리오.[18]

아무리 혁명가의 아내라지만, 아직 어린 두 딸을 이국의 빈민구제원에 맡기고 남편과 아들은 여비도 제대로 갖추지 못한 채 정처 없는 '무전여행'을 떠난다는 편지를 받은 그 심사가 어떠했을까? 어찌 '혼절'하지 않을 수 있겠는가.

이회영 부자가 은밀히 톈진을 떠날 때나 여행을 하면서 어디에 말도 할 수 없는 가슴 아픈 '사건'들도 있었다.

먼저, 이웃 몰래 새벽에 톈진을 빠져나가느라 주변 상인들에게 밀린 외상값을 갚지 않고, 이런 사정의 말도 하지 못하고 떠나야만 했다. 산둥성을 지날 때는 마침 잘 알고 지내던 조선인 송호성宋虎聲 장군이 중국군 2군단 사단장으로 있다는 말을 듣고, 그에게 도움을 청하는 편지를 보낸 뒤 여관에서 일주일을 기다렸다. 그런데 송 장군은 안후이성安徽省으로 전근하고 없다는 전갈이 왔다. 무일푼의 처지에서 두 사람의 일주일 여관비와 밥값을 갚을 길이 없어 야반도주하는 수밖에 달리 방법이 없었다. 이회영은 이들이 조선 사람을

이회영이 상하이에서 아내 이은숙에게 보낸 편지의 겉봉투. 발신지는 상하이 한커우루이고,
수신지는 경성(서울) 당주동 132번지이며, 수신인은 이회영의 딸인 이현숙.

어찌 생각했을지를 떠올릴 때면 가슴이 찢어지는 듯했다.

참으로 양심상 불허하나 속수무책이니 양심을 찾을 도리가 없는 것이
다. 세상에 도적이 따로 있는 것이 아니다. 우리 같은 경우는 망국의 죄
인 것이다. 그래서 밤이 되자 부친이 먼저 소지한 물건을 3분한 것을 하
나만 가지고 여관을 나가시고, 후에 김사집 선생이, 최후로 내가 방에 등
을 끄고 자는 양으로 하고 여관을 완전히 탈출, 쉬촨徐川 역외로 나갔다.

철로를 따라 야반에 두 노인과 어린아이가 가니 참 이것이 무슨 기구한 팔자인가. 정신없이 가노라니 별안간 군인이 나타나서 이 밤중에 어디를 가느냐고 검문을 하는 것이다. 우리도 불의에 당하는 일이라 당황했다. 그러나 검문을 하니 대답을 안 할 수가 없어 이분은 나의 부친이요, 이분은 나의 숙부이온데, 쑤현 친척집에 가는데 길을 잃어 할 수 없이 철로를 타고 가는 것이라 하니 그 군인이 우리를 보기에 험한 인물로는 보지 않았다.[19]

이규창은 '망국의 죄', 즉 나라를 잃어버린 죄라고 했다. 필자가 이 글을 시작할 때에, 나라를 팔아먹은 매국노와 나라를 빼앗긴 망국노가 같은 노예 '노奴' 자를 쓴다고 했거니와, 매국노들이 즐겨 쓰는 '망국의 죄'가 독립운동가들에게도 같은 이름으로 굴레를 씌우고 있으니, 말장난 같은 역사의 아이러니가 아닐 수 없다.

이회영 부자는 상하이로 가던 길을 되돌아 9월에야 다시 톈진으로 돌아왔다. 다행히 그동안 별 탈이 없었던 딸들을 만난 뒤, 시내에서도 가장 빈민촌이라는 샤오왕쫭小旺莊(소왕장) 근처에 방 하나를 얻었다. 고국에 있는 부인이 삯바느질과 삯빨래 등을 하며 어렵사리 벌어서 빈민구제원의 딸들에게 보낸 돈으로 단칸방이나마 겨우 얻을 수 있었다.

5월에 톈진을 떠나 상하이로 가다가 되돌아왔을 때가 9월이었는데, 계절은 어느덧 겨울로 접어들었다. 톈진은 바닷가라 추위가 보통이 아니었다.

이회영이 입었던 옷과 신발과 모자(독립기념관에 보관 중).

　　10월이 다 가고 동짓날이 되니 기후가 몹시 차서 생활비가 더 들어 식량도 다 먹게 되고 연탄도 다 때게 되니 사방을 돌아보아도 보조를 받을 곳이 없다. 그러니 동짓달 15일경이 되니 시량柴糧(땔감과 양식)이 다 떨어졌는데 날은 혹한이요, 절량이 되어 밥을 못 먹으니 기한飢寒을 더 참을 수 없어 이불을 전당하여 수일 기한을 면하였으나 또 할 수 없어서 동복冬服도 전당典當하게 되니 기飢가 한寒보다 더 참기 어려운 것을 이때 절실히 알게 되었다.[20]

　　양식이 떨어지고(절량), 혹한에 '배고프고 추운 것(기한)'을 벗어나기 위해 이불과 겨울옷까지 전당포에 맡기고, 배고픈 것이 추운 것보다 더 참기 어렵다는 것을 몸소 깨달을 수밖에 없는 처지라니, 그야말로 '참담'이라는 말밖에는 달리 표현할 말이 없다. 일반적으로 독립운동가들 이야기는 주로 그들의 독립운동과 투쟁활동에만 초점을 맞추었지 의식주나 가정사의 '참담한 현실' 등은 외면되어왔다.

그들도 사람인 이상 이슬을 먹고 사는 것은 아닐 텐데도 연구가들은 이런 부분에 소홀했던 게 사실이다.

이 무렵 국내의 이은숙은 근근하나마 생활을 지탱해주던 삯바느질 일감이 줄어들자 다시 새로운 일거리를 찾아 나섰다. 이런 사정을 남편의 동지인 이득년에게 전하며 공장에라도 들어갈 뜻을 밝혔다. 이득년이 "어린아이를 데리고 어떻게 다니려 그러시냐?"라고 걱정하자 이은숙의 대답은 결연했다.

> 톈진서는 아이 형제를 부녀구제원에다 두고 규창이만 데리고 무전여행으로 상하이를 가시다가, 길에서 도적을 만나 할 수 없이 도로 톈진으로 오셨대요. 당장 계실 방도 없고 거리를 다니시다 여관에 드셨다는 형편인데, 갈 수 없는 처지이거니와 또한 간다 해도 수백 원은 가지고 가야 얼마간 안전이 되겠으나, 그럴 형편도 못 되고….
>
> 지금까지 4, 5년을 두고 내일, 내달 하던 것이 어언간 오랜 세월이 경과되었음에도 단돈 100원도 마련 못 하였으니, 그렇다고 또 누구를 바라겠어요. 그보다도 노인의 연세가 자꾸 높아가는데, 누가 있어 생활비를 대면서 시봉을 하겠어요. 고생하던 끝이라 몇 해 더 고생하여서 노인의 시봉을 받들까 합니다.[21]

13. 좌절을 모르는 불굴의 도전정신

우당의 뜻을 계승한 청년 아나키스트 김종진

1927년 10월 톈진에서 이회영에게서 아나키즘의 이념에 크게 감화를 받은 김종진은, 그 길로 만주로 올라가 청산리전투의 영웅 김좌진을 만났다. 김좌진은 김종진의 사촌 형이다. 김좌진은 당시 무단강牧丹江 주변에 머물고 있었다. 두 사람의 만남으로 재만조선무정부주의자연맹(재만무련)과 한족총연합회가 결성되는 계기가 되었다.

김좌진은 그동안 갖은 고생을 하면서 중국 대륙을 누비며 기량을 키우고 독립운동가로 성장한 사촌 동생을 보고 크게 기뻐했다. 김종진은 윈난무관학교에서 2년, 윈난강무당에서 3년 과정을 마친 당당한 군관이었다.

재만무련과 한족총연합회는 1920년대 후반의 아나키즘 독립운동

청산리전투가 끝나고 찍은 기념사진.

사에 큰 획을 그은 독립운동 단체였다. 이 단체의 중심에 김종진이
있었고, 그가 아나키즘 독립운동의 지도자가 되는 데 가장 크게 영
향을 미친 사람이 바로 이회영이었다.

　이회영의 영향하에서 아나키즘에 공명하게 된 김종진은 민주해방운
동을 "온 국민이 다 같이 잘 살기 위한 운동" "일제에 빼앗긴 민족적 자
주권과 개인의 정치적·경제적 자유 인권을 되찾아서 억울함과 착취가
없는 사회를 만들자는 운동"으로 규정하고, 특권과 차별이 인정되지 않
는 만민평등의 사회, 전 국민이 완전히 모든 자유를 향유하고 자유 발전
할 수 있는 국가를 건설하고자 했다.[1]

김종진에게 민족해방운동은 곧 아나키스트 사회를 건설하는 일이었다. 이를 위해서는 인적·물적·지리적 조건에서 만주 지역이 가장 활동하기에 적합하다고 판단하고 만주를 택했다. 그리고 독립운동의 큰 지도자 김좌진을 만나 그가 이끄는 신민부에 합류했다.

김좌진의 신민부에 합류한 김종진은 만주 전역을 여러 구역으로 분할하고 각 지방의 실정(공산주의 세력의 분포 및 부락 침투 상황 포함)을 파악할 것, 교포 조직화와 지도 훈련, 각 훈련단체와의 통일 합작 협동 및 각 지역과의 연락 등을 그 내용으로 하는 「만주를 근거로 한 한국민족해방운동의 기본계획안」을 작성했다. 아나키즘 정신에 입각한 계획안이었다.

김종진은 김좌진과 협의한 뒤 이 계획안에 기초해 신민부의 개편을 도모했다. 그는 신민부 개편을 주도할 세력을 양성하기 위해, 만주에서 활동하는 한국인 아나키스트들을 결집하는 데 많은 노력을 기울였다. 당시 만주 각지에는 시터우허쯔石頭河子(석두하자)를 비롯하여, 산스山市(산시)에서 이달과 이석재, 하이린海林(해림)에서 이붕해와 엄형순, 신안전新安鎭(신안진)에서 이준근, 미산密山(밀산)에서 이강훈 등이 각각 산재하여 활동하고 있었다. 김종진은 이들을 결집하기 위해 1927년경에 이달, 김야엽 등과 함께 먼저 흑우연맹黑友聯盟을 조직했다. 흑우연맹은 일체의 강권주의를 배격하는 한편 아나키즘을 선전하는 데 전력했다.[2]

김종진은 김좌진에게 톈진에서 들은 이회영의 아나키즘 이론과 함께 모두가 더불어 잘사는 공동체 구상을 독립운동의 방략으로 설명했다. 김좌진은 흔쾌히 이에 동조하면서 자신이 이끌던 신민부의

김종진.

개편도 승낙했다. 김종진은 여러 달 동안 신민부가 관할하는 북만주 각 지역의 실태 파악을 위해 순회하면서 동포들을 만났다. 그리고 얻은 결론은 우선 만주 동포들을 경제적으로 안정시키고, 이를 토대로 독립군을 양성하고 독립을 쟁취한다는 계획이었다.

그 방안의 큰 줄기는 둔전양병屯田養兵, 즉 농사를 지으면서 병력을 양성하는 현실적인 복안이었다. 이회영이 일찍이 시도했던 경학사와 신흥무관학교 그리고 이상촌 건설의 뜻을 이은 것이다.

김종진은 북만주 일대를 순방하면서 우리 동포들이 중국인 토착주민과 일제의 앞잡이가 된 친일파들에게 이중삼중으로 착취당하는 모습을 보았다. 중국 토착민들은 우리 동포들이 피땀 흘려 일궈놓은 전답과 양곡을 착취하는가 하면, 친일파들은 일제의 뒷배로 갖은 만행을 저지르며 동포들의 등을 쳤다. 여기에 공산주의자들까지 온갖 감언이설로 동포사회를 분열시키고 있었다.

김종진은 이러한 문제를 해결하기 위해 기존의 통치조직과 교포사회를 '경제공동체적 성격의 농촌 자치조직'으로 재편하자는 구상을 내놓았다. 여기에는 4년제 소학교와 3년제 중학교를 설립하고 중학 출신의 성적 우수자를 선발해 1년간 단기 군사교육을 시켜 정예 간부를 양성하는 것 등이 주요 계획으로 덧붙여졌다. 나아가 각 운동단체의 통일 단결을 위해서는 각 단체의 완전한 자주권을 인정하고 대 목적을 위한 행동통일에는 상호협조와 협동을 꾀하는 자유연합 조직구성을 구상했다.[3]

김종진은 젊은 날 이회영이 구상하고 실천했던 철학을 그대로 실현하고자 김좌진을 설득했고, 마침내 동의를 받아 신민부 개편과 함께 재만무련을 결성하기에 이르렀다.

이를 위해서는 이회영의 지도력이 요구되었다. 이회영은 아직 톈진에 머물고 있었다. 김종진은 김좌진과 합의하여 이회영은 물론 난징에 있는 이을규에게 편지를 보내 이들이 만주로 오도록 초청했다. 김종진의 편지를 받은 이을규는 난징에서 이회영을 찾아와 북만주의 운동에 관해 상의한 뒤 다시 북만주로 떠났다.

1929년 늦봄이 되자 난징에서 이을규가 와서 선생과 함께 북만주의 운동에 관하여 상의, 계획하고자 했다. 선생도 이 북만주 운동의 긴급함을 말하고 며칠 동안 숙의하였고, 그 후 이을규는 북만주로 출발했다. 북만주에는 김종진과 몇 명의 동지가 있었는데 이을규를 보낸 후, 선생은 북만주에서 뜻과 같이 좋은 소식이 있으면 가족을 이끌고 북만주로 가서 활동할 것을 작정하고 소식을 고대했다. 그런데 그해 7월, 자세한 소식을 받긴 하였으나 그것은 당분간 근거를 닦아야 하겠으니 내년 4월에 연락이 가는 대로 출발하여 만주로 오라는 내용이었다.[4]

재만무련과 한족총연합회 그리고 김좌진

김좌진과 김종진이 이회영의 북만주 초청을 늦춘 것은 어느 정도 조직의 기초를 닦아놓은 뒤에 모시는 것이 도리라고 생각했던 것 같다. 먼저, 김좌진과 김종진은 만주 지역의 아나키스트들을 모아 재만조선무정부주의자연맹(재만무련) 결성을 서둘렀다. 1929년 7월, 김종진을 비롯해 이을규, 유화영, 김야봉, 이달, 이덕재, 이붕해, 엄형순, 이준근, 이강훈, 김야운 등이 하이린의 하이린소학교 강당에서 재만무련을 결성했다.

김종진이 책임위원으로 선출된 '재만무련'은 "1. 우리는 인간의 존엄과 개인의 자유를 완전히 보장하는 무지배 사회의 구현을 기한다. 2. 사회적으로 모든 사람은 평등하고 각인은 자주창의와 상호부조 자유합작으로써 각인의 자유로운 발전을 기한다. 3. 각인은 능력껏 생산에 노동을 바치며 각인의 수요에 의하여 소비하는 경제질서 확립을 기한다"라는 기본강령과 "1. 우리는 만주동포들의 항일사상 계몽 및 생활개혁 계몽에 힘쓴다. 2. 우리는 만주동포들의 경제적·문화적 향상발전을 촉성하기 위하여 자치와 합작의 협동조직으로 동포들의 조직화 촉성에 힘쓴다. 3. 우리는 항일 전력의 증강과 청소년들의 문화적 계발을 위하여 청소년 교육에 전력을 바친다. 4. 우리는 한 사람의 농민으로서 농민대중과 공동 작업하여 자력으로 자기생활을 꾸려가는 동시에 농민들의 생활개선과 영농방법의 개선 및 계몽에 힘쓴다. 5. 우리는 자기사업에 대한 연구와 자기비판을 정기적으로 보고할 책임을 진다. 6. 우리는 항일독립전선에서 민족주의자들과 우군으로 협조하고 협동작전에서 의무를 수행한다"라는 당면강령을 채택했다.[5]

재만무련의 책임위원으로 선출된 김종진은 이 단체의 성격과 향후 활동 방향을 다음과 같이 피력했다.

우리는 우리 독립운동의 목적과 내용부터 규정해야 한다. 독립운동은 온 국민이 다 같이 잘살기 위해서 한다. 민족의 자주권과 개인의 자유를 되찾아 억압과 착취가 없는 사회를 만들자는 운동이다. 그것을 침해하는 자는 이족이건 동족이건 용납할 수 없다. 독립운동자가 실현코자 하는 사회나 국가는 만민이 평등한 사회요 전 국민이 다 같이 자유를 누릴 수 있는 사회. 독립운동의 모든 수단과 방법은 이 기본원칙에 위배됨이 없어야 한다.

만주에서의 독립운동도 재만 동포 각 개인의 인격적 의사를 존중하며 그들로 하여금 안주하여 생업에 임할 수 있도록 그들 상호가 단결하여 자주 자치하는 생활환경을 만들어 나가도록 도와주어야 한다. 이리하여 우리 동포가 정착 안주하여 생업에 협동할 계기를 만들어놓은 연후에 교육과 훈련에 착수해야 한다.[6]

당시 만주에는 조선인이 약 200만 명 살고 있었다. 국내에서 총독부의 토지조사사업과 친일 지주, 일제 관헌들의 등쌀로 땅을 잃거나, 날로 높아가는 세금과 5할이 넘는 소작료에 시달려온 농민들이 남부여대男負女戴하고 국경을 넘어 정착하면서 이주민이 급격히 늘어났다.

재만무련이 성공리에 조직을 마치고 활동에 들어가자 김좌진과 김종진, 이을규는 '한족총연합회' 결성에 나섰다. 그 결과 재만무련과 신민부의 통합을 이루어냈다. 신민부를 발전적으로 해체하고 재만한족총연합회로 개편하는 방식이었다. 단체의 조직과 운영 역시 이회영의 정신에 따른 이을규와 김종진의 주도로 일궈낸 성과였다.

한족총연합회는 목적을 "재만 한족의 정치적·경제적 향상 발전을 도모하며 동시에 항일 구국 완수를 위해 재만 동포의 총력을 집결할 교포들의 자주 자치적 협동체"[7]임을 선언했다.

한족총연합회는 재만무련과 유사한 사업목표를 정하고, 간부회의 공천에 의해서 임원을 선출했다. 총연합회위원장에 김좌진(부위원장에 권화산), 농무위원장 겸 조직선전위원장에 김종진(부위원장에 한청함과 정신), 교육위원장에 이명원(나중에 이을규, 부위원장에 박경천), 군사위원장에 이붕해(부위원장에 강석천), 각부 차장에 이달·김야봉·김야운·이덕재·엄형순이 선임되었다.[8]

중앙조직을 마친 간부들은 지방으로 파견되어 조직 활동을 벌였다. 재만 동포들은 농민 속에 들어와 함께 일하며 독립운동을 하는 한족총연합회에 적극 찬동하여 가입자가 날로 늘고 조직이 확대되었다.

그러던 1930년 초, 이회영은 만주에서 한족총연합회 등의 활동을 하던 이을규에게서 편지 한 통을 받았다. 그 내용은 김좌진 장군이

김좌진.

암살되었다는 충격적인 소식이었다. "한족총연합회의 조직 공작이 이처럼 급진전을 보게 되니 일제의 영사관과 그 주구들의 방황함은 말할 것도 없거니와 간도 공산당 사건 이래 진용 재정비를 서두르고 있던 적색분자들의 방해공작도 당연히 예상되고 있었다. 그래서 연합회 측에서는 일제 주구들과 적색분자들의 준동을 특별히 감시하라고 각지에 시급히 지시했다."[9] 그러나 적대세력의 도발은 이어지고 예상은 적중했다.

김좌진과 연합회 간부들은 운동의 자급자족을 목적으로 정미공장을 짓기로 했다. 동포들이 생산한 미곡을 정미해줌으로써 중국 상인들에게 이익을 빼앗기지 않도록 하기 위해서였다.

이즈음 10월부터 총연합회에서는 산시山市에 정미공장을 신축하기 시작했다. 농무소관 사업이므로 시야(김종진)가 주재하고 백야(김좌진)도 일을 도왔다. 중동선 일대 교포들의 개척 농지에서는 매년 수만 석의 미곡이 생산되므로 정미공장과 위탁판매로서 중국 상인들에게 이익이 농단되지 않도록 동포들을 보호코자 한 것이었다.

1930년의 새해가 밝았다. 동지들의 희망과 기대는 자못 컸다. 그런데 뜻밖에도 큰 비운이 닥쳤다. 만주운동의 대들보가 부러진 것이다. 1930년 1월 20일 오후 4시경 백야 위원장이 공장 수리를 지시하러 나갔다가 공산당원 김봉환(일명 김일성金一星)의 조종을 받은 박상실(김신준金信俊)의 권총 저격을 받고 넘어졌으니 재만 동포 200만은 앞이 캄캄했고 일제 주구와 공산분자는 손뼉을 쳤다.[10]

앞이 캄캄하기는 이회영도 마찬가지였다. 만주에서 소식이 오기만을 기다리던 차에 독립운동의 거목 김좌진의 암살은 크게 절망스러운 소식이었다. 공산주의에 대한 증오심이 솟구쳤다. 강폭한 적을 앞에 두고 민족진영 내부에서 이데올로기를 둘러싸고 벌어진 쟁투와 대립이 못내 안타까웠다. 그래서 자신이 일찍부터 주창해온 자유연합적 독립운동 지도부 구성이 새삼 절감되었다.

독립운동자금과 젊은 아나키스트들

이회영이 김좌진의 암살 소식을 듣고 절망감에 빠져 있던 1930년 4월 어느 날, 만주에서 김종진과 이을규가 톈진 샤오왕좡 빈민촌 이회영의 집을 찾아왔다. 오랜만에 만난 두 동지의 출현은 더없이 반가웠다. 더불어 이들이 가져온 소식은 그야말로 가뭄 속의 단비요 사막에서 만난 오아시스였다.

그동안 국내에 잠입했던 아나키스트 신현상, 최석영, 차고동 등 젊은 동지들이 5만 5,000원이라는 거액의 자금을 갖고 만주를 거쳐 현재 베이징에 머물고 있는데, 이 돈을 아나키스트 활동자금으로 활용하자는 소식이었다.

충남 예산 출신인 신현상의 주도로 국내 호서은행에서 양곡 거래 자금 명목으로 빼낸 이 자금은 '재만무련'의 활동자금은 물론 중국 각지에 흩어져 있는 아나키즘 계열 독립운동가들의 회합을 통해 활용 방안을 마련하기로 했다.

베이징에서 열린 회합에는 대표적 아나키스트 독립운동가 20여 명이 참석했다. 이회영은 이 자리에서 만주 지역 운동의 중요성을 강조해 참석자들로부터 동조를 받았다.

세월은 흘러 1930년 4월이 되니 돌연 차고동·신현상 등 젊은 동지들이 국내에서 몇 만의 운동비를 마련해 가지고 왔다. 그리하여 베이징에서 중국에 거주하는 조선 무정부주의자의 전체 회의를 열기로 하여 상하이·푸젠·남북만주의 동지들이 모이게 되었다.

선생을 비롯하여 이을규·김종진·정현섭·백정기·김성수金性壽 등 20여 명이 참석했다. 회의의 주제는 얼마간의 운동비가 마련되었으니 앞으로의 운동 방침을 어떻게 정할 것인가 하는 것이었다.

동지들의 의견은 만주와 상하이, 푸젠 등 지역에 따라 견해와 주장이 달랐다. 그래서 며칠을 두고 논의를 거듭하였는데, 선생이 중론을 종합하여 만주에 총력을 집중하기로 하고 상하이, 푸젠, 베이징에서는 연락원을 두어 각 방면의 연락을 취하기로 하자는 제안을 하셔서 그대로 결

정했다. 그리고 각자가 며칠 동안 연구를 하고 나서 구체적인 공작과 운동의 내용을 결정하기로 했다.[11]

그런데 이때 마른 하늘의 날벼락 같은 일이 벌어졌다. 신현상과 최석영을 뒤쫓던 일제가 이들이 베이징에 잠입한 정보를 입수하고 중국 경찰에 조선강도단이 잠입했다고 속인 뒤, 베이징 위수사령부를 움직여 숙소를 급습해 10여 명을 구속했다. 일제를 타도하는 데 쓰일 탄환이 되고 폭탄이 되어야 할 자금도 고스란히 빼앗기고 말았다. 만주의 독립운동가들에게 실낱같이 비치던 희망은 눈앞에서 사라지고 다시 시련의 시간이 계속됐다.

그런데 이때 호사다마라고, 일본 경찰이 베이징 위수사령부를 움직여 동지들의 거처를 급습하고 10여 명을 구속했다. 선생은 마침 톈진에 가서 화를 면하였는데, 이러한 급보를 받자 유림 동지와 함께 이리저리 구출 운동을 하여, 며칠 뒤에는 동지들이 무사히 구출되었다. 그러나 신현상 등은 그때에 일본 경찰에 인도되고 예금하였던 자금도 일본 경찰에 압수되고 말았다.[12]

이 같은 예기치 못한 사태로 운동자금을 통째로 빼앗기고, 생명을 걸고 고국에서 거액을 들고 찾아왔던 신현상과 최석영은 국내로 압송되었다. 또 큰 희망을 안고 각지에서 모였던 동지들은 구속되었다가 상처만 입고 이회영의 도움으로 풀려나 또다시 피신해야 했다. 이회영의 아들 규창도 아직 어린 나이지만 베이징의 집회장에서 경비를 서는 등 자신이 할 수 있는 역할을 다하다가, 일본 영사관 경찰에 구속되어 이틀간 억류되었다가 풀려났다. 무엇보다 안타까운 일은 톈진에서 기선을 탔던 이을규가 선상에서 일제 관헌에 피체되어 국내로 압송된 일이다.

　　마치 악몽을 꾸듯 일어난 이 사건은 각 지방의 운동에 적지 않은 영향을 끼쳐서 시급히 그 수습책을 강구하려 하였으나 뜻대로 되지는 아니했다. 그리하여 베이징과 톈진 사이를 방황하면서 여름이 지나고, 선생과 몇몇 동지들은 서로 의논하여 동지들 각자가 방법을 찾아 각지로 귀환하기로 했다. 그런데 9월 말에 이을규가 푸젠을 경유하여 북만주로 귀환할 계획으로 톈진발 기선을 탔다가 배 위에서 일본 경찰에게 체포되었다.[13]

이을규의 피체는 이회영에게 다시 한번 큰 타격을 안겨주었다. 그는 지난 십수 년 동안 이회영의 동지이자 제자로서 고락을 함께하며 아나키즘 독립운동의 실천적 전위 역할을 해왔다. 그의 피체 과정과 국내 압송, 재판과 관련 국내 신문의 보도는 요란했다.

　　"을미년 당시 세상의 이목을 놀라게 한 대동단 건의 연루자로 그동안 중국 톈진에 망명 중이던 인천 태생 이을규는 여러 가지로 해외에서 독립운동을 하다가 작년 늦가을 톈진에서 상하이로 가던 항로 중에서 일본 영사관 경찰의 손에 검거되어 방금 충남 공주경찰서에 인치 취조중이라 한다."[14]

"을미년 이후 10여 년 동안 해외에서 여러 가지 운동을 하다가 작년 9월에 충남경찰서의 수배로 중국 톈진에서 체포된 아나키스트 거두 이을규에 대한 공판은 오는 17일에 공주지방법원 제1호 법정에서 개정키로 되었는바 공주 윤용섭 변호사가 자진하여 변호키로 되었다 한다."[15]

"전기 이을규는 일찍이 기미년 당시 이강李堈 공 옹립 탈출 사건에 연좌하여 다이쇼大正 10년(1921)에 징역 2년의 언도를 받고 보석 중에 그대로 중국으로 탈출한 이래 망명 생활을 계속하였는데 그후 민족주의로부터 무정부주의로 사상이 변천되어 이 운동에 전력을 다하였는데, 재중국무정부공산주의자연맹 대회를 상하이에서 조직한 후 그 기관지 《탈환》이란 잡지를 통하여 동 주의를 선전하였으며 또 만주 방면에서 고 김좌진 일파와 결탁하여 그들의 단체 한족총연합회에 가입하여 그 회의 교육부위원으로 활동하는 등 10여 년을 일관하여 주의운동에 바치다가 체포된 것이라 한다."[16]

"이을규 사건은 지난 10일 오후 1시 반에 공주지방법원 제1호 법정에서 속개되어 마쓰모토松本 재판장으로부터 5년 징역을 언도하였는바 다이쇼 10년에 경성지방법원에서 2년 수형하고 복역치 않은 것까지 겸한 것이라는데 전번 검사 구형 3년에 대하여 2년이나 더 중하게 판결된 셈이다."[17]

앞에서도 말했지만 아나키스트의 특장은 어떤 위험이나 시련에도 절망하지 않는다는 점이다. 그러나 이회영과 동지들은 만주의

문제가 크게 걱정되었다. 재만무련과 한족총연합회의 결성으로 200만 동포들에게 큰 희망과 기대를 주었다가 김좌진이 암살되고 이을규가 국내로 압송되어 큰 타격을 받게 되었기 때문이다.

만주의 항일투사들은 국내에서 들여온 그 자금으로 본격적인 항일투쟁을 벌일 것을 기대하고 있었다. 그런데 이들을 빈손으로 돌아가게 하는 실망밖에 안겨줄 것이 없었다. 이러한 사정을 누구보다 훤히 꿰뚫고 있던 이회영은 이를 타개할 방책을 준비했다.

이회영은 베이징 집회 이후 아들과 동지들이 구속되는 등 예사롭지 않은 사태의 진척을 지켜보면서, 일제의 수사망이 자신에게도 뻗칠 것으로 예상하고 시급히 거처를 옮겼다. 새로 이사한 곳은 톈진의 변두리 진탕차오좡金湯橋莊(금탕교장)이라는 빈민촌이었다. 며칠 뒤에는 백정기 등 청년 동지 7~8명이 근처로 이사하여 함께 지낼 수 있었다. 이회영의 집은 새로운 아지트가 되었다.

11월 초에 7, 8명의 동지가 톈진으로 모였다. 그리고 선생의 거처를 비밀회의 장소로 정하고, 그들의 숙소는 다른 장소에 잡았다. 날마다 선생을 중심으로 하여 머리를 맞대고 좋은 대책을 찾았으나 별 묘책이 나서지 아니하였으며, 선생도 자금 문제에는 별다른 묘안이 있을 수 없었다.

한 달 남짓 머리를 모아 의논을 거듭한 끝에 직접행동으로 자금을 만들자는 데로 중론이 기울어졌다. 은행을 습격하자는 것이었다.[18]

이회영과 아나키스트 동지들은 만주의 조직을 복원하고 새로운 운동을 개시하기 위하여 은행을 털기로 뜻을 모았다. 이는 독립운동가들이 독립자금을 마련하기 위해 가끔 시도했던 방법이었다. 몇 해 전 신채호 등 국제 아나키스트 운동가들은 국제위체를 위조했다가 일제 관헌에 검거되어, 신채호는 뤼순감옥에서 옥고를 치르고 있었다.

아나키스트들은 계획을 세우면 곧장 결행한다. 며칠 뒤 '은행털이'가 결행되었다. 대상은 일본 조계에 있는 중·일 합작은행이었다. '은행털이'에 서로 자기가 가겠다고 나서는 자원자가 많았으나 김지강 등 젊은 아나키스트들이 행동대원으로 선발되어 3천 수백 원을 탈취하는 데 성공했다.

부득이 비상수단에 호소하는 수밖에 없었다. 일본 조계 중심지 욱가旭街 소재 중·일 합변 정실은호正實銀號를 털기로 했다. 김지강·양여주·장기준·김동우가 행동대원으로 선정되고, 정화암이 후견자로 동행했다. 탈취한 돈은 3천 수백 원에 달했다. 정화암이 사선을 넘어 이 돈을 베이징까지 가져가는 데 성공했다. 톈진 각 신문은 이 사건을 희대의 백주강도 사건이라고 대서특필했다.[19]

'백주강도 사건'의 한 사람이었던 정화암의 회고록에서 당시 활동상을 생생하게 엿볼 수 있다.

적당한 은행을 물색하다보니 일본 조계 중심가인 욱가에 있는 정실은호가 제일 무난하다는 결론을 얻었다. 은호銀號는 은행보다 규모가 작지만 필요한 만큼의 돈은 있을 것 같았고 은행에 비해 경비가 조금 허술

한 이점이 있었다.

그러나 정실은호는 일본 조계 안에 있었고 더구나 대로변에 접해 있기 때문에 사람이 많이 다니는 시간은 피해야 했다. 그렇다고 밤을 이용할 수도 없었다. 밤에는 경비가 철저해지고 도망칠 때 숨어버릴 인파가 없기 때문이다.

우리는 점심시간을 이용하자는 데 의견을 모았다. 점심시간에는 은호 안에 사람도 적고 경찰의 출동도 지연될 수 있었다. 김지강, 양여주, 장기준, 김동우가 실행하고 내가 후견인으로 동행하기로 했다.

네 동지들은 정해진 시간에 권총을 가지고 떠났다. 나는 그들이 돌아올 길목에서 기다렸다.

12시 15분 정각. 양여주와 장기준는 창구에서, 김지강은 정문에서, 김동우는 후문에서 일시에 총을 뽑았다. 직원 한 사람을 시켜 자루에 돈을 담게 했다. 직원들은 꼼짝 못 하고 앉아 있었다. 마침 책상 위에 쌓여 있던 돈이 꽤 많아 보였기 때문에 그 돈부터 담게 하고는 금고문을 열라고 위협했다.

그러나 그는 금고에 돈이 없다면서 서랍에 있던 돈까지 모두 꺼내 담았다. 금고문을 열 경우 많은 돈을 빼앗길 것을 두려워했던 까닭이겠지만 우리 측도 금고문을 열도록 강요하자니 시간이 걸릴 것 같았고 모두들 처음 하는 일이라 당황하여 주는 것만 가지고 빠져나왔다.

앞뒷문을 지키고 있던 김지강과 김동우는 장기준과 양여주가 위험지역을 충분히 빠져나갔을 만한 시간에 각각 다른 길로 흩어져 뛰었다. 길목에서 기다리던 나는 장과 양이 들고 온 보따리를 보고 좀 떨어진 채숙소까지 왔다.

보따리를 풀고 돈을 세어보니 우리가 기대했던 금액에는 미치지 못했지만 그런대로 우선의 대책을 세울 수 있는 금액이었다. 중국 돈 3천 원과 일본 돈 수백 원이었다. 그런대로 큰 성공이었다.[20]

중국 경찰과 일본 영사관 경찰이 합동으로 '백주 은행털이' 강도 체포에 혈안이 되었으나 허탕이었다. 탈취한 자금은 정화암 등의 용의주도한 행동으로 무사히 베이징으로 옮기는 데 성공했다. 근래에 좌절과 패배로 연속되었던 아나키스트들의 활동이 모처럼 성공하게 되고, 이것은 만주의 항일투쟁에 소중한 자금이 될 터였다.

이회영과 아나키스트 동지들은 이제 더 이상 톈진에 머무를 수가 없었다. 중국 경찰과 일제 관헌이 언제 덮칠지 모르는 상황이 되었기 때문이다. 동지들은 논의를 거듭한 결과 상하이와 북만주로 나누어서 떠나기로 했다. 활동의 중심 무대는 북만주로 정했으나 일행이 한꺼번에 만주로 이동하게 되면 위험부담이 따르기 때문에 우선 분산하기로 했다.

큰딸의 결혼, 상하이와 북만주로 분산 피신

이때 정화암이 이회영의 딸 규숙의 혼담을 제기했다. 상대는 이번 거사에도 참여한 장기준이었다. 이회영은 오래전부터 장기준을 눈여겨 보아왔던 터였다.

정현섭(정화암)이 선생에게 딸 규숙의 혼담을 내놓았는데 바로 장기준

이회영의 딸 이규숙.

을 추천하는 것이었다. 선생도 벌써부터 그런 의향을 가지고 있었지만 이처럼 어려운 환경에서 또 그것도 개인적인 일에 속하는 문제였기에 차마 말을 꺼내지 못하고 속으로만 생각하고 있던 문제였다. 그 용모로 나 기개로나 또 인품으로나 장기준에 대해서 선생도 이의가 없었다. 그 리하여 택일도 하지 않고 모든 동지들이 모인 자리에서 장기준과 규숙 양의 백년가약이 맺어졌다. 나라가 망하고 집안이 흩어져 떠돌며 망명 생활을 하는 혁명가인 선생은 그렇다 치더라도 그 가족들의 운명은 이 얼마나 가엾고 기구한가.[21]

혁명가의 딸로 태어나서 항상 쫓기고 굶주리며 빈민구제원에서 지내면서도 총명하고 밝게 자란 딸 규숙을 이회영은 젊은 아나키스 트 동지 장기준에게 맡기기로 했다. 그리고 어머니도 함께하지 못한 채 큰딸의 약식 혼인식을 치렀다. 딸의 혼인을 서두른 것은 동지들과 곧 헤어져야 하기 때문이었다.

국내에서 삯바느질과 침모 생활을 하면서 두 아들을 키우고, 종종 소액이나마 톈진으로 송금하여 남편과 가족의 생계를 유지시켜 온 이은숙은 남편의 편지로 딸의 혼인 소식을 듣게 되었다. 이은숙은 당시 얼마나 섭섭했으면 결혼 소식을 알려온 이회영의 편지에 바로 답신을 부치지 못했다고 한다.

하루는 톈진에서 편지가 왔는데, 내용은 이러했다.

"규숙에게 마땅한 혼처가 생겼소. 그는 회관의 동지요 사람이 근중斤重이 있어 보이고 믿을 만하여 완정完定하고, 예식은 톈진 국도관에서 할 예정이오. 예식 후에 나는 규창이를 데리고 상하이로 갈 작정이오. 할 림에다 조선 사람이 선창국민학교를 세우고 우리 조선인 아동을 가르치는데, 규숙 내외가 선생으로 갈 것이며, 현숙은 규숙 내외에게 맡기기로 했소.···"

우리 망명객의 일은 이루 말할 수 없는 수수께끼 같은지라. 한편 생각은 20이 되어가는 여식 출가시켜 제 임자 정한 게 다행이나, 어미 정리에 여식 혼사에 간섭도 못 하고 저의 부친이 혼자 동지들과 의논하여 인륜대사를 거행한 게 섭섭한 심사를 어찌 다 기록하리오. 편지할 마음이 없어 며칠 후에 답장을 부쳤다.[22]

왜 아니 그러겠는가. 어느 부모에게나 자식의 혼사는 가족 최대의 대사요 경사다. 딸의 혼사에 참석할 수 없는 어미의 마음이나,

그렇게라도 혼사를 치를 수밖에 없는 아비의 심사는 다르지 않았을 것이다. 또 고국에 가 있는 어머니와 그 사이 수년간을 헤어진 채 어린 동생과 함께 중국인 부녀구제원에서 지내며 아버지의 망명생활을 지켜온 딸의 심사도 부모와 별반 다를 게 없었을 것이다.

이것은 망국 시절 독립운동가와 그 가족이 겪어야 했던 아픔이었다. 편한 길, 현실적인 길을 버리고 힘겨운 독립운동의 길을 택했기 때문에 받게 된 고난이고 설움이었다. 이들의 희생이 있었기에 식민지 시대 국민정신은 다소라도 정화될 수 있었을 것이다.

이회영은 젊은 동지들과 함께 만주로 가기를 원했다. 나이 들어 몸은 비록 많이 여위고 기운은 쇠약해졌지만, 뜻은 여전히 만주벌판을 달리며 일제 침략군과 친일모리배들을 토벌하고 싶었다. 더욱이 두 딸이 만주로 가게 되면서 이 같은 생각은 더욱 간절해졌다.

하지만 은행탈취 사건 이후 젊은 동지들의 신변을 생각할 때 자신의 뜻을 고집하기는 어려웠다. 젊은 동지들은 하나같이 스승의 건강을 염려하여 만주보다 상하이로 가기를 원했다.

동지들은 상하이와 북만주로 대오隊伍를 나누었는데, 선생은 북만주를 택하려 했다. 그러나 동지들은 이에 반대하여 노령의 선생의 건강과 아들 규호(규창의 아호) 군의 교육을 위하여 상하이로 가야 하며, 또 상하이는 여전히 한·중 관계의 중심이니 선생이 상하이에 눌러 계셔야만 한다고 했다. 선생도, 모든 행동은 일을 중심으로 하여 결정해야 하는 것이므로 일을 위하여서라면 상하이로 가겠다고 했다. 선생은 16세 된 셋째아들 규호를 데리고 상하이로 떠나고, 11세의 딸 현숙은 언니 규숙 부부를 따라서 백정기·정현섭·양여주·김성수 등의 동지들과 북만주로 출발하게 되었다.

선생은 본래 심장이 철석같은 혁명가였지만 인간적으로 다정다감한 사람이었다. 이역만리에서 어린 자녀들에게 사람으로서 못 할 고생을 시키면서 이제 그것도 부족하여 북만주의 황야로 두 자매를 떠나보내게 되었으니 어찌 가슴이 아프고 눈시울이 뜨겁지 아니하였겠는가?

사람에게는 영감이라는 것이 있는 법인데 총명함이 남다른 선생에게 끝내 영결이 되고 만 이번의 부녀 이별이 얼마나 가슴 아프고 마음이 놓이지 아니하였겠는가? 선생은 밤이 지새도록 규숙을 훈계하고 격려하였으며 어린 현숙을 한없이 어루만지고 있었다. 눈물을 모르던 선생의 노안에도 몇 번이고 안개가 서렸는데, 이것은 선생이 흘린 최후의 눈물이 되었다.[23]

이때 이회영과 두 딸의 이별은 이승에서는 다시 만나지 못하는 생이별이 되었다. 5년 전 아내와 태중의 아들과 생이별했는데, 이번에는 또 딸들과 생이별을 하게 되었다. 이회영은 이 모든 헤어짐이 마지막이 되리라고는 생각지 못했을 것이다. 파란의 삶이고 고난의 가족사였다.

14. 항일구국연맹과 흑색공포단을 지도하다

삼한갑족에서 세족고문으로

1930년 10월 말, 이회영은 톈진 생활을 끝내고 상하이로 떠났다. 김달하 암살 사건으로 베이징에 머물지 못하고 톈진으로 숨어든 지 4년여 만이었다. 이회영의 나이도 어느덧 64살의 노령에 이르렀다. 아내와 생이별한 지도 5년여가 지났다. 아내와 아직 얼굴도 보지 못한 막내아들은 고국에, 아들 규학과 며느리는 상하이에 있었고, 두 딸과 사위는 북만주로 떠났다. 형제들과 조카들도 중국 각지에 흩어졌다.

삼한갑족이 망국 20여 년 만에 세족고문細族孤門이 된, 즉 조상 대대로 뼈대 있고 거부였던 집안이 뿔뿔이 흩어지고 폭삭 주저앉고 가문의 이름만 남은 슬픈 현실이었다. 매국노와 친일파들이 국내에서 흥청망청 먹고 마시고 즐기면서 호사를 누릴 때 이들은 해외에서 입에 풀칠하기도 어려운 '망국노亡國奴' 독립운동가의 고달픈 삶을 살아야 했다.

이회영은 톈진에서 동지들과 두 딸이 만주로 떠나는 것을 거들었다. 쫓는 자들의 눈을 피하기 위해 세 팀으로 나누어 출발하게 했다.

북만주로 모두가 한꺼번에 움직이는 것은 위험했으므로 인원을 3진으로 나누었다. 제1진으로 막 결혼한 장기준과 이규숙 그리고 현숙이 가기로 했고, 제2진으로 백정기와 오면직, 제3진으로 정화암 등 총 15인이 가기로 했다. 제1진이 떠난 다음 날 제2진이 출발하고, 그다음 날 제3진이 출발하는 방식으로 톈진의 아나키스트들은 만주로 향했다. 그들은 무사히 헤이룽장성黑龍江省 하이린에 도착했다. 장기준의 아내이자 이회영의 딸 규숙 자매의 몸속과 짐에 권총 10여 정과 폭탄 10여 개를 감추고 무사히 도착하니, 만주의 동지들이 역시 혁명가의 자제답다고 탄복했다.[1]

권총과 폭탄은 1923년에 정화암, 이을규, 이정규, 백정기 등 아나키스트 동지들이 베이징의 고급 주택가 마오얼후퉁에서 친일 부호의 귀금속을 강탈한 자금으로 마련했다. 이회영은 이 무기들을 그동안 여러 차례 이사를 다니면서도 소중하게 보관해왔다. 정실은 호를 털 때도 사용되었던 무기를 이회영은 위험부담을 무릅쓰고 두 딸을 통해 여전히 무장투쟁의 열기가 남아 있는 북만주로 반입시켰다. 그리고 이회영은 곧 톈진을 떠나 상하이행 기선을 탔다.

우당도 벌써 톈진에 머물러 있을 수 없었다. 어린 규호를 데리고 상하이로 가기로 했다. 이때 규숙 양은 장기준과 가약을 맺었다. 이 일행이 산시에 도착했을 때, 재만무련의 동지들은 물론 한족총연합회는 백만의 원군을 얻은 양 용약했다. 더욱이 규숙 자매의 몸에서 단총 10여 종이 나오고 그들의 행장 속에서 탄환과 폭탄 10여 개가 튀어나왔으니 일좌가 경탄과 환희의 쾌재를 부르짖고 규숙 자매의 대담무쌍한 침착성에 놀라지 않을 수 없었다.[2]

"진정한 혁명가는 위대한 사랑의 감정에 이끌린다"라는 니체의 말이 있다. 이회영은 가족을 사랑하고 동지들을 사랑하고 조국을 사랑했다. 그래서 혁명가가 되었다. 하지만 혁명을 위하여 조국과 동지들과 가족과 헤어져야 했다. 젊은 아나키스트 동지들을 적지로 보내고 홀로 비교적 안전하다는 상하이로 떠나는 이회영의 발길은 천근만근 무거웠다.

그동안 우당 이회영은 베이징과 톈진에서 우리 독립운동을 총지휘하며 많은 고생을 겪었고 그 생활도 매우 어려웠다. 이제 나이가 60이 넘어 전처럼 활동할 수도 없었고 생활난으로 난카이南開의 오두막에 거처하며 후배 동지들의 운동을 독려하는 정도였다. 그분을 크게 도와드릴 수는 없었지만 그래도 젊은 동지들의 협조로 근근이 살아가고 있었다. 그런데 이제 동지들이 모두 하이린으로 떠나면 그분의 생활이 큰 걱정이었다. 조금이라도 걱정을 덜어주는 방법은 그의 가족을 분산시키는 일이었다. 물론 이회영에게는 극히 괴로운 일이었지만 그의 딸 규숙과 현숙은 우리가 데려가고 이회영은 어린 아들 규호와 함께 상하이로 가 있게 했다. 상하이에는 성재 이시영을 비롯하여 몇몇 분들이 있었으니 어떻게든 호구책은 마련될 수 있을 것 같았다.[3]

상하이에서의 해후, 임시정부와 동지들

이회영은 아들 규호(규창)와 함께 톈진에서 기선을 타고 일주일 만에 상하이에 도착했다. 상하이에는 대한민국 임시정부가 여전히 활동하고, 아들 규학 내외와 둘째 형 석영, 동생 시영이 살고 있었다. 며느리 조계진은 톈진에서 함께 지내다가 생활고로 남편이 있는 상하이에 와 있었다. 여러 해 만에 자식과 형제들을 만나 회포를 풀었다. 거처는 상하이 변두리 아이런리愛仁里(애인리) 안의 헝쯔젠亨子間(형자간)이라는 값싼 방을 구하여 지내고, 식사는 당분간 아들 집에서 하기로 했다.

며칠 뒤 임시정부 요인들이 공식 환영만찬을 베풀어주었다.

며칠이 지나서 임시정부의 요인들이 공식적으로 간단한 환영식인 만찬을 베풀었다. 부친을 환영하느라고 이 자리에 김구, 이동녕, 이시영, 조완구, 조소앙과 그 외 김두봉, 홍남표, 김갑, 이유필, 조상섭, 안공근, 안경근, 최창식 등 제 선생이 부친을 환영하며 그간 피차간 격조하여 독립운동의 긴밀한 의논과 진행을 유기적으로 연락하지 못하였으나 우당이 상하이에 옴으로써 우리의 독립운동의 앞길이 일층 더 희망을 주게되었다 하여 모든 분들이 희망찬 환영사를 하여 화기애애하게 지냈다.[4]

백범 김구.

이회영이 임시정부의 구조상의 문제와 노선에 대한 견해 차이로 의정원 의원을 사임하고 상하이를 떠난 지 실로 10여 년이 지났다. 강산도 변한다는 10여 년 만에 옛 동지들을 다시 만나고 혈육과도 상봉했다. 그 자리를 지키고 있는 사람들이나 중원만리를 종횡하다가 돌아온 사람이나 감회가 깊었을 테고, '조국독립'이라는 큰 뜻을 함께하는 동지들이기에 반갑기 그지없었다.

그동안 임시정부는 수반이던 이승만을 축출하고 국민대표회의 결렬 이후 1925년에 박은식을 대통령에 선출한다. 이때 임시정부는 대통령제를 폐지하고 국무령제로 개헌을 단행했다. 국무령제 정부 조직에서 이상룡, 양기탁, 안창호, 홍진 등이 차례로 국무령에 선임되었으나 조각이 유산되거나 단명으로 그쳤다. 1927년에 구성된 김구 내각이 집단지도체제인 국무위원제로 임시정부의 지도체제를 바꾸면서 비로소 안정을 찾을 수 있었다.

임시정부는 요인들의 강한 개성과 파벌의식, 이념대립 등으로 분파와 갈등을 빚다가 김구의 등장으로 어느 정도 수습이 되었다. 일찍이 이런 현상을 내다보면서 자유연합적 지도부 구성을 제시했던 이회영의 안목은 김구 내각에서 입증된 셈이었다.

임시정부의 운영과 요인들의 생계는 그동안 이회영이 겪어온 것과 별반 다르지 않았다. 임시정부의 지방조직인 국내의 연통부와 교통국이 일제의 계속되는 탄압으로 와해되면서 국내의 송금이 단절되고 미주에서 보내왔던 독립기금도 이승만의 축출 이후 거의 끊어졌다.

1927년부터 1930년까지 4년간의 임시정부 예산과 결산에 따르면, 세입의 90% 정도가 인구세와 애국금이었는데, 그 총액이 너무 적어 세출에서 40% 정도를 가옥세에 충당할 정도였다. 1930년에는 결산 총액이 511원으로 중국 고용인 1명도 채용할 형편이 못 되었다. 1932년에 윤봉길 의거 뒤부터 재미동포의 성금이 모이면서 다소 형편이 나아졌으나, 그때 임시정부는 상하이를 떠나야 했다.

1929년 상하이에 와서 당시 정세를 보니 상하이임시정부 요인분들이라고는 당시 임시정부를 지키시며 남은 분 이동녕, 이시영, 조완구, 김구, 조소앙 등 제 선생뿐인데 그 당시 비참한 생활고를 누가 알고 어찌 연명을 하며 세월을 지내셨나. 내가 알기에는 나의 큰형님 그리고 2~3인의 자제들이 전차공사, 버스공사에 검표원을 조종하며 월급으로

5, 6분 선생님의 자취를 연명하는 식량을 공급하였으니, 그 고생하심을 지금 와서 소위 그분들의 운동사를 기록함에, 주위의 사람들이 도와서 임시정부라는 독립혈투의 기반을 사수케 한 공적을 일언반구 비치지 않고 임시정부 주석이 되고, 임시정부의 장이 되다, 재계총장이 되다, 흡사 지금 세상에 고관대작같이 호강을 하며 광복운동을 한 것 같이 인식을 하게 하니 참으로 실소 불금이다.

나의 숙부 시영께서는 자식 규홍만을 데리고 불조계 노가만 초옥에서 자취하시며 지내시고, 이동녕 선생, 조완구 선생, 김구 선생(김구 선생은 후에 가족이 와서 지냈지만) 세 분은 독신으로 자취하시며 장구한 세월을 지내시다 윤 의사(윤봉길), 이 의사(이봉창) 의거로 중국 장 총통(장제스)의 호의로 생활이며 제반 사정이 활발하여지자 와서 보지도 않던 인간들이 모여들었다. 참으로 가소로운 세태였다.[5]

이회영이 상하이로 오기 전인 1930년 1월 25일 임시정부의 우파 세력은 한국독립당(한독당)을 결성했다. 안창호, 김구, 이동녕, 이시영, 조소앙, 조완구 등 28명이 민족주의 진영의 단합과 쇄신을 꾀하고 해외독립운동전선의 통일을 기하기 위하여 결성한 것이다. 1930년 10월에 난징에서 열린 중국국민당 중앙집행위원회에 임시정부와 한독당 대표로 조소앙과 박찬익이 참석하여 중국 거주 한인 문제 등 7개 항을 청원하고 장제스와 장쉐량張學良 등을 만났다. 임시정부가 오랜 침체를 벗고 기지개를 켜게 되었다.

이회영은 후덕한 인품과 포용력으로 가는 곳마다 독립운동가들의 중심이 되었다. 상하이에 도착했다는 소식이 전해지면서 인근의 많은 독립운동가들이 찾아와 문안하고 정세를 논의했다. 오랫동안 만나지 못했던 유자명도 찾아왔다.

　　아이런리 헝쯔젠 방에서 허다한 각 방면의 동지와 유자명 선생을 통하여 중국국민당의 요인, 사상과 대일 항전의 동지들 중 리스청·우즈후이·후한민 제씨와 한·중 협력하여 왜의 침략의 저지에 노력함과 동시 군인 양성의 방안도 협의했다. 그 당시 만주에서는 왜놈의 사주로 저 유명한 완바오산 사건이 발생하여 한·중 민족 간의 악감정이 각처에 팽배되어 불상사가 도처에 제기되는 시기였다.[6]

북만주 동지들의 '무련' 활동, 김종진의 암살

　　1931년 7월에 만주에서 발생한 완바오산 사건은 이주 한인 농민들에게 큰 타격을 가져오고, 한국 독립운동 진영에도 악영향을 미쳤다. 만주에는 많은 이주 한인 농민이 정착하게 되면서 중국 농민과 사이에 이런저런 갈등이 생겨났다. 중국 농민들 중에는 한국인들을 일본의 앞잡이로 생각하고 증오하는 경우도 있었다.

　　지린성 완바오산萬寶山(만보산)에서 한인 농민이 황무지를 개간하기 위해 수로공사를 시작하자, 중국인 400여 명이 농기구를 들고 몰려와 한인 농민들을 쫓아내고 수로를 덮어버렸다. 창춘長春(장춘)의 일본 영사관이 제국신민(한국인) 보호라는 명분으로 경찰을 출동시키자, 중국 측도 경찰을 출동시켜 양국 경찰들이 충돌함으로써 완바오산 사건이 발생했다.

일본은 사상자가 발생하지 않았는데도 이 사건을 만주 침략의 구실로 삼기 위해 대대적으로 선전에 이용했다. 이런 모략선전이 국내에 그대로 전해지면서 한국인의 민족감정이 격앙되어 곳곳에서 중국인 습격 사건이 일어나 많은 중국인 사상자가 발생했다. 이것은 일제가 중국 침략을 준비하면서 한·중 양 국민의 갈등을 고조시키려는 저열한 책략이었다.

이회영은 이 사건의 악화를 크게 우려하면서 임시정부가 나서서 진상파악과 함께 더 이상 양 국민 사이에 감정이 악화하지 않도록 노력할 것을 당부하고, 자신도 중국 지인들을 통해 역할을 다했다. 이 무렵 이회영의 아들 규창이 이유 없이 중국 청년들에게 구타당한 일도 있었다.[7]

한편 북만주에 도착한 이을규와 정화암 등은 김종진과 만나고 동포들의 환영을 받으며 곧 사업에 착수했다. 김좌진이 암살되면서 북만주의 동포사회는 한족총연합회와 만주무련 사이에 갈등이 심화하던 참이어서 이들의 도착을 무척 반겼다. 무엇보다 동포들 사이에 잠재된 내분을 가라앉히는 일이 시급했다. 먼저, 지역 독립운동 지도자들을 초대하여 최근의 정세를 설명하고 단합을 구했다. 정화암의 이야기를 들어보자.

김종진으로부터 최근의 상황을 구체적으로 듣고 난 다음 만주운동의 중심인물들을 음식점으로 초청했다. 그리고 그들에게 우리가 하이린까지 오게 된 목적을 설명했다.

먼저 우리는 정치적 우위를 주장하는 조직에는 참여하지 않을 것을 분명히 하고 만주에 있는 교민들에게 민족정신을 고취시키기 위한 교육, 일제와 공산주의에 대한 반일·반공·사상훈련, 항일전선에 나가 투쟁할 수 있는 전술과 자질 양성, 재만 교포의 대부분인 농민을 위한 농업지도와 정착사업, 그리고 이에 덧붙여 배타적이고 비협조적인 고질적 개인주의에서 벗어나 불미스러웠던 과거를 청산하고, 협동정신으로 새로운 만주 교민사회를 건설하는 데 적극 협력해줄 것을 당부했다.

만주에서의 사업을 위해 남의 경제적 후원을 받지 않을 것이며, 자급자족할 수 있도록 농사를 지으며 활동하겠다는 계획서까지 제시하자 참석자들은 모두 찬사를 아끼지 않았다.

그러나 북만주에서의 활동은 어려움이 많았다. 각지에 분산 배치된 동지들은 정직하고 순박한 품성으로 교민들과 고락을 함께했다. 교민들은 모두 진정한 지도자가 왔다며 신뢰하였고 칭송이 자자했다.

김좌진과 이을규를 잃고 허탈감에 빠져 방황하던 그곳 동포들은 이제 우리 무련 동지들을 중심으로 합심하여 한족총련 사업은 본궤도에 오르게 되었다.[8]

김종진과 이을규, 정화암, 장기준 등 아나키스트 독립운동가들의 헌신적인 노력과 사심 없는 행동은 동포들에게 신뢰와 호감을 샀고, 또 인근에 널리 알려졌다. 이들은 동포 농민들의 곁으로 들어가 일을 돕거나 의견을 청취하여 어려움을 해결해주는 방식으로 신뢰를 쌓아갔다. 그리고 친일세력과 공산분자의 침투를 막고자 각 지방별로 자위대를 결성하기로 했다.

일본 영사관을 중심으로 하여 동포들을 지배·착취해온 친일세력과, 공산주의 이념으로 농민들을 세포조직으로 동원해온 공산주의자들에게 아나키스트 독립운동가들의 존재는 눈엣가시였다. 공산주의자들은 김좌진을 암살함으로써 그들의 활동 주체를 제거시켰다고 안도하던 차에 이을규와 정화암 등이 나타나고, 그동안 침체해 있던 김종진이 원군을 만나 다시 활동을 개시함으로써 세력이 날로 확장되자 조직의 불안감을 느끼게 되었다.

이처럼 한족총연합회가 재건되면서 가장 위기를 느낀 세력은 공산주의자들이었다. 이들은 자신들의 영역을 한족총연합회가 침투한다면서 다시 지도자를 제거하기 위한 공작을 꾸몄다.

일제주구나 공산주의자들은 이와 같이 교민들의 약한 조직과 빈곤한 생활을 이용하여 교민조직 내로 파고들었고 조직 파괴를 위해 분열을 조장하였으며 첩자를 이용하여 독립지사를 사살했다. 공산당은 만주 일대를 그들의 활동무대로 삼아 교민을 기만하고 때로는 무력으로 습격하기까지 했다.

이러한 현실을 근본적으로 시정하기 위해 우리는 각 지방단위로 자위대를 편성하고 지역경비를 맡게 했다. 각 지방은 스스로 방어하는 자치방위체제로 전환되었다.

한때는 공산세력권인 닝안현寧安縣에서 불시에 습격해 오거나 일본이 중국 호로군과 결탁하여 교민을 납치해가는 경우도 종종 있었다. 하이린의 자위대는 경비 임무가 막중했다. 지역 경비는 물론 하이린역에서 기차를 타고 내리는 사람까지 감시하였고 의심이 나면 수색·검거했다.[9]

공산주의자들의 헤게모니 쟁탈 다툼

위험은 이에 그치지 않았다. 공산주의자들의 책동도 만만치 않았다. 왜경과 공산주의자들은 서로 연락이나 하듯이 교대하여 파상공격을 취해왔다. 공산주의자들은 헤이룽강 너머에 있는 종주국 소련을 등에 업고 한족총연합회를 파괴하여 북만주에서의 주도권을 탈취하고자 획책하고 있었다. 재만무정부주의자만 분쇄하면 한족총연합회는 저절로 거세되고 와해될 것으로 계산했기 때문이다. 이리하여 재만조선무정부주의자연맹과 그 외곽단체인 한족총연합회는 일본 제국주의와 소련을 배경으로 한 공산주의 집단에 의해, 말하자면 남북으로 협공을 당하고 있었다.[10]

만주의 한인 공산주의자들은 일제보다 어느 측면에서는 한국 아나키스트 독립운동가들을 더욱 적대시했다. 적과는 동거해도 이념적 라이벌과는 적대하는, 지지리도 못난 짓거리였다. 그들은 태어난 조국의 해방보다 이데올로기의 조국 소련을 섬기는 데 더 열중했다. 아나키스트 독립운동가들은 극우 측으로부터는 좌경으로 매도되고, 극좌 측으로부터는 이단으로 공격받았다.

공산주의자들은 재만무련과 한족총연합회를 분쇄하기 위해 두 조직의 핵심 간부들을 제거하는 데 혈안이 되었다. 이 두 조직의 결성에 깊이 간여했던 이준근과 김야운이 1931년 7월 김좌진 장군의 동생 김동진의 집에서 암살되었다.

이제 공산주의자들이 노리는 최종 목표는 김종진이었다. 김좌진과 이을규가 사라진 마당에 김종진만 제거하면 재만무련과 한족총연합회는 완전히 뿌리가 뽑히고, 이 지역을 자신들의 세력권으로 장악할 수 있다고 판단했던 것 같다.

김종진은 1931년 7월 11일(음) 하이린역 근처에 있는 동포의 집에 갔다가 공산주의자들에게 납치되었다. 이후 김종진의 모습은 어디에서도 나타나지 않았다. 어디선가 살해되었을 것이다. 이와 관련해 당시 국내의 한 신문은 다음과 같이 보도했다.

일찍이 중국 윈난사관학교를 마치고 신민부의 간부로 오랫동안 활동하다가 최근에는 한족총연합회 군사위원장으로 활동 중이던 시야 김종진(31) 씨는 지난 8월 26일 중국 중동선 하이린역 부근에서 총살을 당했다 한다. 가해자는 백래춘·이백조·이익화 등 3명으로 주의상主義上 충돌인 듯하다 한다. 김종진 씨는 김좌진 씨의 재종제로 그의 본가는 경성 필동이며 부친 김영규와 백씨 김연진(신간회 중앙집행위원) 등 가족이 있고 그의 처자는 중동선 스터우허쯔역石頭河子驛 부근 바리디八里地에 남아 있다 한다.[11]

이회영은 상하이에서 김종진의 사망 소식을 듣고 통분을 금치 못했다. 김종진은 누구보다 소중한 제자이고 동지였으며, 자신의 뜻을 이어받아 실천해온 분신이었다. "벗할 수 없다면 참다운 스승이 아니고 스승으로 삼을 수 없다면 좋은 벗이 아니"라는 명나라 사상가 이탁오李卓吾의 말 그대로 기탄없이 마음을 열어 담론을 나누던 사이였다. 오랜 동지 이상설의 부음을 듣고 "운運이여! 명命이여!" 하며 땅을 쳤던 심경 그대로였을 것이다.

불행 중 다행으로 이회영의 두 딸과 사위는 무사하다는 소식이 전해졌다. 이회영이 망명한 뒤부터 가장 중점을 두고 기대했던 만주 사업이 이제 거의 무너지는 듯하여 안타깝고 분통했다. 만주의 사정이 어려워지면서 많은 동지들이 상하이로 돌아왔다. 두 딸과 사위는 창춘으로 피신했다.

한족총연합회에서 활동하던 정현섭 등 무정부주의자들은 더 이상 만주에서 활동하기 곤란하였으므로 1931년 8월 하순 중국 본토로 이동하게 되었다. 아울러 재만무련의 중심인물인 이강훈·이달·엄순봉 등도 중국으로 이동했다.[12]

『한국 아나키스트운동사』에서는 아나키스트 독립운동가들이 만주에서 희생되고 생존자들이 상하이로 철수한 것과 관련하여 다음과 같이 정리하고 있다.

만주운동은 본시 우당 이회영으로부터 시작되어 우당에서 끝맺음했다. 1910년 국치 직후 일가 솔권하여 만주로 망명한 우당은 이 땅에 독립운동의 기지를 닦기 위해 동포를 모아 '경학사'를 조직하고 독립운동자 양성기관으로서 신흥학교를 설립했다. 말하자면 둔전양병을 구상한 것이다.

그 뜻을 계승한 것이 시야昰也의 한족총연합회라 할 수 있다. 백야白也와 시야를 잃은 후 1931년 여름에 동지들은 일단 만주기지를 철수했다. 1932년 11월에 우당은 실지탈환의 뜻을 품고 만주로 들어갔다가 다롄大

連에서 적에 붙들려 최후를 마쳤다. 그러나 이 싸움은 중일전쟁 중 상하이와 시안西安 및 충칭으로 연장되었다.[13]

일제의 침략전쟁에 맞선 '남화연맹'의 항일투쟁

타이완과 조선을 식민지로 삼은 일제는 끊임없이 대륙침략의 야욕을 불태웠다. 1931년 9월 18일, 일제는 펑텐 외곽의 류타오후柳條湖에서 자기네 관할이던 만주철도를 스스로 파괴하고, 이를 중국 측 소행이라고 트집 잡아 철도보호를 구실로 군사행동을 개시했다. 이른바 '만주사변'이라 불리는 중국 침략전이다.

일본 관동군은 전격적인 군사작전으로 만주 전역을 점령하고, 1932년 3월 1일에는 괴뢰 만주국을 세워 실질적인 지배권을 행사하기에 이르렀다. 중일전쟁의 발발은 비록 만주 지역 독립운동가들에게는 크나큰 시련이었지만, 한국 독립운동 전체로서는 기대하던 절호의 기회였다. 중일전쟁을 계기로 중국 인민들이 항일전에 나서게 되고, 이것을 한국 독립운동의 전기로 삼을 수 있었기 때문이다.

일본과 중국의 전면전이 내다보이면서 상하이에 머물던 이회영과 유자명 그리고 북만주에서 내려온 정현섭(정화암), 이강훈, 백정기 등 아나키스트들은 재빨리 남화한인청년연맹南華韓人青年聯盟('남화연맹')을 결성하고 항일전열을 재정비했다.

남화연맹은 상하이 진선푸로金神父路 신신리新新里의 중국인 집 2층에서 창립대회를 열었다.

중국으로 이동한 정현섭 등은 동년(1931) 9월 19일 일제의 만주 침략
이 본격화되자 이를 계기로 일제와의 보다 적극적인 대결을 위해 조직
을 정비할 필요성을 절감했다. 이에 중국에서 활동하고 있던 모든 무정
부주의 세력을 규합하고자 했다. 즉 중국에서 활동하던 무정부주의자로
서 중국으로 이동하지 않았던 이회영·유자명·유기석 등과, 만주에서
활동하다 돌아온 정현섭·백정기·김지강·오면직 등, 그리고 재만무련
의 이강훈·이달·엄순봉 등, 일본에서 활동하다 중국으로 온 원심창·
박기성·이하유·나월한 등을 규합, 1931년 9월경 만주사변 이후에 상
하이에서 남화한인청년연맹이라는 무정부주의 단체를 결성하였던 것이
다.[14]

이회영이 정력적으로 추진한 남화연맹의 조직은 김구와도 연결
되었던 것으로 정화암은 증언한다. 이 무렵 이회영은 임시정부를
이끌고 있는 김구와 연대했던 것 같다.

남화한인청년연맹은 청년들이 직접행동을 취하는 것에 치중을 했어
요. 그것은 전부 백범과 연결되어 있었습니다. 구체적으로 1932년 5월
백범과 모의해서 남화연맹을 중심으로 서간단鋤奸團을 결성했지요. 반민
족자 즉 간奸을 죽여 없애는 단체라는 뜻입니다. 뒤에 차차 말하겠지만,
테러리즘을 행사하는 이 서간단 활동을 하다가 적에게 잡혀 희생된 동
지들도 있었지요. 희생된 동지들의 수가 한 30여 명에 이르지요.[15]

남화연맹은 창립대회에서「선언문」을 채택하여 자신들의 이념과

투쟁노선을 천명했다. 내용으로 보아 이회영이 추구해온 아나키즘 독립운동정신이 짙게 배어 있다. 다음은 그 「선언문」의 일부이다.

민중 여러분! 전사이려고 하는 형제자매 여러분! 우리들의 맹렬한 불후의 직접행동은 반드시 멀지 않은 장래에 자유를 탈환할 것을 우리들은 잘 알고 있다. 따라서 이 광명의 기치를 펄럭이려고 할 때에 즈음하여 항상 우리들은 우리 민족의 손으로서 조선 전토에 진실한 자유해방과 평등의 사회를 건설해야 하는 촌락의 농민과 도시의 노동자가 자유로이 연합해서 그것을 유지하는 사회를 건설해야 하는 현대 사회의 모든 불행의 원인을 동시에 일소하여 인류해방의 사회혁명을 수행해야 한다.
혈전으로 탈환한 우리 조선에 일찍이 우리 민족을 마음껏 착취 압박하여 결국 일제에게 이 토지를 빼앗긴 그 제왕帝王을 다시 만들 것인가. 전 민중의 백분의 일도 못 되는 자본가 계급에 권력을 위임하여 전 민중을 다시 기아에 빠뜨리려고 하는 일제로부터 우리의 자유를 탈환할 것인가. (…) 또는 농민·노동자만의 당이므로 안심할 수 있다고 자칭하면서 당의 독재를 실행하여 소수위원 또는 간부의 권력투쟁을 증대시키는 공산 러시아와 같이 암담한 국가를 건설하기 위해서인가?[16]

남화연맹 결성에는 이회영을 비롯하여 정현섭, 유자명, 유기석, 원심창, 박기성, 이수현, 엄형순, 이규호, 이용준, 정해리, 유기문, 백정기, 이강훈, 김광주, 김지강, 이현상, 장도선, 안우생, 임소산 등 30여 명이 참여했다. 이회영은 원로로서 동지와 제자 아나키스트들을 지도하는 위치에 있었다.

'남화연맹'은 창립과 더불어 다음과 같이 5개 조의 강령을 채택했다. "1. 우리들의 모든 조직은 자유연합의 원리에 기초함. 2. 일체의 정치적 행동과 노동조합지상운동을 부인함. 3. 사유재산제도를 부인함. 4. 위僞 도덕적 종교와 가족제도를 부인함. 5. 우리들은 절대 자유평등의 이상적 새로운 사회를 건설함."

또한 이와 함께 "1. 본 연맹은 강령에 의해 사회혁명을 수행할 목적으로 함. 2. 본 연맹은 강령의 목적을 수행하기 위하여 연맹 전체가 승인하는 모든 방법을 채용하고, 다만 강령에 저촉 안 되는 본 연맹 각 개인의 자유 발의 및 자유합의에 의한 행동은 설령 본 연맹에 직접 관여 안 되는 것일지라도 그것에 대해서는 하등의 간섭하지 아니함. 3. 본 연맹은 자유의지에 의하여 강령에 찬동하고 전 맹원의 승인을 얻은 남녀로서 조직함. 4. 본 연맹 일체의 비용은 맹원이 부담함. 5. 본 연맹의 집회는 연회, 월회, 임시회로 하고, 다만 소집은 서기부에서 담당함. 6. 본 연맹의 사무를 처리하기 위하여 서기부를 둠. 단 맹원 전체의 호선에 의해서 선거한 서기 약간 인을 두고 그 임기는 각 1년으로 함. 7. 연맹원으로서 강령을 어기고 규약을 파괴하는 행동이 있을 때는 전 맹원의 결의를 거쳐 제명함. 8. 연맹원은 자유로이 탈퇴할 수 있음. 9. 연맹은 회합 시 출석자 전체가 이미 승인할 때에 한해서 결석할 수 있음. 10. 본 규약은 매년 대회에서 토의하여 만장일치로 통과된 수정안으로부터 정정訂正함을 얻음"이라는 10개 조의 규약을 두었다.[17]

남화연맹은 조직과 더불어 의열투쟁에 나서면서 산하단체로 남화구락부를 병설하고 기관지 《남화통신南華通訊》을 발간했다. 《남화통신》은 이회영의 아들 규창이 인쇄 책임을 맡았다.

남화연맹은 이회영을 의장으로 추대했다. 그러나 이회영이 끝내 사양하여 남화연맹은 유자명을 의장 겸 대회 책임자로 선임하고, 선전과 행동을 병행하면서 급변하는 대륙의 정세에 대응하여 폭력투쟁을 준비했다.

이 무렵 중국의 저명한 아나키스트 지도자들이 이회영 등에게 항일공동전선을 제의해왔다. 이에 따라 한·중·일 아나키스트 지도자들은 1931년 10월 말 항일구국연맹을 결성하고 본격적인 항일전선을 구축하게 되었다.

중국 아나키스트 행동파 왕야차오王亞樵·화쥔스華均實 등이 우당과 화암에게 항일공동전선을 제의해왔다. 1931년 10월 말 상하이 불조계佛租界에서 우당·화암·구파(백정기) 등 한국 동지 7명과 왕·화 등 중국 동지 7명 및 티엔화민田華民·우슈민吳世民 등 일본 동지들이 모여 항일구국연맹을 조직하고 선전·연락·행동·기획·재정 등 5부를 두어 각부에 위원을 선출했다. 우당은 기획위원을 맡고 왕야차오는 재정을 맡았다. 무기 공급도 왕의 책임이었다.

기획부에서는 조계 밖 중국 거리와 불조계에 인쇄공장과 미곡상 점포를 차려놓고 비밀리에 적 군경기관 및 운송기관의 조사 파괴 및 적 요인의 암살 그리고 중국 친일분자 숙청, 중국 각지의 배일 선전을 위한 문화기관의 동원계획 및 선전망 조직 그리고 그에 따른 (인원과 경비에 관한) 구체적 입안을 추진했다.[18]

일제의 간담을 서늘케 한 흑색공포단

이회영은 항일 직접행동을 위하여 항일구국연맹 요원들과 '남화연맹'의 핵심인 흑색공포단을 백정기의 주거지에서 비밀리에 조직했다. 국제테러단인 흑색공포단은 '남화연맹' 구성원들 외에 일본과 타이완, 중국 사람도 참여한 결사조직이었다. 이회영이 오랫동안 구상해왔던 결사체였다. 흑생공포단은 즉각 행동에 나섰다. 그리고 톈진에서 일본 기선과 일본 영사관의 폭파 의거 등을 감행했다.

흑색공포단은 적의 화베이 운송 요충 톈진을 맹타할 계획을 세웠다. 유기석은 상하이에서 천리방·유기문 양인을 동반하여 베이징으로 와서 베이징민국대학 아나키스트 그룹의 정래동·오기삼·국순엽 등과 협의한 후 톈진으로 무기와 폭탄을 운반하여 1931년 12월에 유기문이 톈진 일청기선 부두에서 적의 군수물자 및 육군을 수송하여 입항한 11,000톤급 기선에 폭탄을 던졌는데 미치지 못하여 바다에 떨어졌고, 같은 시각에 천리방은 톈진의 일본 영사관에 투탄하여 영사관 건물 일부를 파괴했다. 병영에 던진 폭탄은 불발이었다.

수일을 연속한 이와 같은 폭탄사건을 화베이 각지 신문들은 항일구국군의 활동이라고 대서특필했지만 적의 보도기관은 이를 묵살하고 있었다.[19]

흑색공포단이 던진 폭탄은 불발되거나 적의 건물 일부를 파괴하는 데 그쳤으나 일제의 간담을 서늘하게 하는 데 충분했다. 게다가 중국 인민들의 항일의식을 일깨우는 데 크게 기여한 덕분에 중국 정부에서도 한국인들의 항일투쟁에 격려를 아끼지 않았다. 흑색공포단의 일련의 투쟁으로 일본 관헌들에게 흑색공포단은 의열단과 보합단 등에 이어 가장 두려운 단체로 인식되었다.

흑색공포단은 남화한인청년연맹의 구성원들 외에 일본·타이완·중국인도 참여한 단체였다. 그러나 실제의 업무를 담당하고 있던 행동대원들은 대부분 남화한인청년연맹의 구성원들이었다.

흑색공포단은 경제부·정보부·선전부 등으로 구성되어 있었다. 경제부의 책임자는 왕야차오이며, 구성원 중 중국인은 왕야차오·화권스·마오이보毛一波 외에 5~6명이며, 일본인으로는 요시다吉田·사노佐野 등이었다. 정보부의 책임자는 알 수 없으며, 구성원은 타이완인으로는 린청차이林成材, 조선인으로는 이용준·이수현·백정기·양여주·김지강·이달·이강훈·엄형순 등이 구성원이다. 선전부 역시 책임자를 알 수 없다. 즉 일본·중국인들은 재정·선전 등을 담당하였으며, 남화한인청년연맹 구성원들은 정보를 담당했다. 그 가운데 특히 남화한인청년연맹원들은 행동대로 활동하였던 것이다. 그러므로 항일구국연맹의 흑색공포단의 활동은 곧 남화한인청년연맹에 의해서 추진되었다.[20]

흑색공포단이 본격적으로 활동을 개시할 즈음인 1932년 1월에 이른바 상하이사변이 발생했다. 일제가 만주를 점령한 데 이어 상하이를 전격적으로 점령해버렸다. 이로 인해 상하이에서 항전을 계속하던 중국 19로군十九路軍과 난징 정부 사이에 균열이 생기고, 항일구국연맹에 참여했던 중국 측 중심인물들이 빠져나갔다.

외적의 침략으로 내부가 분열·대립하는 경우는 흔한 일이었는데 중국의 경우도 예외가 아니었다. 하지만 정작 곤란한 처지가 된 것은 모처럼 한·중·일 세 나라의 아나키스트 항일인사들로 조직된 항일구국연맹의 중심축이었던 한국 측이었다.

이회영이 나서서 중국국민당 중진인 원로 아나키스트 우즈후이吳雉彙와 리스청李石曾을 만나 간신히 문제를 해결할 수 있었다.

우당은 이 문제를 해결하기 위해 중국국민당 중진이자 원로 아나키스트인 우즈후이와 리스청을 만나 그들의 협력과 조언을 구했다. 국적은 비록 다를지언정 아나키스트와 아나키스트 사이에 무슨 간격이 있을 수 있겠는가. 그들은 흔연히 이에 응했다. 그들도 항일전선에서의 한·중 공동투쟁을 절실히 요망하고 있었다. 특히 만주에 대하여 그들은 깊은 관심을 보여주었다.[21]

흑색공포단의 항일투쟁이 치열하게 전개되고 있을 때에 김구가 주도하는 한인애국단의 의거가 도쿄와 상하이에서 잇달아 일어났다. 1932년 1월 8일, 한인애국단원 이봉창은 일왕이 육군 행사에 참석하기 위해 시내를 통과한다는 정보를 입수하고 도쿄 사쿠라다문 밖에서 기다리다가 일왕이 탄 마차가 지나가자 폭탄을 던졌다. 그러나 거리가 너무 멀어 폭탄이 마차에 미치지 못하여 일왕 암살에는 실패했다. 자살용으로 준비한 폭탄도 불발하여 이봉창은 현장에서 피체되고, 10월에 열린 비공개 재판에서 사형선고를 받고 처형

태극기 앞에 선 이봉창(왼쪽)과 윤봉길.

되었다.

이봉창 의거에 이어 역시 한인애국단원 윤봉길이 4월 29일에 상하이 훙커우虹口공원에서 열린 일왕 생일과 상하이사변 승리를 자축하는 행사장 연단에 폭탄을 던졌다. 이 의거로 중국 주둔 일본군 사령관 시라카와 요시노리 대장과 일본인 거류민단장이 즉사하고, 일본군 중장을 비롯해 10여 명이 중상을 입었다. 윤 의사도 현장에서 자살을 기도했으나 실패하고, 피체되어 일본으로 끌려가 군법회의에서 사형을 선고받고 12월에 총살당했다.

이봉창과 윤봉길의 의거는 흑색공포단원들에게 더욱 용기와 소명의식을 불러일으켰다. 그래서 적의 요인 암살에 전력투구할 것을 다지고 실행에 나섰다. 그러던 중 흑색공포단은 "일본의 육군대신 아라키 사다오荒木貞夫가 주중 일본공사 아리요시 아키有吉明에게 거금 4,000만 원을 주어 중국으로 파견하여 중국의 패잔군벌과 국민당 내의 인사들을 포섭하려 한다는 것"[22]을 파악했다.

이와 같은 정보를 입수한 흑색공포단은 공사 아리요시 아키를 암살하기로 했다. 1933년 3월 17일에 상하이에서 일본인이 경영하는 고급 요정인 류산팅六三亭에서 송별회에 참석하는 공사의 자동차에 폭탄을 던질 계획이었다. 그러나 사전에 계획이 탄로되어 의거는 실패하고 말았다. 이 사건으로 붙잡힌 백정기와 원심창은 무기징역, 이강훈은 15년형을 선고받았다.

이회영은 1930년대 초반 일제의 만주 침략에 이어 상하이 점령 등 중일전쟁이 본격화되는 시점에서, 그동안 준비해온 조직을 결성하고 폭력투쟁을 전개하여 일제에 타격을 주고, 이를 통해 한·중 항일세력의 연대를 모색했다. 그리고 노구를 무릅쓰고 항일구국연맹과 그 행동단체인 흑색공포단을 지휘하여 격렬한 항일투쟁을 벌였다.

항일구국연맹의 행동대는 이회영과 정화암이 지휘하고 왕야차오가 재정과 무기 공급을 맡아 활발히 활동을 전개했다. 자금과 무기가 공급되자 날개 돋친 듯 활동을 전개했다. 그중 하나가 상하이 부근 베이준역北軍驛에서 국민당 정부의 외교부장 왕징웨이汪精衛를 저격한 일이다. 이일은 한인 이용준과 중국인 화췬스, 일본인 사노가 함께했으나 왕징웨이 역시 몸에 막힌 탄환을 빼내지 못해 후일 일본에 가서 병사했다.[23]

15. 마지막 불꽃을 사르러 가는 길에 순국하다

민족의 고토 만주를 향한 집념

이회영의 꿈은 언제나 만주에 가 있었다. 고조선과 고구려, 발해의 혼이 밴 만주에 경학사와 신흥무관학교를 세울 때부터 만주는 그의 혼이 닿아 있는 조국광복의 전장이고 미래의 꿈이었다. 그곳에는 200만 동포가 거주하고 그곳에서는 여전히 무장투쟁의 혈전이 전개되고 있었기 때문이다.

'만주'라는 호칭은 일제의 침략과 '만주국' 수립으로 인하여 부정적으로 인식되어 현재 중국에서는 동북3성 또는 동북지방이라 부르고 있다. 그러나 한국의 민족사학자나 독립운동가들에게 만주는 한민족 발상의 고토, 무장투쟁의 성지이다. 미국의 역사학자인 프라센짓 두아라 시카고 대학 교수의 말처럼, 근대의 만주는 "내셔널리

즘에서 제국주의를, 전통에서 근대성을, 중심에서 변경을, 경계의 이념에서 초월의 이념을 떼어내기 힘들어진 역설의 장소"[1]였다.

19세기 중반에 아편전쟁으로 중국이 몇 갈래로 찢긴 이래 만주가 다시 짓밟히고 찢기고 있었다. 이로 인해 항일무장투쟁 전사들도 크게 방황했다. 1930년대 중국 대륙은 일제의 침략 앞에 거대한 육신이 갈기갈기 찢겨나갔다. 게다가 내부적으로는 국민당 정부와 공산당 세력으로 분열하여 외적의 격퇴보다 내부의 주도권 쟁탈에 더 전력을 쏟았다.

중국 대륙은 일제의 침략과 국민당과 공산당 간의 피투성이 싸움으로 흔들리기 시작했다. 아직 본격적인 중일 전면전은 아니었으나 일제는 만주에서부터 상하이까지 야금야금 그러나 전광석화처럼 주요 거점을 점령하여, 사실상 중일전쟁은 이미 시작된 것이나 다름없었다.

이회영은 중일 간의 전면전이 개시되면 자원이 부족한 일제가 석유나 고무 등 전략 군수품을 조달하기 위해 동남아시아를 공격하게 되고, 그렇게 되면 미국과 일본은 이익을 둘러싸고 충돌할 수밖에 없어서 미일전쟁이 불가피할 것으로 예상했다.

그래서 중국을 도와 일제에 타격을 입히는 것이 조국독립의 지름길이라고 판단했다. 김구 등 임시정부 요인들은 윤봉길 의거로 일제의 추격이 시작되자 대부분 상하이를 빠져나갔다. 그 사이 이회영은 은신하면서 마지막 불꽃을 준비하고 있었다. 나이 66살, 망명한 지도 어언 22년이 지났다. 가족은 뿔뿔이 흩어져 만날 길이 없고, 상하이도 일제가 점령하여 전시체제가 되었다. 언제 저들에게 붙잡힐지 모르는 위급한 상황이었다.

이회영은 이미 노령에 이르렀지만 항일구국의 열정만큼은 아직 청년 못지않게 뜨거웠다. 독일의 문호 괴테가 "작가는 여든의 나이에도 소년의 마음을 가져야 한다"라고 했거니와, 혁명가 이회영이야말로 '소년의 마음'을 지니고 있었다. 더구나 아나키스트의 순백한 영혼이 깃들어 있었다. 아나키스트 이회영의 가슴속에는 격동하는 대륙의 지열과는 다른, 조국광복의 이글거리는 청년의 기개가 불타고 있었다.

『25시』의 작가 C. V. 게오르규는 말했다. "우리는 누구도 불꽃을 지상에 잡아 매둘 수가 없다. 그래서 어느 누구도 불꽃을 오래 소유할 수 없는 것이다." 그리고 『촛불의 미학』을 쓴 프랑스의 과학철학자 가스통 바슐라르는 "파괴적인 화재의 불꽃은 태양의 밝음을 지니고 있다"라고 했다.

소싯적부터 가슴에 뜨거운 불꽃을 안고 살아온 이회영은 이제 마지막 불꽃을 태우고자 다시 고난의 길을 택했다. 이회영은 바라는 일을 위해 노력하다가 죽는 것을 행복이라 여기고, 나이 먹었다고 앉아 죽기만을 기다리는 것은 부끄럽고 면목 없는 일이라며 자신의 다짐과 사생관死生觀을 밝혔다.

인간으로 세상에 태어나서 누구나 자기가 바라는 목적이 있다. 이 목적을 달성한다면 그보다 더한 행복은 없을 것이다. 그리고 그 목적을 달성하지 못했다 하더라도 그 목적의 달성을 위하여 노력하다가 그 자리에서 죽는다면 이 또한 행복인 것이다.

이것을 남의 눈으로 보아서는 불행하다 할 수도 있겠지만 죽을 곳을 찾는 것을 예부터 행복으로 여겨왔다. 같은 운동선상의 동지로서 장래가 구만리 같은 귀중한 청년자제들은 죽는 것을 제 집에 돌아가는 듯이 여겨 두려움 없이 몇 번이고 사선을 넘고 사지에 뛰어드는데, 나이 이미 60을 넘어 70이 멀지 않았다. 그런데 이대로 앉아 죽기를 기다린다면 청년 동지들에게 공연한 부담을 주는 방해물이 될 뿐이니 이것은 내가 가장 부끄러워하는 바요, 동지들에게 면목이 없는 일이다.[2]

이 무렵 이회영은 정현섭(정화암)과 백정기 등 젊은 아나키즘 동지들에게 자신의 신념과 향후 활동을 밝히곤 했다. '죽을 곳'을 찾는 것, 이것은 혁명가뿐만 아니라 국난기 지도자들에게 공통적으로 주어진 숙명이었다. 시정의 장삼이사들에게야 어디서 어떻게 죽은들 상관할 바 없겠지만, 어느 시대나 지도급 인사들에게는 '죽을 곳'은 어떻게 사느냐와 함께 대단히 값진 과제가 된다.

이회영은 생애의 마지막 불꽃을 태우면서 '죽을 곳'을 찾았다. 그것은 만주로 올라가서 그사이 와해하다시피 한 독립운동 조직을 살리고, 이를 통해 일제 요인과 기관을 처단·폭파시키는 일이었다. 만주는 일제가 침략하여 괴뢰정권을 세우는 등 큰 변화가 일고 있었지만, 우리 독립운동가들은 여전히 지하에서 맹렬하게 싸웠다.

이회영은 위험을 무릅쓰고 만주행을 결행하기로 하면서 중국 아나키스트 지도자 우즈후이와 리스청을 만나 이 문제를 상의했다. 두 사람은 이회영의 뜻에 적극 동조했다.

만주는 중국 못지않게 한국하고도 이해관계가 깊고 더욱이 100만의 교민이 살고 있으니 한국인들이 조그만 힘을 모아 도와준다면 중국으로서도 만주 문제 해결에 매우 큰 도움이 될 것이오. (…) 만약 한국인들이 만주에서도 상하이 훙커우공원에서 윤봉길 의사가 일으킨 것과 같은 의거를 일으키며 광범한 항일전선을 펼 수 있다면 장래 중국 정부로서도 당연히 만주를 한국인들의 자치구로 인정해야 할 것입니다. [3]

이회영은 두 사람의 발언에서 큰 희망과 기대를 걸었다. 그래서 한인들의 대일항전에 필요한 무기와 재정 문제를 거론했다. 이회영의 확고한 신념을 확인한 두 사람은 덧붙였다. "그대들처럼 물욕과 명예를 모르는 담백한 아나키스트들이 중심이 되어 온 힘을 기울일 결심이라면, 우리가 장쉐량張學良에게 연락하여 자금과 무기를 제공하도록 해줄 것이며, 또 장쉐량의 심복에게 만주에 남아 있는 인물들에게 비밀연락이 되게 알선해주겠다."[4]

이회영은 크게 고무되었다. 장쉐량을 통해 무기를 지원받게 된다면 만주에서 큰 사업을 도모할 수 있을 것 같았다. 만주에는 아직도 신흥무관학교 출신들을 비롯하여 많은 애국청년들이 항일전선에 몸을 던질 각오를 하면서 이회영을 기다리고 있었다.

관동군사령관 등을 처단하기 위해 홀로 만주행

이회영은 상하이를 떠나기에 앞서 몇 가지 주변 정리를 했다. 항저우杭州로 가서 이시영과 김구 등을 만나 향후 계획을 논의했다.

1932년 10월경 부친이 항저우로 숙부 성재를 찾아가 수일 있으면서 아마 여러 가지 장래의 일이며 자기가 무엇을 하리라는 것들을 광범위하게 상의하고 김구·이동녕·김사집 선생 분들도 보고 상하이로 돌아오셔서 백정기·원심창·박기성·정화암·유자명 선생들과 자신이 장차 행할 독립운동의 방향을 피력하고 금번 항저우의 아우와 상의하였고 여러 동지와도 대강 나의 소신을 말하고 왔다고 하시며 과거 내가 만주에서 운동하던 근거를 바탕으로 재출발하려고 각오를 했다고 하시며 내 나이 비록 연로하였으나 이렇게 종말을 지을 수는 없다고 하시며 여러 동지는 나의 이번 행동에 적극 협조해주기 바란다고 하시었다.[5]

　　이회영이 만주행을 밝히자 동지들은 한사코 반대하며 뜻을 돌릴 것을 간청했다. 만주의 정세가 바뀌어 예전처럼 활동하기가 여의치 않고, 노령으로 먼 여행이 쉽지 않다는 게 이유였다. 그러나 이회영의 결심은 단호했다.

　　내 늙은 사람으로서 덥수룩한 궁색한 차림을 하고 가족을 찾아간다고 하면, 내게 무슨 의심이 있겠는가? 내게 무슨 증거 될 것이 없지 않은가? 그리고 나는 만주에 가면 곧바로 장기준에게 의탁할 수 있으니 주거에 관한 걱정도 없지 않은가? 내가 먼저 가서 준비 공작을 해놓거든 제2진, 제3진이 뒤따라오도록 하자.[6]

　　이회영의 열정은 아무도 막을 수 없었다. 살기 위하여 사지死地로 뛰어드는 것이 혁명가이고, 죽을 곳을 찾는 것이 혁명가의 마지막 소임이기 때문이다. 거기에 두 딸과 사위를 만나고 싶은 부정도 함께 보태졌을 것이어서 만류하는 게 더욱 쉽지 않았다.

이회영은 떠나기 전에 하직인사를 하기 위해 둘째 형 석영의 거처를 찾았다. 자기 때문에 만금의 재산을 내놓고 대륙을 떠돌며 고생하는 형님에게는 늘 죄송했다. 그런데 이것이 돌이킬 수 없는 비극의 화근이 되고 말았다.

이회영이 방문했을 때 이석영은 두 청년과 담소를 나누고 있었다. 이규서와 그의 동지 연충열이었다. 이규서는 이석영의 둘째 아들이고, 연충열은 임시정부 요인 엄항섭의 조카였다. 전혀 의심할 신분들이 아니어서, 이회영은 이석영이 행선지를 묻자 스스럼없이 다롄을 거처 만주로 가서 싸우겠다고 설명했다.

이회영은 만주에 가서 자신이 해야 할 사명을 "만주에 조속히 연락 근거지를 만들 것, 주변 정세를 세밀히 관찰하고 정보를 수집할 것, 장기준을 앞세워 지하조직을 계획할 것, 무토 노부요시武藤信義 관동군사령관의 암살 계획을 세울 것"[7] 등 네 가지로 정리했다.

이회영은 만주에 가서 관동군사령관 무토를 처단하는 일은 상하이에서 윤봉길 의사가 일본 육군대장 시라가와 등을 죽인 것과 같은 효과가 있을 것으로 판단했다. 실제로 이회영과 정화암 등 남화연맹의 흑색공포단은 홍커우공원의 거사를 준비하고, 의거를 감행하기로 자청한 백정기가 폭탄까지 입수했으나, 일본 영사관에서 발행하는 출입증을 구할 수 없어서 영광의 월계관은 윤봉길 의사에게 넘어갔다.

일제는 홍커우공원 사건이 발생하자 거사의 배후를 남화연맹의 흑색공포단으로 지목하고 이회영과 정화암을 체포하려 혈안이 되었다. 김구가 한인애국단의 거사임을 밝히면서 일경은 김구를 뒤쫓게 되고, 김구는 무사히 상하이를 탈출하여 자싱嘉興, 하이엔海鹽, 항저우 등지로 피신하게 되었다. 이회영 등도 위기 국면에서 간신히 벗어날 수 있었다.

앞에서도 설명했듯이 이회영은 망명 때부터 만주에 남다른 관심과 애착을 보여왔다. 우리 역사적으로도 그러했으나 지정학적으로도 만주의 중요성을 절감했다. 200만 동포의 거주지이고 무장독립전쟁의 현장이었기 때문이다. 따라서 중국 정부와 밀접한 관계인 아나키스트 일부 지도자들의 지원과 자치의 약속에 크게 고무된 것은 당연한 일이었다.

특히 만주에 대하여 그들은 깊은 관심을 보여주었다. 만주에서도 금반 상하이 훙커우공원에서의 윤봉길 의사와 같은 의거로써 일제를 저지하는 데 일익을 담당해준다면 중국 정부로서는 물심양면의 지원은 물론 장차 재만 한교의 권익에 대하여 특별한 배려가 있지 않겠냐는 의견도 아울러 비추었다. 그것은 1910년의 국치 이래 우당이 한평생 잊지 않고 품어왔던 만주에서의 둔전양병의 구상과 완전히 일치하는 것이었다.

우당은 용기를 얻었다. 일흔을 바라보며 사득기지死得基地를 찾으려 했다. 겨레에 대한 마지막 봉사를 다짐했다. 적지 만주로 뛰어들어 유격대 편의대 파괴단으로 도시와 농촌에서 일제히 항일전선을 펴기 위한 준비공작을 하기로 결심한 것이다.[8]

이회영이 만주행을 서둘렀던 이유 중에는 일제가 만주를 침략하는 데 선봉장 역할을 한다는 무토가 만주에 온다는 정보를 입수했기 때문이다. 무토를 처단하면 만주의 정세와 중국인들의 민심을 크게 바꿔놓을 수 있을 것으로 판단했다. 윤봉길의 의거로 중국 정부는 말할 것도 없거니와 중국인들의 여론이 크게 바뀌고, 한국의 독립운동도 적극 지원해주는 등 여러 가지 바뀐 현실을 지켜보면서 제2의 거사를 기도한 것이다.

선생이 출발하여 무사히 도착했다는 연락만 있으면 상하이에서는 우즈후이·리스청 두 동지에게 연락하여 장사오량과 연결을 맺은 후, 한·중·일 세 나라 동지들이 만주로 갈 계획이었다. 그리하여 만주에서 한·중·일 공동 유격부대를 조직하고, 각 도시에 편의대便衣隊 파괴부대를 배치하여 도시와 촌락에서 서로 연결된 항전을 할 예정이었다. [9]

이회영은 출발하기에 앞서 유자명, 백정기, 정화암 등 측근 동지들과 만나 향후 여러 가지 문제를 심도 있게 논의했다. 이들은 이회영의 만주행을 끝까지 만류했으나 이회영은 끝내 듣지 않았다.

유자명 선생이나 백정기 선생, 정화암 선생 제 분들도 부친께 실행하시겠다는 결심을 완화시키시진 못하였고 다만 만주에 가서도 난징 정부의 우리들을 원조하는 리스청·우즈후이·후한민 제 씨와 내통하고 있는 동북 만주의 군벌과 서로 협조할 연락을 취하도록 하여 제만 운동의 편의를 취하도록 하겠다고 하고 유자명 선생이 난징으로 가서 리·우·

후 등을 만나 비밀 연락을 통하도록 하는 한편 창춘에 있는 제부 장기준과도 연락을 취하여 제반 운동을 극비리 진행하되 부친이 가서 운동이 순조롭게 되면 동지들도 1진, 2진으로 나뉘어 만주로 와 활발히 독립운동을 다시 하여보자고 하시며 관동군사령관 무토가 온다는 소식을 들었던 때라 암살 계획을 세워야겠다고 말씀하셨다.[10]

1932년 11월 초, 이회영은 홀로 상하이를 떠났다. 황푸강에서 배를 타고 다롄大連(대련)으로 출발했다. 만주에서 마지막 불꽃을 태우기 위해 동지들의 만류를 무릅쓰고 단신으로 먼 길을 떠난 것이다. 떠나는 사람이나 보내는 사람 누구도 이것이 마지막이 될 줄은 생각지 못했을 것이다. 부두에서 아버지를 전송한 규창은 당시를 이렇게 회상했다.

> 1932년 11월 초 달이 환한 밤에 단지 나 하나만 부친을 전송하러 황푸강 부두로 모시고 가서 중국 상선에 승선하시게 하고 부친께 몸조심하시고 안착하시길 빌며 절을 하고 다롄으로 출발하는 것을 보고, 백정기·엄형순·박기성 제 선생의 거소로 가서 부친이 떠나셨다고 말하고, 그곳에 한밤을 자고 그 이튿날 형님 규학 댁에 가서 부친이 떠나셨다고 하고 부친의 소지품을 형님께 맡기고 나는 백정기 선생의 거처로 와서 동거하게 되었다.[11]

규창은 아버지가 탄 배가 중국 상선이라고 했지만, 이 배는 영국 선적인 난창호南昌號였다. 이회영은 여비를 아끼느라 선박의 제일 밑

이회영이 마지막 길을 떠났던 상하이 와이탄 부두의 모습.

바닥인 4등 선실에 들어가 지리를 잡았다. 멀어져가는 상하이의 불빛을 바라보며 만주에서 도모할 계획에 한껏 꿈이 부풀었다. 하지만 이후 이회영의 행적은 어디에서도 더 이상 나타나지 않고 자취를 찾을 수 없었다.

상하이의 규창과 규학 등 자식들은 아버지가 무사히 도착했다는 소식이 전해지기만을 기다리고 있었다. 만주의 정세가 불안할수록 아버지의 안위가 걱정되었다. 그러나 끝내 기다리던 아버지의 소식

은 오지 않았다. 오히려 뜻밖에도 고국에서 어머니의 전보가 날아
들었다.

부친이 떠나신 후 나는 만주 목적지에 평안히 도착하신 편지를 고대
하며 하루하루 지내는데 10여 일이 지나서 홀연 국내에서 모친의 전보
가 왔다. "11월 17일 부친이 다롄 수상경찰서에서 사망"이란 간단한 전
문이었다. 나는 매일 규학 형님께 갔으므로 모친이 형님께 전문을 보내
신 것이다. 형님과 나는 청천벽력인지 몽중인지 도무지 대중을 할 수 없
었다.[12]

비보는 상하이보다 국내의 아내에게 먼저 날아왔다. 이은숙은 남
편이 피체되기 전, 그러니까 베이징을 떠나면서 보낸 짧은 편지를
받았다.

어느덧 신속한 광음은 삼철이 진하고 초동初冬인데, 하루는 상하이에
서 가군의 편지가 왔는데 별말씀 없으시고 다만 몇 자뿐으로, "지금 신
지新地로 가서 안정이 되면 편지한다" 하시고는, "지금 떠나니 답장 말
라"고 하셨다. 어찌 된 일인지 놀랍고도 궁금하여 우관 선생께 가서 편
지를 보이고는 어떻게 된 영문이냐고 물었더니, 그분 역시 생각하시면
서, "아마 만주는 못 가실 것이고 난징南京으로 가시는 모양이오" 하며
궁금해하신다. 수만 리 이역에서 마음만 답답하지 무슨 도리가 있으리
오. 이 편지는 10월 상순에 오는데 회답도 할 수 없고, 마음이 산란하기
가 한량없어 그날부터 침식이 불안했다.[13]

만주행 중 일제 경찰에 피체돼 고문으로 순국

이은숙에게 이 짧은 서한은 남편의 마지막 편지가 되었다. 그로부터 며칠 뒤 만주에 있는 딸 규숙에게서 청천벽력 같은 편지가 날아왔다(이은숙의 인용문에 언급되는 날짜는 모두 음력).

현숙을 데리고 통동通洞서 경경불매耿耿不寐하고 있는 지가 7, 8일이되는 10월 19일, 신징新京 여식(규숙)한테서 편지가 오기를, "오늘 영사관에서 저에게 조사를 하러 왔는데, 아마 아버님께서 저에게로 오시다가다롄 수상경찰水上警察에 피착被捉된 것 같으니, 어머님께 조사가 오거든다른 말씀 마시고 딸이 신징서 산다고만 하세요" 하는 내용이었다.
하도 놀랍고 마음이 초조로워 즉시 편지를 가지고 가서 우관께 여식편지를 뵈니, 우관께서도 놀라며, "선생님께서 어쩌자고 만주로 가셨단말인가?" 하시고는 걱정스러워하시더니, "어쩌면 그놈들이 우당장께서상하이를 떠나셨다는 소문을 듣고 우리네 뒤를 떠보는지도 모르니 며칠더 기다려봅시다. 아무리 생각해봐도 북만은 왜놈의 기세가 가득 가서오실 수가 없었을 것이니, 너무 걱정 말고 기다려봅시다" 하거늘, 우관말씀을 듣고 일분 안심이 되나 어찌 마음을 놓을 수가 있으리오.[14]

이은숙은 지아비와 생이별한 지 7년여가 지났다. 1925년 여름에홀연 귀국하여 어린 자식을 키우는 중에도 온갖 잡일을 마다하지않고 돈을 모아 베이징과 톈진의 가족에게 송금하면서 남편과 만날날만을 고대하며 살아왔다. 그러니 이은숙에게 딸의 편지를 받은 뒤의 나날은 생지옥이나 다름없었을 것이다.

그렇게 가슴을 졸이며 하루하루를 버티던 어느 날 중국에서 다시 전보가 날아왔다. 이은숙은 그 비보에 하늘이 무너지는 듯했고 정신을 올바르게 차리기 힘들었다.

"현숙아!" 부르시는 음성이 시외숙모시라. 급히 나가보니 시외숙모께서 전보를 주시면서 "신징에서 통동으로 전보가 왔다고 가져왔기에 내가 왔다" 하시며 전보를 주고 가신다. 어떤 전보인가 하고 의당 선생을 주었더니, 선생이 보시더니, "이게 웬일인가? 내가 전보를 잘못 보았나. 이 전보에는 선생님께서 오늘 오전 다섯 시에 돌아가셨다고 했는데 내가 일어日語를 잘 모르니, 어디 내가 우편국에 가서 자세히 알아보고 오겠다" 하시고 황망히 나가셨다. 좀 있다가 들어오시면서 말을 못 하시고는 낙루하시며, "정말 돌아가신 전보." 아니, 슬프도다. 6, 7년을 고심苦心 열성으로 수만 리 이역에서 상봉할 날만 고대하였더니, 이런 흉보를 받게 될 줄이야. 하늘이 무너지는 듯 호천망조呼天罔措하여 봉성지통을 당한 이내 박명 무슨 낯을 들고 다니리오.

마치 정신 나간 인간같이 낭떠러지 구렁텅이에 빠져가며 간신히 몸을 이끌고 사직동으로 나와서, 효자동 우관 선생 집을 찾아가서 전보를 보였다. 우관이 받아보고 아연실색하여 한동안 말을 못 하다가, "이런 변이 또 어디 있으리오."[15]

이회영이 어떤 경로로 피체되고 어떻게 죽임을 당했는지 구체적인 내용은 여전히 밝혀지지 않고 있다. 11월 초 영국 선적 난창호에 이회영의 서거 소식을 듣고 비통한 심정을 담아 동생 이시영이 쓴 제문으로, 강도 일제에 대한 분노와 순국한 형님에 대한 그리움이 절절하게 묻어 있다.

승선했던 이회영의 죽음에 관해 이규복은 다음과 같이 말한다.

원래 우당 선생은 의지가 견고했고 지모가 풍부했으며, 무슨 일이든 지 용력이 굳셌지만, 그의 인간적 품성은 너무 고집 세고 냉돌冷突하여 그것이 가장 큰 결점이어서 젊은 세대의 운동가에게는 그다지 호감을 받지 못했다.

우당 선생이 타고 있는 배가 다롄 첸진前津을 통과할 즈음 왜적의 경 비선 두 척이 급히 추격하여 정선을 명령했다. 그리고 선내로 급습하여 중국인으로 변장한 우당 선생을 색출하여 다롄 경찰서로 압내押來했다. 선생은 모든 것을 체념했다.

악독한 고문에도 자기가 띠고 가는 용무에 대해서는 자백지 않았기에 결국 허리가 부러지고 단근질에 피육皮肉이 부란腐爛되어 66세의 인생을 일기로 다롄 유치장에서 이 세상을 떠나고 말았는데, 선생이 어느날 어느 시에 운명했다는 것은 이 세상에 알려지지는 않았다.[16]

이회영의 피체와 사망을 둘러싸고 국내외의 관심은 지대했다. 국내의 한 신문(《중앙일보》 1932년 11월 21일 자)은 "다롄 수상서 유치 중 괴怪! 액사縊死한 노인" "배에서 내리자 경찰에 잡혀서 취조 중 유치장 창살에 목매 죽은 이상한 노인" "○○운동의 중대 인물" 등의 제목으로 보도했다. 기사 내용은 다음과 같다.

지난 17일 새벽 다롄 수상서 유치장에서 취조 중의 조선 노인 한 명이 감방 창살에 내건 빨랫줄로 목을 매어 자살한 사건이 돌발해 그날 아침부터 다롄 수상서는 당황한 빛을 띠어 긴장한 공기에 싸였다.

지난 5일 상하이로부터 입항한 영국 배 난창호를 수상서에서 임검할 때 동서東署 고등계 도코시마床島 특무特務가 거동이 수상한 4등 선객 한 명을 발견하고 그의 주소·씨명을 물었는바 그는 산둥성 제남의 양楊이라는 중국인이라고 하므로 동 특무는 그의 언행이 중국인으로 간주하기 어려운 데다가 얼마 전부터 상하이·톈진 방면의 불온 조선인의 책동을 엄계하여오던 끝이므로 즉시 본서로 인치하여 엄중 취조한 결과 그는 조선 경북 출생의 이환광李煥光(67세)이라고 자칭하고 중국 각지를 굴러 다니면서 ○○청년당 기타 불온 조선인과 내왕한 사실도 있는 것 같아서 동 서에서는 중요 인물로 간주하고 계속 취조를 엄중히 하였던바 그

이회영의 서거 기사를 실은 《중앙일보》 1932년 11월 21일 자 2면(굵게 표시된 부분).

후 취조에도 함구불언했다. 그래서 16일 밤에도 때마침 후쿠다福田 고등계 주임이 당직이었으므로 오후 11시까지 취조를 한 후 제2호 유치장에 구금하였던바 17일 오전 5시 20분경 드디어 전기와 같이 자살을 한 것이다.[17]

《중앙일보》는 1932년 11월 24일 자 2면에도 "우당 이 노인의 서거는 사실로 판명", "그동안 억측이 구구하든 리회영 씨 서거설은 사

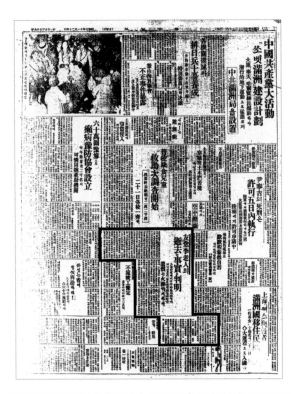

이회영의 서거 기사를 실은 《중앙일보》 1932년 11월 24일 자 2면(굵게 표시된 부분).

실로 판명되었다 한다", "유해는 화장까지 하여"라는 제목으로 다음
과 같이 보도했다.

우당 이회영 노인의 서거설에 대하여 여러 가지로 풍설이 구구하던
터인데 23일 아침 신징에 있는 그의 따님 규숙 씨로부터 서울에 있는 그
의 자당과 오빠 되는 규룡 씨에게 확실한 부음을 전해왔다 한다. 그 기
별의 내용에 의지하면 우당 노인은 지난 5일 상하이로부터 다롄에 상륙

하려는 즈음에 수상경찰 서원에게 체포당해 주소·성명 등을 심문하매 씨는 뤄양洛陽 땅에 사는 양 모라 지칭하였으나 여러 가지로 경찰의 의혹을 받아 마침내 다롄 경찰서에 유치되었다.

그리하여 누차 경찰의 취조를 당하면서도 노장한 기개로 한마디 진술과 답변이 없었으며 사상적으로 불굴 침착한 점에는 취조하는 계원들도 놀랐는데 아무리 취조해도 도리가 없으므로 동서 후쿠다 고등계 주임은 심문의 방침을 고쳐 본적지로 신분을 조사케 하는 일방 그의 행선지와 목적지 등까지 일일이 조사할 수 있는 데까지 조회하려 하였으나 일체를 함구불언함으로 취조도 일시 중단하고 말 형편이 되었다 한다. 그런데 지난 17일 아침 다섯 시 경에 이르러 그가 감금되었던 제2감방 속에서 3천여의 노끈으로 자액自縊했다는바 이 급보를 들은 중국 검찰관은 향취香臭의 의사를 대동하고 동일 아침 9시 반경에 실지 검진을 마치고 시역소市役所로 넘기어 가매장한 후 신징에 있는 그의 따님 규숙 씨에게 이 사실을 통지하였던바, 이 비보를 들은 규숙 씨는 19일 다롄에 이르러 그 유해를 다시 화장하여 유골을 신징으로 가져왔다 하며 씨의 유족으로는 서울에 있는 규룡 씨만 23일 밤 11시 경성역발 열차로 신징에 향할 터이라 한다.[18]

당시 신문보도는 이회영이 '자액?'이라고 의문부호를 달았다. 자살했다는 뜻이다. 그러나 이것은 일제의 발표를 그대로 옮긴 것 같다. 이회영의 시신을 지켜본 사람은 딸 규숙뿐이었는데, 규숙이 보기에 아버지의 시신은 자살이 아니라 고문으로 돌아가신 흔적을 여실히 보여주었기 때문이다.

1932년 11월 17일, 딸 규숙이 다롄 수상경찰의 연락을 받고 달려가
서, 이 어찌된 일인가! 아버지는 이미 이 세상 사람이 아니었다. 아버지
의 몸에는 핏자국이 아롱져 있었다. 경찰의 말에 의하면 구금 중에 자결
했다는 것이었다.

그러나 자결한 시신에 핏자국이 있을 리는 없지 않은가? 나중에 조사
한 바에 의하면 선생의 이번 상하이 출발은 등정登程과 동시에 그 정보
가 밀정의 손에 의해 경찰에게 알려져 상하이의 경찰이 이것을 다롄에
연락하여서 선생의 도착을 경찰이 대기하고 있었던 것이다.

그러나 그러한 사정을 모르는 선생은 모든 것을 거부하고 말하지 아
니하였고, 적은 70의 노인에게 고문을 가하여 돌아가시게 한 것이다.[19]

남편이 죽은 슬픔을 이르는 말이 '붕성지통崩城之痛'이다. '성이 무
너질 만큼 큰 슬픔'이라는 뜻이다. 이은숙은 느닷없이 날아온 전보
를 통해 남편의 사망 소식에 붕성지통의 아픔 속에서도 딸 규숙에
게서 들었던 사건의 전말을 소상하게 기록으로 남겼다.

여식 규숙이 다롄에 도착하여 바로 수상경찰서를 찾아가 저의 부친
함자를 대니, 형사들이 영접은 하나 꼼짝을 못 하게 지키고는, 여러 신
문 지국장들이 여식을 면회하고자 청하나, 형사들이 허락을 안 해주니
어찌하리오.

당시 여식 연령이 22세로 저의 부친께서 고문에 못 이겨 최후를 마치
셨다는 의심을 가지고, 저로서는 지국장들이 면회나 하여 주었으면 저
의 부친 시체를 다른 곳으로 모시고 수의壽衣라도 만들어 과히 유감없이

화장이라도 하려고 한 게 원수의 왜놈들이 면회도 못 하게 하여 혼자 어찌할 바를 모르다가, 형사가 시키는 대로 시체실에 가서 저의 부친의 시체를 뵈었다.

옷을 입으신 채로 이불에 싸서 관에 모셨으나 눈은 차마 감지를 못하시고 뜨신 걸 뵙고 너무나 슬픔이 벅차 기가 막힌데, 형사들은 재촉을 하고 저 혼자는 도리가 없는지라, 하는 수 없이 시키는 대로 화장장에 가서 화장을 하고 유해를 모시고 신징으로 왔으니 슬프도다. 영웅·열사의 마음 천지를 뒤집어보고자 한 것인데, 그 원수 같은 왜놈의 손에서 최후를 마치시다니, 오호 통재라.[20]

뤼순에서 화장된 유해, 국내로 봉환

필자는 2001년과 2010년 두 차례에 걸쳐 이회영과 신채호의 시신이 불태워진 뤼순旅順(여순) 변두리의 화장장을 취재한 적이 있다. 이 화장장은 용도가 바뀌어 지금은 산업폐기물 따위를 태우는 소각장이 되어 있었다. 화장장의 먼발치에서 1932년 11월 어느 날 민족혁명가 이회영이 연기로 사라져가는 환상을 지켜보았다.

이회영이 고문으로 숨지고 한 줌의 재가 되고 나서 4년 뒤인 1936년 2월 신채호의 육신이 바로 그 화장터에서 불태워졌다. 뤼순 감옥에서 옥고를 치르다 숨진 우리 독립운동가 몇 분도 화장되었다. 이회영이 수상경찰에 피체되어 뤼순감옥에서 온갖 악형을 당하고 있을 때 신채호는 10년형을 선고받고 4년째 복역 중이었다. 그는 선배이자 동지이던 이회영이 같은 옥사에서 모진 고문으로 숨진 사

이회영이 고문 끝에 숨을 거둔 뤼순감옥의 모습.

실을 까맣게 몰랐을 것이다. 신채호의 아들 수범도 아버지의 시신
을 살펴보고 심한 고문을 당한 것 같다고 증언한 바 있다. 이회영이
숨지기 22년 전, 그러니까 1910년 3월 26일 안중근 의사가 바로 이
뤼순감옥에서 처형되었다.

　　당시 일제, 특히 독립운동을 관할하는 고등계의 고문은 혹독하기로
유명했다. 긴 대나무 꼬챙이로 손톱 밑과 발톱 밑을 찌르는 것은 고문의
전초전에 지나지 않았다. 신문보도들은 이회영이 다롄에 도착한 날짜를
5일로 기록하고 있고, 그가 사망한 날짜를 17일로 적고 있다. 66세의 이
회영은 무려 12일간 혹독한 심문을 받았던 것이다.
　　이회영은 심문받는 동안 한마디도 발설하지 않았다. 혹독한 고문에

도 끝내 함구하자 본격적인 조회를 하려 했으나 그 자체도 이회영은 거부했던 것이다. 죽음을 각오한 함구였고, 젊은 동지들을 지키기 위한 칠순 노인의 의로운 투쟁이었다.[21]

갖은 고문에도 끝까지 함구하면서 이회영은 무슨 생각을 했을까. "세상의 변고를 겪으면서 의로움이 더 이상 욕되어서는 안 되리라"라는, 망명지에서 자주 읽었던 중국 혁명의 아버지 량치차오의 유서를 떠올리지 않았을까. 그리고 "내 비록 너희에게 남겨줄 재산이 한 푼도 없지만, 만약 조신하고 근검하기만 한다면 굶어 죽진 않을 것"이라는 그의 유서 한 대목도 상기하면서 천지사방으로 이산된 가족과 친지, 동지들을 떠올리진 않았을까.

한 줌 재로 변한 이회영의 유해는 딸 규숙의 품에 안겨 신징을 거쳐 국내로 돌아왔다.

임신년 10월 25일에 여식 규숙이 저의 부친 유해를 모시고 신징으로 왔다는 전보를 받았다. 그 이튿날 26일 오후 열 시, 급행차로 가아 규룡이가 신징으로 가서 저희 남매 실성통곡 후에, 유해를 모시고 임신년 11월 초하루 오전 5시 5분에 장단역에 도착한다는 전보를 받았다. 서울에서는 10월 29일에 이득년 씨, 유진태 씨 두 분이 장단역에 내려가서 유해가 도착되는 대로 임시 모실 곳을 정하려고 하는데, 악질 같은 왜놈들도 그때는 동정심이 났는지 역전 넓은 창고를 빌려주어 그곳에다 영결식장을 배설했다.

그렇듯 춘일春日같이 따뜻하던 일기가 가군 돌아가신 전보가 있으면서부터 춥기 시작했다. 29일 오후에 서울서는 우리 모녀, 질아 사온 내외, 딸 셋, 생질, 시외사촌 부자분, 손녀 내외와 가군 동지들과 옛날 친구 오륙십 명 선생들이 장단역으로 내려갔다.

그날 오후부터 눈발이 날리면서 밤 초경初更이 되자 풍세가 심하여 어찌나 추운지 영결식장에 배설해놓은 병풍과 차일이 다 날아가 혼잡을 이루니, 오호라! 가군의 영혼이 원통하여 이같이 하신다고 여러분들이 더욱 슬퍼하시더라.[22]

이회영은 혼령이나마 고국에 돌아와 선영에 안장되었다. 1932년 11월 28일(음력 11월 1일), 경기도 개풍군(파주) 선영에 묻혔다. 상하이와 만주에서 이 소식을 전해 들은 두 아들과 동지들은 땅을 치고 통곡했다. 그리고 곧 일경에 밀고한 반역자들을 색출하는 데 나섰다. 이회영이 상하이를 떠나기 전에 인사차 들렀던 둘째 형 석영의 집에 있던 두 청년에게 혐의가 돌아갔다. 상하이에는 이들을 둘러싸고 갖은 소문이 나돌았다.

만주행을 고변한 밀정, 동지들이 처단하다

동지들은 정면의 적보다 그 배후에 잠복한 부역자가 더 위험한 존재라는 것을 실감했다. 동지들은 먼저 이 장애물부터 제거해야 겠다고 생각했다. 상하이에 남은 동지들은 우당의 만주행을 밀고한 밀정을 찾기 시작했다. 이때 임시정부의 안공근은 위혜림과 김성근을 포섭하여 일본 영사관의 정보를 알아내고 있었다.

정화암은 안공근에게 우당 밀고자를 탐지해줄 것을 부탁했다. 위혜림이 얻어낸 정보에 따르면 임시정부 엄모의 처조카 연충열과 이모의 조카 이태공이 그 장본인이었다. 동지들은 이를 직접 확인코자 했다. 남화한인청년연맹의 양여주·백구파·엄형순, 남화구락부의 이달 등이 남상으로 그들을 유인해서 그들 자신의 입으로 그 사실을 불게 한 후 그들을 처단 매장했다.

정화암은 안공근을 통해 이들보다 더욱 악질의 밀정 이종홍이란 자가 있다는 것을 알게 되었다. 이 자는 안공근의 처조카뻘 되는 자로서 안은 그의 비행을 알면서도 누구에게도 말할 수 없는 입장이었다. 정화암은 백범과 직접 의논했다. 그리하여 이 자를 제거하기로 합의했다. 그러나 이 자는 연이나 이처럼 섣불리 다룰 수 없는 거물이었다. 안공근을 중간에 넣어 그를 우선 난양 입달학원으로 유인하고 엄형식·이달·양여주·천리방 등이 가혹한 문책을 가하여 그의 모든 비행을 자백받고 처단 매장했다. 그 후 그의 사체가 발견되었지만 중국 경찰은 공산당이 한 짓으로 알고 장례까지 치러주는 희극이 연출되기도 했다.[23]

이회영을 죽음으로 몰아간 데는 이처럼 뜻밖에도 이회영의 둘째 형인 이석영의 둘째 아들 이규서(일명 태공)와 임시정부 요인 엄항섭의 처조카 연충열이 개입되었다. 또 이들의 배후에는 상하이의 조선인거류민회 회장 이용노가 있었다. 이용노는 흥사단 활동을 하는 척하면서 일제의 밀정 노릇을 했는데, 독립운동가들과도 접촉하면서 상하이 조선인거류민회 회장을 맡고 있었다.

이회영 고문사의 배후에는 또 다른 인물이 있었다. 당시 상하이의 '조선인거류민회' 회장을 맡은 이용노였다. 그 또한 한 발은 흥사단에 걸치고 다른 한 발은 일제에 걸쳐놓은 인물이었다. 상하이의 독립운동가들이 이용노가 밀정이란 확신을 갖게 된 계기는 그가 절대적 친일분자만 참여할 수 있는 거류민회 회장을 맡으면서다.

이 단체는 한인들의 자치기관 같은 이름과는 달리 실제로는 상하이 거주 교포들, 특히 항일운동가들에 대한 정보를 일본 영사관에 제공하는 일제의 어용기관이었다. 따라서 이용노가 갑자기 조선거류민회 회장이 되자 그가 밀정이라는 의심이 확신으로 변했다. 회장이 된 그는 교민들을 괴롭혀온 깡패들을 모아 조직을 만들었다. 그런 다음 그들을 교민 사회에 잠입시켜 독립운동 단체를 교란시키는 동시에 교민들을 이간·모략하여 단합을 파괴하는 행위를 하고 있었다.[24]

이회영 연구가인 이덕일은 그의 만주행 배경 그리고 사망 장소와 관련한 중국 측의 자료를 찾아 다음과 같이 보고했다.

이회영은, 장쉐량張學良의 수하이자 요녕민중자위군遼寧民衆自衛軍 총사령이던 탕쥐우唐聚五와 연결되었고, 의용군 3군단 지휘부와도 연결되어 구체적 임무를 띠고 만주로 파견되었다고 전한다. 『동북항일의용군』은 "이회영은 해로를 거쳐 동북으로 갔으나 단 불행하게도 다롄의 일본 수상경찰국에 체포되어 뤼순감옥에서 적들에게 살해되었다"[25]라고 기록하고 있다. 이회영의 순국 장소가 다롄 수상경찰서가 아니라 뤼순감옥이라는 것이다. 이 기사는 이회영을 직접 만났던 사람의 회고에 의한 것이라는 점에서 신빙성이 높다. 또 '동북의용군사령부' 명의의 문건도 이회영의 순국 장소를 뤼순감옥이라고 전해주고 있다.

이 기록은 동북의용군 측에서 이회영을 맞으러 나갔던 사람들이 '중화민국 21년 11월 22일(1932년 11월 22일)에 의용군사령부에 보고한 당대의 기록이다. 이 문건은 당시 베이징에 있던 동북민중항일총지휘부에서 동북의용군사령부에 이회영의 파견 사실을 통보했고, 의용군 측에서는 김효삼·김소묵·양정봉·문화준 네 명을 다롄으로 파견해 이회영을 맞이하게 했다고 전하고 있다.

그러나 이회영은 11월 13일 다롄 수상경찰서에 체포되었고 11월 17일 뤼순감옥에서 교형絞刑을 당했다고 전하고 있다. 의용군 측에서는 자신들의 감옥 내 조직망을 통해서 이 사실을 알아낸 후 김효삼이 신징에 있던 이회영의 딸 규숙에게 전했다고 통보했다고 전한다.[26]

"당신들이 나를 두 번 처형한다 해도
내가 올바로 살았다는 사실을 바꾸지 못한다"

호부견자虎父犬子(아비는 호랑이인데 새끼는 개)라는 말이 있다. 아버지는 독립운동의 맹장(호랑이)인 데 비해 자식들은 친일파나 밀정이 되어 부친과 조국을 배신한 개라는 뜻이다. 실제로 우리 독립운동사에는 호부견자들이 없지 않았다. 안중근 의사의 아들, 김규식 선생의 아들, 유림 선생의 아들이 손꼽히는 사례이다. 이회영의 둘째 형 이석영은 만석의 재산을 투척하여 독립운동에 헌신한 데 반해 그의 아들(이규서)과 엄항섭의 처조카(연충열)는 이용노를 통해 일본 형사와 접촉하고 금전 등의 지원을 받으면서 밀정노릇을 했다.

이회영은 작별인사를 하러 이석영의 집에 들렀을 때 그 옆에 있던 이규서와 연충열을 조금도 의심하지 않았다. 그래서 이들을 앞에 두고 이석영에게 자신이 다롄을 거쳐 만주로 간다는 사실을 털어놓았다. 그런데 이규서와 연충열은 뜻하게 않게 얻게 된 귀한 정보를 이용노에게 전했고, 이용노는 일본 영사관에 다시 이 사실을 알렸다. 고령의 몸으로 만주에 가서 항일투쟁의 마지막을 장식하려던 이회영의 거대한 불꽃은 이렇게 허망하게 꺼지고 말았다.

그런데 조카가 삼촌을 밀고하면서 벌어진 비극적 가족사는 여기서 끝나지 않았다. 비극은 또 다른 비극을 낳았다. 이규서와 연충열 그리고 이용노를 제거하는 데 이회영의 아들 이규창이 함께하게 된다. 이규창은 엄형순과 함께 사촌 형인 이규서를 비롯한 배신자들을 처단한 뒤, 이로 인해 일경에 피체되어 국내로 압송되었다. 이을규 등 10여 명도 함께 끌려와 혹독한 고문을 당했다. 엄형순은 사형이 선고되어 집행되고, 이규창은 나이가 어리다는 이유로 징역 13년이 선고되었다. 이규창은 8·15 해방이 될 때까지 서대문형무소 등지에서 10년이 넘는 긴 시간 동안 옥고를 치렀다.

불시에 남편을 잃은 이은숙은, 또 얼마 지나지 않아 아버지의 원수이기도 한 밀정들을 처단하고 국내로 압송되어 장기수가 된 어린 아들의 옥바라지를 해야 했다. 그때를 회고하며 이은숙은 이렇게 탄식했다.

우리 규창이는 을해년(1935) 6월 6일 검사국으로 넘어가서 만 7개월

서대문형무소 수감 당시의 이규창.

간을 예심으로 있었다. 내 사력死力으로 점심만 대어주고 옷과 책은 힘
이 미치는 데까지 차입해주는데, 엄동이 닥치고 보니 우리 규창이 추워
할 생각에 주야로 침식이 불안했던 일 지금에 와서 어찌 모두 기록하리
오.[27]

이규창의 힘겨운 옥고는 10년 넘게 이어졌다. 그동안 누구 한 사
람 찾아오지 않는 외로운 시간이었다. 이규창은 이렇게 말한다.

징역 10여 년을 사는 동안 모친 이외는 누구 한 사람 면회 온 적이 없
었다. 시영 숙부의 자부가 상하이에서 국내로 친정에 왔다가 나를 면회
하고 가셨을 뿐이다. 아주머니를 본 그때 참으로 기쁜 맘을 지금도 잊지

못하고 있다. 비참하고 외로운 환경에서 모친께서 면회하러 오신 날이
되면 학수고대하는 그 마음 누가 감히 이해하여 줄까.[28]

국내에서는 더 이상 생계가 어려워 어머니가 어린 동생 규동과
현숙을 데리고 중국 창춘으로 떠나가면서 이규창의 옥고는 사고무
친 절해고도와 같은 나날 속에 계속되었다. 만주에 있던 이회영의
두 딸과 사위는 창춘에 살고 있었다. 한족총연합회가 친일주구와
공산주의자들에 의해 간부 다수가 살해되면서 해체되었는데, 구사
일생으로 몸을 피했다.

이은숙은 어린 남매를 데리고 만주로 떠나고, 이규창은 1945년 8
월 15일 일제 패망 때까지 서대문형무소 등에서 면회 오는 사람도
하나 없고 기약도 없이 기나긴 옥고를 치렀다.

상하이에서 생업으로 독립운동가의 생계를 도왔던 이규학은 아
버지가 사망한 뒤 일경에 잡혀갔는데, 생사 여부가 밝혀지지 않았
다. 일제 군경이나 주구들에게 살해되었을 것이다.

1945년 8월에 조국은 해방을 맞이했다. 그러나 이회영의 남은 가
족에게 고난은 아직 끝나지 않았다. 이은숙은 만주에서 귀국할 수
있는 길이 막히고, 설상가상으로 어린 나이에 아버지를 모시면서
온갖 풍상을 겪었던 둘째 딸 현숙이 28살로 창춘에서 요절하고 말
았다.

이은숙은 1946년에야 만주에서 출발해 국경을 건너고 38선을 넘
어 서울로 돌아왔다. 1947년 12월에 아들 규창이, 항일투쟁으로 20
년 동안 옥고를 치르고 나온 정이형의 딸과 결혼하여 독립운동가의

이은숙과 그의 회고록 『서간도 시종기』(2017)의 표지.

혼맥을 이었다.

이은숙은 자전적 회고록을 쓰기 시작한 지 7년 만인 1966년에 육필본을 탈고한 뒤 『민족운동가 아내의 수기: 서간도 시종기』(1975, 정음문고)를 펴냈다. 이 책은 그해 제1회 월봉저작상을 받았다. 이후 『가슴에 품은 뜻 하늘에 사무쳐: 이은숙 자서自敍 서간도 시종기』(1979, 인물연구소)』라는 제목으로 바꿔 출간되었다가, 다시 『서간도 시종기: 우당 이회영의 아내 이은숙 회고록』(2017, 일조각)이라는 제목으로 출간되었다.

1979년 12월 11일, 이은숙은 91살의 나이로 별세했다. 이은숙의 생애는 남편 이회영에 못지않은 파란곡절의 연속이었다. 남편과 함께 망명하여 중국 각처를 떠돌며 독립운동을 내조하고, 입국해서는 독립운동 전선에서 내외의 연락과 독립자금 주선, 독립운동가 옥바라지에 주력했다.

2018년, 광복 73주년을 맞아 서간도로 망명해 독립운동 기지 개척을 조력하고 물심양면으로 독립운동가들의 활동을 지원한 '혁명 가족의 안주인' 이은숙에게 건국훈장 애족장이 추서됐다.

송나라의 대문장가 구양수歐陽修가 사망했을 때 역시 대문장가인 소식蘇軾(소동파)이 다음과 같은 글을 지었다. 이 글을 이회영 부부의 영전에 바치고 싶다.

혼탁한 세상을 싫어하시어 순결하신 채로 떠나신 것입니까, 아니면 백성에 복이 없어 하늘이 그대들을 남겨두시지 않은 것입니까?

1927년에 이탈리아계 미국인 아나키스트 바르톨 로미오 반젠티는 처형대에 올라서도 당당하게 형장 집행관들에게 다음과 같이 말했다. 이회영도 똑같은 심경이었을 것이다.

당신들이 나를 두 번 처형한다 해도 내가 올바로 살았다는 사실을 바꾸지 못한다.

닫는 글

"무서운 깊이의 아름다운 표면"

"무서운 깊이 없이 아름다운 표면은 존재하지 않는다." 이회영의 구도자적 온화함의 외면과 혁명가적 행위의 내면을 종합하면 니체의 이 말이 떠오른다.

우관 이정규가 「추모 우당 이회영 선생」에서 "70의 생애를 일직선으로 깨끗하게 최후를 마치셨습니다"라고 했듯이, 이회영의 생애는 오로지 항일투쟁이라는 일직선형이었다. 평생을 곁눈 팔지 않고 독립운동이라는 일직선을 우직하게 걸었다.

그의 신념과 사상적 지향이 컴퍼스의 바늘이나 정삼각형의 날카로운 직선형이라면, 다정다감하고 섬세한 성품은 계란과 같은 타원형이었다. 행동철학은 혁명가적이고 전사의 기질을 품었고, 품성은 낭만주의적이고 사색형이며 예술과 시문을 즐기는 풍류아적이었다. 망명지에서 배를 곯으면서도 난을 치고 통소를 부는 취향과 여유를 갖는 풍류묵객이었다.

공적으로는 신념과 대의를 위해 서릿발과 같은 준열함을 보이고, 사적으로는 마을 정자 앞에 우뚝 선 한 그루의 거목처럼 여유 있고 흔들리지 않아서 이념·출신·노유를 가리지 않고 그의 그늘을 찾는 사람이 많았다. 그런가 하면 아나키스트의 담백함과 초연함은 계산을 모르는 경륜가였다.

　이회영의 '아름다운 표면'은 천 길의 심연보다 더 '무서운 내면의 깊이'가 있었기에 가능했다. "무서운 깊이 없이 아름다운 표면은 존재하지 않는다"라는 말의 의미를 실감케 한다.

　전통유학에 탐닉하지 않는 개신유학 찾는 열린 사상,

　왕조체제와 공화주의 교체기의 개명사상,

　벼슬이나 감투보다 분방하게 살고자 한 자유혼,

　형식논리의 주자학보다 실천논리의 양명사상,

　현실안주와 저항인의 갈림길에서 보여준 기득권 포기,

　'상놈'들이 모이는 상동교회에서 결혼식 올린 파격,

　청상이 된 누이 장례 치르고 재혼시킨 여성주의,

　머슴들 해방시키고 존댓말 쓴 평등사상,

　황실과 가까우면서도 신민회 창설한 탈근대인,

　만국평화회의에 특사 파견을 주도한 국제주의,

　고종 황제 앞세워 망명정부 세우려던 통큰 고구려인,

　일가 재산 모두 팔아 망명한 '인민의 전위',

　윗자리 사양하고 위험한 곳 먼저 찾은 비범한 범인,

　굴욕과 억압보다 자존과 저항을 택한 자유주의,

　경학사와 신흥무관학교 세운 무장투쟁의 원조,

　목적과 수단을 일체화하는 리얼리스트,

　일의 성패를 문제 삼지 않고 동기의 순수성을 중히 여긴 청결한 양명학자,

시작과 끝을 양심에 호소할 뿐 성패를 묻지 않는 강화학파,

대원군 난초 쳐서 독립자금 만든 예술혼,

지위나 물욕보다 명예와 가치를 높이 산 아나키스트,

광복운동 과정에서 '자유협동체론'을 제시한 경륜,

"독립한국은 4민 평등한 만인의 자유평등과 공평하게 행복을 누리며 기회가 균등하게 부여되는 사회"를 꿈꾼 민주공화주의,

"나의 소망은 언젠가 당신이 우리가 되고 온 세계가 하나가 되는 것"이라고 한 존 레넌을 닮은 '목마른 영혼의 외침'의 소프라노,

다물단, 흑색공포단 지휘한 조선의 체 게바라,

온갖 고문 악형에도 입을 다문 사육신의 화신,

처자보다 동지, 동지보다 조국을 더 사랑한 순혈 조선인,

무서운 깊이와 아름다운 표면을 함께한 선비,

'노블레스 오블리주' 실천한 겨레의 사표.

남미의 민중해방운동가 체 게바라는 게릴라부대의 출전을 앞두고 시를 지었는데, 그 시의 앞부분은 다음과 같다.

가자

새벽을 여는 뜨거운 가슴의 선지자들이여

감춰지고 버려진 오솔길 따라

그대가 그토록 사랑해 마지않는 인민을 해방시키러.

가자

우리는 치욕에 떨게 했던 자들을 정복하러
분연히 봉기하여 마르티의 별들이 되어
승리를 다짐하여 죽음을 두려워 말고.

이회영이 노구를 이끌고 만주로 떠날 때의 심경이 체 게바라의 마음과 같지 않았을까.

청년 시절에는 패기와 용기가 넘쳐 거사가 쉽지만, 나이가 들면 들수록 생에 대한 집착 때문에 몸을 사리게 된다. 의열사의 대부분이 20, 30대 청년인 것도 이와 무관치 않을 터이다. 그러나 체 게바라와 이회영은 달랐다.

이회영은 타락한 시대, 강권주의 시대에 치열하게 저항하다가 역부족, 세 불리하여 순결한 모습 그대로를 간직하면서 조국해방전선의 제단에 산화했다. 그의 생애는 한 점의 오류도, 한 올의 삿됨도 보이지 않는다. 식민지 시대에 이들이 있었기에 '망국노'의 자존과 명예가 조금은 지켜질 수가 있었다. 그리고 매국노와 친일파들에게 부끄러움을 안겨주었을 것이다.

프랑스의 저항시인 폴 엘뤼아르의 시 〈통행금지〉는 이회영을 비롯한 한국 독립운동가들과 민주화 통일운동가들의 상황을 보여준다. 하지만 아무리 강퍅한 극한상황에서도 진리는 숨 쉬고, 정의는 꿈틀거린다. 이회영의 삶과 죽음, 후대에 보여주는 사표가, 표상이 이를 입증한다.

어쩌란 말이냐 문에는 감시병이 서 있는데

어쩌란 말이냐 우리는 갇혀 차단되었는데

어쩌란 말이냐 거리는 차단되었는데

어쩌란 말이냐 도시는 점령되었는데

어쩌란 말이냐 그녀는 굶주리고 있는데

어쩌란 말이냐 우리는 무기를 빼앗겼는데

어쩌란 말이냐 밤은 닥쳐왔는데

어쩌란 말이냐 우리는 서로 사랑했는데.

고려 때 홍건적을 격파하고 큰 공을 세웠으나 간신배들의 모함을 받아 저잣거리에서 효수된 김득배金得培를 추모하는 정몽주의 〈김득배 원수를 곡하다〉를 삼가 이회영의 영전에 바친다.

君是儒生合討文　　그대는 토문討文을 지어야 하는 유생으로

奈何堤劍將三軍　　어찌 장검 짚고 3군을 이끌었던가요.

忠魂壯魄今安在　　충혼忠魂 장백壯魄은 지금 어디 있는지

回首靑山空白雲　　돌아보니 청산에는 흰구름만 떠도는구나.

부록

남편 영전에 바치는 이은숙의 조사

세월 여류하여 졸곡卒哭이더니, 날이 갈수록 만사가 더욱 밝아진다. 미망인 이영구李榮求(이은숙의 이명)는 고고촉처苦苦觸處에 쌓인 유한遺恨을 가군 영전에 고하오니, 영혼이 계시면 자세 들으소서.

유세차 임신(1932) 12월 초엿새, 정묘에 실인室人 이영구는 가군 우당 이회영 궤연几筵에 첩첩이 쌓인 유한극통遺恨極痛을 대강 고하나이다.

오호 통재라. 천정연분天定緣分이 지중하든지 우리 종조 해관장의 중매든지, 무신(1908) 10월 20일에 가군과 결혼하여 천지에 맹세하고 백년언약을 태산 반석같이 굳게 맺고 지내고자 할 제 처의 방년 20세라. 우리 부모의 무남독녀로 매사에 우매하여 가군의 온후하신 미덕으로 처의 언어 동정을 일일이 교훈하여 번창한 동기간에 큰 과실이 없게 화목을 지키고 지냈으며, 자녀에게도 혹시나 틈이 있을까 하여 염려하던 심절深切한 경계의 정화情話와 지극한 인해의 의행을 어찌 다 받들리오.

처는 다만 가군을 대하기를 하늘같이 우러러보고 스승같이 섬기고 지냈던 것입니다. 처는 시댁에 오니 동기지친이 만당하나 다 각각 분거하시니 연소한 처 마음에 의뢰함은 가군뿐이라. 잠시만 가군이 아니 계셔도 어디다 의탁할 줄 몰랐지요. 시운이 불길하여 경

우당 이회영의 초상화.

술년 한일합방된 뒤에 만주로 이사하여 여러 동기가 일실에 모여 지내며 6, 70명 권솔이 송구 산란하건마는, 가군이 시시로 설유하시되, "역경을 당할 때는 만사를 잘 참고 지내라"고 말씀하신 것이 지금 와서 다 몽중사夢中事가 되고 말았으니, 어찌 비감치 아니하리오.

암매무지한 처 생각에는 만주만 가서 생활하면 권구眷口가 단취團聚하여 지낼 줄 알았더니 가군께서는 노령으로 조선 계실 때보다 10배나 더 분주하게 본천으로 왕래하시니, 저의 몸을 완악한 만족滿族 총굴에 던져두시고 1일 1시나 가정에 계시지 않으셨죠.

계축(1913) 정월 회초일晦初日에 가군이 홀연히 조선으로 가시면서 "내가 속히 돌아올 테니 그리 알라" 하시더니 다섯 해가 되어도 오시지 아니하셨지요. 옛말에 대인난待人難이라더니 처와 같은 대인난

이 다시 어디 있으리오. 만주 되놈들과 이웃하여 젊은 여자가 고적히 5년 성상을 얼마나 쓸쓸하며 얼마나 답답하겠습니까?

처가 참고 참다못하여 정사(1917) 5월에 유아 남매를 대동하고 고군을 조선으로 찾아와서 여관 살림 같이 설산設産하고 지내다가 기미운동에 미쳐서 가군은 베이징으로 먼저 가시며 처더러 말씀하시길, "추후 오라" 하셨지요. 3월경에 박돈니와 동반해서 베이징에 도착하니 가군은 상하이로 가시고 아니 계시기에 처가 여관 살림을 하면서 상하이만 멀리 바라보고 고독히 또 지내더니, 오동추월梧桐秋月은 명랑하고 옥류금풍玉流金風은 미량한데 기쁜 소식이 들렸지요.

가군이 베이징으로 돌아와서 3천 리 타향에서 부부 상봉하고 인해서 살림을 시작하게 되니 든든하고 반갑기가 세상에 저 한 사람인 듯하였지요. 연약한 체질에 피로도 돌보지 않고 사랑에 계시는, 가군 동지 수 삼십 명의 조석 식사를 날마다 접대하는데 혹시나 결례가 있어서 빈객들의 마음이 불안할까, 가군에게 불명예를 불러올까, 조심하고 지낸 것이 가군만을 위할 뿐 아니라 가군의 동지들도 위한 것이올시다.

슬프다. 시운이 못했던지 생활이 곤란하여 조석을 절화絶火하니, 조석으로 상대하던 동지들이 차차로 희소하니 인간을 못 만나면 만사 손해로다. 기개가 걸걸하시고 자신감이 만만하신 가군은 염량세태를 오죽이나 홀로 개탄하셨으리오. 소위 동지同志 일로 공사간 허다 풍파와 허다 곤란으로 당하신 것을 대강이라도 진술코자 한 흉격이 막혀 붓을 들 수가 없습니다.

오호 통재라. 당시 기아 남루 곤궁환란의 생활고가 홍수같이 닥쳤으나 어느 누가 이해할까?

경제도 마련 없이 근근부지하다 못하여 부부 의논하고, 혹시나 몇 동지 도움을 얻어볼까 하고 을축년(1925) 7월에 조선으로 향하였더니 이날이 만고영결萬古永訣이 되었군요. 영결이 될 줄 알았더라면 같이 죽지 이 길을 택했으리오. 생각하면 뼈가 녹게 극통하외다.

처 다시 생각하여 보오니, 베이징을 떠나려고 양차洋車를 문밖에 놓고 나올 적에 현아가 7세라 가군이 현아를 데리시고, "너의 어머니가 석 달이면 갔다 올 제 과자도 많이 사고 고운 옷감 많이 사가지고 온다" 하시며 훌훌히 떠나는 것을 보기 싫어 그러신지 문안으로 들어가시던 게 지금도 눈에 삼삼, 성음이 기에 쟁쟁하니 억색하고 극통할 뿐입니다.

또 처 포태胞胎 4삭朔에 조선 와서 낳은 아이를 가군이 들으시고 '규석'이라 이름 지어 편지를 처에게 부치실 제, 부자는 천생지친이라 얼마나 보고 싶어 생각하셨겠습니까.

석아가 7세가 되도록 처가 가지 못하여서 가군이 편지하시고, "내가 상하이를 떠나 다른 지방으로 가니 상하이로 편지 말라" 하셨기에, 편지를 가지고 우관·의당께 가 뵈니, 의당 선생 말이, "푸젠성福建省으로 우당 선생이 분명히 가셨을 것입니다. 푸젠성은 안전지대이고 기후가 따뜻한 지방이니 부인은 안심하소서" 하기에, 처가 의당 선생 말을 듣고 역시 안심되어, 가군의 회보만 기대하였지요. 새벽이면 일어나서 가군이 귀체 강령하시고 만사형통을 심축하고 이틀을 보내셨지요. 10월 20일(음력. 양력 날짜로는 11월 17일—인용자) 밤에 몽사에, 가군이 오색 비단옷을 입으시고 문에 들어오시는데, 청아한 풍채가 신선이요 속인은 아닌지라, 처가 반겨 일어나서 영접하고, "제가 당신을 따라가겠습니다" 하니, 가군께서 말씀이, "아직은 나 있는 곳에 못 온다" 하시고 막연히 가시는지라, 처가 놀라 깨니 남가일몽이라, 오호 통재라. 그날 밤에 가군이 불측한 화를 당하시고 완명顽冥하여 알지 못하였나이다. 천추에 용납 못할 죄인이 7, 8년간을 시시로 그리워하다가 지금은 이같이 붕성지통崩城之痛을 당하고서 하종下從을 못하고 있사오니 어찌 부부간 참 정이 있다 하오리까. 그러나 처의 누누한 사정에 쌓인 비애올시다.

가군이 일생의 몸을 광복운동에 바치시고 사람이 닿지 못하는 만고풍상을 무릅쓰고 다만 일편단심으로, "우리 조국 우리 민족" 하시고 지내시다가 반도강산의 무궁화꽃 속에서 새 나라를 건설치 못하시고 중도에서 원통억색이 운명이 되시니 슬프도다. 가군의 만고원한을 무슨 말씀으로 위로하오리까. 오호 통재라.

슬프다. 이영구는 가군 졸곡卒哭에 축문으로 첩첩이 쌓인 원통한 사정을 대강 기록하여 가군 영전에 곡하니, 오목리 산천초목이 미망인의 슬픈 원한을 위로하시듯, 천지가 무광無光하더라.[1]

우관 이정규의「추모 우당 이회영 선생」

자고로 망하지 않은 나라가 없고 성쇠의 곡선을 그리지 않은 민족은 없다. 동시에 흥망성쇠에는 반드시 그 원인이 있는 것이니 난신적자 하대무지何代無之냐고 하는 말이 전해오는 것이며, 따라서 흥망의 요인이 외래적이라기보다는 내재적인 것이 더 큰 작용을 하는 것이라고 인필자모人必自侮 후에 인人이 모지侮之라고 일러온다. 우리 민족이 마시었던 일제침략 40여 년의 망국의 고배도 자본주의 팽창의 세계적 조류에서 빚어진 결과라기보다는 우리 사회 자체의 부패와 타락에 그 원천적 죄과가 있었던 것이다.

당대 현관으로 오적칠적이 나오고 망국대부 중 70수 명이 더러운 수작자가 나왔으니 그 나라가 망하지 않을 수 있는가, 그들이 의식적이건 강박 위협에서건 일신일가의 안전과 호강을 위해서 나라를 팔고 민족을 판 것이다. 이런 썩어빠진 사회기류 속에서도 각계각층에서 의인 열사가 배출하여서 망한 나라와 위축되어가는 민족이지만 갱생의 수혈을 하였으니 이것은 기적이 아니라 바로 우리가 문화민족인 까닭이요 반만년의 전통이 이어온 까닭이다. 또 그런 의인 열사들이 귀하신 희생의 수혈로 미완성이나마 반쪽의 독립이 이루어져 있다고 생각할 때 선열들을 온 겨레가 길이 경모하여 받들어 모셔야 할 것 아닌가. 3·1절을 앞두고 그 어른들을 추모하는 마음 간절하다.

그런 살신성인하신 선열 중의 한 분인 우당 이회영 선생님의 생각이 더욱 간절하다. 물론 우당 선생이 나라와 사상을 같이하고 투쟁을 같이한 나의 사사로운 일면에서이기도 하지만 내가 우당 선생께 경모 절절하다는 그 까닭은 선생의 인격적인 수이殊異한 점, 그 특출하신 정열, 그 공평한 정신 등 때문이다.

우당 선생이 다른 열사들과 특이한 점을 이해하기 위해서는 먼저 그 출신부터 알아야겠다.

선생은 우리나라 귀족대가의 출신이다. 봉건 4대 벌족 중에서 소론 대가로 백사 이항복의 10대손이요 판서 이유승의 제4자요, 영상 이유원의 당질이다. 귀도 있고 부도 있는 집안에서 태어났으니 선생의 인생항로는 당연히 관계 진출이 정로正路라고 믿어진다. 더구나 선생은 다기다능했다. 서예·시문은 물론 음악·회화·전각에까지 일가를 이룬 분이다. 그러니까 당시로서 만인이 다 바라는 그 화려한 영달의 길을 택하는 것이 일반적인 예일 터인데, 우당 선생은 그 평탄한 호화스런 행로를 외면하고 스스로 고행의 길을 택했다는 것이 다른 것이다. 물론 다른 인사들 중에도 그런 분이 있지 않느냐고 할 것이다. 그러나 사람은 그 환경에 지배되지 않기가 어렵다.

순한 길이 없었다면 몰라도 있다면 만인이 쳐다보고 선망하여 오던 그 길을 택할 것이 아닌가. 그런데 아직도 국가주권이 서 있을 그때에 그 길을 버리고 의로운 고행의 길로 행방을 정했다는 것이 타 선열과 유다른 수이한 점이 아닌가 하는 점이다.

이런 점이 선생은 천품적 기질이 닮았던 것이라고 인정한다. 선생은 소탈하고 극히 평민적이며 인정이 많다. 그리고 대인관계에서 관용과 포용력을 가진 분이었다. 그러나 그 반면에 강정強情에 가까운 고집이 있는 강한 신념의 소유자였다. 그런 데서 선생이 혁명가가 되신 까닭이 아닌가 싶다. 따라서 우당 선생은 세속적인 명리에 큰 애착이 없는 혁명가들이 공통적으로 지닌 지배적 야욕이 없어서 선생 일생에 무슨 회, 무슨 당의 대표자나 장이 되어본 적이 없다.

　서간도 개척 당시 경학사를 조직하고 신흥학교를 창설할 당시 누구나 다 우당 선생이 그것을 고사하고 이상룡 씨와 자기 중씨仲氏 철영 씨를 대표와 교장으로 세우고 자신이 모든 대소사를 실무 집행하였던 것으로 보아서 선생의 담백명지함을 알 수 있다.

　그런 야심과 지배욕이 없는 선생이니만치 약관 때에 벌써 차별적 신분제도에 반기를 들어 노비 이서와 적서의 차별 철폐를 몸소 실천하여 언어 호칭에서부터 서로 경어를 썼으며, 개가 재혼을 장려하였던 것이다. 이런 선생의 진취적인 현대적 기풍에 대해서 그 가정 안에서도 개화꾼이라는 조롱도 받았던 것이었다.

　이렇게 인습에서 해탈되고 자유불패한 점이 있어서 독립협회 후 개화풍조가 팽창하여지자 선생의 그 타고난 선천적인 용기와 결단력이 선생으로 하여금 개척자로서 혁명투사로 몸 바치게 했다. 보재 이상설, 여준 등 제씨와의 동지적 관계를 맺게 하였으며 관계를 비판 저주하면서 쓰러져가는 국권을 붙들어 일으켜 보자고 사방으로 동지를 연결하면 정치·경제 등의 국책을 상의 연구하는 데 몰두했다. 그때 많은 협객무사와 결탁도 하고 때로는 당로 대관들과 연락 교섭하는 데에 막대한 운동비를 썼다. 참으로 장의속재하는 혁명가였던 것이다.

이때에 나인영·기산도 등 무인협력과 인연이 맺어져 가지고 을사조약의 국치가 닥쳐오자 오적을 성토 말살할 것을 꾀하는 등 직접 행동파적인 선생의 일 편모를 볼 수 있으며, 해외 망명을 주선 획책하는 데에서 선생의 수완과 지모는 한 독립운동자나 한 책략가로서의 단면보다는 혁명가로서의 풍모와 기량을 약여하게 유감없이 발휘하는 것이 아닌가 생각된다.

선생의 용기와 결단력은 이런 사건들에서뿐 아니라 6형제 전가 4, 50명의 가족을 이끌고 엄동을 무릅쓰고 생소한 이역의 땅 서간도로 이민한 용단에서 뚜렷이 엿볼 수 있다.

단신으로 해외 망명을 하는 것도 어려울 때에 부녀자들을 합쳐서 50명의 식구를 데리고 집을 팔고 가산을 처분하여 40만 원 가까운 거재를 가지고 미지의 땅 서간도를 향하여 야간 도피하듯 떠났던 것이다. 그러니 고생을 모르고 편안한 서울 살림에 생장한 식구들이 엄동황야의 서간도에서 방황할 때에 불평이 없을 수 있겠는가. 그런 불평과 원망을 억누르며 또 달래면서 무지한 중국 토호들이나 관청과의 교섭 절충은 고난 중의 고난이었다고 선생은 술회했다.

그러나 경학사를 조직하고 학교를 세우며 성淸 정부와 베이징 위안스카이와의 교섭이 성취되어 서간도에 한교 이민의 토대가 튼튼해졌을 때의 그 환희야말로 한국 독립의 서광이 곧 비치는 것 같았다 한다. 그러나 그러는 수년 사이에 40만 원의 자금이 고갈되고 나니 앞길이 캄캄했다고 한다. 당시 물가로 백미 1석에 3원 남짓했으

우당 6형제 초상화(왼쪽부터 이건영, 이석영, 이철영, 이회영, 이시영, 이호영).

니 40만 원이 어느 정도의 거금이라는 것을 알 수 있으며 아울러 전 가족을 이역 절지에 내다놓고 또 학교를 세워서 많은 사람을 모아 놓고 재정이 고갈되었으니 선생의 앞이 캄캄했다는 그 심경은 추측하고도 남음이 있다.

그러나 그 거액의 살포된 비용은 한민족의 서간도 개척의 거름이 되고 둔전양병의 초석이 되었던 것이니 자위할 만도 하지만 조성 문제였다. 그러나 그런 난제 때문에 선생의 정열과 용기는 꺾이지 않았으며 오히려 더욱 결의가 굳어져 적의 아성이 된 서울로 잠입 입국을 단행하였으니 그 대담과 철석같은 의지와 신념에는 누구나 놀라지 않을 수 없는 바였다. 이런 것이 선생이 남달리 타고난 선천적 혁명 기질의 소유자였다고 기리고 추모하여 마지않는 점이다. 참으로 혁명가의 행로는 험로요 고생길인데 우당 선생은 그 험로준령을 넘고 또 넘었다. 참고 또 참으면서 항상 앞을 보고 옆 사

람들을 그리고 가족과 동지들을 이끌고 격려했다. 이런 고행의 30년간의 장기 행진은 계속되었던 것이다.

이런 생애에서 선생의 의지는 더 굳어지고 인고의 수양은 닦아졌으며 인정 세파에 시달리는 사이에 선생의 전인적인 순수 인간으로서의 광채는 더 빛났다. 그런 힘이 고난 속에서 형제 자질이 이산되는 판에서도 그 우수와 고민의 빛을 남에게 보이지 않았고 도리어 태연자약하게 웃는 낯으로 위로하면서 앞으로 다가올 희망의 기회 독립의 성취의 날을 기다려 참고 노력 정진할 것을 당부하여 격려하며 안정시키었던 것인데 선생의 침착하고 반석 같은 그 부동의 모습은 주위의 사람들에게 이상한 감명을 주기도 했다. 더욱이 불안과 굶주림에 위축되어 있는 그 어린 자녀들에게 은근히 그들을 애무하고 경계하는 그 순연하고도 포근한 애정에 찬 한 구절 한 구절의 말씀, 화和한 음성은 옆에서 듣는 사람으로 하여금 눈시울 뜨겹게 했다.

조석의 끼니를 거르던 때이니 더욱 그러했다. 그런 어렵고 답답할 때일수록 선생은 항상 웃으시는 환한 얼굴로 해학을 잊지 않았다. 어느 때는 옥수수가루로 쑤어놓은 죽에 호염胡鹽 한 접시를 담아놓고 이것이 저녁식사인데 선생은 공기에 죽을 떠가지고 '천광운영공배회天光雲影空徘徊'라는 고인의 시구를 읊으시는 것이다. 그 뜻을 물으니, 죽도 그나마 너무 묽어서 천광운영이 공기 속에서 감돌지 않느냐고 하시면서 폭소가 터져 만좌의 침울한 기분(분위기)을 풀기도 하였던 것이 선생의 인간미의 일면이며 젊은 동지들에게 단소와 양금을 가르쳐 고민과 울적을 풀어주기도 하고, 전각篆刻을 지도하면서 혁명가도 취미생활을 알아야 한다고 하시던 그 말씀은 아직도 기억에 새로운 것이다.

노소의 구별 없이 희로애락을 같이할 수 있는 선배들이 몇 분이나 되었던가 생각된다. 그런데 이상한 것은 그런 호탕하고 풍류적인 성품인데도 우당 선생은 불주객이었다. 억지로 술자리에서 흥을 돋우느라고 강작해서 1, 2배를 마시면 놀랄 정도로 홍안이 되었던 것이다.

이렇게 인정이 많고 다정다감하신 분이니 부부간의 화협이야 더욱 남다른 바가 있었는데, 여기에는 부인 이은숙 여사가 천하에 드문 현부인이었던 것을 거듭 강조하고 싶다. 그는 참으로 현모양처의 표본이시면서 한편으로는 우당 선생의 일생의 동지였다. 이런 동지가 될 부인을 아내로 맞이하시게 된 것이 우당 선생의 복이었으며 그 때문에 우당 선생의 혁명가로서의 앞날이 더욱 다채로울 수 있었던 것이 아닌가.

그 내외분은 참으로 그야말로 금실상화하고 부창부수하는 부부요 막역지우의 생사를 같이하는 동지였다. 그러니까 여자의 몸으로 간도에서 마적의 총탄에도 불굴하고 그 고생을 의무요 책임으로 달게 감내하였으며 부군의 사자로서 적의 감시를 무릅쓰고 거듭거듭 국내외를 드나들면서 선생의 대표 사절적인 역할을 수행하였던 것이다. 이 여사는 달변의 여장부이셨으니 우당 선생은 남달리 한 복을 타고나셨다고 볼 수 있을 것이다.

그런 개성과 기질과 품성을 가진 분으로 그런 투쟁의 길을 걸어온 분이니 그의 정치에 대한 견해와 사상에 대한 입장은 어떠했겠는가…. 궁금한 문제라 다음의 몇 가지를 들어서 우당 선생의 견해와 입장을 회고 추모하고자 한다.

첫째로 기미독립선언 후 상하이에서 임시정부가 수립될 때에 선생은 임시정부 수립에 불찬성했다. 그 이유는 우리가 지금 필요한 조직은 민족적 자주독립을 찾기 위해서 거족적으로 항일독립투쟁을 일사분란하게 전개하기 위해서이다. 그러니까 이 조직은 투쟁조직이다. 그런 조직에 정부라는 명칭을 붙이면 운동의 본말을 전도하는 부작용이 나타나기 쉽다. 또 타국의 망명정부나 신생하는 나라의 임시정부를 말하지만 그 나라들은 우리와 국제적인 관계의 그 지위가 다르다. 한국 독립을 선언해놓았으니 한국독립운동총본부라고 되지 않겠는가고 하나 목전에 할 일은 꼭 같다.

그런데 만일 한성에서 총본부를 조직하였고, 상하이에서 연락이 되지 않아서 또 총본부를 조직 공포했다면 이 양자가 서로 통합에 있어 고립은 있을 것이나 분규는 없을 것 아닌가. 이런 것이 우리에게 지배욕의 우상이 들어 있는 까닭에 정부라고 명칭하면 곧 지배적인 권좌를 생각하게 되는 까닭에 분쟁은 면할 수 없을 것이라는 것이 선생의 대 임시정부 관이었으며, 따라서 선생은 4월 말에 상하이에서 베이징으로 떠나고 말았던 것이다. 그런데 상하이에서는 선생의 옛 동지들 중에서 선생을 비방하여 보황파가 되어서 또는 각료 중에 끼지 못하니까 협력하지 않는다고 했다.

또 우당 선생은 천품이 그런 분이어서 청년들이 많이 따랐다. 그러니까 좌익분자 중에서나 무정부주의자 중에서도 많은 사람들이 선생과 교류되었으니 자연 선생의 비판과 주장에 그들 옛 동지들과 차이가 생길 것은 당연한 일이다. 그래서 그분들은 우당 선생을 평하여 "우당은 너무 새것을 좋아해 탈이야" 혹은 "작일의 보황파가 어떻게 급진하여 무정부주의자가 되나!" 하는 등의 희롱도 받았다. 그러나 선생은 그들에게 담담하게 이런 말을 했다.

나도 현대 사람이니 만치 이 사회의 풍조를 알고 있으며 민주주의가 현대정치 조류임을 알고 있는데 어떻게 세계 조류에 역행하는 정치제도를 주장할 수 있겠는가, 헤이그 사건이나 또 고종 황제의 해외망명을 계획한 것으로서 나보고 보황파라 하나 누구나 생각할 수 있는 것은 3·1운동이 일어나기 전에 한국 독립문제 또는 한일합병의 무효 등을 국제문제로 일으키자면 고종제를 국제무대에 내 세우는 것이 적절한 수단이라는 것은 보황파가 아닌 민주파라도 생각할 수 있는 바요. 또 그를 앞세우고 운동을 전개한다고 해서 반드시 대한제국의 복벽을 뜻하는 것은 아니지 않은가.

나는 본래 벼슬을 싫어한다. 때문에 나는 독립한국도 반드시 4민 평등한 만인이 자유를 누릴 수 있고 따라서 공평하게 다 같이 행복을 누리며 자유발전할 수 있는 기회가 균등하게 부여될 수 있는 사회가 돼야 하겠다는 것이 나의 독립관이며 정치이상이니 만치 그런 자유한국을 세우기 위해서는 무정부주의자의 자유합의적인 자유연합의 이상이 나의 그것과 합치되어서다. 그렇다면 나도 별안간에 180도 전환이 아니라 본래 무정부주의적인 자유사상가였다고 자임할 뿐이다.

나도 남에게 지배받고 싶지 않으니 '기소불욕己所不欲이면 물시어인勿施於人'으로 나도 남을 지배해서는 아니 될 것이 아닌가. 지배 없는 세상, 억압과 수탈이 없는 세상이 우리 독립한국에 실현되어야 한다는 것이 말의 표현을 닮았을망정 나의 일관된 정견이었다.

이런 선생의 주장을 놓고 볼 때 선생은 약관 때부터 자유평등을 주장하고 신분제도의 불평등을 배척했으며, 관료들의 그 권위주의, 그 지배욕을 저주해서 환로 진출을 단념한 것이라든지 또 자기과시를 싫어하고 공명을 불고하는 참으로 공자의 말하는 부지불온不知不칫하는 일면이 선생은 천생의 자유주의자요, 무정부주의자였다고 믿어진다.

이런 선생으로서 항상 위험이 따르는 혁명공작 특히 직접행동에 있어서 젊은 동지들에게만 맡기지 않았다. 노년의 선생 자신도 행동의 일원으로 참가하기를 주장하시지만 선생에게, 노선배의 나설 때가 아니라고 반대하면 선생은 이런 말씀을 몇 번이고 되풀이했다. "생과 사는 다 같이 인생의 일면인데 사를 두려워 해가지고 무슨 일을 하겠는가. 더욱이 혁명공작을 어떻게 하겠는가."

　무위도식하다가 공포를 쏘는 사람과 같이 큰소리 허된소리만 치고서 사라져가는 그 위선자 가면주의 어릿광대의 삶보다는 성불성成不成은 하늘에 맡기고 사명과 임무를 다 하려다가 죽는 것이 얼마나 떳떳하고 가치가 있지 않는가. 그러니까 자고로 사득기소死得其所를 행으로 일러왔다. 욕된 생은 피하고 버려야 한다. 당위의 사死는 빛나는 것이다. 오죽하니 맹자도 "생역아소욕야生亦我所欲也이며 의역아소욕야義亦我所欲也이언마는 이자불가득겸二者不可得兼이라면 사생이취의자야야舍生而取義者也"("삶 또한 내가 원하는 바이며 의 또한 내가 원하는 바이지만 이 둘을 함께 얻을 수 없다면 삶을 버리고 의를 취할 것"이라는 뜻으로 『맹자』 「고자장구상告子章句上」에 나온다—인용자)라고 하지 않았는가.

이렇게 자신의 결의를 표명하여 동지들에 자기의 신념을 밝혀왔던 것이다.

그런데 노선생은 1932년 만추에 북만공작이 논의되는 자리에서 정화암·유자명 등 몇 동지에게 선생 자신이 재고하시라고 권하였으나 막무가내였다. "사득기소死得其所가 행幸이라고 하지 않는가. 성공하면 천행이지만 불행히 성공치 못한다 치더라도 나는 죽을 자리를 얻은 것이니 얼마나 다행이냐"고 결연한 태도를 표시했다고 한다.

그러니까 듣고 있던 동지들도 눈물이 나 앞을 서서 더 이상 만류하지 못했던 것이다.

이렇게 해서 북만행을 단행했다. 황포강 거친 물결을 바라보시면서 비밀히 환송하는 몇 동지와 작별의 손을 흔드실 때에 아마 선생이 애송하시던 한시 "풍소소혜역수한 장사일거불복환風蕭蕭兮水寒 壯士一去 不復還"("바람 쓸쓸하고 역수 차갑구나. 장사 한번 가면 돌아오지 못하리." 전국시대 형가荊軻가 연나라 태자 단丹의 사주를 받아 진시황을 암살하러 떠나는 길에 부른 노래. 일명「역수가」─인용자)을 속으로 읊으셨을 것이다.

장하셨습니다. 우당 선생님! 노당익장하셨소. 70의 일 생애를 일직선으로 깨끗하게 최후를 마치셨습니다. 당신이 스스로 택하셔서 마치셨습니다. 귀하고 거룩하신 우당 선생의 일 생애! 우리 후배들에게 또 우리 온 겨레와 인류에게 갈 길을 밝히고 가르치셨습니다. 영원한 삶을 위해서 살신성인하는 길을 당신의 피와 목숨을 바쳐 가르치셨습니다. 우리들이 과연 선생의 가르침을 따를 수 있을지 두렵기만 하다.

선생의 빛나는 일대기를 감히 졸문으로 약전을 엮은 지 십수 년이 지났습니다. 그러나 그나마도 상재의 기회를 얻지 못하다가 이번에 후배들의 도움으로 비로소 인쇄에 붙이게 되었고 때마침 3·1절이다. 세상도 어수선하고, 내 몸도 늙었다. 우당 선생을 추모하는 마음 더욱 간절하다. 그래서 이 졸문을 선생의 약전의 발문으로 삼아 붙이는 것이다.

1974년 3·1절에[1]

우당 이회영 연보

1867   4월 21일(음력 3월 17일), 서울 저동苧洞에서 이조판서吏曹判書 이유
        승李裕承과 동래 정씨의 4남으로 태어남.

1885(19살) 달성 서씨와 결혼. 이 무렵부터 이상설과 여준 등과 교유하
        고, 신흥사에서 이들과 함께 합숙하면서 수학과 역사, 법학 등 신
        학문을 공부함.

1896(30살) 항일의병 자금을 조달하기 위해 개성 인근 풍덕豊德 지방에서
        삼포蔘圃농장을 경영함.

1901(35살) 일본인의 계획적인 삼포농장 훼손 사건으로 벌인 법정투쟁에
        서 승소. 조정에서 탁지부度支部 판임관判任官에 제수했으나 사양
        함.

1905(39살) 국권회복 동지 이상설, 아우 이시영(당시 외부 교섭국장) 등과 을
        사늑약 파기 운동을 전개했으나 실패함. 나인영羅寅永, 기산도奇
        山度 등과 을사오적 척살을 모의했으나 실패함.

1906(40살) 이상설, 여준呂準, 장유순張裕淳, 이동녕李東寧, 유완무柳完懋 등
        과 만주 독립운동 기지 설치를 계획하고, 룽징촌龍井村(용정촌)에
        서전서숙瑞甸書塾 설립하는 데 참여함.

1907(41살) 달성 서씨와 사별함. 서울 상동교회尙洞敎會 부설 상동학원尙洞
        學院 학감學監으로 취임. 헤이그 만국평화회의에 특사를 파견할

것을 고종에게 건의해, 궁내부대신 조정구趙鼎九 및 내시 안호형安鎬瀅을 통하여 백지위임 밀지(대한제국 황제 신임장 및 친서)를 받아 블라디보스토크에 망명 중인 이상설에게 전달, 이준李儁과 이위종李瑋鍾 등이 합류하여 헤이그 만국평화회의장까지 갔으나 일본의 방해로 회의 참석에는 실패. 이상설은 언론에 일본이 강제로 체결한 을사늑약의 무효성명을 냄. 이준 사망 소식이 전해지자 상동학원을 중심으로 추모하고 이준의 죽음을 할복자결로 공표하여 국민감정을 분기함. 이를 계기로 상동학원을 거점으로 이동녕, 전덕기全德基, 양기탁梁起鐸, 이관직李觀稙, 김진호金鎭浩 등이 발기하여 최초의 독립운동 비밀결사체인 신민회新民會 조직함.

1908(42살) 블라디보스토크에 있는 이상설을 찾아가 다음 단계 독립운동 방략을 논의하여 우선 후진의 실력배양에 힘쓰기로 하고 귀국(1910)하자마자 이듬해에 걸쳐 전국 각지에 교사 파견(평양 대성학원에 김사열金思說, 정주 오산학교에 이강연李康演, 안동 협동학교에 이관직, 상동학원에 여준을 각각 추천 파견). 10월 20일, 이은숙李恩淑과 재혼, 상동교회에서 한국 최초의 신식 결혼식을 올림.

1910(44살) 7월, 이동녕과 장유순, 이관직과 남만주(서간도) 시찰 후 독립운동 기지 건설 구상함. 8월 29일에 조국이 일본에 병탄되자 서둘러 망명을 결심하고 형제들을 설득하여 일가의 전 재산을 은밀히 처분함. 일가의 노비를 해방시킨 후 수행을 자청한 해방노비까지 합하여 60여 명을 이끌고 신의주, 안동安東(지금의 단둥丹東)을 거쳐 류허현柳河縣 싼위안바오三源堡(삼원보)로 망명함.

1911(45살) 4월, 이동녕, 장유순과 함께 각지의 동지를 모아 대회를 열고

경학사耕學社를 조직하고 경상도 유림 대표이자 안동 출신의 이상룡李相龍을 초대 회장으로 추대함. 6월, 경학사를 기반으로 신흥강습소新興講習所(뒷날 '신흥중학→신흥무관학교'로 이름이 바뀜)를 설립함(교주는 이석영李石榮, 교장은 이철영李哲榮). 신흥무관학교는 1920년까지 계속하여 독립군을 양성(총 배출인원 3,500여 명)하고, 신흥무관학교 출신들이 청산리전투와 봉오동전투 등 무장독립투쟁에서 큰 역할을 함.

1912(46살) 3월, 베이징에서 위안스카이袁世凱 대총통과 회담하여 퉁화현通化縣(통화현) 하니허哈泥河(합니하)로 강습소를 이전함.

1913(47살) 독립운동자금을 추가로 모으기 위해 일시 귀국함.

1915(49살) 국내에서 활동하다가 8월에 일경에게 피체되었다가 방면됨.

1918(52살) 국내 동지들과 국권회복 협의. 사돈 조정구(고종의 매부이며 아들 규학의 장인)의 아들 조남익趙南益과 내시 이교영李喬永과 의논하고 고종 망명계획을 추진함. 고종의 지시로 민영달閔泳達에게서 5만 원을 받아 베이징에 고종의 거처를 마련했으나 고종이 서거하는 바람에 좌절됨(고종의 망명계획을 눈치챈 일제와 친일 주구들이 고종을 독살했다는 설이 있음).

1919(53살) 고종의 국장을 계기로 대규모 독립선언을 계획하고 거사 직전 해외 독립운동세력 결집과 사후 대책을 위해 고종 망명계획에 가담했던 조정구·조남익 부자와 함께 베이징으로 망명함. 4월, 이동녕, 이시영과 함께 상하이로 이동하여 임시정부 수립에 참여함. 임시정부의 내분에 실망하여 다시 베이징으로 복귀한 뒤, 새로운 독립운동 방략을 위하여 고민함.

1922(56살) 베이징에서 이을규李乙奎, 이정규李丁奎, 유자명柳子明 등과 함께 러시아의 맹인 시인이자 사상가이며 아나키스트인 예로센코가 베이징에 온 것을 틈타 러시아 혁명 과정에서 벌어진 공산주의 모순성을 지적하고 '행동하는 자유주의' 아나키스트 운동을 개시함. 여기에는 신채호申采浩, 김창숙金昌淑도 참여하고, 베이징대학의 루쉰魯迅, 타이완 출신 판번량范本梁과도 연대함. 우당은 공산주의 혁명 후 러시아의 상황을 살피고 돌아온 조소앙趙素昻으로부터 공산정권의 실상을 듣고 "그들이 말하는 평등사상이란 하루 밥 세끼를 주는 감옥과 무엇이 다른가?"라고 말했으며 자유 없는 평등의 공산주의 사회 실상을 일찍이 인식함.

1923(57살) 아나키스트 운동의 표본으로 중국 후난성湖南省 한수이현漢水縣 량타오촌洋濤村(양도촌)에 중국인 천웨이치陳偉器를 비롯하여 이을규, 이정규 등과 함께 이상촌 건립을 추진함.

1924(58살) 김창숙, 신채호, 유자명, 김원봉金元鳳과 항일무장투쟁을 위한 행동조직인 의열단義烈團 조직을 후원하는 한편, 이을규, 이정규, 정화암鄭華岩(본명 정현섭鄭賢燮), 백정기白貞基 등과 아나키스트 운동의 중심이 될 재중국조선무정부주의자연맹('무련')을 결성하고 기관지《정의공보正義公報》를 발간함. 우당은 중국에서 무장투쟁의 주도권이 점차 공산주의자 세력에게 넘어가는 것을 안타깝게 생각하고 신흥무관학교 출신들을 모아 '신흥학우단新興學友團'을 강화함.

1925(59살) 우당의 조카 이규준李圭駿과 아들 이규학, 이성춘李性春 등 신흥학우단(신흥무관학교 졸업생)이 중심이 된 행동조직인 다물단多勿團

을 조직·지도함. 이후 베이징 중국 유림儒林에 침투한 일본 고등

밀정 김달하金達河를 암살하여 위기를 겪음.

1927(61살) 중국 푸젠성福建省 촨저우泉州에 한국의 독립운동을 돕는 농민

자위군운동에 참여하여 유자명, 이을규, 이정규 등의 동지들과

중국 측 리스청李石曾, 우즈후이吳稚暉, 차이위안페이蔡元培 등과

상하이 노동대학 설립을 적극 추진함.

1928(62살) 한국, 중국, 필리핀, 타이완, 일본, 안남(베트남) 등의 아나키스

트들이 주최한 동방무정부주의자대회에 「한국의 독립운동과 무

정부주의 운동」이라는 글을 보냈는데 이 논문의 요지가 동 대회

결의안에 채택됨. 8월, '재중국무정부공산주의자연맹('연맹')'에

서 발간하는 기관지《탈환奪還》에 축시를 기고함. 또 동방무정부

주의자연맹(동방연맹)에서 발간하는《동방東方》창간호에 묵란墨蘭

한 폭을 그려서 보냄.

1929(63살) 아나키스트 동지인 이을규, 정화암, 백정기, 김종진金宗鎭, 오

면직吳冕稙(중국명 양여주楊汝舟), 이달李達, 엄순봉嚴舜奉(본명 엄형순嚴亨

淳) 등을 북만주에 파견하여 재만조선무정부주의자연맹('재만무련')

을 비밀리에 결성하는 한편 김좌진金佐鎭이 추진하는 한족총연합

회韓族總聯合會 조직에 대거 가담하여 새로운 독립운동 기지 건설

시도함.

1931(65살) 완바오산萬寶山 사건과 만주사변으로 독립운동이 심대한 타

격을 받고 상하이로 철수한 동지들을 규합하여 남화한인연맹南

華韓人總聯盟을 결성하고 의장으로 추대됐으나 고사하고 연부역

강年富力强한 유자명을 회장에 선임함. 기관지로《남화통신南華通

訊》 발간. 우당은 정화암, 백정기, 김성수金性壽, 중국인 왕야차오
王亞樵, 화쥔스華均實, 일본 출신의 아나키스트 티엔화민田華民(일본
명 사노佐野), 우슈민吳秀民(일본명 이토伊藤) 7인과 상하이에 모여 항일
구국연맹을 결성하고, 기획 · 선전 · 연락 · 행동부서를 두는 비밀
행동조직 흑색공포단黑色恐怖團을 조직함. 흑색공포단의 천리방,
백정기, 원심창元心昌, 이강훈李康勳, 유기문柳基文 등은 중국국민
당의 친일그룹 수장인 왕징웨이汪精衛를 암살하고자 했다가 그의
부관을 사살했으며 샤먼厦門의 일본 영사관을 폭파함.

1932(66살) 1월, 흑색공포단은 톈진 부두에 일본 군수물자를 적재한 일
본 기선을 폭파, 톈진 일본 영사관에 폭탄을 투척하여 그 일부를
파괴함. 9월, 우당은 중국국민당 요인 리스청李石曾, 우즈후이,
후한민胡漢民 등의 지원을 받아 중국 동북부에 새로운 거점을 확
보하고 동시에 관동군사령관을 암살하여 독립운동의 새로운 전
기를 마련코자 북행을 결심함.

11월 17일, 우당은 침체된 무장독립투쟁을 다시 일으키기 위
해 만주에 항일의용군의 결성과 독립운동 기지를 건설하려는 계
획을 비밀리에 동지들과 수립한 뒤 다롄大連(대련)으로 떠났으나
상하이 밀정에게 정보가 누설되어 다롄에 도착하자마자 수상경
찰서 일경에 검거되어 뤼순감옥으로 옮겨지고 모진 고문을 당한
끝에 순국함.

주註(참고문헌은 '주'로 대신함)

1. 봉건질서를 부정하고 자유사상을 키우다

1) 박환, 「이회영과 그의 민족운동」, 《국사관논총》 제7집, 국사편찬위원회, 1989, 230~231쪽.

2) 이정규, 『우당 이회영 약전』, 을유문화사, 1985, 19쪽.

3) 김명섭, 『자유를 위해 투쟁한 아나키스트 이회영』, 역사공간, 2008, 14쪽.

4) 위의 책, 16쪽.

5) 위와 같음.

6) 윤병석, 『증보 이상설전』, 일조각, 1998, 11쪽.

7) 이완희, 『보재 이상설 선생 전기초』. 여기서는 윤병석, 앞의 책, 1998, 12~13쪽에서 재인용.

8) 이정규, 앞의 책, 1985, 21~22쪽.

9) 위와 같음.

10) 위와 같음.

11) 민영규, 『강화학 최후의 광경』, 우반, 1994. 여기서는 정욱재, 「독립운동가로서의 이회영과 이시영」, 《나라사랑》, 제104집, 외솔회, 2002, 124쪽에서 재인용.

12) 정욱재, 앞의 글, 125쪽에서 재인용.

13) 이관직, 『우당 이회영 실기』, 을유문화사, 1985, 118쪽; 이정규, 『우

당 이회영 약전』, 을유문화사, 1985에 합철.

14) 이회영 기념관.

15) 위의 책, 119~120쪽.

16) 이정규, 앞의 책, 1985, 21쪽.

2. 청년 구국민족운동가로 성장하다

1) 위의 책, 25~26쪽.

2) 박환, 「이회영의 생애와 민족운동」, 《나라사랑》, 제104집, 외솔회, 2002, 27쪽.

3) 이관직, 『우당 이회영 실기』, 148쪽, 을유문화사, 1985.

4) 김명섭, 앞의 책, 18~19쪽.

5) 이관직, 앞의 책, 124~125쪽.

6) 위의 책, 125쪽.

7) 위의 책, 128쪽.

8) 이정규, 앞의 책, 1985, 30쪽.

9) 조완구, 『이상설 보재 소전』. 여기서는 윤병석, 앞의 책, 1998, 50쪽에서 재인용.

10) 현규환, 『한국유이민사(上)』, 어문각, 1953, 465~466쪽. 여기서는 윤병석, 앞의 책, 1998, 50쪽에서 재인용.

11) 윤병석, 앞의 책, 1998, 62쪽.

12) 이상직, 『한말잡보』. 여기서는 윤병석, 앞의 책, 1998, 64쪽에서 재인용.

13) 이관직, 앞의 책, 132쪽.

14) 윤병석, 앞의 책, 1998, 63쪽, 주석 14.

15) 이은숙, 『가슴에 품은 뜻 하늘에 사무쳐: 이은숙 자서自叙 서간도 시
   종기』, 인물연구소, 1981, 43쪽.

16) 김명섭, 앞의 책, 20~21쪽.

17) 이은숙, 앞의 책, 44쪽.

18) 이증복, 「고종 황제와 우당선생」, 《나라사랑》, 제104집, 외솔회,
   2004, 191쪽.

19) 이관직, 앞의 책, 133~134쪽.

20) 위의 책, 134쪽.

21) 위의 책, 135쪽.

22) 위의 책, 136쪽.

23) 서중석, 「이회영의 교육운동과 독립군 양성」, 《나라사랑》, 제104집,
   외솔회, 2004, 82~83쪽.

24) 이관직, 앞의 책, 138쪽.

25) 위의 책, 140~141쪽.

26) 위의 책, 143쪽.

27) 위와 같음.

3. 일가 60여 명과 기약 없는 망명길에 오르다

1) 박성수 역주, 『저상일월(하)』, 서울신문, 1993, 111~112쪽.

2) 이관직, 앞의 책, 145~146쪽.

3) 위의 책, 146쪽.

4) 위의 책, 147쪽.

5) 이은숙, 앞의 책, 47쪽.

6) 위의 책, 48쪽.

7) 위의 책, 49~50쪽.

8) 이관직, 앞의 책, 148쪽.

9) 이은숙, 앞의 책, 51~52쪽.

10) 김명섭, 앞의 책, 48~49쪽.

11) 서중석, 앞의 글, 2004, 94쪽.

12) 김명섭, 앞의 책, 54쪽.

13) 이현희, 『대한민국임시정부 주석 이동녕 연구』, 동방도서주식회사, 1995, 176쪽.

14) 서중석, 앞의 글, 87~88쪽.

15) 윤병석, 「경학사」, 『한국독립운동사사전 3』, 독립기념관, 2004, 210쪽.

16) 윤병석, 위의 글, 2004, 211쪽.

17) 이관직, 앞의 책, 156쪽.

18) 박환, 「신흥강습소」, 『한국독립운동사사전 5』, 독립기념관, 2004, 354쪽.

19) 위와 같음.

4. 독립군 양성소 신흥무관학교를 건립하다

1) 한나 아렌트, 김정한 옮김, 『폭력의 세기』, 이후, 1999, 15쪽.

2) 윤병석, 『독립군사』, 지식산업사, 1990, 32쪽.

3) 원병상, 「신흥무관학교」, 《신동아》, 1969년 6월호, 238쪽.

4) 김명섭, 앞의 책, 59~60쪽에서 재인용.

5) 서중석, 『신흥무관학교와 망명자들』, 역사비평사, 2001, 107쪽.

6) 위의 책, 110쪽.

7) 원병상, 「신흥무관학교」, 『독립운동사자료집 10』, 독립운동사편찬위원회, 1976. 여기서는 김명섭, 앞의 책, 64쪽에서 재인용.

8) 서중석, 앞의 책, 2001, 119쪽(요약).

9) 이은숙, 앞의 책, 56~57쪽.

10) 안천, 『신흥무관학교』, 교육과학사, 1996, 160쪽.

11) 님 웨일스, 조우화 옮김, 『아리랑』, 동녘, 1993, 87~88쪽.

12) 원병상, 앞의 책, 1969, 236~238쪽.

13) 화려강산 동반도는 / 우리 본국이요 / 품질 좋은 단군조선 / 우리 국민일세 // 무궁화 삼천리 / 화려강산 / 우리나라 우리들이 / 길이 보존하세.

14) 요동 만주 넓은 뜰을 쳐서 파하고 / 여진국을 멸하고 개국하옵신 / 동명왕과 이지란의 용진법대로 / 우리들도 그와 같이 원수 쳐보세. // 나가세 전쟁장으로 / 나가세 전쟁장으로 / 검수도산 무릅쓰고 나아갈 때에 / 독립군이 용감력을 더욱 분발해 / 삼천만 번 죽더라도 나아갑시다.

15) 슬프도다 우리 민족아! / 오늘날 이 지경이 웬 말인가? / 4천년 역사국으로 / 자자손손 복락하더니 / 오늘날 이 지경이 웬 말인가? / 철사주사로 결박한 줄을 / 우리 손으로 끊어버리고 / 독립만세 우레소리에 / 바다가 끓고 산이 동하겠네(김명섭, 앞의 책, 71~72쪽에서 재인용).

16) 1. 신대한국 독립군의 백만용사야 / 조국의 부르심을 네가 아느냐 / 삼천리 이천만의 우리 동포들 / 건질 이 너와 나로다. // 2. 원수들

이 강하다고 겁을 낼 건가 / 우리들이 약하다고 낙심할 건가 / 정의의 날센 칼이 비끼는 곳에 / 이 길이 너와 나로다. // 3. 너 살거든 독립군의 용사가 되고 / 나 죽으면 독립군의 혼령이 됨이 / 동지야 너와 나의 소원 아니냐 / 빛낼 이 너와 나로다 // 4. 압록강과 두만강을 뛰어건너라 / 악독한 원수무리 쓸어몰아라 / 잃었던 조국강산 회복하는 날 / 만세를 불러보세. // (후렴) 나가 나가 싸우려 나가 / 나가 나가 싸우려 나가 / 독립문의 자유종이 울릴 때까지 / 싸우러 나가세(이중연, 「신대한민국 독립군의 백만용사야」, 혜안, 1998, 120~121쪽).

17) 1. 이천만 동포야 일어나거라 / 일어나서 총을 메고 칼을 잡아라 / 잃었던 내조국과 너의 자유를 / 원수의 손에서 피로 찾아라. // 2. 한산한 우로雨露 받은 송백까지도 / 무덤 속 누워있는 혼령까지도 / 노소를 막론하고 남이나 여나 / 어린아이까지도 일어나거라 // 3. 끓는 피로 청산을 고루 적시고 / 흘린 피로 강수를 붉게 하여라 / 섬나라 원수들을 쓸어버리고 / 평화의 종소리가 울릴 때까지(위의 책, 121쪽).

18) 권영신, 「이판서댁과 나의 외조부 그리고 부친」, 『주간금일 요녕』. 여기서는 김명섭, 앞의 책, 73~74쪽에서 재인용.

19) 이은숙, 앞의 책, 60~61쪽.

20) 김명섭, 앞의 책, 75~76쪽.

21) 《별건곤》, 2권 6호, 1927년 8월호, 개벽사.

22) 이은숙, 앞의 책, 58쪽.

23) 원병상, 앞의 책, 1969, 236~237쪽.

24) 《국민보》, 1914년 5월 30일; 《나라사랑》 제104집, 외솔회, 2002,

171~174쪽.

25) 《국민보》, 1914년 6월 10일; 《나라사랑》 제104집, 외솔회, 2002, 175~177쪽.

26) 원병상, 앞의 책, 1969, 238~239쪽.

27) 신용하, 『한국민족독립운동사 연구』, 을유문화사, 1985, 118쪽.

28) 이관직, 앞의 책, 158쪽.

29) 서중석, 앞의 책, 2001, 131쪽.

30) 위와 같음.

5. 고종 황제의 망명을 추진하다

1) 이관직, 앞의 책, 159쪽.

2) 위의 책, 160쪽.

3) 이정규, 앞의 책, 1985, 52쪽.

4) 이은숙, 앞의 책, 58~59쪽.

5) 이관직, 앞의 책, 164쪽.

6) 이규창, 『운명의 여신』, 클레버, 2004, 42쪽.

7) 위의 책, 42~43쪽.

8) 이덕일, 『아나키스트 이회영과 젊은 그들』, 웅진닷컴, 2001, 66쪽.

9) 이은숙, 앞의 책, 65~66쪽.

10) 이관직, 앞의 책, 167~168쪽.

11) 위의 책, 168~169쪽.

12) 이규창, 앞의 책, 44쪽.

13) 조용헌, 「한국은 우당 이회영 일가에 큰 빚을 졌다」, 《월간중앙》,

2003년 3월호, 435쪽.

14) 이규창, 앞의 책, 41쪽.

15) 이정규, 앞의 책, 1985, 57쪽.

16) 김명섭, 앞의 책, 95쪽.

17) 윤병석, 앞의 책, 1998, 305쪽.

18) 김명섭, 앞의 책, 96쪽.

19) 위의 책, 97쪽.

20) 이관직, 앞의 책, 169~170쪽.

21) 이규창, 앞의 책, 27쪽.

22) 위의 책, 29~30쪽.

23) 친일인명사전편찬위원회, 『친일인명사전(제2권)』, 민족문제연구소, 2009, 790~791쪽.

24) 이덕일, 앞의 책, 2001, 72쪽.

25) 친일인명사전편찬위원회, 『친일인명사전(제3권)』, 민족문제연구소, 2009, 879~880쪽.

26) 《연합신문》, 1958년 12월 16~19일 자.

27) 이덕일, 앞의 책, 2001, 72쪽에서 재인용.

28) 이규창, 앞의 책, 30쪽.

29) 위의 책, 31쪽.

6. 임시'정부'가 아니라 독립운동'총본부'를 주창하다

1) 신주백, 『1920~30년대 중국지역 민족운동사』, 선인, 2005, 173~174쪽.

2) 이정규, 앞의 책, 1985, 58쪽.

3) 위의 책, 59~60쪽.

4) 김삼웅, 『단재 신채호 평전』, 시대의창, 2005, 222~223쪽.

5) 이정규, 앞의 책, 1985, 62~63쪽.

6) 김명섭, 앞의 책, 103쪽.

7) 이정규, 앞의 책, 1985, 63쪽.

8) 한상복, 「이회영과 그 일가의 독립운동」, 《나라사랑》, 104호, 외솔회, 2002, 149쪽.

9) 이정규, 앞의 책, 1985, 66~67쪽.

10) 이은숙, 앞의 책, 76쪽.

11) 위의 책, 76쪽.

12) 김명섭, 앞의 책, 112쪽.

13) 이규창, 앞의 책, 39쪽.

14) 위의 책, 54쪽.

15) 이덕일, 앞의 책, 2001, 85~85쪽.

16) 이은숙, 앞의 책, 78쪽.

17) 유자명, 『한 혁명자의 회억록』, 독립기념관, 1999, 98쪽.

18) 《동아일보》, 1936년 3월 13일 자.

19) 이규창, 앞의 책, 57쪽,

20) 이은숙, 앞의 책, 79쪽.

21) 위의 책, 79~80쪽.

7. 아나키즘에서 독립운동과 미래사회의 길을 찾다

1) 《중외일보中外日報》, 1929년 4월 8일 자.

2) 이은숙, 앞의 책, 84~85쪽.

3) 이규창, 앞의 책, 71~72쪽.

4) 김명섭, 앞의 책, 115~116쪽.

5) 장궈타오張國燾, 『아적회상我的回想』, 제1책, 명보월간출판부, 1971, 107~108쪽.

6) 무정부주의운동사편찬위원회, 『한국 아나키즘운동사』, 형설출판사, 1989, 46쪽.

7) 박환, 『식민지시대 한인아나키즘 운동사』, 선인, 2005, 17~18쪽.

8) 이호룡, 「재중국 한국인 아나키스트들의 민족해방운동」, 한국독립운동 사연구소, 《한국독립운동사연구》, 제16집, 독립기념관, 2001, 269쪽.

9) 이정규, 앞의 책, 1985, 75~76쪽.

10) 이을규, 『시야 김종진 선생전』, 한흥인쇄소, 1963, 43쪽.

11) 위의 책, 43~44쪽.

12) 위의 책, 43쪽.

13) 오장환, 『한국 아나키즘운동사 연구』, 국학자료원, 1998, 129~131 쪽(발췌).

14) 이을규, 앞의 책, 42쪽.

15) 루쉰전집번역위원회, 「서문」, 『루쉰 전집』, 그린비, 2010. 여기서는 《경향신문》, 2010년 12월 14일 자에서 재인용.

16) 『바진巴金 전집』 17권, 인민문학출판사, 베이징, 1991, 311~314쪽.

17) 이정식 면담, 김학준 편집해설, 『혁명가들의 항일 회상』, 민음사, 1988, 272쪽.

18) 최영주, 「한국 아나키스트 군상」, 한국정경연구소, 《정경문화》, 1983

년 9월호, 경향신문사.

19) 김명섭, 앞의 책, 121~122쪽.

20) 김성국, 『한국의 아나키스트: 자유와 해방의 전사』, 이학사, 2007, 31쪽.

21) 이규창, 앞의 책, 71쪽.

22) 이정규, 앞의 책, 1985, 76쪽.

23) 백민, 《남화통신》, 1936년 1월호.

24) 이정규, 앞의 책, 1985, 75쪽.

25) 박걸순, 「대한통의부」, 『한국독립운동사사전 4』, 독립기념관, 2004, 201~202쪽.

26) 이덕일, 앞의 책, 2001, 97쪽.

27) 위의 책, 98~99쪽.

28) 이정규, 앞의 책, 1985, 74쪽.

8. 의열단에 바친 열정 그리고 이상촌의 꿈

1) 김영범, 「의열단」, 『한국독립운동사사전 6』, 독립기념관, 2004, 28쪽.

2) 김명섭, 앞의 책, 142쪽.

3) 김삼웅, 『약산 김원봉 평전』, 시대의창, 2008, 88쪽.

4) 님 웨일스, 앞의 책, 97쪽.

5) 이정식·한홍구, 『항전별곡』, 거름, 1986, 164쪽.

6) 님 웨일스, 앞의 책, 94~95쪽.

7) 이규창, 앞의 책, 68~69쪽.

8) 위의 책, 69쪽.

9) 위의 책, 69~70쪽.

10) 박태원, 『약산과 의열단』, 깊은샘, 2000, 103~104쪽.

11) 김명섭, 앞의 책, 155쪽.

12) 다마가와 노부아키玉川信明, 이은순 옮김, 『아나키즘』, 오월, 1991.

13) 위의 책, 25~26쪽.

14) 이정규, 앞의 책, 1985, 77쪽.

15) 리쩌허우李澤厚, 김형종 옮김, 『중국현대사상사의 굴절』, 지식산업
사, 1992, 31~35쪽; 이호룡, 앞의 글, 2001, 274쪽.

16) 위의 책, 79쪽.

17) 이호룡, 앞의 글, 2001, 275쪽.

18) 김성국, 앞의 책, 45쪽.

9. 아나키즘의 사상적 연원과 우당의 활동

1) 엠마 골드만, 김시완 옮김, 『저주받은 아나키즘』, 우물이 있는 집,
2001, 313쪽.

2) 콜린 윌슨, 황종호 옮김, 『잔혹』, 하서출판사, 2003, 222쪽.

3) 볼테르, 『모음집』. 여기서는 장 프레포지, 이소희 외 옮김, 『아나키즘
의 역사』, 이룸, 2003, 35~36쪽에서 재인용.

4) 조지 우드코드, 하기락 옮김, 『아나키즘』, 형설출판사, 1972, 702쪽.

5) 위의 책, 69쪽.

6) 현대사상연구회, 『위대한 사상과 사상가들』, 범우사, 1977, 183쪽.

7) 조지 우드코드, 앞의 책, 124~125쪽.

8) 위의 책, 125쪽.

9) 위의 책, 129~130쪽.

10) 위의 책, 151쪽.

11) 다마가와 노부아키, 앞의 책, 40~41쪽.

12) 조지 우드코드, 앞의 책, 190쪽.

13) 위의 책, 177~178쪽.

14) E. H. 카, 박순석 옮김, 『미하일 바쿠닌』, 종로서적, 1989, 뒤표지.

15) 한스 마그누스 엔첸스베르거, 김준서 외 옮김, 『역사가 나를 무죄로 하리라』, 이매진, 2006, 164쪽.

16) 위의 책, 167쪽.

17) 이 부분은 필자가 《기독교사상》 2010년 12월호에 쓴 글을 보완한 것이다.

18) 오장환, 앞의 책, 138쪽.

19) 정화암, 『어느 아나키스트의 몸으로 쓴 근세사』, 자유문고, 1992, 58쪽.

20) 하일식, 『한국사』, 일빛, 1998, 287쪽.

21) 김명섭, 앞의 책, 163~164쪽.

22) 정화암, 앞의 책, 58~59쪽.

23) 한상도, 「재중국조선무정부주의자연맹」, 『한국독립운동사사전 6』, 독립기념관, 2004, 214쪽.

24) 정화암, 앞의 책, 59쪽.

25) 이정규, 앞의 책, 1985, 80~81쪽.

26) 정화암, 앞의 책, 275쪽.

27) 김명섭, 앞의 책, 162쪽.

28) 이정규, 앞의 책, 1985, 81쪽.

29) 이호룡, 앞의 글, 2001, 276쪽.

30) 김명섭, 앞의 책, 164쪽.

31) 이호룡, 「탈환」, 『한국독립운동사사전 7』, 독립기념관, 2004a, 171쪽.

32) 이정식, 앞의 책, 275쪽.

33) 오장환, 앞의 책, 140쪽.

34) 심산사상연구회, 『김창숙 문존』, 성균관대학출판부, 2001, 326쪽.

10. 다물단을 지휘하고 밀정을 처단하다

1) 무정부주의운동사편찬위원회, 앞의 책, 293쪽.

2) 이규창, 앞의 책, 74~75쪽.

3) 이정규, 앞의 책, 1985, 82쪽.

4) 심산사상연구회, 앞의 책, 318~319쪽.

5) 김명섭, 앞의 책, 170쪽.

6) 《동아일보》, 1925년 8월 6일 자.

7) 이은숙, 앞의 책, 93~94쪽.

8) 이규창, 앞의 책, 81쪽.

9) 김도훈, 『박용만: 미 대륙의 항일무장투쟁론자』, 역사공간, 2010, 159~160쪽.

10) 주정, 홍윤기 옮김, 『루쉰 평전』, 북폴리오, 2006, 159~160쪽.

11) 크로폿킨, 성정심 옮김, 『청년에게 호소함』, 도서출판 신명, 1993, 12~13쪽.

12) 하승우, 『세계를 뒤흔든 상호부조론』, 그린비, 2006, 190쪽.

13) 이은숙, 앞의 책, 95쪽.

11. 아내를 서울로 보내고 톈진에서의 나날

1) 위의 책, 95~96쪽.

2) 이규창, 앞의 책, 85쪽.

3) 위와 같음.

4) 심산사상연구회, 앞의 책, 327~328쪽.

5) 위의 책, 328쪽.

6) 심산사상연구회, 앞의 책, 339~340쪽.

7) 이은숙, 앞의 책, 97쪽.

8) 위의 책, 99쪽.

9) 위의 책, 100~102쪽.

10) 이덕일, 앞의 책, 2001, 191쪽.

11) 이규창, 앞의 책, 88쪽.

12) 이덕일, 앞의 책, 2001, 190쪽.

13) 이규창, 앞의 책, 92쪽.

14) 이정규, 앞의 책, 1985, 83~84쪽.

15) 위의 책, 83~84쪽.

16) 이을규, 앞의 책. 여기서는 이정규, 앞의 책, 1985, 88~89쪽에서 재인용.

17) 위의 책, 89~90쪽.

18) 위의 책, 91~92쪽.

19) 위의 책, 93~94쪽.

20) 위의 책, 94~95쪽.

21) 위와 같음.

22) 김명섭, 앞의 책, 192쪽.

12. '동방연맹' 결성 그리고 풍찬노숙의 일월

1) 이정규, 『우관문존又觀文存』, 국민문화연구소 출판부, 1974, 130~132
쪽. 여기서는 이호룡, 앞의 글, 2001, 278쪽에서 재인용.

2) 위와 같음.

3) 김명섭, 앞의 책, 194~195쪽.

4) 이규창, 앞의 책, 103쪽.

5) 김명섭, 앞의 책, 199쪽.

6) 위의 책, 200쪽.

7) 이정규, 앞의 책, 1985, 96쪽.

8) 단재신채호선생기념사업회, 『단재 신채호 전집 下(개정판)』, 형설출판
사, 1995, 47~50쪽.

9) 안병직, 『신채호』, 한길사, 1979, 127쪽.

10) 이호룡, 「동방무정부주의자연맹」, 『한국독립운동사사전 4』, 독립기
념관, 2004b, 286쪽.

11) 《동아일보》, 1929년 2월 12일 자.

12) 《동아일보》, 1929년 10월 7일 자.

13) 이은숙, 앞의 책, 110~111쪽.

14) 이규창, 앞의 책, 115~116쪽.

15) 위의 책, 117쪽.

16) 위의 책, 122쪽.

17) 위의 책, 123쪽.

18) 이은숙, 앞의 책, 106~107쪽.

19) 이규창, 앞의 책, 121쪽.

20) 위의 책, 128~129쪽.

21) 이은숙, 앞의 책, 108쪽.

13. 좌절을 모르는 불굴의 도전정신

1) 이을규, 앞의 책, 78~79쪽.

2) 이호룡, 앞의 글, 2004b, 286~287쪽.

3) 김명섭, 앞의 책, 210쪽.

4) 이정규, 앞의 책, 1985, 97~98쪽.

5) 무정부주의운동사편찬위원회, 앞의 책, 323~324쪽.

6) 이을규, 앞의 책, 78쪽.

7) 위의 책, 325쪽.

8) 위의 책, 327쪽.

9) 무정부주의운동사편찬위원회, 앞의 책, 328~329쪽.

10) 위의 책, 329~330쪽.

11) 이정규, 앞의 책, 1985, 98~99쪽.

12) 위의 책, 99쪽.

13) 위와 같음.

14) 《동아일보》, 1931년 1월 20일 자.

15) 《동아일보》, 1931년 11월 16일 자.

16) 《동아일보》, 1931년 12월 17일 자.

17) 《동아일보》, 1931년 12월 14일 자.

18) 이정규, 앞의 책, 1985, 100쪽.

19) 무정부주의운동사편찬위원회, 앞의 책, 334쪽.

20) 정화암, 앞의 책, 108~109쪽.

21) 이정규, 앞의 책, 1985, 101~102쪽.

22) 이은숙, 앞의 책, 113쪽.

23) 이정규, 앞의 책, 1985, 102~103쪽.

14. 항일구국연맹과 흑색공포단을 지도하다

1) 김명섭, 앞의 책, 220쪽.

2) 무정부주의운동사편찬위원회, 앞의 책, 334~335쪽.

3) 정화암, 앞의 책, 111~112쪽.

4) 이규창, 앞의 책, 154~155쪽.

5) 위의 책, 155~156쪽.

6) 위의 책, 156쪽.

7) 위의 책, 157쪽.

8) 정화암, 앞의 책, 114쪽.

9) 위의 책, 116~117쪽.

10) 무정부주의운동사편찬위원회, 앞의 책, 336쪽.

11) 《동아일보》, 1931년 9월 11일 자.

12) 이정식, 앞의 책, 436~441쪽.

13) 무정부주의운동사편찬위원회, 앞의 책, 337쪽.

14) 박환, 앞의 책, 2005, 119쪽.

15) 이정식, 앞의 책, 317쪽.

16) 조선총독부 검사국 사상부,《사상휘보 5》, 1931, 114쪽.

17) 박환, 앞의 책, 2005, 120~121쪽.

18) 무정부주의운동사편찬위원회, 앞의 책, 340쪽.

19) 위의 책, 341쪽.

20) 박환, 앞의 책, 2005, 138쪽.

21) 위의 책, 342쪽.

22) 위의 책, 140쪽.

23) 김명섭, 앞의 책, 230~231쪽.

15. 마지막 불꽃을 사르러 가는 길에 순국하다

1) 프래신짓투 두아라, 한석정 옮김, 『주권과 순수성』, 나남, 2008, 22쪽.

2) 이정규, 앞의 책, 1985, 109~110쪽.

3) 위의 책, 108쪽.

4) 위와 같음.

5) 이규창, 앞의 책, 175쪽.

6) 이정규, 앞의 책, 1985, 110쪽.

7) 위의 책, 110쪽.

8) 무정부주의운동사편찬위원회, 앞의 책, 342쪽.

9) 위의 책, 111쪽.

10) 이규창, 앞의 책, 175~176쪽.

11) 위의 책, 176~177쪽.

12) 위의 책, 180쪽.

13) 이은숙, 앞의 책, 119쪽.

14) 위의 책, 120~121쪽.

15) 위의 책, 121~122쪽.

16) 《연합신문》, 1958년 12월 16~19일 자.

17) 이덕일, 앞의 책, 2001, 256~257쪽에서 재인용.

18) 위의 책, 257~258쪽에서 재인용.

19) 이정규, 앞의 책, 1985, 112쪽.

20) 이은숙, 앞의 책, 123~124쪽.

21) 이덕일, 앞의 책, 2001, 259쪽.

22) 이은숙, 앞의 책, 124~125쪽.

23) 무정부주의운동사편찬위원회, 앞의 책, 342~343쪽.

24) 김명섭, 앞의 책, 254쪽.

25) 장홍張泓 주편, 『동북항일의용군: 요녕권』, 999쪽.

26) 이덕일, 「우당 이회영의 한·중·일 평화공동체 사상」, 『동아시아 평화를 위한 한일 관계의 모색』, 2011년 1월 12일 발표문.

27) 이은숙, 앞의 책, 143쪽.

28) 이규창, 앞의 책, 261쪽.

남편 영전에 바치는 이은숙의 조사

1) 이은숙, 앞의 책, 129~134쪽.

우관 이정규의 「추모 우당 이회영 선생」

1) 이정규, 앞의 책, 1974, 67~74쪽.

지은이_**김삼웅**

독립운동사 및 친일반민족사 연구가로, 현재 신흥무관학교 기념사업회 공동대표를 맡고 있다. 《대한매일신보》(지금의 《서울신문》) 주필을 거쳐 성균관대학교에서 정치문화론을 가르쳤으며, 4년여 동안 독립기념관장을 지냈다. 민주화운동관련자 명예회복 및 보상심의위원회 위원, 제주 4·3사건 희생자 진상규명 및 명예회복위원회 위원, 백범학술원 운영위원 등을 역임하고 친일반민족행위진상규명위원회 위원, 친일파재산환수위원회 자문위원, 국립대한민국임시정부기념관건립위원회 위원, 3·1운동·임시정부수립100주년기념사업회 위원 등을 맡아 바른 역사 찾기에 부단히 노력하고 있다.

역사·언론 바로잡기와 민주화·통일운동에 큰 관심을 두고, 독립운동가와 민주화운동에 헌신한 인물의 평전 등 이 분야의 많은 저서를 집필했다. 주요 저서로『한국필화사』,『백범 김구 평전』,『을사늑약 1905 그 끝나지 않은 백년』,『단재 신채호 평전』,『만해 한용운 평전』,『안중근 평전』,『김대중 평전』,『안창호 평전』,『빨치산 대장 홍범도 평전』,『김근태 평전』,『10대와 통하는 독립운동가 이야기』,『몽양 여운형 평전』,『우사 김규식 평전』,『위당 정인보 평전』,『김영삼 평전』,『보재 이상설 평전』,『의암 손병희 평전』,『조소앙 평전』,『백암 박은식 평전』,『나는 박열이다』,『박정희 평전』,『신영복 평전』,『현민 유진오 평전』,『외솔 최현배 평전』,『3·1 혁명과 임시정부』,『장일순 평전』,『의열단, 항일의 불꽃』,『수운 최제우 평전』,『꺼지지 않는 오월의 불꽃: 5·18 광주혈사』,『운암 김성숙』,『나철 평전』,『정의의 길, 역사의 길』,『광이불요의 지도자: 성재 이시영 선생 평전』,『개남, 새 세상을 열다』,『이승만 평전』,『김재규 장군 평전』 등이 있다.

우당 이회영 평전: 노블레스 오블리주를 실천한 독립운동가

1판 1쇄 발행   2022년 1월 20일
1판 3쇄 발행   2023년 9월 5일

지은이 김삼웅 **펴낸이** 조추자 **펴낸곳** 도서출판 두레
등 록 1978년 8월 17일 제1-101호
주 소 (04075)서울시 마포구 독막로 100 세방글로벌시티 603호
전 화 02)702-2119(영업), 02)703-8781(편집)
팩스 / 이메일 02)715-9420 / dourei@chol.com

글ⓒ김삼웅, 2022

ISBN 978-89-7443-143-3 03990